世界历史知识问答

中国地图出版社　编著

中国地图出版社
·北京·

图书在版编目（CIP）数据

世界历史知识问答 / 中国地图出版社编著 . -- 北京 ： 中国地图出版社，2025. 7. -- ISBN 978-7-5204-4980-9

Ⅰ . K109

中国国家版本馆 CIP 数据核字第 2025EC3928 号

SHIJIE LISHI ZHISHI WENDA

世界历史知识问答

出版发行	中国地图出版社	邮政编码	100054
社　　址	北京市西城区白纸坊西街 3 号	网　　址	www.sinomaps.com
电　　话	010-83490076　　83495213	经　　销	新华书店
印　　刷	保定市铭泰达印刷有限公司	印　　张	8
成品规格	170 mm × 240 mm		
版　　次	2025 年 7 月第 1 版	印　　次	2025 年 7 月河北第 1 次印刷
定　　价	29.80 元		
书　　号	ISBN 978-7-5204-4980-9		

《义务教育历史课程标准》(2022 年版)提到，义务教育历史课程，是学生在马克思主义唯物史观指导下，了解中外历史发展进程、传承人类文明、提高人文素养的课程，具有鉴古知今、认识历史规律、培养家国情怀、拓宽国际视野的重要作用。历史的学习，有助于学生发展核心素养，培养学生适应未来发展的正确价值观、必备品格和关键能力。

对于刚接触历史学科的学生来说，史海浩瀚，很多内容难以理解，所以他们的脑海里存在很多疑问：

“空中花园”真的在空中吗?

文艺复兴为什么首先在意大利产生?

这就需要一套以教材为依据，又超越教材的历史书，来深入浅出地回答他们的诸多疑问。

本书密切结合初中历史课标、课本和中考考点，将“学生的兴趣点”“教材的知识点”“学生的素养生长点”相结合，选出较为经典的世界历史问题，用翔实的史料、精练的文字予以解答，让小读者更好地学习世界历史。

考虑到读者的阅读习惯，书中配有与正文相关的高清插图，它们不仅可以丰富阅读节奏，还能让读者以信息可视化的方式学习历史知识，从而使其对历史有更深入的理解。

这些图文并茂、生动有趣的问答，能丰富读者的知识储备，激发他们对历史的好奇心，吸引他们阅读，引领他们去探索人类的辉煌历史。

目 录

古代卷

近代卷

现代卷

古代卷

远古时代—约 1500 年

001 狮身人面像的鼻子哪去了？

狮身人面像是谁修建的呢？学者们各执一词，有人说是胡夫法老命人用陵墓竣工后剩余的巨石修建的，还有人说是胡夫的儿子哈夫尔法老令人根据父亲的相貌修建的……这座石像高约 20 米，长约 57 米，若算上两个前爪则全长约 72 米。在四千多年前那个还没有铁器的年代，古埃及人主要使用石锤配合铜质的凿子来进行工作，这项工作估计至少需要 100 名工人连续工作 3 年才能完成。

重见天日

狮身人面像侧面

几千年来，狮身人面像一直被黄沙掩埋至肩部，只露出一个奇异的头颅。20 世纪 30 年代末，埃及考古学家萨利姆·哈桑最终将巨像从黄沙中解放出来，当时《纽约时报》宣称：“斯芬克斯终于从无法穿透的遗忘阴影中走出来，成为地标。”

遗憾的是，当时的狮身人面像没有了胡须和鼻子。胡须部分是“一战”期间被英属埃及殖民军中的一位军官命人拆下的，后来几经辗转，进入大英博物馆，1983 年，大英博物馆又将这一段胡须归还给埃及。但是狮身人面像鼻子的下落仍然是一个谜。

众说纷纭

狮身人面像的鼻子究竟去了哪里？现在有各种说法。

说法一：狮身人面像的鼻子早在几千年前就没有了。有些历史学家认为，当时负责修建金字塔与狮身人面像的工匠几乎全是奴隶，他们遭受着非人的待遇，后来就发动了大规模的暴动，试图推翻埃及权贵的统治。在暴动的过程中，他们为了宣泄愤怒的情绪，就敲掉了狮身人面像的鼻子。

说法二：狮身人面像缺失鼻子是大自然风化的结果。狮身人面像作为一个整体，鼻子和胡须与雕像的衔接面比较小，风吹雨淋会首先对它们造成“致命伤害”，以至于它们从狮身人面像上断裂脱落了。

狮身人面像正面

说法三：狮身人面像的鼻子是被拿破仑炸掉了。1798年，拿破仑率军侵入了埃及，为了能够彻底震慑当地的民众，拿破仑命人用大炮对准了埃及境内“唯一没有低头的勇者”——狮身人面像，致使它失去了鼻子。

另外还有中世纪大炮试射导致雕像鼻子断裂等说法。

你认为哪一种观点更合理？

002 空中花园真的建在空中吗?

古代世界“七大奇观”之一的巴比伦空中花园，真的建在空中吗?

一个爱情故事

关于空中花园的修建，流传着一个美丽动人的传说：两河流域的新巴比伦国王尼布甲尼撒二世娶了米底的公主安美依迪丝。公主深得国王的宠爱，可是远离家乡时间久了，公主饱受思乡之苦。于是，国王令工匠按照米底山区的景色，在他的宫殿里，建造了层层叠叠的花园，并种植上各种花草树木，远远看去花园像是悬在半空中，所以叫做“空中花园”。

用泥土建造起来的文明

空中花园所在的两河流域中的“两河”，指的是幼发拉底河和底格里斯河，传说中的“伊甸园”就在这里。公元前3000年代初，苏美尔人在这里建立若干城邦。苏美尔文明衰落之后，又先后出现了阿卡德人和巴比伦人创造的文明。

两河流域没有大石头，泥土是人们最基本的生活资源，聪明勤劳的人们不仅用泥土来种植庄稼，还用泥土来建造房屋、制造器皿。文字也是写在泥板上的。他们发明了计数法中的60进制，他们崇拜太阳、月亮、星星这些奇妙的天体，经常观察它们，根据月亮的圆缺变化制定了阴历，他们还能预测日食的发生。知道古代生活在两河流域的人们有多聪明了吧!

建在发达的文明之上

除了空中花园，两河流域的人们很早就发明了文字。他们用削成尖头的芦秆或木棒做笔，在还没有晾干的软泥板上压刻出符号，这些符号的线条由粗到细，很像楔子，所以这些文字被称为“楔形文字”。书写的最初目的是为了保存农事记录，后来记载的内容包括了经济、法律、文化等多种多样的内容。

两河流域的人们既有聪明的头脑，又有先进的工具和文字，他们能够建造出一座层层叠叠的阶梯型花园，就不出乎人们的意料了。空中花园不是建在空中的，却是建立在古代两河流域高度发达的文明基础之上的。

伊拉克巴格达楔形文字广场

003 你知道世界上最古老的法典是哪一部吗？

你知道“世界上迄今为止第一部较为完备的成文法典”是哪一部吗？它就是公元前18世纪古巴比伦王国国王汉谟拉比颁布的《汉谟拉比法典》。

考古发现

《汉谟拉比法典》石柱局部

1901年，由法国人和伊朗人组成的一支考古队，在伊朗西南部一个名叫苏萨的古城旧址上进行发掘工作。一天，考古队员们发现了一块黑色玄武岩，几天以后又发现了另外两块，他们将三块拼合起来，恰好是一个椭圆形的石柱。石柱两米多高，它的上方刻着两个人的浮雕像：一个坐着，右手握着一根短棍；另一个站着，双手打拱。石柱的下部，刻着像箭头或钉头样的文字。经考证，这正是用楔形文字记录的法律条文——《汉谟拉比法典》。这部法典是人们研究古巴比伦的重要文物，也是古巴比伦艺术的代表。

曾经颠沛流离

古巴比伦大致位于当今的伊拉克，为什么它的法典石柱会在伊朗被发现呢？公元前 1163 年，埃兰人攻占了巴比伦之后，便把石柱作为战利品搬回到了他们的首都苏萨（今伊朗迪兹富勒西南）。后来埃兰王国被波斯灭亡，公元前 6 世纪，波斯帝国国王大流士上台，又把波斯帝国的首都定在了苏萨，这个石柱法典便又落到了波斯人手中。所以石柱后来在伊朗被发掘。

这部法典写了些什么？

大家熟悉的“以眼还眼，以牙还牙”就出自该法典。除序言和结语外，该法典还有包括诉讼手续、财产权、损害赔偿、租佃关系、债权债务、婚姻家庭、继承以及买卖奴隶等在内的 282 条条文。《汉谟拉比法典》是古巴比伦王国留给人类的宝贵文化遗产，表明人类社会的法制传统源远流长。

伊拉克巴格达西南的巴比伦古城遗址

004 你了解玄奥的古印度文明吗？

古印度文明是人类最古老的文明之一，它的地域范围包括今印度、巴基斯坦等国。它曾经创造了绚丽的文化，建立了严密的社会等级制度，还是世界三大宗教之一的佛教的诞生地。可以说古印度文明非常丰富、非常玄奥乃至神奇。

绚丽的古代文化

古代印度对人类文明做出了独创性的贡献。在文学方面，古印度人创作了不朽的史诗《摩诃婆罗多》和《罗摩衍那》；在哲学方面，古印度人创立了“因明学”，即相当于当代的逻辑学；在自然科学方面，古印度人最杰出的贡献是发明了世界通用的计数法，创造了包括“0”在内的10个数字符号，就是我们每天在使用的阿拉伯数字，通过阿拉伯人传播到了西方；在艺术方面，印度古老的舞蹈除了强调舞蹈的节奏感，还十分强调伴奏音乐必须悦耳动听。

森严的种姓制度

雅利安人进入印度后，印度逐渐形成种姓制度，这一制度将人分为四个等级，即婆罗门、刹帝利、吠舍、首陀罗。

第一等级婆罗门是祭司贵族，主要掌握神权，占卜祸福，垄断文化和报道农时季节，在社会中地位是最高的。

第二等级刹帝利是军事贵族，包括国王以下的各级官吏，掌握国家的除神权之外的一切权力。婆罗门和刹帝利这两个高级种姓，占有古代印度社会中的大部分财富，是社会中的统治阶级。

第三等级吠舍是古代印度社会中的普通劳动者，也就是雅利安人的中下阶层，从事农业、畜牧业和商业，他们必须向国家缴纳赋税。

第四等级首陀罗是指那些失去土地的自由民和被征服居民，从事农业、畜牧业、捕鱼业和手工业，需要为前三个等级的人群服务，实际上处于奴隶的地位。

种姓制度下的各等级世代相袭，而且上层种姓和下层种姓之间严禁通婚。种姓制度存在了几千年，当今，虽然印度已经废除了种姓制度，但种姓制度思想的残留依然影响着印度人。

佛教的创立

公元前 6 世纪，在古代印度还产生了佛教，后来佛教成为世界三大宗教之一。佛教的创始人乔达摩·悉达多是释迦族的王子，虽然贵为王子，生活优越无比，但是乔达摩看到了世界上太多的苦难和不幸，他的心灵受到极大震撼，感到人生皆苦，于是他离家出走，苦苦修行，下决心寻求解脱人生苦难的道路。最终他大彻大悟，创立佛教，开始弘扬佛法，教化众生。他教人们诚实，帮助穷困不幸的人们，宣扬“众生平等”。人们将他尊为“佛陀”。

印度佛教卡拉岩洞中的阿育王石柱

005 特洛伊是如何被发现的？

1998年，联合国教科文组织世界遗产委员会将特洛伊城遗址列入《世界遗产名录》。

特洛伊之战

据荷马史诗《伊利亚特》讲述，特洛伊王子帕里斯访问希腊，诱走王后海伦。希腊人因此远征特洛伊。但因特洛伊城池牢固，易守难攻，双方交战十年，依然相持不下。希腊将领奥德修斯献计，把一批精兵埋伏在一匹大木马腹内，放在城外，佯作退兵。特洛伊人以为敌兵已撤，把木马作为战利品移到城内。夜间伏兵跳出，打开城门，于是希腊兵一拥而入，攻下特洛伊城。

特洛伊木马雕刻画

特洛伊的前世今生

德国人谢里曼坚信《荷马史诗》所述特洛伊战争的真实性，立志要发掘出埋藏的特洛伊古城。他经商致富后自费进行考古发掘，曾于1871—1882年三度发掘特洛伊古城（今土耳其希沙立克），获取大批古物珍品。其实特洛伊遗址共包含九个时代的古

特洛伊遗址

城，时间跨度为公元前3000年—公元400年，1-5层相当于青铜时代早期，6-7层属于青铜时代中晚期，8-9层属于铁器时代早期。谢里曼认为的“特洛伊古城”位于第二层，距今4200多年，出土了传说中的大量宝藏，规模只比村庄略大一点。但是特洛伊遗址的第二层，比《荷马史诗》里的特洛伊战争要早1000多年，即便出土的文物是真的，也根本不能证明这座遗址是《荷马史诗》里的特洛伊古城。遗址中真正与特洛伊战争时间接近的是第6层，这里出土了不少希腊式陶罐与迈锡尼式箭头，还有一枚刻有两个字的印章。但考古发掘证明第6层城池不是毁于战争，而是毁于地震。

《荷马史诗》中描述的特洛伊战争是不是就是发生在今天的特洛伊遗址呢？还有待于进一步考证。

006 陶片放逐法是一项怎样的法令？

在古希腊的雅典，陶片曾经被当作选票来使用。

陶片放逐法的背景——古希腊文明

古希腊文明是典型的工商业文明。由于希腊的气候不适合种植大多数农作物，只适合种葡萄和橄榄等，因此希腊人只能通过出口葡萄酒和橄榄油来换取粮食，所以他们利用自己得天独厚的地理条件进行商品贸易。

从公元前 8 世纪开始，希腊出现了城邦。城邦的特点是“小国寡民”，最小的城邦只有几百个公民（在当时，妇女、奴隶和外邦人都不是公民）。希腊城邦中有一个杰出的代表是雅典，雅典通过一系列的改革，建立了奴隶制民主政体。因为国家小、人数少，雅典实施的民主政治，是直接的民主制度，雅典人宣扬全体公民共同具有政治权利和义务，其中，最能体现公民权利的办法就是陶片放逐法。

被当作选票的陶片

陶片放逐法是古希腊雅典公民大会中的一种特殊投票法，约创于公元前 6 世纪末克利斯梯尼当政期间。每年初召开民众大会，公民将其认为可能危害民主政治的人的名字记于陶片上，谁得到的票逾半数（通常认为是 6000 票），则被放逐国外 10 年。期满可回国，或提前召之回国恢复其公民权。陶片放逐法是雅典公民实施国家权力的一种途径，从侧面反映了雅典公民是城邦的主人。但后来这一办法常被政治派别用作互相争斗的手段。

不合理的一面

所有的事情都不是绝对的，虽然陶片放逐法充分体现了民意，体现了雅典民主制度的优越性，但是有些人有的时候可能会不太理性。雅典有位政治家叫阿里斯泰德，他就遇到了一件让自己欲哭无泪的事情。有一次在用陶片放逐法进行投票的时候，有位公民把他叫住了，委托他在陶片上写下“阿里斯泰德”的名字，并解释说自己不会写字。阿里斯泰德问他为什么要放逐这个政治家，这个人说：“我不认识他，也不知道他有什么不好的地方，但是人人都说他是一个公正的人，这种论调我听烦了。”听到这样的解释，阿里斯泰德无可奈何，只能帮助他在陶片上写下了自己的名字。

如果你是阿里斯泰德，遇到这样的事情你会怎么做呢？

古希腊雅典城邦的帕特农神庙遗址

007 古希腊神话中的神是怎样的？

古希腊神话与希腊人的日常生活息息相关，希腊人所创造的艺术、文学、奥林匹亚竞技会等，都是围绕古希腊神话展开的。

走下神坛的神

古希腊的神和古代其他地方的大多数神不一样，他们很少成为人们获得帮助的依靠。古希腊人心目中的神与人是“同形同性”的，神与人的区别是神可以长生不老，拥有无边的法力。

宙斯雕像

古希腊诸神都有自己的性格，有着跟人一样的七情六欲。“众神之王”宙斯性格公正、固执，同时也很多情；天后赫拉作为婚姻和家庭的守护神，忠贞且充满温情，但她嫉妒心很强；海神波塞冬伟大而威严，但是他野心勃勃，时刻觊觎宙斯的宝座；爱神阿芙洛狄忒天生丽质，但是她工于心计……

海神波塞冬的雕像

此外，古希腊神话中的诸神也有类似于人类家族族谱的神族谱。可以说古希腊神话就是当时现实社会的写照。它全面地反映了古希腊“荷马时代”的社会生活面貌。

神和英雄

古希腊神话中的神分为两种，一种是想象中的世间万物主宰者，另一种则是传说中的英雄。在古希腊人的观念里，人与神是可以产生爱情的。古希腊神话中经常描写人和神的邂逅，而神和人结合的后代便是古希腊的英雄。比如赫拉克勒斯是希腊神话中的大英雄，他是宙斯和凡人阿尔克墨涅的儿子，他带领人民征战四方，死后仍然受到世人敬仰。

在希腊神话中，诸神就是“大写的人”，神与人的关系是亲密无间的。古希腊人赞美神，其实就是赞美自己。所以希腊被称为“人神共治的国家”。

008《荷马史诗》里写了什么？

约公元前11世纪—前9世纪，被称为“荷马时代”，得名于反映这个时代的《荷马史诗》，又因史诗中描述了诸多英雄故事，故又称“英雄时代”。古希腊盲诗人荷马创作了以大英雄阿基里斯和奥德修斯为中心人物的史诗《伊利亚特》和《奥德赛》，它们合称为《荷马史诗》。

谁是《荷马史诗》的作者？

荷马的半身雕像

关于荷马是否确有其人，他的生存年代、出生地点以及两部史诗的形成，争论很多，构成欧洲文学史上所谓的“荷马问题”。早在古希腊时代，著名历史学家希罗多德与修昔底德，哲学家柏拉图与亚里士多德，都认为荷马是两部史诗的作者。两部史诗是否都是同一位诗人的作品，近两百年来一直是西方学者们热烈争论的问题。有人认为两部史诗在内容描写上有些不同，似不是同一时代之人的作品，有人认为荷马只不过是希腊各族说唱艺人的总代表，而不是一个人，也有人认为两部史诗在文字风格上相同之处大于不同之处。现在多数西方学者认为，这两部史诗是荷马的作品，确有荷马其人。

《伊利亚特》和《奥德赛》

《伊利亚特》和《奥德赛》的内容折射出当时的社会背景。在那个战争频发的贵族社会中，荣誉、智慧、果敢、英雄行为，是人们所追求的。

学者们对荷马笔下伊萨卡的位置各执一词，图为希腊伊萨卡岛海滩一隅

《伊利亚特》描写了特洛伊战争中，在十年之久的围困行为即将结束前的一小段时期，一群古希腊的冒险家是如何攻陷特洛伊城的。这部作品集中描写了阿基里斯这个英雄人物的英雄举动。《奥德赛》可能是西方文学中最著名的冒险故事，讲述特洛伊战争后，希腊英雄奥德修斯在海上漂流十年，经历种种艰险，终于回到故乡伊萨卡，与妻子团圆，并夺回自己财产的经过。《荷马史诗》是对希腊英雄时代的颂歌，里面的人物角色充当了后世行为的模范。

无法逾越的地位

《荷马史诗》是古代希腊从氏族社会向奴隶社会过渡时期的一部社会史和风俗史，它也表现了人文主义的思想，肯定了人的尊严、人的价值和人的力量。《荷马史诗》成为希腊文化教育的基础，对西方后来的诗歌产生了巨大的影响。

009 为什么雪莱说“我们都是希腊人”？

英国诗人雪莱说：“我们都是希腊人，我们的法律、文学、宗教和艺术之根都在希腊……”希腊文明是西方文明的摇篮，它在很多领域都对后世产生了深远的影响。

字母

古希腊人吸收了腓尼基字母的长处，创造出自己的拼音文字体系和大量的词汇，对后来拉丁字母的出现有极大影响，而现代西方文字中很多词汇便出自这两种语言，比如英语中的经济、哲学等词。所以也有人说古希腊文和拉丁文是西方字母文字的“祖先”。

近代西方思想家的思想来源

14 世纪之前，大多数欧洲人被传统教条控制，很少有人知道曾经辉煌灿烂的古希腊文明。在 14、15 世纪，新兴的资产阶级为了反对中世纪的禁欲主义和宗教观，摆脱教会对于人们思想的束缚，打倒作为神学和经院哲学基础的一切权威和传统教条，他们以复兴古希腊、罗马文化为标榜，提出了自身的利益和要求。尘封多年的古希腊文明的许多成果终于再次进入人们的视野，后来成为近代西方思想家们的主要思想来源之一。

无处不在的影响

今天，古希腊文化对现代西方世界的影响随处可见：从政治角度看，希腊的奴隶制民主是西方民主的主要源头；从哲学角度看，

珀西·比希·雪莱画像

柏拉图等人提出的论点在今天仍然被哲学界津津乐道；从文学的角度看，西方悲剧、喜剧、诗歌等文学形式都受希腊文学的影响；从艺术和建筑的角度看，希腊的艺术和建筑，一直是西方艺术创作的重要参照。

另外，古希腊人还琢磨出了其他地区少见的娱乐形式，像我们熟知的奥林匹亚竞技是把赛跑、掷铁饼、赛马、角力等比赛熔为一炉的赛事，当时所有的古希腊公民都可以来参加，这就是现代奥林匹克运动会的前身。

可以说古希腊对现代西方的影响是无处不在的，因此雪莱发出那样的感慨也就不足为奇了。

010 古罗马的角斗士是怎样练成的？

斯巴达克被马克思誉为“古代无产阶级的真正代表”，他领导了古罗马规模最大的一次奴隶起义，在起义之前，斯巴达克的身份是一名角斗士奴隶。

角斗士存在的背景

古罗马最初只是一个奴隶制的小城邦，为了扩充自身的实力，它不断进行侵略扩张，先后征服了生活在意大利半岛上的土著居民和希腊城邦，后来又征服了东地中海地区。在罗马扩张的过程中，大量被征服地区的人被掠为奴隶。奴隶没有任何人身自由，必须终身无偿为奴隶主干活，成为罗马的主要生产者。罗马境内到处都有大规模使用奴隶劳动的大庄园，奴隶被称为“会说话的工具”。奴隶主为了取乐，还建造巨大的角斗场，强迫奴隶成对角斗，相互拼杀。

罗马大角斗场

角斗士的衍生

长期在战场上纵横驰骋的古罗马人特别崇尚武力，即使在不出战的情况下，罗马人也会组织各种角斗进行比拼。随着奴隶制的兴盛，没有任何人权的奴隶也渐渐被迫加入角斗当中。

罗马为了选拔和培养角斗士还设立了专门的“学校”，在“学校”里角斗士们要进行非常严苛的训练，并不是所有的学员都能够成为合格的角斗士，一般情况下十名奴隶中只有三四个可以被选拔出来。你会为其余的人感到庆幸吗？错了，其余的人有的已经在训练中不幸丧命，侥幸活下来的会成为更为低贱的奴隶。

最初训练出来的角斗士大多数都归私人所有，后来古罗马统治阶级害怕他们势力壮大会威胁到国家安全，开始接管角斗士，自此角斗士就归属统治者管辖了。

角斗士的起义

斯巴达克本是希腊东北的色雷斯人，在一次反罗马的战斗中被俘，沦为奴隶。因为他头脑聪明，体格健壮，勇毅过人，还具备一定的军事素养，于是他被卖到卡普亚角斗士学校当了角斗士。斯巴达克和其他角斗士不甘心以自己的生死为代价供罗马人取乐，于公元前 73 年在加普亚（今那波利附近）密谋起义，队伍迅速发展，声势浩大，连败罗马官军。元老院宣布国家进入紧急状态，授军事家克拉苏以独裁官的权力，令其倾全力镇压起义。斯巴达克转战至半岛南端（墨西拿海峡），原计划乘基利基海盗船渡海赴西西里。但海盗没有信守承诺提供船只。公元前 71 年，双方在阿普利亚境内发生决战，在罗马军队的疯狂围攻下，6 万名起义者战死，斯巴达克也壮烈牺牲。斯巴达克起义冲击了奴隶制，沉重打击了罗马奴隶主的统治，加速了罗马共和国的灭亡。

011 为什么说“条条大路通罗马”？

两千多年前，在罗马帝国鼎盛时期，罗马是世界上为数不多的人口过百万的古老城市之一。从边疆行省到帝国的心脏，条条大道直通罗马。当年的巴黎、维也纳、伦敦、科隆只不过是罗马的边塞小镇。

帝国的大道

1 世纪到 2 世纪之交，罗马帝国国势和人口达到高峰，为了加强首都与各地之间的联系，罗马人修建了以罗马为中心，通向四面八方的大道。这些道路是一层层铺好的，最大的石头被放在最下面做地基，稍小的一些石头铺在大石头上，大块、平整的石板放在最上面。据史料记载，罗马人共筑硬面公路 8 万千米，通向帝国的各个区域。据说，当时从意大利半岛乃至欧洲的任何一条大道开始旅行，只要不停地走，最终都能抵达罗马。罗马皇帝尤里安得意地说：“条条大路通罗马。”这些道路非常坚固，其中许多道路一直保留到了现在，充分显示了罗马人注重实用的风格。

古罗马的高架引水渠遗址

下水道和引水渠

同样能够显示罗马人注重实用风格的，还有他们的城市建设，特别是下水道。我们知道，现代城市都有下水道，罗马人在 2000 多年前就已经知道建造下水道了。为了能够拥有干净的饮水，罗马人寻找一些远离城市的湖泊，并修建引水渠把水引到城市里来，如果水渠要经过河流或者山谷，人们还用架桥托举起引水渠，这就是我们现在看到的古罗马高架引水渠。为了防止废水污染环境，罗马人还修建了下水道系统把脏水引到城外，尽量避免引发疾病。这在当时是非常先进合理的。

古罗马的城市

庞贝古城和维苏威火山

除了古罗马的大道和水渠，古罗马城市庞贝（位于今意大利那波利西南部）也为我们了解古罗马社会生活和文化艺术提供了珍贵的第一手资料。被联合国教科文组织定为世界文化和自然遗产的庞贝古城，是一座“天然的历史博物馆”。79 年，维苏威火山大爆发，火山灰掩埋了庞贝。

今天，我们可以看到，古城呈不规则形状，城市的四周是城墙，东南西北各有一座城门。城里街道纵横交错，每条街道都非常整齐，而且路面修得非常规整，有很多重要的建筑有序地围绕在市政广场周围，像朱庇特神庙、阿波罗神庙、大会堂、浴场、商场，还有剧场、体育馆、斗兽场等。这样的城市规划放到今天来说也绝对不落伍。

从这些大道、水渠和庞贝古城上，你是否能感受到古罗马昔日的辉煌？

012 为什么说罗马大角斗场是古代建筑的奇迹？

1980年，罗马大角斗场被联合国教科文组织世界遗产委员会作为文化遗产列入《世界遗产名录》。

罗马建筑

罗马建筑继承了古希腊的建筑风格，在凸显地中海地区特色的同时，又在其基础上进一步发展，以对称、宏伟而闻名于世，是建筑艺术宝库中的一颗明珠。

罗马大角斗场

罗马大角斗场，又称哥罗塞姆（Colossum）、罗马竞技场、罗马斗兽场等，遗址位于意大利首都罗马市中心，威尼斯广场的南面。它是现存古罗马建筑中最卓越的代表，也是古罗马帝国国威的象征。其建筑形态起源于古希腊时期的剧场，希腊的剧场都傍山而建，呈半圆形，观众席就在山坡上层层升起。到了古罗马时期，随着建筑工艺的发展，剧场不再需要靠山而建，人们开始利用拱券结构把观众席架起，并将两个半圆形的剧场对接，

罗马大角斗场内部

形成圆形剧场。罗马大角斗场建于70—82年，其规模让人叹为观止：角斗场平面呈椭圆形，长径为188米，短径为156米；外墙高48.5米；中央是表演区，四周为看台，可容纳约5万观众；入场设计合理，一般不会出现拥堵混乱，许多现代大型体育场依然沿用这种入场设计。

罗马大角斗场外观

修建罗马大角斗场共使用了约10万立方米的石材和300吨铁条，它是世界上最伟大的建筑之一，也是罗马的象征，虽然经历了两千年的风霜，却屹立不倒。19世纪的英国诗人拜伦感叹道：只要哥罗塞姆不倒，罗马就不会倒，一旦哥罗塞姆倒下，整个世界都将崩溃。

血腥的角斗竞技

大角斗场是古罗马帝国供奴隶主、贵族和自由民观看斗兽或者奴隶角斗的地方。参加表演的角斗士要与另一名角斗士或一只野兽进行搏斗。角斗时，受伤的一方会走到场边面向观众，观众不满意的话，另一名角斗士就会过来继续和他拼杀；如果观众觉得他表现不错，就会对他网开一面，要求胜利者放过他。这种充满暴力和血腥味的角斗竞技，在当时非常受欢迎，政治家们经常举办角斗竞技来招揽大众。虽然这种嗜好让现代人难以接受，但大角斗场见证了古罗马的兴衰。

013 今天我们使用的公历是怎么来的?

我们使用的公历是现在国际上通用的历法，又称格列高利历，是一种阳历。

古埃及的太阳历

在公元前 3000 年，古埃及人就制定了太阳历。他们把一年一度的尼罗河泛滥日（大约在 6 月 15 日，古埃及历的 7 月 19 日）定为一年的开始，根据尼罗河河水的涨落和作物生长的规律，将一年分为泛滥、播种和收割 3 个季节，每个季节有 4 个月，每个月有 30 天。年末余下的 5 天被称为“闰日”，是一年中的节日，这样一年共有 365 天。

古埃及的太阳历对农业发展产生了积极影响。但是美中不足

埃及阿斯旺市的尼罗河风景

的是，埃及年比太阳年（地球绕太阳转一周）实际上少6个小时，这样一来每隔4年就会产生一天的误差。

代表古埃及人对太阳崇拜的方尖碑（图中最高者）

儒略历

公元前46年，罗马统治者儒略·凯撒聘请天文学家，借鉴埃及太阳历制定了新的历法，这就是著名的“儒略历”。历年平均长度为365.25天，平年为365天，4年1闰，闰年为366天；一年分12个月，大月（单月）31天，小月（双月）30天，只有2月平年29天，闰年30天。凯撒的继承人屋大维从2月减去一日加到8月上（8月的拉丁名即他的称号奥古斯都），使8月变成大月，又把9月、11月改为小月，10月、12月改为大月。

儒略历后来成为今天人们使用的公历的基础。

格列高利历

罗马教皇格列高利十三世组织科学工作者按哥白尼的日心说重新修订了儒略历，于1582年颁布“格列高利历”。在这部历法里，400年中有97个闰年（每年366日）及303个平年（每年365日），所以每年平均长365.2425日，与回归年长度的365.2422日十分接近，可以基本保证到公元5000年前误差不超过1天。

这部历法先在天主教国家使用，20世纪初为全世界普遍采用，所以又叫公历。

014 你知道扑克牌里"老 K"的原型都是谁吗?

黑桃 K：大卫王

大卫王（公元前 11—前 10 世纪）是古代以色列-犹太王国国王。据《圣经》记载，大卫统一了犹太各部落，建立了王国，定都耶路撒冷。少年时的大卫曾杀死入侵的非利士勇士哥利亚，在位时又多次打败强邻，受到民众爱戴。

梅花 K：亚历山大大帝

骑在战马上的亚历山大

亚历山大大帝（公元前 356—前 323 年），是古代马其顿国王，亚里士多德的弟子。即位后，他镇压希腊各城邦的反马其顿运动，大举东征。公元前 334 年，他率军进攻波斯帝国，次年败波斯王大流士三世于伊苏斯城，很快灭亡了波斯帝国。然后他转战中亚，南征印度，建立起一个西起希腊，东至印度河流域，北抵中亚，南达埃及，地跨亚、非、欧三大洲的大帝国，这个帝国被称为亚历山大帝国，亚历山大本人也被称为"亚历山大大帝"。

方块 K：凯撒大帝

凯撒大帝（公元前 102 或前 100—前 44 年），是古罗马统帅、政治家。他历任罗马的财务官、市政官、祭司长、大法官、执政官、监察官、独裁官等。公元前 49 年，他率军占领罗马，独揽大权，对内推动了一系列的改革。凯撒是罗马帝国的奠基者，一些历史学家视他为罗马帝国的无冕之皇，所以他也有“凯撒大帝”之称。

红桃 K：查理大帝

查理大帝（约 742—814 年），法兰克王国国王。他在位期间，不仅征服了大半个欧洲，而且被罗马教皇加冕为“罗马人的皇帝”。因为他四处征伐，法兰克王国的版图一度与原来西罗马帝国欧洲部分基本相当，是当时西欧最大的王国，因此他统治时期的法兰克王国被称为“查理曼帝国”。

查理大帝画像

015 骑士是怎么生活的？

中世纪西欧封建社会，曾盛行骑士文学，这些作品往往充满了令人神往的浪漫色彩，不禁让人产生想象：那些骑士过着贵族生活，来去自如、行侠仗义……骑士的生活真的是这样的吗？

骑士的产生

在中世纪的西欧，封建主阶级是享有特权的贵族阶级。骑士最初指骑马作战的战士，一般用来称呼最低级的小封建主。骑马作战成为封建主阶级的特权，农民等其他等级的人被排除在骑士之外，因而“骑士”也成为贵族阶级的独有称号。

自 11 世纪起，西欧各地相继确立了维护封建等级关系与特权的骑士制度。12—13 世纪，西欧各地确立了只有骑士之子才能成为骑士的原则，封建贵族发展为闭锁的特权集团。骑士一般不与其他等级通婚，并视农、工、商为贱业。

骑士属于贵族阶级的最低层，一般情况下只拥有一小块封地（庄园），可以说他们是专职的军人，自备武器和马匹为自己效忠的领主作战。骑士称号来自领主的加封，但由于长子继承制，贫穷的小贵族没有生活保障，他们只好冒险“闯江湖”，把自己打造成骑士，进而参与战斗获得土地。

14 世纪末叶起，由于火炮和射击武器的应用，骑士不再是主要的军事力量，他们的地位逐渐下降。到了 16 世纪，骑士变为可由君主随意授予的荣誉头衔。

骑士是怎么“炼成的”

法兰克王国加洛林王朝的骑士

骑士的儿子从小开始要经过十几年的艰苦训练。他们不仅要从小学习各种礼仪，还要学习“骑士七技”：骑马、游泳、投枪、击剑、狩猎、弈棋和吟诗。在经过家庭教育、礼文教育和侍从教育等训练后，到了21岁，他们才能举行特定的仪式，由老骑士授予其武器，从而正式取得骑士称号。

封君封臣所奉行的一整套道德规范和培养后代的制度，与他们所处的生活环境和生活方式息息相关。在此情况下，骑士的品格是忠诚和勇敢，骑士作为封臣必须严守自己的效忠誓言，不背叛封君，竭力为他服务，甚至不惜付出生命。当然，这是理想化的品格，虽然现实中未必能够在骑士身上完美体现，但这却是维系封建制度所需要的，很受封建主的重视，成为骑士精神的核心。

一个男孩成为骑士后，他必须时刻保持对教会、国王和领主的尊敬和忠诚，积极地参与对外战斗。这一系列对一个骑士的理想化的要求，逐渐构成了含义日渐丰富的骑士精神。

骑士精神

骑士精神融合了中世纪贵族化的气度，各种美德，以及对女士的尊重。理想中的骑士要雄姿英发，要绝对忠诚，还要慷慨宽容。就像史诗中的英雄一样，他行侠仗义，保护老弱妇孺，不屈不挠地对抗不平与邪恶。后来，骑士制度虽然终结，但在剥离了战争和宗教色彩后，留下了以正义、忠诚、荣誉、谦恭、豪侠、尊重女性等为核心内容的骑士精神。

016 城堡只存在于童话里吗？

在很多童话故事里，王子和公主生活在美丽的城堡里，过着幸福的生活。其实，城堡并不只存在于童话中，在城堡中生活的，也不仅仅是王子和公主。在大约 10 世纪末、11 世纪初时，欧洲几乎各地都有城堡。

为什么要修建城堡

中世纪的欧洲出现了许多大大小小的领主，他们大都会在自己的土地上修建城堡。

英国诺森伯兰郡的阿尼克城堡

对于领主们来说，城堡不只是他们居住的家，还得是一座牢不可破的防御工事。当时，领主们之间矛盾重重，经常会为了争夺土地而打仗，所以领主们会把城堡修建得十分坚固，有些城堡建在比较险要的地形上，易守难攻。城堡里有很多房间，有的用来住人，有的用来养牲畜，还有的用来当作厨房和储藏粮食的仓库。有的城堡里，甚至建造了教堂或者小礼拜堂。可以说城堡像是一座有围墙的城镇。

城堡的演变

中世纪欧洲城堡里的生活并没有我们想象中的那样美好。9 世纪之前的城堡大多是“土堤-堡场”式城堡，围墙用黏土夯成，坚固程度不够且容易被烧毁，防御功能不够强。到了11世纪，石头城堡应运而生，城堡大多用厚重的石头建造而成，但当时的大多数城堡连窗户都没有（只有一些通风孔），闭塞阴暗，并不适合居住。直到后来，哥特式城堡采用了高大的玻璃镶嵌窗，城堡中的居住环境才得到大大改善。13世纪后期，城堡的军事功能降低，居住的舒适性越来越受到重视。再到后来，贵族们逐渐产生对纯粹居住宅邸的需求，追求更舒适和雅致的城堡生活，城堡才被建造得更加富丽。

城堡之外

庄园，是城堡领主们的领地和骑士们的采邑。在中世纪的西欧，庄园、城堡、骑士三者相互依托，紧密联系，构成别具一格的文化特征。

西欧庄园制度于8世纪末建立，并盛行于11—15世纪。庄园是中世纪西欧封建制度的基础。这些庄园是一个个独立的、自给自足的经济和政治单位，还具有司法权，设有庄园法庭。

庄园的居民都是领主的佃户，包括自由的农民和缺少自由的农奴。

佃户们的生活苦不堪言，特别是农奴，每天辛勤劳动，却食不果腹，衣不蔽体，他们的居住环境也十分恶劣。如果他们忍无可忍了，就会逃离领主的庄园。当时有这样的规定，如果一个农奴逃离了庄园，只要逃往城市，就有机会成为自由人。但是，一旦他不幸被抓住了，就要遭受十分严酷的惩罚，譬如鞭打、烙烫。领主们除了不能杀死和贩卖农奴，可以任意惩罚自己的农奴。

017 为什么说“城市的空气使人自由”？

在中世纪的欧洲流传着这样一句谚语：“城市的空气使人自由。”这句话是说农奴在自由城市里居住一定时间后，能够获得自由。

城市的兴起与自治

西罗马帝国灭亡以后，西欧经济衰落，罗马时代的很多城市变为废墟。从10世纪开始，西欧经济开始恢复，一些旧的城市逐渐复苏，还产生了一些新的城市。新兴城市主要集中在道路交会处、港口、海湾等交通便利，能吸引人们聚集的地方。西欧中世纪的

保留着中世纪建筑的巴黎市区

城市在初建时，并不是政治和文化中心，而是商业和手工业中心。通常它们规模都不大，居民一般几千人，像大家熟悉的英国伦敦、法国巴黎、意大利威尼斯等城市，在13世纪的时候，人口也不过四五万。

这些城市坐落在封建领主的领地上，有些领主不仅要求居民交纳实物和货币，服劳役或军役，还要缴纳各种苛捐杂税。这引起了人们的严重不满，随着居民们越来越有钱，他们开始有底气联合起来采取各种形式反抗，争取城市的自由和自治。常用的手段有两种，一种是金钱赎买，一种是武装斗争。人们斗争的目的不是想当领主，而是从领主手中取得自治权。斗争一旦成功了，这些城市就是自由城市。

自由的形式

城市取得自由和自治权的方法，是从国王或者领主手里取得“特许状”。国王给在封建领地上的城市颁发“特许状”，既削弱了领主的实力，又获得了城市的支持，可谓是一举两得的事情。12世纪以后，越来越多的城市取得了自治权，后来，市民把保护费交给国王，国王手里的钱财就越来越多。

国王希望强化自己的王权，弱化领主们的势力，城市里的商人希望得到王权的保护，取消林立的关卡，所以他们有了共同的敌人，于是双方一拍即合，开始走向联合。这对政治产生了巨大影响，有些国家王权不断强化，后来又发展成中央集权的国家。

西欧中世纪城市形成了一种习惯：农奴逃进城，住满一年零一天，就可取得自由人的身份，原来的领主也不能迫使他回到农奴的地位。这对在庄园里当牛做马的农奴非常具有吸引力，于是越来越多的农奴逃离庄园，进入城市，促进了城市的发展。

018 拜占庭帝国为何存在千年之久？

330年，罗马帝国皇帝君士坦丁大帝迁都拜占庭（后改名“君士坦丁堡”）。395年，罗马帝国正式分裂为东、西两部分，原先的都城就成了东罗马帝国的都城，所以东罗马帝国又叫拜占庭帝国。476年，西罗马帝国灭亡。东罗马帝国继续存在，1453年被奥斯曼土耳其所灭亡。作为欧洲历史最悠久的君主制国家，拜占庭帝国存在了千年之久，其间有过辉煌的黄金时期，也有过内乱不止、外患不断的艰难时期。为什么拜占庭帝国能够在纷乱复杂局势中存在千年之久呢？

拜占庭帝国的年代划分

拜占庭帝国存在了千年之久，是因为史学家们的划分方式较为宽松，从狄奥多西王朝到利奥王朝，再到巴列奥略王朝，这期间还有一段20年的无政府时期。也就是说拜占庭帝国在这1000多年的时间里实际上经历过许多个王朝，虽然史学家们将这些王朝都归为拜占庭帝国，但事实上拜占庭帝国的权力一直在不同的人、不同的家族中流动，不变的只有首都拜占庭（君士坦丁堡）以及奥古斯都的称号。拜占庭帝国存在了千年之久，并不是指帝国的权力在某一家族中延续了千年，而是指拜占庭帝国主要的政治、行政等方面的政策或制度一直在延续。

拜占庭文化

拜占庭帝国地跨欧、亚、非三大洲，有着得天独厚的地理位置。

它对基督教、希腊罗马的古典文化，以及西亚、北非等地的东方文化兼收并蓄，创造出独具特色的拜占庭文化，在法学、文学、建筑、绘画等很多领域都成就斐然。12 世纪时，意大利和拜占庭的交往是相当频繁和广泛的。君士坦丁堡经常举行学术讨论会，这些会议为拜占庭希腊文化向西方传播打开了方便之门。意大利商业共和国与拜占庭的贸易往来也十分密切，君士坦丁堡的城区居住着许多威尼斯、热那亚等地的居民，热衷希腊文化的意大利学者向西方大量传播希腊文化。东西方文化不断交流，为西欧的文艺复兴提供了丰富的精神营养。可以说拜占庭文化是连接古典（希腊、罗马）文化和近现代欧洲文化的桥梁，它在西方文化发展史上起了承上启下、继往开来的重要作用。

拜占庭式建筑代表之一
——土耳其伊斯坦布尔的圣索菲亚大教堂

圣索菲亚大教堂内部

019 为什么称中世纪为“黑暗时代”？

有些史学家把欧洲历史划分为三个阶段：古典时期、中世纪和近现代。中世纪一般指的是从 476 年西罗马帝国灭亡至 1453 年拜占庭帝国灭亡这段历史时期（也有说法是 476 年到 15 世纪末大航海时代或 1640 年英国资产阶级革命为止）。

黑暗时代

“中世纪”这个词最早出现在文艺复兴时代，是意大利的人文主义者比昂多最早提出来的，将其视为一个“黑暗时代”则源于意大利人文主义之父彼特拉克。西方的思想家们认为，古希腊罗马时代的西方文明无比辉煌，近代西方文明也成就斐然，夹在古典时代和近现代之间的这段历史时期较为“黑暗”。这个时期的西欧在查理曼大帝去世之后，四分五裂，战乱频仍，教会禁锢着人们的思想，科技和生产都很落后，既无法跟古代相比，也无法与近现代相较。所以欧美普遍称这一时期为“黑暗时代”，也叫做“黑暗的中世纪”。国王之间、国王与教皇之间的斗争，也使这个时代更显“黑暗”。

国王间剑拔弩张

476 年，日耳曼人灭亡了西罗马帝国之后，在西罗马帝国的废墟上建立了一系列国家。当时的诸多国王和贵族经常联姻，很多国王之间都是亲戚关系，但是他们的关系也不是“铁板一块”，常常一言不合就剑拔弩张，战争和联姻都成为他们的家常便饭。

国王与教皇“打架”

格列高利七世画像

中世纪，教权与皇权之间的斗争是西欧的重大事件。除了国王和贵族，还有一股重要的力量，那就是教会，教皇和国王之间展开了长期的、激烈的斗争，一度打得不可开交。11世纪的时候，神圣罗马帝国皇帝兼德意志国王亨利四世曾经宣布废黜教皇，而教皇格列高利七世采取了针锋相对的措施，不仅宣布废黜亨利四世国王的称号，还开除了他的教籍，并且解除了臣民对国王效忠的誓约。1077年1月亨利冒着风雪严寒，来到教皇驻地卡诺莎表示“悔罪”。据说亨利身着罪衣，立于城堡门口哀求三昼夜，始得教皇赦免。后来“卡诺莎之行”便成为屈辱投降的同义词。1084年亨利进占罗马，格列高利出走并客死他乡。之后的亨利四世和格列高利七世的继承者们依旧打来斗去，持续了好多年。12世纪到13世纪，教皇的权力在斗争中达到顶峰。教皇与英、法国王打交道，很少占上风，最终失去了对英、法教会的控制，并屈从于国王，这一结局宣告了国王终将压倒教皇、教会终将归属国家。

020 大化改新效仿了唐朝哪些典章制度？

大化改新是日本古代一次重要的政治、经济改革。

大和统一日本

1—2 世纪，日本出现了 100 多个小国。在 5 世纪的时候，本州中部兴起的大和政权逐渐统一了日本，建立大和国。大和国的最高统治者称为“大王”，大王依靠贵族统治全国。这一时期，朝鲜半岛和中国南朝的一些知识分子和工匠来到了日本，带来了先进的文化和技术，促进了大和国织布、冶金、制陶、建筑等行业的迅速发展。

大化改新

据《后汉书》记载，东汉时位于九州北部的倭奴国曾遣使来中国。6—9 世纪，日本积极吸收中国文化，多次派遣隋使、遣唐使来中国学习。从 646 年开始，日本效仿唐朝的典章制度，进行了一系列的改革。因为当时的孝德天皇年号为大化，所以这场改革史称“大化改新”。改革在政治上，借鉴了唐朝的三省六部制和郡县制，建立起中央集权的国家，在地方设国、郡、里三级行政机构，由中央派官员治理。经济上，借鉴了唐朝的均田制和租庸调制，废除一切私地、私民，将土地、部民收归国有，成为公地、公民；国家将土地分给公民，每六年授田一次，这些土地不能终身使用，也不能买卖；统一赋税。在律令方面，日本效仿唐朝的《永嘉律令》编订了《大宝律令》。大化改新使日本发展成为一个

河南洛阳的隋唐洛阳城应天门遗址，俗称“五凤楼”，是当时朝廷接见日本遣隋使、遣唐使之所

中央集权制的封建国家。大化改新后，大和正式改称日本国。

唐风洋溢奈良城

对中国文化的追求和模仿，将日本推入了一个经济和文化高度繁荣的时期。8 世纪初，日本以中国唐王朝的都城长安为样板，在奈良建造了平城京。都城建制主要仿中国唐代长安城，平面呈长方形，南北约 4800 米，东西约 5900 米，宫城在北部居中；朱雀大路由北而南，将全城分为两半，东半称左京，西半称右京，左京之东又有外京；有东市和西市。全城由纵横交叉的大路划分成许多坊，城内也像长安一样街道整齐、布局严整。

021 为什么我们能看懂日本的很多路牌?

630—894 年，正式受日本朝廷派遣而到达唐朝的遣唐使据说为 13 批。使团人员包括大使、副使、留学生、水手等，每次达数百人，其中著名的有吉备真备、阿倍仲麻吕等。日本遣使目的在于引进唐朝的典章制度和文化知识，是历史上中日人民友好交往的盛举。其中，汉字对日本的影响也十分深远。

唐风文化

日本在奈良时代到平安时代前期，不仅大量吸收唐朝文化，还刻意模仿唐朝文化，所以日本的文化中有着鲜明的唐朝文化元素。上至日本天皇的年号，下至黎民百姓的穿着打扮，民间的风俗习惯，都带有唐文化的烙印。

国风文化

平安时代，日本逐渐摆脱了对唐朝文化的简单模仿，唐风文化与日本传统文化相融合，形成具有日本特色的国风文化。国风文化的主要代表人物是一些公卿贵族，这一文化具有明显的城市性、贵族性和女性化的特征。

日本文字

相传 4—5 世纪汉字传入日本。日本奈良时代学者吉备真备，在唐留学 17 年，精通天文、儒学和兵法，有观点认为是他用汉字偏旁创造了日本民族的文字——片假名。后来，日本平安时代前期的名僧空海，利用汉字行书体创造日本行书假名——平假名。

片假名和平假名的简单笔画都是从汉字衍生出来的，用于不同的目的和不同的文体，无论片假名是从汉字偏旁还是楷书演化而来，它的意思都是“汉字的片段”，一般用于外来语词汇、电报、某些童书等，也常用于海报中。平假名在公元 1000 年后广为流行，多用于女性书写和歌、物语等。从此日本人逐渐脱离了汉字，假名文学也开始发达起来。11 世纪初，女作家紫氏部创作了一部叫《源氏物语》的长篇小说，该小说代表了当时女性文学的最高水平，也是古代日本物语文学最杰出的作品。

15 世纪，日本形成汉字和假名的混合文字，一直延续至今。由于假名是以汉字为基础进行的一定程度的创造，所以在日语中我们经常可以看到一些汉字。即使我们没有学过日语，在日本也能看懂部分路牌。

东京的一处路标

022 你知道玛雅文明吗？

玛雅人是中美洲印第安人，分布在今墨西哥合众国瓦哈卡州以南、危地马拉全境、萨尔瓦多和洪都拉斯西部的广阔地区。公元前3世纪玛雅人就有了象形文字，他们还有高度发达的农业、数学、天文学、历法和宗教礼仪，并建有大量庞大的石砌“金字塔”（神庙等建筑物）和其他建筑物。10世纪后玛雅文明开始衰落，16世纪时为西班牙殖民者所毁灭。

最早种植玉米的人

最早种植玉米的人便是玛雅人。公元前1500年前后，美洲就进入成熟的农耕社会了。但是，一直到15世纪末、16世纪初的时候，这里的大部分地区仍然处于原始社会阶段，只有中部美洲和安第斯山中部地区建立了一些奴隶制国家，于是就产生了中部美洲和安第斯山两个文化圈的概念，它们是美洲古代文明发展的顶峰。

辉煌的成就

玛雅文明是美洲古代印第安文明的杰出代表，大约形成于公元前1500年。玛雅人在科学、农业、文化、艺术等很多领域都取得了辉煌的成就。他们在文字方面的成就在古代美洲独占鳌头；他们的建筑水平很高，能对坚固的石料进行雕镂加工；他们的雕刻、彩陶、壁画有很高的艺术价值。玛雅人使用两种历法，一种是卓尔金历，每月20天，每年13个月，一共260天；另一种历法是太阳历，每月也是20天，一共18个月，外加5个忌日，一共是365

天，它的精确程度几乎可以和现代历法相媲美。

库库尔坎金字塔

库库尔坎金字塔是玛雅建筑的著名代表之一，它位于墨西哥尤卡坦半岛北部。整个塔身由巨石建造，顶端有一个祭神的神殿。它的设计数据具有天文学上的意义，它的底座呈正方形，四周环绕的台阶共364级，再加上塔顶的羽蛇神庙，共有365级，象征着一年中的365天；而四面的52个四角浮雕，表示玛雅的一世纪——52年。台阶的两侧是宽达1米的边墙，北边墙下端，有一个带羽毛的大蛇头石刻，蛇头高1.43米，长1.87米，宽1.07米，蛇嘴里吐出一条大舌头，颇为独特。在每年春分和秋分两天的日落时分，北面一组台阶的边墙会在阳光照射下形成弯弯曲曲的七段等腰三角形，这些三角形连同底部雕刻的蛇头，宛若一条巨蛇从塔顶向大地游动，这个神秘景观被称为“光影蛇形”。

库库尔坎金字塔

近代卷

约 1500 年—约 1900 年

023 文艺复兴为什么会先在意大利产生？

西方有句谚语："光荣属于希腊，伟大属于罗马。"这说明，古希腊、古罗马，在西方文明史上占有非常重要的地位，取得过许多辉煌灿烂的成就。但是，自从罗马帝国衰亡后，古罗马的文化走向沉寂，在欧洲封建神学的笼罩下，它似乎被人们遗忘了。但是，15 世纪，在意大利——罗马帝国的核心地带，古罗马的文化好像"又回来了"。古典文化又一次迎来了"复兴"。

意大利佛罗伦萨

资本主义萌芽的发源地

意大利位于地中海，处于欧洲贸易的中心，位置得天独厚。13 世纪后，许多城市国家出现了手工工场，这种资本主义的萌芽开始在意大利出现。一些富裕的商人、银行家、大手工业工场主，成为正在形成中的资产阶级。他们对富裕、美好的生活充满渴望，希望通过自己的奋斗，达成人生的目标。

但是当时欧洲处于教会神学的控制下。罗马教廷控制着人们的精神世界，宣扬苦行禁欲等思想，认为任何欲望都是有罪的。教会这种陈腐说教以及对人性的压抑，引起了新兴资产阶级的不满，他们开始通过一种方式表达自己的意愿。

古典文化的“家乡”

新兴的资产阶级，宣扬的是以人为核心的新的生活哲学，他们提倡发扬人的个性，追求现世生活。这种思潮被称为“人文主义”。这种思想自然与教会的禁欲等倡导是针锋相对的。所以它的表现形式是隐蔽的，不易为人觉察的。

这些提倡人文主义的思想家和学者发现，就在他们的家乡，在古罗马的政治中心，那些几乎已经被遗忘的古希腊、古罗马文化，与他们的思想在很多地方高度一致，所以他们开始借着复兴古典文化，来宣传人文主义思想。

除资本主义萌芽最早出现在意大利，是文艺复兴滥觞于此的原因外，还有其他原因，比如意大利虽然还不是一个统一的国家，但一些城市共和国商业和手工业发达，有雄厚的财力，为文学、艺术的发展提供了良好的物质环境；另外，定居于这些富裕城市中的许多学者，对古代罗马感兴趣，城市共和国的统治者重视学者，并对他们加以庇护……诸多原因造就了意大利成为文艺复兴的发源地。

文艺复兴的出现，极大地推动了资产阶级思想和文化的传播，它照亮了欧洲中世纪黑暗的夜空。

024 为什么说达·芬奇神奇得像一个穿越者？

达·芬奇以艺术巨匠身份闻名于世，诸多传世名画妇孺皆知，除了在绘画领域有高深造诣和杰出成就，他的很多其他成就在今天看来似乎匪夷所思。

文艺复兴时期最完美的代表

《蒙娜丽莎》

佛罗伦萨，是意大利文艺复兴运动的发祥地，世界著名的文化艺术中心。达·芬奇 15 岁左右到这里拜师学艺，6 年后进入佛罗伦萨画家行会，此后为米兰大公效力，成为一名工程师和建筑师。1495—1498 年，他为米兰一家修道院餐厅绘制壁画《最后的晚餐》。1500 年，他回到佛罗伦萨，创作了肖像画《蒙娜丽莎》。这两件作品成为文艺复兴时期绘画艺术的巅峰之作。特别是《蒙娜丽莎》，虽然只是一幅普通的肖像画，但是却极为生动和传神，他笔下的这位妇女，温柔典雅，充满了对生活的信心和喜悦。特别是达·芬奇敏捷地抓住了她一瞬间的迷人的微笑，细腻地表露了人物微妙的心理活动，给观者以丰富的联想。意大利艺术史家瓦萨里曾经赞叹："肖像描绘得那样好，以致任何一个卓越的艺术家都感到惊奇和不安。"这幅画充分体现作者讴歌美好人性，渴望幸福生活的人文主义情怀，不愧为公认的世界第一名画。

无所不能

达·芬奇除了是一名伟大的画家，他还是一位自然科学家、工程师，在地质学、物理学、生物学和生理学等方面都提出了诸多创造性见解，甚至在军事、水利、土木、机械工程等方面也有重要的设想和发现。可以说他是人类历史上绝无仅有的全才。达·芬奇没有接受过很多的学校教育，但他一直主张实践和接近大自然。他亲自动手解剖人体，并在此基础上画出了非常精准的人体构造图。他甚至在哥白尼之前就否定了地心说，较早就认识到惯性运动、抛物轨迹、自由落体等动力学原理；他利用流体力学认识河流和血液，参与了运河等水利的设计和建造；据说他所设计的机械装置和发明有上千项，其中包括各种飞行器。更不可思议的是，他由此设计出了人类历史上第一个机器人。达·芬奇一生勤奋多产，有6000多页的手稿被保存下来。在他的手稿中，我们还能发现类似于现代的自行车、照相机、温度计、潜水艇、直升机……其中很多都是几百年后才能有的发明。有人怀疑达·芬奇和外星人见过面！

恩格斯称赞达·芬奇是“巨人中的巨人”，爱因斯坦也对达·芬奇对人类文明的贡献给予高度评价。试问人类历史上有几人能在绘画、音乐、建筑、数学、解剖学、动物学、植物学、天文学、气象学、地质学、地理学、物理学、土木工程等领域都有显著的成就呢？

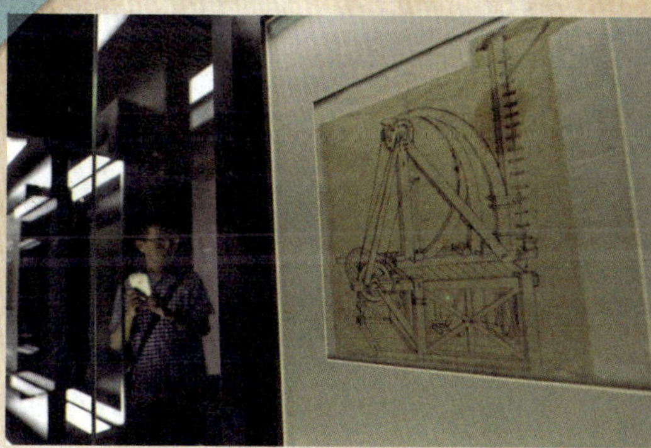

达·芬奇《大西洋古抄本》手稿真迹在北京展出

025 为什么马克思称莎士比亚是“人类最伟大的戏剧天才”？

提起《罗密欧与朱丽叶》，几乎全世界的人们都耳熟能详。它的作者就是被马克思称为“人类最伟大的戏剧天才”的英国戏剧大师威廉·莎士比亚。

他的成就无与伦比

威廉·莎士比亚

1564年，莎士比亚出生在英国中西部的斯特拉福镇，少年时代他曾在当地一所文法学校读书，学过拉丁文、古典文学、修辞学和法语等课程。据说，莎士比亚结婚后，为了养家糊口，曾做过乡村教师、士兵等许多工作，这些阅历为他以后的创作提供了丰富的写作素材。后来他在伦敦的一家剧院打杂，再后来他充当演员，再次接触到了社会各阶层的观众，积累了丰富的生活感受和戏剧经验。根据剧团的需要，莎士比亚开始写剧本。从创作《亨利六世》三部曲开始，到《罗密欧与朱丽叶》上演，莎士比亚声名鹊起，震动了整个欧洲。凭着非凡的才华和不懈努力，他一生创作了大量作品，现存剧本37部、长诗2首、十四行诗154首。特别是他的悲剧和喜剧，是世界文苑中少有的艺术珍品。其中的代表作有四大悲剧《哈姆雷特》《奥赛罗》《李尔王》《麦克白》。此外，悲剧《罗密欧与朱丽叶》、喜剧《威尼斯商人》也负有盛名。

他的作品充分反映了新兴资产阶级的人文主义思想，极力赞美友谊与爱情，控诉封建制度和封建贵族的罪恶。他创作的戏剧冲突环环相扣，循序渐进，情节复杂而曲折，引人入胜。他的作品语言生动，富有感染力，许多佳句音韵美妙，或表现鲜明形象，或表达深刻哲理，这些都使得他的作品在大众间广泛传播。

他的影响经久不衰

欧洲的戏剧创作根植于其丰富的土壤，古希腊和古罗马都涌现过许多优秀的剧作家。文艺复兴运动兴起后，莎士比亚横空出世，他继承古代希腊罗马、中世纪英国和文艺复兴时期欧洲戏剧的三大传统并加以发展，将戏剧从内容到形式进行了创造性革新。他的创作方法、语言的应用，都对后世产生了深远的影响。他从人文主义的观点出发，在自己的作品中对封建主义的衰落、资本主义原始积累这一历史过渡时期的英国社会做了广泛而深刻的分析和描绘，反映了时代风貌和社会本质，间接反映了广大人民的情绪和愿望，具有历史进步意义，对欧洲文学和戏剧的发展有重大影响。莎士比亚的戏剧作品是时代的，也是人类永恒的反映。世界各地从来没有停止过演出他的剧目，他的戏剧是人类在舞台艺术中取得的最高成就！莎士比亚无愧于这伟大的赞美——“人类文学奥林匹斯山上的宙斯”。

026

你知道西班牙国庆日的由来吗?

每年的10月12日，是西班牙的国庆日。这个节日是为了纪念哥伦布发现美洲大陆这一历史性事件。这件事与西班牙有着怎样的关联呢?

哥伦布远航

西班牙巴塞罗那的哥伦布纪念碑

随着租地农场和手工工场的扩大，欧洲的商品经济发展很快，人们对财富的渴求日益强烈。在意大利人马可·波罗的描绘中，东方的中国、印度非常富庶，这激起了欧洲人对东方的向往。而当时欧洲通向东方的航路，被印度人、阿拉伯人、意大利人等层层把持，关税极高，商品从东方运往欧洲就变得很昂贵。因此，欧洲人要千方百计寻找通向东方的新航路。当时“地圆学说”的流行、航海技术的进步、指南针的广泛使用、造船技术的进步，都为远洋航行创造了条件。

意大利热那亚的水手哥伦布，从小就热爱航海。他深信“地圆说”，想寻找一条从西方通向印度、中国和日本的新航线。为了实现这个愿望，哥伦布游说于欧洲各国十几年，请求各国资助，但都遭到了拒绝。直到 1492 年，西班牙国王决定支持哥伦布远航，并与他签订航海协议，任命他为远航新获得的土地的总督。

发现新大陆

1492 年 8 月 3 日，哥伦布率领船队出发了。他们在经过两个多月的航行后终于看到了陆地，10 月 12 日他们在一个岛上登陆。这个岛是巴哈马群岛中的一个小岛，当地土人称之为“瓜纳哈尼”（今华特林岛），当时哥伦布将这个岛命名为“圣萨尔瓦多”。他误以为这就是印度，称当地居民为“印第安人”。在回到西班牙后，他宣布：找到了通向印度的航路。这在欧洲引起了轰动，哥伦布因此成为贵族。后来他又 3 次西航（1493 年、1498 年、1502 年）到达牙买加、波多黎各诸岛及中美、南美洲大陆沿岸地带，成为地理大发现的先驱者。但是，他一直未能找到传说中的巨额财富，晚年贫病交迫，最后郁郁而终。直到后来，意大利航海家亚美利哥，发现哥伦布到达的不是印度，而是此前不为多数欧洲人所知的“新大陆”，“新大陆”遂以亚美利哥的姓氏命名为亚美利加洲。

哥伦布对美洲的发现，顺应了欧洲资产阶级掠夺新财富、发展资本主义的迫切要求，引发了欧洲对美洲的大规模殖民扩张，给当地人民带来了深重的灾难。但同时这一发现也极大地开拓了人们的眼界，使世界逐步连为一体。几百年后，许多美洲国家都发起纪念日活动来纪念美洲被发现，而欧洲的西班牙作为曾经的哥伦布赞助者，在 1987 年将哥伦布到达美洲大陆的时间定为国庆日。

027 英国为什么被称为“议会之母”?

议会，也称“国会”，是实行三权分立原则的资本主义国家的最高立法机关。英国议会虽然不是世界上最早建立的议会，但它是世界上最早的代议制机构，对其他国家的代议制度有着重大影响，因此英国也被称之为“议会之母”。那英国的议会是怎么来的呢?

英国议会的萌芽

在诺曼人入侵英国以前，英国已经有了一套原始的民主传统观念，国王在重大事件上，需要召集民众大会决议，这种大会一般每年举行两三次。虽然国王也有贵族组成的御前会议处理国务，但这种盎格鲁－撒克逊时代的贵族民主制一直保留着。这就为封建贵族同专制王权斗争提供了有力的武器。

后来，一些外来军事征服者在英国建立的国家，往往使国王的权力不断增强。比如1066年开始入侵英格兰的诺曼人，在英国建立金雀花王朝以后，王权逐步增大。无地王约翰继位后，与法国战败，丢失大量国土，后又试图挑战教皇的权威，也以失败告终，还要向教皇交纳巨额贡物。约翰还违反封建惯例，征收过多的继承金、协助金、盾牌钱等，还借故没收封臣的地产，向城市多方勒索。这些引起了包括英国教会、封建贵族和城市市民的强烈不满。1215年，封建贵族在市民的支持下，占领了伦敦，挟持了英王约翰，迫使英王签署《大宪章》。签定这份文件的目的就是让国王明白，按照传统，即使是国王，也只是贵族“同等中的第一个”，没有更多的权利，而且要受到法律的限制。这就是著名的“王在法下”。这个文件也因此被看作是近代民主政治的源头。

英国议会的产生和发展

《大宪章》最著名的一条：由 25 名贵族组成一个委员会，有权随时召开会议，甚至可以否决国王命令并使用武力。这真是一项史无前例的法律规定。英国近代议会制度由此具备雏形。英国的议会作为国王的顾问团体，人员由国王选中，他们有权参政议政，后来议会逐步有了立法权，成为一个固定的立法机构。在《大宪章》签订以后，议会逐渐成为独立于国王并定期开会的法定存在。13 世纪中期，贵族在同英王亨利三世的斗争中获胜，1265 年，贵族西蒙·德·蒙德福特召开了英国历史上第一次议会，除了有贵族和主教参加，还邀请了骑士和市民代表，此次会议是为英国等级代表议会的开端。

英国的议会大厦

王权与议会之间的权力之争日趋激烈。特别是到了 17 世纪，随着英国资本主义的发展，资产阶级和新贵族控制了议会，他们与国王的矛盾愈发难以调和，导致了英国资产阶级革命的爆发。最后英国议会取得了胜利，使英国成为君主立宪制的国家。如今，英国议会设于伦敦的威斯敏斯特议会大厦。

028 你知道美国的自由女神像吗?

“那些疲乏了的和贫困的/挤在一起渴望自由呼吸的大众/那熙熙攘攘的被遗弃了的/可怜的人们/把这些无家可归的/饱受颠沛的人们/一起交给我/我高举起自由的灯火……”

美国自由女神像

这是美国自由女神像背后雕刻的诗中的几句，与女神像一起，被世人所熟知。女神像是法国在美国独立 100 周年之际赠予美国的礼物，矗立在纽约港口。这座雕像成为美国的象征。

具有象征意义的雕像

自由女神雕像高 46 米，连同基座高 93 米，重达 225 吨，以 120 万吨的钢铁为骨架，80 吨铜片为外皮，以 30 万只铆钉装配固定在支架上。自由女神头戴有光芒的冠，象征世界七大洲，身穿古希腊风格服装，右手高擎象征自由的火炬，左手执一本《独立宣言》，脚踩被挣断的铁链，象征着挣脱暴政的约束和自由。基座内辟为展览厅，记录着数以百万的移民漂洋过海到美国的历史。自由女神像内部中空，可乘电梯直达女神像头部，其上又有 171 级旋梯通至女神头上戴着的花冠，头顶上又有60级旋梯通向整座雕像最高点火炬。女神像从设计到制作完成用了10年时间。1984年，自由女神像被列入《世界文化遗产名录》。

登上“五月花”号——为自由而来

1620年，来自英国的一批清教徒和其他移民乘“五月花”号航船，到达陌生的北美洲准备重新开始人生。这里没有国王专制，这里有他们向往已久的自由。此后，不计其数的英国人、荷兰人、法国人、意大利人，带着自由的梦想来到这里，通过自己的奋斗，在这里开辟出属于自己的一片天地。然而，贪婪的英国殖民者，没有给予北美大陆人民平等的权利，而是把他们作为残酷压榨的对象。

《独立宣言》——为自由而战

英国国王和贵族将北美看作自己的原料产地，驱赶和迫害当地印第安人，剥削欧洲移民和从非洲贩来的黑奴。对于英国殖民者的强盗行为，北美大陆人民奋起反抗。1776年7月4日，人们在费城聚会，痛陈英王向他们收取赋税，甚至经常直接掠夺他们的财产、矿藏，以及其他种种暴行。13个殖民地的代表签署了《独立宣言》，宣布人人生而平等，人们有生存权、自由和追求幸福等不可转让的权利，宣言号召殖民地人民反对英国的殖民统治，同时宣告北美13个殖民地脱离英国而独立！经过多年奋战，英国战败，自由之光终于照射到北美大陆。

但时至今日，真正的自由，还远远没有实现。“美国自由之光”并未照射到所有美国人，特别是黑人和其他有色人种，他们如今还受到种种歧视，美国社会要想真正实现“人人生而平等”，还有很远的路要走。

029 什么是启蒙运动的“理性之光”？

1755 年，一部由伏尔泰改编的戏剧《中国孤儿》在巴黎皇家剧院首次公演，轰动了整个巴黎。伏尔泰对中国文化、对孔子的思想倍加推崇，实际上代表了当时欧洲正在掀起的一股东方热、中国热。中国的孔孟之道、科举制度，都成为伏尔泰等学者推崇的对象，他们这样做的目的是什么？

伏尔泰

在孔子的思想中寻求理性之光

18 世纪的法国，封建制度日益腐朽没落，教会对人们精神的控制依然严厉，他们与封建王权勾结在一起，打击进步思想，推行文化专制。新兴的资产阶级希望打破封建思想的精神枷锁，为资本主义的发展扫清障碍。因此，这些资产阶级的思想家掀起了一场对民众进行启蒙教育的运动，力图用理性之光驱散愚昧和黑暗，该运动被称为“启蒙运动”。这些启蒙思想家认为孔子的思想中有“理性”内容，与他们的思想高度一致，所以他们对以孔子为代表的中国传统文化尤为推崇。实际上他们宣传的“理性”，是要揭开统治阶级恶的面纱，让人们认清那些贵族、教士的本来面目，改变即使受压迫、受剥削也不反抗，世世代代俯首听命的旧思想，希望人们

孟德斯鸠

卢梭

敢于同封建势力做斗争。所以，这实际上是一场宣扬资产阶级文化的思想解放运动。

理性之光照亮世界

这场运动的代表人物，除了伏尔泰，还有孟德斯鸠、卢梭等人。孟德斯鸠提出了三权分立的主张，而卢梭则旗帜鲜明地主张最大限度地让公民直接参与国家管理。他们的思想，如同一道道闪电，划破欧洲的夜空，吹响了消灭神权、王权和特权，追求政治民主、权利平等和个人自由的号角。启蒙运动的思想很快开始广泛传播，从法国传遍欧洲，传到美洲大陆，传遍全世界，越来越多的人成为启蒙思想的信徒。这场运动成为大革命的火种，美国独立战争、法国大革命、拉丁美洲的独立运动都直接受到了启蒙思想的影响。“人生而自由平等”成为革命的旗帜，引导着人民，投入到反封建、反压迫的斗争洪流中去。

030 你知道法国三色旗的由来吗？

7月14日，是法国的国庆日，法国每年都要隆重纪念这个象征自由和革命的日子。编成队列的飞机掠过香榭丽舍大街，机尾喷出蓝、白、红三色烟幕。入夜，凯旋门上空，明亮的蓝、白、红三色探照灯光柱摇曳，与门洞的巨大国旗交相辉映。法国国旗的颜色正是自左至右的蓝、白、红三色。法国三色旗，与法国大革命有密不可分的关系。

庆祝活动时，凯旋门上空的三色烟雾

三级会议的召开——革命的前奏

在法国，三级会议的历史可追溯到14世纪，但是长期以来，三级会议一直是王权的附属品，没有立法权，也不定期召开。三个等级的地位极不平等，作为人数最多、负担最沉重的第三等级群众，包括资产阶级在内，与前两个等级一样（前两个等级为教士、贵族），只有一票表决权。第一、二等级属于特权阶级。广大第三等级处于被剥削受压迫的地位，他们对一、二等级极为不满。到18世纪，随着法国资本主义的发展，资产阶级的力量不断壮大，加上启蒙思想的影响，人民敢于表达自己的不满，要求改变现状的呼声越来越高。革命已经在酝酿，拥有几百年历史的法国君主专制统治即将倒塌。

三种颜色曾经有一种属于国王

1789年5月召开的三级会议，面对第三等级代表提出的制宪等要求，国王却进行镇压，最终导致了革命的爆发。1789年7月14日，巴黎人民攻占了法国专制统治的象征——巴士底监狱。倾向革命的军队戴上红蓝两色帽徽，这本来是巴黎的市徽，后来一位法国将军，在其中加入代表王室的白色，希望人民与王室携手合作，建立一个自由平等的新国家 。再后来，三色旗被定为法国的国旗，国旗上从靠近旗杆那边起依次为蓝、白、红三色长方竖条。

三种颜色有了新的内涵

法国1791年的新宪法提出了在法律面前人人平等的观念，但并没有废除君主制度。但是在革命发展的过程中国王扮演的角色，却让人民大失所望。他勾结外国势力，武装干涉法国革命。大敌当前，法国人民拿起武器，高唱着《马赛曲》，在三色旗的旗帜下，组成义勇军，与外敌殊死搏斗，终于将敌人赶出国境，使革命转危为安。在人民的强烈要求下，国王路易十六被送上断头台。法国废除君主制，成为法兰西第一共和国。三色旗的象征意义也随之变成了“自由、平等、博爱”。

031 法国资产阶级革命为什么叫“大革命”？

1792 年 9 月 20 日，在法国凡尔登附近的瓦尔密高地，一支由普通巴黎市民组成的法国军队，打败了数倍于己的普鲁士军队，取得了革命爆发以来对反法同盟的第一次胜利。在战斗中，法国人民所表现出的磅礴力量，是以前任何一场革命都不曾有过的。

攻占巴士底狱

规模浩大

大革命前，在等级森严的封建专制制度下，第三等级苦不堪言，生活在压迫之中。18 世纪兴起的启蒙运动，唤醒了那些饱受剥削和压迫的下层人民，他们开始有了对自由民主的渴望。在资产阶级革命派的带领下，大量法国人民投身于大革命的洪流中，成为革命的主力军：1789 年 7 月 14 日清晨，“打到巴士底狱去”的口号响彻巴黎上空，数十万起义群众参加了战斗，他们占领这座象征专制统治的堡垒，也揭开了大革命的序幕。面对革命的滚滚洪流，国王企图逃跑，被人民发现并押回巴黎。欧洲各国的封建君主，纷纷派兵，开赴法国边境，而当时的法国政府软弱无力，致使法军在前线屡屡受挫。1792 年，巴黎的警钟再次响起，人民再次起义，逮捕路易十六（后被处死）。这次起义结束了法国的君主制，将法国革命推向新的高潮。1792 年反法联盟的军队侵入法国领土，当时的政府怯懦动摇，革命处于生死关头。1793 年，巴黎人民第三次起义，粉碎了欧洲国家的武装干涉，平息了国内叛乱，使革命又一次转危为安。这场革命声势浩大，人民都踊跃参与其中，法国革命再一次证明——人民才是历史真正的创造者。

成果显著

正是由于人民的真正参与，法国大革命才对封建制度进行了摧枯拉朽式的打击。在大革命爆发后，法国各大城市相继爆发革命，推翻了封建政权。在农村，深受封建剥削和压迫的农民也纷纷拿起武器，攻打地主庄园。在人民的强大压力下，上台的资产阶级政府采取一系列措施，打击封建势力。经过革命的洗礼，人民主权的概念逐渐深入人心。即使拿破仑当了皇帝，法国也不可能再回到波旁王朝的旧时代。

影响深远

一场规模空前、完全彻底的法国大革命，推翻了波旁王朝的统治，摧毁了法国的君主统治，将法国的封建时代彻底终结，传播了资产阶级自由民主思想，促进了法国资本主义的发展，也为其他国家的人民反抗君主专制做出了很好的榜样，对欧洲及世界的历史都产生了深远影响，具有划时代意义。

032 “工厂”与“工场”是一回事吗？

19 世纪，传统的手工工场逐渐被大工厂替代，现代工厂制度最终确立。

手工劳动的“工场”

工场，一般指手工工场，是资本主义工业生产的一种基本组织形式和发展阶段。16 世纪至 18 世纪 60 年代，工业革命发生前的这段时间，是西欧历史上的手工工场时期。

中世纪印刷工场

自 13 世纪开始，国际贸易发达的地区出现了一些规模较大的手工工场。16 世纪中叶以后，随着海外贸易的扩大，手工工场得到了进一步发展。手工工场的发展经历了分散的手工工场和集中的手工工场两种形式。手工工场发展初期多为分散的手工工场，多分布在农村，工人不在手工工场主家内工作，而是从手工工场主那儿领得工作，回家做好，按件数换取工资，其原料与工具等都由手工工场主提供。随着生产规模扩大和分工协作的需要，手工工场走向集中。手工工场主不仅向工人提供原料、统一的生产工具，而且安排工人在同一个工场里劳动，使工人成为完全出卖劳动力的雇佣劳动者，与手工工场主形成彻底的雇佣关系，这种手工业中生产关系的变革标志着西欧资本主义萌芽的产生。无论是分散的手工工场还是集中的手工工场，都已经有了初级分工，生产效率得以提高，生产工具得到完善，在物质、技术上为之后的工业革命准备了条件。

机器化大生产的“工厂”

现代意义上的工厂，产生于第一次工业革命时期，是以机器化大生产代替手工劳动的工业生产。

福特汽车公司的生产流水线

早期蒸汽机等机械发明后，英国开始出现了以机器生产为主的工厂。18 世纪后期，瓦特改良的蒸汽机投入使用后，推动了工业革命向纵深发展，不仅使机器在生产中得到广泛应用，而且促使了现代工厂制度的确立，使英国成为世界上最早实行工厂制度的国家。工厂制度的出现极大地促进了经济发展，使人们的生活方式发生了显著变化，人类由农业社会迈向工业社会。到 20 世纪初，美国福特公司创立了生产流水线，使工厂的发展又向前迈进了一步。与手工工场相比，工厂有集中的生产场所、生产纪律和管理制度，采用机械化大生产，大大提高了社会生产力，这是人类生产技术方式上的一大飞跃。

033 蒸汽机是瓦特发明的吗？

瓦特，是英国发明家、企业家，是第一次工业革命中的重要人物。

前人们的贡献

以蒸汽为动力的想法大约出现在 17 世纪中后期的法国。

1688 年，法国物理学家德尼斯·帕潘在研究蒸汽压力时，用一个圆筒和活塞首次设计制造了一台简单的蒸汽机，这个“汽缸 - 活塞”装置是一个伟大的创举，后人都是在此基础上不断改进，现代内燃机仍然在使用这一结构。数年后，英国人托易斯·塞维利制成了矿坑排水用的蒸汽机水泵，代替了繁重的人工劳动，但该机器故障率高，非常笨重。1705 年，英国人纽克曼经过长期研究，综合帕潘和塞维利的发明优点，创造了空气蒸汽机。他改进的蒸汽机具备了后来蒸汽机的基本雏形。但纽克曼蒸汽机也有明显的缺点：故障率高、热效率低、太费煤。

瓦特改良蒸汽机

1763 年，一台要维修的纽克曼蒸汽机被送到瓦特的手里，这是他第一次接触到蒸汽机，他决定将其改进。在借鉴和吸取了前人经验的基础上，瓦特于 1765 年制成实用性较强的单作用式蒸汽机，并于 1769 年取得“在火力机中减少蒸汽和燃料消耗量的新方法”专利。

1781 年，瓦特公司的雇员又研制出一套齿轮联动装置，从而制造出了从两边推动活塞的双动蒸汽机，使得蒸汽机的使用范围大为拓展。后来，瓦特在蒸汽机中安装上自行研制的离心调速器，这样便可以实现蒸汽机自动控速。此后，他又发明了压力表、计数器、指示器和节流阀门，并获得四项专利。至此，瓦特完成了蒸汽机改良的全过程，使蒸汽机的效率提高到原来纽克曼蒸汽机的三倍多，而且配套齐全、性能优良、切合实用。瓦特由此博得了“第一部现代蒸汽机——高效率瓦特蒸汽机的发明者”称号。

改良蒸汽机

“蒸汽时代”到来

瓦特蒸汽机对人类的重要性是难以估量的，蒸汽机在纺织、采矿、冶炼和交通运输等方面得到了广泛应用，它使机械化生产打破了自然条件的束缚，大大开拓了工业生产的领域，极大地推动了第一次工业革命，使人类进入了“蒸汽时代”。并且，瓦特对蒸汽机的改进以及蒸汽机的广泛应用，直接推动了热力学理论的研究和发展。瓦特去世后，为了纪念他，人们将功率的单位定为“瓦特”。瓦特并非世界上第一个制造出蒸汽机的人，但他是世界上第一个发明出具有实用价值的蒸汽机的人。他的改良蒸汽机，促成了工业动力上的一场革命，具有划时代的意义。

034 南美的“解放者”是谁？

南美解放者杯，是南美洲最大的足球赛事之一。那你知道南美的“解放者”是谁吗？

玻利瓦尔

西蒙·玻利瓦尔（1783—1830 年），是 19 世纪拉丁美洲独立运动的杰出领袖、委内瑞拉民族英雄。1783 年，玻利瓦尔出生于委内瑞拉加拉加斯城，少时赴西班牙学习，深受法国启蒙思想的影响。1807 年，玻利瓦尔回到委内瑞拉，开始进行反对西班牙殖民统治的斗争。在艰苦的斗争中，玻利瓦尔高喊出：“我们在地球的另一边，我们也是整个人类的缩影……我们虽不是印第安人也不是欧洲人，但我们却有属于我们的独特血统。”他宣布解放黑人奴隶，赢得了大量黑人的支持。玻利瓦尔率军翻越安第斯山脉，打败西班牙军队，解放了哥伦比亚、委内瑞拉、厄瓜多尔等地。1819 年，“大哥伦比亚共和国”成立了，玻利瓦尔任共和国总统。至此南美洲北部的独立战争全部结束。

对南美人民来说，玻利瓦尔功勋卓著，被人们誉为“南美独立之父”，又被人们授予“解放者”的光荣称号。现在的玻利维亚共和国就是以他的名字命名的。

圣马丁

何塞·德·圣马丁（1778—1850 年），阿根廷民族英雄，南美独立战争领袖。1778 年他生于阿根廷亚佩尤，少时曾在西班牙求

纪念玻利瓦尔和圣马丁的罗通达纪念碑

学。1812 年，圣马丁返回阿根廷，参加反对西班牙殖民统治的斗争。1814 年，他被任命为阿根廷北路军司令，后任库约省行政长官，亲自组织、训练“安第斯山军”。1817 年，圣马丁率军翻越安第斯山脉，向智利挺进，击溃西班牙殖民军队。1818 年，智利宣布独立。1820 年，圣马丁率领远征军从海上进攻秘鲁，次年进驻利马，他被推举为“护国公”。1822 年，圣马丁与玻利瓦尔在瓜亚基尔会晤，据说二人讨论了解放秘鲁的方案和拉丁美洲独立后实行何种政治制度等问题。不久，圣马丁离开秘鲁，前往欧洲，隐居法国，直到逝世。

圣马丁和玻利瓦尔被誉为南美的“解放者”。圣马丁为南美洲的独立和解放苦苦奋斗，功绩昭彰，被称为南美洲“安第斯山的骑士”、阿根廷“国父”。

035 你知道章西女王的故事吗？

19 世纪上半期，印度完全沦为英国的殖民地，英国把印度变为商品销售市场和原料产地。为反抗英国殖民统治，印度人民在 1857 年至 1859 年举行了民族大起义。这次起义规模大、地区广，在印度反抗外来侵略的斗争史上是空前的。在轰轰烈烈的印度民族大起义中，印度中部的小城章西涌现出了一位誓死抗英的民族英雄——章西女王拉克希米·巴伊。

继任国王

拉克希米·巴伊（约 1828 或 1835—1858 年），出生于印度的贝拿勒斯。她从小学习武艺，非常聪颖、勇敢。17 岁时她嫁给了章西王公甘加达尔·拉奥，成了章西王后。1853 年，章西王公去世，没有留下儿子，巴伊以章西女王的身份，开始执政。当时，英国殖民者以章西王公没有男嗣为借口，要求兼并章西。女王义愤填膺，她当着英国殖民官吏的面表示：“我决不放弃我的章西！”

反英起义

1857 年，英国殖民当局发给印度土兵涂有牛油和猪油的子弹，这大大侮辱了他们的宗教感情，人们的反抗情绪日益高涨，之后印度土兵、农民、手工业者联合起义，起义军夺取了德里。德里起义激发了各地起义的迅速发展，在这个过程中，逐渐形成了以德里、章西等大城市为中心的起义据点。

1858 年 6 月，章西沦陷后，巴伊率军撤至印度北部的瓜廖尔

1857 年，印度人为反抗英国殖民统治纷纷起义。他们用石头和子弹抵御猛烈攻击的英军

继续战斗，6 月 18 日，在城郊保卫战中遭遇英军轻骑兵团，她孤军奋战，身中数刀，由于伤势太重，年轻的章西女王牺牲了。章西女王死后，起义失败了，但它沉重打击了英国殖民统治，促使了印度民族意识的觉醒。1858 年，英国被迫撤销了英国东印度公司。

印度的“圣女贞德”

年轻的章西女王牺牲了，她的坚定和勇敢，使她成为印度民族大起义中最受爱戴的领导人，她被称为圣女贞德式的英雄。一直到现在，人们仍然以各种方式纪念她，在章西和瓜廖尔都有她策马挥刀的铜像，她的光辉事迹被诗歌、小说、戏剧等文学作品所颂扬。章西女王巴伊，用她的青春和生命谱写了一曲反抗侵略、追求自由的壮烈篇章，她是印度人民的骄傲。

036 铁腕沙皇亚历山大二世为何又被称为“解放者沙皇”？

莫斯科举办亚历山大二世相关主题的展览

亚历山大二世是俄罗斯历史上著名的沙皇，他是一位思想开明、见识远大的君主，有着“解放者沙皇”之称。这个称号是怎么来的呢？

农奴制的束缚

18 世纪，当资本主义在西欧迅速发展的时候，俄国还是一个盛行农奴制的封建国家。农奴租种地主的土地，向地主缴纳地租并服劳役，农奴没有任何权利和人身自由。19 世纪中期，俄国资本主义有所发展，手工工场没落，农村中自给自足的自然经济日益瓦解，落后的农奴制日益成为资本主义发展的束缚。1853—1856 年克里米亚战争的失败，充分暴露了农奴制下俄国军事和经济的落后，加深了农奴制危机。战争同时也加剧了俄国国内阶级矛盾，农民运动风起云涌。在这种情况下，沙皇亚历山大二世被迫实行改革。

解放农奴

以农奴制改革为背景创作的油画《伏尔加河上的纤夫》

亚历山大认为，与其等农民自下而上来解放自己，不如自上而下来解放农民。1861年，亚历山大二世签署了包括《关于脱离了农奴依附关系的农民的一般法令》等在内的17个文件组成的法令。这些废除农奴制度的法令主要包括：农民享有一般公民权和人身自由，地主不能随意买卖农民；农民有权拥有财产、担任公职、进行诉讼和工商业活动等；以地主拥有所有土地为前提条件，允许农民得到少量的份地和宅旁园地，不过要缴纳大量赎金给地主；农民要在为地主服劳役或缴纳代役租之后，才能签署赎买契约；成立由地方贵族控制的村社和乡组织；建立对农民进行监督的联保制度等。

“解放者沙皇”真的解放了农奴吗？

亚历山大二世实行的1861年农奴制改革是俄国历史上的一个重要转折点，俄国从农奴制社会逐步过渡到资本主义社会。改革虽然废除了农奴制，但没有触及农奴主的根本利益，因此也就无法保障广大农奴的根本利益，农奴的生活依旧困苦。这次改革并不彻底，俄国仍然保留了大量的封建残余，就像“解放者沙皇”这一名称本身就是一种矛盾的组合，而这些都影响着以后俄国资本主义的发展。

037 美国总统山上是哪四位总统的雕像？

拉什莫尔山，也叫做“总统山”，位于美国南达科他州。山上刻有华盛顿、杰斐逊、林肯、罗斯福四位总统的巨型雕像。石像的面孔高约18米，鼻子约有6米长，华盛顿肖像是四个肖像中唯一的胸像，其余三人只雕出了头部形象。美国这么多总统，为什么只有他们四个被人们雕刻在总统山上纪念呢？

“美国国父”华盛顿

乔治·华盛顿（1732—1799年），美国第一任总统，美国开国元勋之一。他在1775—1783年美国独立战争时任大陆军总司令，领导美国人民赢得了独立。1789年，他得到全体选举团的无异议支持，成为美国第一任总统。他开创了美国的未来，首都华盛顿就是以他的名字命名的。

“美国民主之父”杰斐逊

托马斯·杰斐逊（1743—1826年），美国第三任总统，也是美国开国元勋之一。1776年，他参与起草了《独立宣言》，推动了美国独立战争的发展。1801—1809年，杰斐逊任总统期间，使美国领土扩大近一倍；同时他还进行民主改革，为美国资本主义的迅速发展创造了条件。

“伟大的解放者”林肯

亚伯拉罕·林肯（1809—1865年），美国第十六任总统，于

美国总统山

1860 年 11 月当选。林肯就任后不久，美国内战爆发。战争初期，北方频频失利，但林肯领导的联邦政府采取一系列措施，逐渐扭转了战局。1865 年，北方取得了美国内战的胜利。同年 4 月，林肯被歹徒刺杀。林肯在美国内战中废除了奴隶制，颁布了《宅地法》《解放黑人奴隶宣言》。

“现代美国的塑造者”罗斯福

西奥多·罗斯福（1882—1945 年），美国第二十六任总统，人称“老罗斯福”。1901 年，42 岁的罗斯福成为总统，是迄今为止美国历史上最年轻的总统。在总统任期内，罗斯福对内以“改革家”面貌出现，建立资源保护政策，建立公平交易法案，推动劳工与资本家和解；对外奉行门罗主义，实行扩张政策，建设强大军队，干涉美洲事务。罗斯福因成功地调停了日俄战争，获得 1906 年的诺贝尔和平奖，是第一个获得此奖项的美国人。他在任职期间促进了美国现代化发展。

038 目前世界上获得发明专利最多的科学家是谁?

托马斯·阿尔瓦·爱迪生（1847—1931 年），世界著名的发明家、物理学家、企业家，被誉为“世界发明大王”，他一生的发明共有两千多项，拥有专利一千多项。

1893 年爱迪生在他的实验室里

“电气时代”最伟大的发明家

1868 年，爱迪生的第一个发明——投票计数器问世了，他获得了第一项专利。1876 年，爱迪生一家迁至新泽西州的门罗公园，他建立了世界上第一个工业研究所，被称为“发明工厂”。在这里，爱迪生将自己的发明才能发挥到了极致，他改良了英文打字机，发明了二重、四重电报等。

爱迪生利用电话传话器里的膜板随着说话声会引起震动的现象，拿短针作了试验。1877 年，他最终发明了留声机。留声机的出现在当时轰动了世界，外界称他为“科学界的拿破仑·波拿巴”。1878 年，爱迪生开始研究电灯，历经 13 个月的时间，爱迪生做了 200 多本笔记，长达 4 万多页，试验过几千种材料，时常通宵达旦。有一次他和助手们竟连续工作 5 昼夜。1879 年，在一次偶然的机会下，爱迪生将棉线烧成炭丝装进灯泡，通电后灯泡发出了亮光，并持续了 45 小时。但是爱迪生并没有止步于此，他认为 45 个小时还是太短了。此后，经过不断改进，他又找到了新的发光体——日本竹丝。其发光时间可持续 1000 多个小时，达到了耐用的目的。

1882 年，爱迪生在纽约创办世界第二座火电厂，建立起纽约市电灯照明系统。电照明的实现，大大改善了人们的生产劳动条件，预示着日常生活电气化时代即将到来。1883 年，他发现了被称之为“爱迪生效应”的热电子发射现象。爱迪生还研制出了摄影机，该摄影机是近代电影摄影机的始祖。1914 年，爱迪生用留声机和照相机制成最早的有声电影系统。

爱迪生不仅在各种新式电器上有所成就，还发明过几十种武器。终其一生，爱迪生共获 1093 项发明专利权。为了研发新的创造，爱迪生一生经营过许多公司，所以他也是一位资深的企业家。

爱迪生一生痴迷于发明创造，他在电力开发、电器制造和推广电能应用等方面的卓越成就，使他成为人类历史上最伟大的发明家之一。爱迪生为人类文明的发展做出了巨大的贡献。

039 你知道第一辆现代意义上的汽车起源于一台“三轮车”吗?

毫无疑问，汽车对于现代生活的影响是巨大的，因为它极大地改变了人们的日常生活。你知道第一辆现代意义上的汽车起源于一台“三轮车”吗?

第一辆现代意义上的汽车

现代汽车是伴随着内燃机的发明而出现的。1876 年，德国人奥托制造了第一台煤气内燃机，并申请了专利，内燃机的发明促进了新型动力汽车的研制。

第一辆奔驰专利汽车

现代意义上的汽车的发明者是德国的卡尔·本茨和戈特利布·戴姆勒。1879 年，本茨成功研制了火花塞点火汽油机，使发动机获得了令人惊叹的速度。后来，本茨将火花塞点火汽油机装在了一辆三轮车上，车子由金属管构架，具备了一些现代汽车的特点，如火花点火、水冷循环、钢管车架、钢板弹簧悬架、后轮驱动、前轮转向和制动手把等，它其实是世界上第一辆真正的汽车。1886 年 1 月 29 日，本茨为其第一辆三轮汽车申请了专利，这一天被人们确定为汽车的诞生日。本茨的第一辆三轮汽车的诞生具有划时代的意义，改变了人类传统的“行”的方式，开启了个人交通运输的新纪元。

就在本茨发明三轮汽车的同时，1886 年 8 月，另一位德国工程师戈特利布·戴姆勒以妻子 43 岁生日礼物的名义，订购了一辆四轮马车。他将改进了的第一台立式发动机装在这辆马车上，采用皮带轮传动，从斯图加特开到了坎什塔特，这就是世界上第一辆四轮汽车。

本茨和戴姆勒是世界公认的以内燃机为动力的现代汽车的发明者，人们将他们誉为“现代汽车之父”。

汽车时代到来

1946 年，亨利·福特和福特太太一起坐在他 1896 年制造的第一辆汽车里

汽车的普及，离不开福特汽车公司的创建者亨利·福特。19 世纪末 20 世纪初，汽车价格昂贵，操作复杂，数量很少。在这种情况下，福特引进流水线开始生产 T 型汽车，效果十分显著。汽车的各个部件在不同车间里生产出来，然后以精确的时间被送到连续运转的主传送带上。一辆汽车从开始到完成最后的拼装只需 93 分钟。福特的流水线生产的 T 型汽车价格便宜、性能优越，因而销量大增。汽车在人们的生活中逐渐普及开来，大大改变了人们的生活方式和生活节奏，“汽车时代”随之而来。

040 你知道诺贝尔奖的起源吗？

诺贝尔奖源自一位叫做阿尔弗雷德·贝恩哈德·诺贝尔（1833—1896年）的科学家，每年评选和颁发一次，包括一枚金质奖章、一份证书以及一笔奖金。诺贝尔奖是举世瞩目的大奖。那么，你知道诺贝尔的主要成就吗？诺贝尔奖又是如何设置的呢？

“炸药大王”诺贝尔

2022年诺贝尔颁奖典礼

1833年10月21日，诺贝尔生于瑞典斯德哥尔摩，他的父亲是位发明家和实业家。幼年时他同父亲一起侨居俄国，接受家庭教师的教育，后到欧洲和美国求学。受父亲影响，诺贝尔从小就热衷于发明创造，16岁时，诺贝尔已成为优秀的化学家。

回瑞典后，诺贝尔于1859年开始研究硝化甘油。1860年，他在斯德哥尔摩市郊建起了一座研究硝化甘油的实验工厂。1864年工厂爆炸，包括诺贝尔的弟弟在内的五人，在这场爆炸中惨死，父母悲痛欲绝，公众也对诺贝尔采取敌对态度，但他没有被眼前的困境压倒，继续投入研究中。他决定发明一种更易于操作的、比较安全的炸药。在反复研究的基础上，诺贝尔研制出了以硅藻土为吸收剂的安全炸药——“达纳炸药”，这使人们对诺贝尔炸药的安全性解除了疑虑。1875年，他又研制成功了“炸胶”（火棉与硝化甘油混合物），这种胶状物不仅有高度的爆炸力，而且更加安全。1887年，诺贝尔又发明了无烟炸药，这种炸药不仅便宜，而且可以无限期储存。炸胶和无烟炸药被认为是世界炸药史上最杰出的发明，诺贝尔成为名副其实的“炸药大王”。

“诺贝尔奖”诞生

诺贝尔奖牌正面印着诺贝尔的肖像

诺贝尔一生不仅拥有极多的发明专利，在世界各地拥有许多公司和工厂，而且拥有诸多财富和名誉。诺贝尔是一个有使命感的和平主义者，在遗嘱中，他将大部分的财富用来设立了一个年度奖基金，用以奖励全世界在物理学、化学、生理学或医学、文学及和平事业中“对人类做出巨大贡献”的人，这就是诺贝尔奖。该奖项于1901年第一次颁发。1968年起，瑞典中央银行增设“瑞典国家银行纪念诺贝尔经济科学奖”。诺贝尔奖每年在诺贝尔逝世日12月10日颁发。每一个奖项可发给一个人，也可由二三人分得。如当年无适当人选也可不发。除和平奖由挪威议会五人委员会评定外，其他各奖项均由瑞典有关科研机构评定。

诺贝尔奖，如今已成为世界上首屈一指的奖励基金，是对人类最高智慧的鼓励和奖赏，激励着每一位为人类做出贡献的杰出人物。诺贝尔的名字，也和人类在科学探索中取得的成就一起永远地留在了人类社会发展的文明史册上。

041 牛顿主要有哪些成就？

英国大诗人亚历山大·蒲柏曾经写下这样的诗句："自然界和自然规律隐藏在黑暗中；上帝说，'让牛顿出生吧！'于是一切都是光明。"牛顿为人类进步所做的贡献是十分巨大的，他被称为近代自然科学的奠基人之一。

牛顿生平

艾萨克·牛顿

艾萨克·牛顿（1643—1727年），是英国伟大的物理学家、数学家、天文学家和自然哲学家。1643年牛顿生于英格兰林肯郡，1661年进入英国剑桥大学三一学院学数学。1665年获得学士学位后，在家乡躲避瘟疫的两年里，他规划了一生大多数重要科学创造的蓝图。1667年，牛顿回剑桥后读研究生，次年获硕士学位。1669年，他被授予卢卡斯数学教授席位。1689年和1701年，牛顿两次作为剑桥大学代表被选入议会。1703年，他出任英国皇家学会会长，1706年，他被安妮女王封为爵士。他晚年潜心于自然哲学与神学。1727年3月31日，牛顿在伦敦病逝，被葬于威斯敏斯特教堂的公墓里，他是英国历史上第一个有国葬待遇的自然科学家。

伟大成就

牛顿被誉为人类历史上最伟大的科学家之一。力学方面，他在伽利略、开普勒和惠更斯等人研究的基础上，总结出了著名的万有引力定律和机械运动的三大基本定律，创立了经典力学体系。为了纪念他在经典力学方面的杰出成就，“牛顿”后来成为力的计量单位。他的万有引力定律为日心说提供了有力的理论支持，使自然科学的研究最终挣脱了宗教的枷锁。

在数学方面，牛顿发现了二项式定理，创立了微积分学说。

在光学方面，牛顿致力于色的现象和光的本性的研究。1666 年，他用三棱镜分析日光，发现白光是由不同颜色（即不同波长）的光构成，为光谱分析奠定基础，并制作了牛顿色盘。1675 年，他观察到牛顿环。

牛顿著作《自然哲学的数学原理》

在天文学上，1671 年牛顿制作了世界上第一架反射望远镜，初步考察了行星运动规律，解释了潮汐现象，预言地球非正球体，并由此说明岁差现象等。

1687 年，牛顿的著作《自然哲学的数学原理》出版，该书从各种运动现象探究自然力，再用这些力说明自然现象，无论在物理学、数学，还是在天文学和哲学等领域都产生了巨大影响，这部著作被认为是古往今来最伟大的科学著作之一。

牛顿把他的整个生命和毕生精力都献给了科学事业，在物理学、天文、力学、神学等方面都有所成就，所以他荣获了“力学之父”“现代科学之父”以及“近代物理学之父”的称号，被誉为百科全书式的“全才”。

042 为什么列宁称托尔斯泰为“俄国革命的镜子”？

列夫·托尔斯泰是俄国批判现实主义作家、思想家，他的作品反映了在社会转型时期，俄国农民既想反抗又找不到出路的状态，所以托尔斯泰被列宁称为“俄国革命的镜子”。

列夫·托尔斯泰

早年经历

列夫·托尔斯泰(1828—1910年)出身于贵族家庭，1844年起在喀山大学学习，大学期间他大量阅读哲学、文学方面的书籍并受到卢梭的哲学思想影响。后来他在高加索从军，在服役的五年中，托尔斯泰读了很多文学作品并开始文学创作。

作品深刻反映现实

托尔斯泰一生中创作出多部作品，其中《战争与和平》《安娜·卡列尼娜》和《复活》深刻描绘了俄国的社会生活和历史运动。《战争与和平》以1812年拿破仑入侵俄国为题材，展现俄国人民反对入侵者的斗争，作者的笔触伸向俄国广阔的生活领域。全书结构宏大，人物众多，但个性鲜明。此书一经问世，便在俄国文坛上引起了空前的轰动，是19世纪欧洲文学中的重要作品之一。《安娜·卡列尼娜》通过安娜追求自由爱情的悲剧和青年地主列文改革社会失败的悲剧两条主线，深刻反映了农奴制度改革后的俄国社会现实。《复活》批判贵族社会的腐败，法庭和政府的黑暗，讲述了原本为农奴女儿的玛斯洛娃沦为妓女、被诬杀人的悲剧，以及贵族涅赫留朵夫公爵良心发现、忏悔赎罪求得精神上的“复活”的情节。这部著作是托尔斯泰花费十年时间创作的，它集中宣传了“托尔斯泰主义”，以其卓越的现实主义风格成为世人皆知的经典著作。托尔斯泰的小说反映了在社会转型时期俄国农民既想反抗又找不到出路的状态，所以列宁称托尔斯泰是“俄国革命的镜子”，是具有“最清醒的现实主义”的“天才艺术家”。

托尔斯泰主义

在文学创作和社会活动中，托尔斯泰提出了“托尔斯泰主义”，即对现实的无情批判、“勿以暴力抗恶”“道德自我完善”等观点。他的思想中充满着矛盾，他的作品一方面抨击俄国沙皇专制、地主对农民的残酷压榨以及新兴资本主义势力的种种罪恶，另一方面又宣传对恶不抵抗，否定暴力革命，宣扬道德上的博爱。这种矛盾正是对俄国社会错综复杂的矛盾的反映。他的思想深深影响了很多政治运动。

列夫·托尔斯泰把一生献给了人类精神文学的创作，是无比伟大的，他用自己一生的时间去刻画自己眼中的俄国。如高尔基所说：“不认识托尔斯泰者，不可能认识俄罗斯。”

现代卷

1917 年至今

043 20世纪初点燃“欧洲火药桶”的“火星”是什么？

一位美国历史学家在评价20世纪初的欧洲形势时说：“欧洲变成一只‘火药桶’，只等一粒火星将它引爆。”“欧洲火药桶”指的是哪里？“一粒火星”又是指的什么呢？

欧洲火药桶

巴尔干半岛位于欧洲东南部，是欧洲大陆伸向地中海的三大半岛之一（另外两个是亚平宁半岛和伊比利亚半岛）。巴尔干半岛地处亚欧非三大洲交界处，靠近地中海重要航线，地理位置十分重要。半岛上生活着希腊人、阿尔巴尼亚人等，民族成分复杂；半岛曾经受到罗马帝国、拜占庭帝国、奥斯曼帝国等外来势力的统治，宗教信仰复杂。到19世纪70年代，巴尔干半岛上的塞尔维亚等国从奥斯曼帝国统治下解放出来，奥匈帝国控制着的波斯尼亚和黑塞哥维那想并入塞尔维亚，奥匈帝国予以打击，而俄国为打通自己的海路假意支持，俄奥在巴尔干问题上矛盾尖锐。德国为了破坏英国通往印度的交通线，也积极插手巴尔干事务，英法不愿他国势力在此过于强大而卷入角逐。俄奥矛盾、英德矛盾、法德矛盾、巴尔干半岛内部的矛盾不断激化，整个半岛动荡不安，成为“欧洲火药桶”。

一粒火星

奥匈帝国在巴尔干半岛的扩张受到了塞尔维亚的阻碍，所以下决心要铲除它。1914年，奥匈帝国皇储斐迪南大公决定在波斯尼

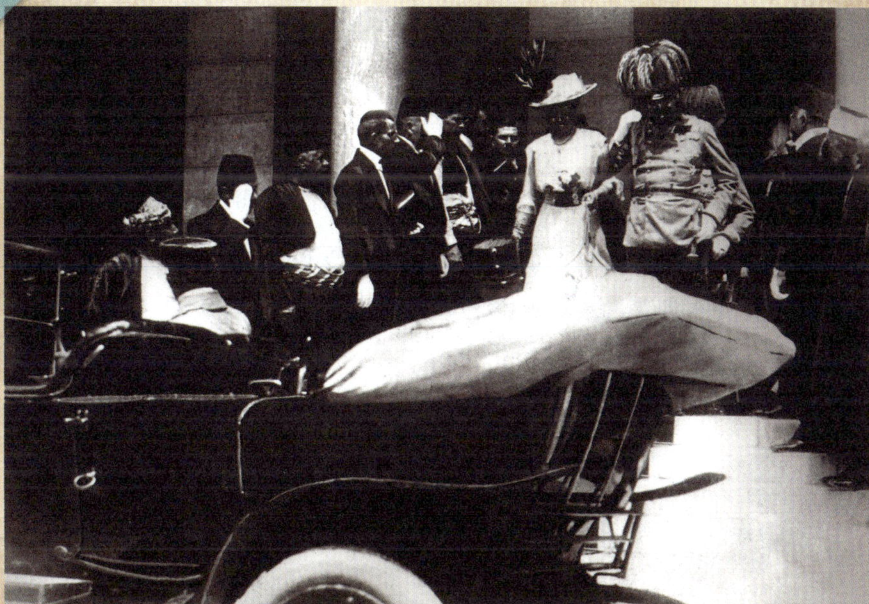

斐迪南大公夫妇在萨拉热窝

亚境内靠近塞尔维亚的边界地区进行军事演习。这次演习以塞尔维亚为假想敌，时间选在 1914 年 6 月 28 日——塞尔维亚的“国耻日”。奥匈帝国的这一挑衅行动，极大地激怒了塞尔维亚人民。6 月 28 日上午，塞尔维亚族青年普林西普埋伏在萨拉热窝一处狭窄的街道旁，当乘坐敞篷汽车的斐迪南大公夫妇经过时，他径直将大公夫妇开枪击毙。这就是著名的萨拉热窝事件。这次事件对于一直想吞并塞尔维亚的奥匈帝国来说，是一个绝好的借口。德皇威廉二世得知这一消息后，竟然高兴地嚷道：“这是千载难逢的机会！”1914 年 7 月 28 日，在德国的支持下，奥匈帝国正式向塞尔维亚宣战。在接下来的短短几天时间里，三国同盟和三国协约这两大军事集团成员纷纷卷入战争。就这样，萨拉热窝的枪声犹如一粒火星，引燃了第一次世界大战。

044 “一战”中交战双方使用了哪些新式武器？

1914 年，“一战”爆发，战火弥漫整个欧洲，协约国与同盟国的殊死较量也使得战场上出现了很多划时代的高科技武器。那么，一战中，主要有哪些新型武器首次亮相呢？

坦克

“一战”期间，参战国为突破由堑壕、铁丝网、机枪火力点组成的防御阵地，为打破阵地战的僵局，迫切需要研制一种火力、机动、防护三者有机结合的新式武器，被誉为“陆战之王”的坦克因此诞生。1915 年，英国福斯特工厂利用汽车、拖拉机、枪炮制造和冶金技术，制造出一种奇特的钢铁战车，出于保密称其为“水柜”(tank)，中文发音就是“坦克”。1916 年的索姆河战役中，英国出动了数十辆新制成的坦克进攻德军。虽然在当时这种坦克时速只有 6 千米，还不完善，但它们横冲直撞，将德军阵地堑壕碾平，将阵地上的枪炮碾坏，而德军的步枪却无法对其造成任何伤害。

索姆河战役中英国出动的坦克

对此，德军大为惊恐。这就是英军，也是世界上第一次将坦克运用于战场的情况。坦克的问世和使用，标志着陆军机械化时代的开始，在军事史上具有极其深远的意义。

飞机

1903 年，美国莱特兄弟设计制造的飞机试飞成功，飞机的出现改变了人类的交通方式，同时也改变了战争的历史。

“一战”时的飞机

“一战”爆发前，飞机的主要任务是侦察、通信、校正炮兵射击等。1912 年，美籍俄裔飞机设计师伊格尔·西科尔斯基研制成世界上最早的 4 发动机飞机“俄罗斯勇士”号。第一次世界大战爆发后，西科尔斯基将其改装为当时世界上最大的重型轰炸机，并为其命名为“伊里亚·穆罗梅茨”号，将其成批生产并投入使用。

“一战”期间，轰炸机得到迅速发展和广泛应用。除了轰炸机，还有在飞机上安装固定机枪专门进行空中格斗的歼击机、对地作战的强击机等。一战中，交战双方用于作战的飞机有十几万架之多，在此期间，战斗机从诞生到发展，逐渐成为战争的一支重要力量。

除了坦克和飞机，毒气、飞艇、潜水艇等也出现在了“一战”的战场上。

045 "一战"给世界带来了什么影响？

1918年11月，德国政府代表来到法国东北部贡比涅森林的雷道车站，签署了停战协定，德国投降。第一次世界大战以同盟国的失败而结束。

人类的浩劫

第一次世界大战期间，法国北部街头一片废墟

两次工业革命的完成，使西方各国工业生产的能力增长了许多倍，各国的武器都更新换代，飞机、坦克、毒气、远程大炮都出现在战场上，给交战各国带来了重大伤亡。耗时4年多的第一次世界大战，将当时超过一半的世界人口卷入战争。战争死伤人数超过3000多万，近1000万人直接死于战场，近350万人终身残疾。战争消耗了巨额的社会财富，各国经济损失共计约300亿美元，战后交战各国，均遭到重创，城市残破，满目疮痍，人民生活极度困苦。这场战争对全人类来说，是一场不折不扣的浩劫！

世界格局的改变

战争爆发前，欧洲是世界的政治、经济中心。战后，欧洲遭受重创，其优势地位被动摇。首先，政治版图发生变化，奥匈帝国瓦解，奥地利共和国、匈牙利共和国等成为独立国家，波兰共和国也获得独立，德国的版图大大缩小；其次，欧洲经济的辉煌不再。战前1913年，世界工业制成品的60%来自英国、法国和德国，伦敦是世界金融中心；战后，国际金融中心，由伦敦转向纽约，1920年欧洲制造业下降20%。英法虽然是战胜国，同样在战争中被严重削弱。相比之下，在“一战”前就已经兴起的美国和日本却利用战争之机大大发展了自己的力量。美国除未遭受战争破坏外，战争费用也比其他国家低，利用战争，美国接受交战双方的大量作战物资订单，大发战争财，世界黄金储备的40%集中到了美国。第一次世界大战也使日本获得了异乎寻常的畸形发展。战争期间，欧洲国家无暇东顾，日本几乎独占了中国东北的市场，同时加紧向殖民地进行经济渗透。在战争的刺激下，日本的工农业发展起来，完成了由农业国向工业国的转变。

被压迫人民的觉醒

第一次世界大战交战各国的经济普遍下滑，劳动人民饥寒交迫，许多人被冻死或饿死，人民的反战情绪和反战运动高涨。俄国作为帝国主义国家链条中最弱的一环，危机日益深重，战争损失人数高达800万人，工人、农民和士兵忍饥挨饿，流血牺牲。忍无可忍的他们奋起斗争，推翻了沙皇统治，以列宁为首的布尔什维克党领导人民进行十月革命，建立了世界上第一个社会主义国家，震撼了整个世界。在俄国革命的影响下，欧洲相继爆发了德国十一月资产阶级民主革命、匈牙利无产阶级社会主义革命等。

第一次世界大战进一步促进了殖民地半殖民地民族解放运动的发展。广大被压迫被奴役的殖民地半殖民地人民开始觉醒，纷纷开始了争取民族独立和解放的斗争。

046 十月革命的胜利对世界有何影响？

十月革命是人类历史上第一次获得胜利的社会主义革命，开辟了人类探索社会主义道路的新时代，使马克思列宁主义传遍了世界。

马克思主义由理想变为现实

1848 年《共产党宣言》的发表，标志着马克思主义的诞生，从此，无产阶级的斗争有了科学理论的指导，国际工人运动进入了新的阶段。

1871 年成立的巴黎公社建立了世界上第一个无产阶级政权，却以失败告终。马克思曾总结公社经验，指出无产阶级必须通过暴力革命打碎资产阶级国家机器，建立有效的无产阶级专政，才能达到自己的革命目的。

1917 年以列宁为首的俄国布尔什维克党，在广大士兵、工人和群众的积极参与和大力支持下，取得了俄国无产阶级社会主义革命的胜利，推翻了资产阶级政府，建立了第一个工人士兵苏维埃政府——人民委员会。人类历史上第一个社会主义国家宣告诞生，无产阶级建立了属于自己的政权。马克思主义终于由理想变为现实！

世界政治格局发生改变

工业革命完成后，资本主义制度确立了对世界的统治地位。但是随着资本主义的不断发展，资本主义本身固有的矛盾随之出现，而且矛盾无法从根本上解决。第一次世界大战，就是矛盾激化的最终体现。

列宁领导的十月革命，在人类历史上第一次消灭剥削和压迫的不平等社会，第一次尝试建立公平正义共同富裕的美好社会，从而打破了资本主义一统天下的局面，实现了社会主义从理想到现实的伟大飞跃，开辟了人类探索社会主义道路的新纪元。

从此，资本主义和社会主义两种社会制度并存，成为世界历史的重要内容。

给中国送来了马克思主义

油画《列宁宣布苏维埃政权成立》

十月革命，推翻了资产阶级政权，建立了无产阶级专政的国家。而且革命战胜了资本主义国家的武装干涉，镇压了反革命叛乱，巩固了新生的苏维埃政权。这极大地鼓舞了国际无产阶级革命运动，鼓舞了殖民地半殖民地人民开展争取民族独立和解放的斗争。特别是对中国这样，在鸦片战争之后一直在探寻救国真理和强国之路的国家来说，马克思列宁主义在十月革命以后，成为指导中国革命的理论基础和指导思想。走俄式道路，发动工农群众，成立无产阶级革命政党，建立无产阶级政权，成为当时越来越多先进中国人的共同追求。所以说：十月革命一声炮响，给中国送来了马克思主义。

047 你知道巴黎和会及其三巨头吗？

第一次世界大战结束后，战胜国在1919年和1921—1922年分别召开了巴黎和会与华盛顿会议，与会各国缔结了以《凡尔赛条约》和《九国公约》为代表的一系列国际条约。

巴黎和会三巨头：劳合·乔治（前排左）、克里孟梭（前排中）、威尔逊（前排右）

三巨头主宰会议

1919年1月，巴黎和会在凡尔赛宫开幕了，参加和会的有27个（若加上英国4个自治领加拿大、南非、澳大利亚、新西兰和英国的殖民地印度，共有32个）国家的代表，苏俄和战败的德国、奥匈帝国、奥斯曼土耳其、保加利亚被排斥在和会外。

但国家之间的权利是不平等的，会议被英、法、美、日、意5个国家操纵了，他们可以参加一切会议，对所有问题提出议案。其他国家仅能在讨论涉及本国问题时允许出席，或者在5国中某一国的邀请下才能就与己有关的问题进行发言。在五国代表中，英、美、法三国领导人——英国首相劳合·乔治、法国总理克里孟梭、美国总统威尔逊，成为会议的主宰者，被称为“三巨头”。

三巨头各怀鬼胎

英、美、法三国虽同为协约国，但却有各自的小算盘。法国在战争中遭受巨大损失，但也同时获得了欧洲头号陆军强国的地位。在和会上，法国的目的是最大限度地削弱德国，以建立其在欧洲大陆的霸主地位。而英国则要维护其日益动摇的世界霸主地位，同时维持欧洲大陆的力量均衡，所以英国既主张对德国进行惩罚，又反对过分削弱德国。美国在“一战”中大发战争财，已是世界首富，成为世界政治和军事强国。美国借宣扬民族自决和门户开放政策，以实现削弱德国、对抗苏俄、抑制英法，进而驾驭欧洲、称霸世界的野心。在这些国家眼里，没有永远的朋友和敌人，在会议开始之后，这些国家为了自身的利益，很快陷入争吵，使会议一拖再拖，一直持续了 5 个多月。

三巨头牺牲小国利益

中国作为战胜国，派代表参加了巴黎和会。中国代表团向巴黎和会提出，收回德国侵占的中国胶州湾、胶济铁路和山东的一切权利。日本竟然提出把德国的侵华权益转移给日本的要求，并以拒绝在条约上签字和退出和会相要挟。中国代表为争取应有的权益，奔走呼号，与各国代表反复交涉，但当时国力衰微，列强无视中国的正当要求。英、美、法等国为维持大会的平衡局面，采取了安抚日本、牺牲中国利益的做法，将原德国在山东的权益转让给日本。中国的利益就这样被出卖了！消息传到中国，引起了中国人民的极大愤慨和反抗，五四运动随之爆发。中国代表最后拒绝在《凡尔赛条约》上签字。

巴黎和会实际上是帝国主义战胜国分配战争赃物、重新瓜分世界的会议。

048 《凡尔赛条约》为什么只维持了20年的和平？

1919年6月28日，协约国代表作为战胜方，交给德国代表一份《凡尔赛条约》(全称《协约和参战各国对德和约》)，并要求他们在签字和继续作战之间做出选择。德国代表选择了在这份条约上签字。这是怎样一份条约呢？

德国——埋下仇恨的种子

《凡尔赛条约》主要包括疆界、军备、赔款、殖民地等问题，主要内容有：德国将阿尔萨斯-洛林交还法国，萨尔煤矿归法国；德国向美、英、法等国支付巨额赔款；德国承认奥地利独立；限制德国军备，并规定莱茵河以东50千米范围为非军事区；德国只允许保留十万陆军，不允许拥有空军；德国所有海外殖民地由英、法、日等国以委任统治的名义加以瓜分。这份条约暴露了巴黎和会是分赃会议的本质。

对德国来说，条约带来的沉重负担，包括其中的种种屈辱，都转嫁到了普通的德国人民头上。由于德国在战争中损失惨重，加之战败赔款，当时国内经济十分困难，货币急剧贬值，食物匮乏，民众生活艰辛悲惨。德国人心中埋下了对《凡尔赛条约》、对协约国列强仇恨和复仇的种子，这为以后法西斯势力在德国的崛起埋下了伏笔。

中国——被列强出卖

《凡尔赛条约》将原来德国在中国山东的权益转让给日本。消

五四运动期间，上海商界罢市，声援学生游行

息传到中国国内，这让对巴黎和会抱有希望的中国人民极度失望，也无比愤怒，中国人民掀起了轰轰烈烈的五四爱国运动，揭开了新民主主义革命的序幕。五四运动是彻底的不妥协的反帝反封建的爱国运动，中国工人阶级由此登上政治舞台，促进了马克思主义在中国的进一步传播，使马克思主义同中国工人运动相结合。巴黎和会以后，帝国主义与中国代表的殖民地半殖民地国家的矛盾没有得到缓和，反而进一步加速了被压迫、被奴役国家的人民展开争取民族独立和解放的斗争。

世界——矛盾没有根本消除

《凡尔赛条约》与其他国家的一系列和约构成了凡尔赛体系，确立了战后欧洲的新秩序。在这一地区，帝国主义国家的矛盾得到了缓和。但条约是列强相互妥协退让的结果，几乎所有国家都对条约有不满意的地方，所以各国之间的矛盾并没有完全消除。帝国主义国家的矛盾是由于它们之间发展不平衡造成的，所以，《凡尔赛条约》是列强妥协分赃的产物，它只是暂时缓和了帝国主义国家之间的关系，却不可能从根本上消除这些国家之间的种种矛盾。正如列宁所说："靠《凡尔赛条约》来维系的整个国际体系、国际秩序是建立在火山上的。"

049 为什么说华盛顿会议是巴黎和会的继续？

1921年11月，美、英、法、日、意、荷、比、葡和中国等9个国家的代表在华盛顿举行会议。这次会议与巴黎和会相隔时间并不长，那么，为什么美国要提议召开这次会议呢？

矛盾协调和利益瓜分

“一战”后，列强对世界霸权的新一轮争夺又开始了，这一次突出表现为对海洋霸权的争夺。美国信誓旦旦要“建设世界上最强大、最优秀的海军”。而英国则寸步不让：“宁愿花尽最后一分钱，也要保持对美国或其他任何一个国家的优势”。日本也力图组建强大的海军力量。法国和意大利也加入这场竞赛之中，一场看不见硝烟的军备大战愈演愈烈。

巴黎和会只是协调了列强在欧洲的关系，但他们在东亚和太平洋地区的矛盾仍然没有解决，特别是在中国问题上，美国和日本之间的争夺日益激烈，日本几乎独霸中国。美国对日本的迅速崛起，深感不安，想方设法抑制对方。所以华盛顿会议，是帝国主义国家为了协调新矛盾，对战后远东和太平洋地区的殖民地进行再分割而召开的会议。

在巴黎和会上没有获得足够利益的美国，发起了华盛顿会议，并且掌握了会议的主动权。

解决了巴黎和会一些未解决的问题

经过激烈的讨价还价，与会国达成了一系列重要协定，主要签订了三个条约：美、英、法、日互相保证各自占有太平洋岛屿权利的《太平洋条约》；按一定比例规定美、英、日、法、意五国海军力量的《五国公约》；掠夺中国的《九国公约》。关于中国问题的《九国公约》，打破了“一战”期间日本独占中国的局面，使中国又回到了被几个帝国主义国家共同支配的局面。在美国的压力下，以及在中国人民的不断努力下，日本被迫从中国山东撤军，中国恢复对山东的主权。

华盛顿会议是巴黎和会的继续与发展，它在承认美国在远东及太平洋地区占有相对优势的基础上，通过上述一系列条约，修改和补充了《凡尔赛条约》中的一些条款，解决了巴黎和会上没有解决的一些问题，建立了第一次世界大战后帝国主义列强在亚太地区新的国际关系结构。

重建了帝国主义统治的新秩序

华盛顿会议与巴黎和会重建了战后国际秩序，这一秩序被称为“凡尔赛—华盛顿体系”。

这次会议与巴黎和会一样，只是暂时缓和了帝国主义国家间的矛盾，而不能从根本上消除矛盾。特别是日本政府对华盛顿会议的结果不满，这为以后日本同美国的冲突埋下了种子。在20世纪30年代，随着德、日、意法西斯势力的崛起，“凡尔赛—华盛顿”体系最终走向瓦解。

050 罗斯福为何能连任四届美国总统?

富兰克林·德兰诺·罗斯福，人称“小罗斯福”，从1933年至1945年间，连续出任四届美国总统，是目前为止美国历任总统中任期最长的，也是美国唯一一位任期超过两届的总统。罗斯福为何能成为美国历史上连任四届的总统呢?

罗斯福

对抗经济大危机

1932年，世界经济大危机进入第四年，面对这种状况，美国胡佛政府束手无策。11月，民主党候选人纽约州州长罗斯福当选为美国第32届总统。1933年3月，罗斯福正式上任，采用国家干预经济的手段开始全面实施“新政”。首先，罗斯福政府颁布《紧急银行法案》，对银行进行整顿，以稳定国家金融体系，恢复人民对银行的信心；接着，颁布《农业调整法》，对全国农业生产和销售进行调节；然后，通过《全国工业复兴法》，召集同行业组织制定本行业的公平竞争法规，凡接受这些法规的企业，一律发给“蓝鹰”标志；还推行“以工代赈”，兴建公共工程，为失业者提供劳动机会。此外，政府还通过了《社会保障法》和《劳动关系法》。

尽管罗斯福新政没能将经济危机完全消除，但却从经济危机的深渊中挽救了美国，使美国经济慢慢复苏。由于罗斯福在拯救经济危机的行动中表现出色，在 1936 年的总统大选中，罗斯福第一次获得连任，总统任期到 1940 年。

对抗法西斯

1940 年到 1945 年间，罗斯福能够连任两届美国总统，是因为第二次世界大战期间，罗斯福是同盟国阵营的重要领导人之一。“二战”爆发后，罗斯福通过发表炉边谈话支持英国抗击希特勒，将美国建成“民主国家的兵工厂”，向反法西斯盟国出口军火，支援反法西斯国家政府和人民的正义斗争。

1941 年 8 月，罗斯福与英国首相丘吉尔发表《大西洋宪章》，为世界反法西斯联盟和日后联合国的建立奠定了基础。1941 年 12 月日本偷袭珍珠港后，美国正式对法西斯国家宣战。之后罗斯福多次与斯大林、丘吉尔等同盟国大国领导人会晤，商讨各国的联合军事行动与战后安排，为早日结束战争和战后和平制定了基本原则和指导方针。1945 年 4 月，在苏联红军攻克柏林前夕，罗斯福在任内猝然病逝。

051 “二战”初期的“静坐战争”是怎么回事？

“二战”期间，在欧洲西线战场发生了一场奇怪的战争，从1939年德军入侵波兰开始，德国和法国在西线集结大量兵力，却一枪不发，没有任何冲突。历史上称这场违反常规的战争为“静坐战争”，又称“假战争”“奇怪战争”。为什么会有“静坐战争”呢？

绥靖政策的结果

“静坐战争”是英、法长期推行绥靖政策带来的后果。绥靖政策，是一种对侵略不加抵制，姑息纵容，退让屈服，以牺牲别国为代价，同侵略者勾结和妥协的政策。“二战”前，这一政策最积极的推行者是英、法等国。他们为了维护既得利益，求得一时苟安，不惜牺牲别国利益，向侵略者妥协，妄图将祸水引向苏联，坐收渔人之利。

1938年9月，英、法、德、意四国的首脑张伯伦、达拉第、希特勒和墨索里尼在德国的慕尼黑开会，签订《慕尼黑协定》，强行把捷克斯洛伐克的苏台德等地区割让给德国，妄图以牺牲捷克斯洛伐克为代价，求得“一代人的和平”，实质上是想推动德国进攻苏联。《慕尼黑协定》的签订，将绥靖政策推向顶峰，加速了第二次世界大战的爆发。“二战”全面爆发后的“静坐战争”，再一次体现了英、法对德国法西斯的妥协退让。

西线无战事

1939年9月1日，法西斯德国军队以“闪电战”方式突袭波兰。作为盟国的英、法两国于 9 月 3 日相继对德宣战，第二次世界大战全面爆发。

可是，无论英国还是法国都仅仅是政治口头上对德宣战，在绥靖政策的方针下不敢多走半步。当时德军大部分主力投到波兰战场，西线只有二十多个师防守齐格菲防线，而英、法拥有一百多个师，具有优势，除法军一部曾楔入德国齐格菲防线前沿外（后于 10 月撤回），从 1939 年 9 月到 1940 年 5 月，法、德边界未发生真正的战斗。双方军队在战壕中静坐观望，出现了战争史上罕见的宣而不战的奇怪现象。英法大军静静地集结在与齐格菲防线相对的法国马其诺防线内，甚至有些士兵开始了消遣活动。这种现象是战争史上罕见的，实际上是英法对德国长期推行绥靖政策的结果，同时也反映了英法对军备实力信心不足，不敢贸然与德国进行大规模战争较量的实质。

"静坐战争"终因德国进攻挪威而宣告结束。英法"宣而不战"的假战争，最终把自己拖入一场真战争。很快，德军出其不意地进入法国，直逼英吉利海峡，绥靖政策彻底宣告失败。

法国士兵在马其诺防线上打牌

052 你知道珍珠港事件吗？

1941 年 12 月 7 日凌晨（当地时间），夏威夷群岛的人们还沉浸在周末的酣睡中，不知危险已经悄然而至。日军飞机向珍珠港发动了猛烈攻击，毫无准备的美军损失惨重。

天然良港

珍珠港，位于夏威夷群岛瓦胡岛南岸，在夏威夷州首府火奴鲁鲁（檀香山）以西约 10 千米处，因水域内盛产珍珠而得名。珍珠港由 3 个深入陆地的港湾组成，湾内水深合适，通航水域面积较广且水域回旋余地大，港区掩蔽条件好，独特的环境使其成为天然良港。1898 年，夏威夷归属美国后，美国开始在此兴建大型海军、空军基地，珍珠港成为美国通往亚洲和澳大利亚的交通枢纽。

珍珠港亚利桑那纪念馆

日本偷袭珍珠港

1941 年，日本推行南进政策，侵入印度南部，使日美关系日益紧张，日美外交谈判进入困境。美国迷恋于以经济制裁来维持和平，对日本实行钢铁禁运、石油禁运，冻结日本在美资产。日本也冻结了美国在中国沦陷区的资产作为反制裁，双方关系如弦上之箭，一触即发。但从九一八事变至七七事变，美国政府一直姑息日本，没有认清中国抗日战争在世界反法西斯斗争中的地位和作用，对日的绥靖政策使得美国在思想上缺乏对日本突然袭击的准备。

1941 年初，日本海军司令山本五十六策划了偷袭。美国华盛顿时间 12 月 7 日凌晨（东京时间 12 月 8 日），日本出动飞机 350 余架和秘密航行约 3500 海里的日本舰队，对珍珠港发动突然袭击。炸弹如倾盆大雨般倾泻到珍珠港，短短数小时内，美国太平洋舰队遭受严重打击，美军仓促应战，在港内的太平洋舰队几乎全军覆没，被击沉、击伤军舰 20 余艘，被炸毁飞机 300 多架，大量人员死伤。

1941 年 12 月 7 日，日军空袭珍珠港后，美军三艘受损的战舰：（左起）西弗吉尼亚号、田纳西号和亚利桑那号

日本对珍珠港的偷袭，彻底激发了美国人民的爱国热情和民族主义情绪，激怒了美国政府。8 日，美国对日宣战，加入反法西斯国家的行列，太平洋战争爆发，第二次世界大战全面展开。

053 “二战”中决定国际关系格局的重要会议有哪些？

在第二次世界大战中，1943 年是各主要战场形势发生根本转变的一年，战略进攻的主动权已经被同盟国牢牢掌握。由于面临协同作战、加快战争进程和战后世界安排等诸多问题，从 1943 年到 1945 年，同盟国召开了四次重要会议，影响了战后国际关系格局。

开罗会议

1943 年 11 月 22 日到 26 日，美、英、中三国首脑罗斯福、丘吉尔、蒋介石在埃及首都开罗召开国际会议，会议的主要内容是商讨联合对日作战计划和战后如何处置日本的问题，并最终签署了《开罗宣言》。宣言明确规定：日本所窃取的中国领土，例如中国东北、台湾和澎湖列岛等，必须归还中国。

德黑兰会议

1943 年 11 月 28 日至 12 月 1 日，苏、美、英三国首脑斯大林、罗斯福、丘吉尔在德黑兰举行会议。会议主要讨论的是美、英应于 1944 年 5 月发动诺曼底登陆战役，在西欧开辟第二战场的问题。会议最后通过了《德黑兰宣言》，宣布在对德作战时，三国会保持行动一致，而且在战争结束后继续开展合作。德黑兰会议和《德黑兰宣言》对加强盟国团结、加快第二次世界大战的进程、彻底打败德意日法西斯产生了重大影响。但是，大国主宰国际事务的倾向在德黑兰会议中得到充分反映，深刻影响了之后的国际形势。

雅尔塔会议

雅尔塔会议三巨头，椅子上分别是丘吉尔（左）、罗斯福（中）、斯大林（右）

1945 年 2 月 4 日至 11 日，苏、美、英三国政府首脑斯大林、罗斯福和丘吉尔在克里米亚半岛的雅尔塔举行会议，会议讨论了关于击败法西斯德国，铲除德国军国主义和纳粹主义，分区占领德国和柏林，战后成立联合国，苏联对日作战以及战后世界的安排等问题，并签订了《雅尔塔协定》。这次会议对缓和反法西斯盟国之间的矛盾、加强反法西斯统一战线、加速世界反法西斯战争胜利进程等起了重要作用，对战后世界格局的形成产生了深远影响。

波茨坦会议

1945 年 7 月 17 日至 8 月 2 日，反法西斯战争胜利在即，苏、美、英三国首脑斯大林、杜鲁门和丘吉尔（7 月 28 日以后为艾德礼），在柏林西南的波茨坦举行了一次重要的国际会议。会议主要讨论了对德国管制的基本原则、波兰问题、关于战争赔偿等问题。会议还讨论了对日作战问题，并通过了《波茨坦公告》，公告促令日本政府立即宣布无条件投降等。波茨坦会议是三大国首脑在战争期间召开的最长的一次会议，这次会议对于夺取反法西斯战争的最后胜利具有重要意义，对维护战后欧洲和世界和平起了积极作用。三国对战后欧洲和平的安排问题达成的妥协，确立了战后世界的政治格局。

054 什么是古巴导弹危机？

1962 年 10 月，美苏两国为争夺霸权在加勒比海地区引起了尖锐冲突，即古巴导弹危机，又称加勒比海危机。这场危机，差一点引发一场核战争。这次惊心动魄的冲突，是人类进入核时代以来的重大危机。

美国对古巴进行威胁

古巴，是拉美国家中离美国本土非常近的国家。1959 年，古巴人民推翻了由美国一手扶植的巴蒂斯塔政权。革命胜利后，古巴共和国成立，这是一个社会主义国家。新政府对古巴的经济、政治制度进行了改造，实行土改，将外国资本和本国的企业、大庄园收归国有。1961 年，美国与古巴断交。

美国不甘心在古巴的失败，于 1961 年 4 月策划指挥 1000 余名雇佣军在古巴的基隆滩登陆，企图武力颠覆古巴共和国，被古巴军民击溃。之后，美国一方面并未完全放弃对古巴的武力威胁；另一方面，又转向了对古巴经济上的全面制裁，企图通过掐断其经济命脉来扼杀年轻的古巴共和国。

苏联的冒险

苏联领导人赫鲁晓夫为了同美国争夺世界霸权，力图在拉丁美洲寻找立足点。他看中了古巴，以“保卫古巴”为名，逐步加强了对古巴的经济和军事援助。从 1962 年 7 月开始，苏联把进攻性导弹和发射设备秘密运进古巴，以加强对美国的威慑力量。

美国的反应

美国很快察觉到苏联将导弹运进古巴，1962 年 10 月 22 日，美国宣布武装封锁古巴，要求苏联“在联合国观察员的监视下，迅速卸除和撤退在古巴的进攻性武器”，并先后出动了 183 艘军舰封锁古巴海面。美国对古巴实施海上“隔离”期间，世界各地美军都进入最高戒备状态。与此同时，苏联、古巴、华约组织的其他成员国也做了相应准备。美苏双方剑拔弩张，一场核战争大有一触即发之势。

美苏妥协

美苏并不愿意真的触发核大战。10 月 24 日，苏联货船在美国警戒线前停了下来，然后掉头返航。10 月 26 日，赫鲁晓夫致函肯尼迪总统表示同意撤走导弹，但美国要保证不入侵古巴。10 月 27 日，肯尼迪发表声明，要求苏联在联合国监督下从古巴撤出导弹，美国保证不入侵古巴。11 月 8 日—11 日，苏联从古巴运走 42 枚导弹，并在公海上接受美国军舰“船靠船的观察”。20 日美国取消对古巴海面的封锁。

1962 年 10 月，美国军舰在加勒比海域实施对古巴的封锁

双方的武装力量先后解除戒备状态，古巴导弹危机遂告平息。1963 年 1 月，美苏宣布两国关于古巴危机的谈判正式结束。

055 你知道欧盟的前世今生吗？

欧洲联盟，简称“欧盟”，总部设在比利时首都布鲁塞尔，是由欧洲共同体发展而来的。欧盟现拥有 27 个会员国（截至 2022 年）。欧盟是如何产生的呢？

欧盟委员会总部所在的贝尔莱蒙大楼，已经成为比利时首都布鲁塞尔极具象征意义的建筑物

欧洲共同体

第二次世界大战严重削弱了西欧主要资本主义国家的实力，战后的美国成为资本主义世界的霸主。欧洲一些国家认为，要想

重新在战后的国际事务中发挥有力的影响，就必须联合起来，实现欧洲的统一。

1951 年 4 月，法国、联邦德国、意大利、比利时、荷兰、卢森堡 6 个国家在巴黎签署了《欧洲煤钢共同体条约》，该条约约定六国共同管理六国煤钢的生产、投资、价格和原料分配等事宜，建立煤钢共同市场。“二战”后，为了抗衡美苏两国，欧洲国家开始走联合的道路。1957 年 3 月，六国在罗马签订了《建立欧洲经济共同体条约》和《建立欧洲原子能共同体条约》。1958 年 1 月 1 日，条约生效，欧洲经济共同体和欧洲原子能共同体成立。1967 年，欧洲煤钢共同体、欧洲经济共同体、欧洲原子能共同体合并为欧洲共同体，简称“欧共体”，这是欧洲一体化的重要步骤。

欧洲联盟

“欧盟”，由欧洲共同体发展而来，是一个集政治实体和经济实体于一身、在世界上具有重要影响的组织。1991 年 12 月，欧共体首脑会议通过了以建立欧洲经济货币联盟和欧洲政治联盟为目标的《马斯特里赫特条约》。1993 年 11 月 1 日，条约生效，欧洲联盟成立，这标志着欧共体从经济实体向经济政治实体过渡。欧盟主要有这些机构：欧盟理事会（决策机构）、欧盟委员会（执行机构）、欧洲议会（监督、咨询机构）、欧洲法院（仲裁机构）、欧洲审计院（财政管理机构）等。欧洲理事会是欧盟成员国首脑会议，在欧盟中占中心地位，每年至少举行两次会议，确定联盟的总体政治方针。

英国“脱欧”后，欧盟有 27 个成员国，欧盟成员国公民拥有欧洲统一的护照，大多数使用统一的货币——欧元。欧盟是世界上一体化程度最高的国家集团，在国际上发挥着重要的作用。

056 什么是"从摇篮到坟墓"的社会保障制度？

第二次世界大战后，西方国家为了解决贫困、失业、社会不平等问题，提出国家应积极承担社会责任，加大社会福利投入，竞相以"从摇篮到坟墓"相标榜，纷纷宣布成为"福利国家"。

社会保障制度的建立

社会保障立法的萌芽可以追溯到1601年英国制定的《济贫法》。现代意义上的社会保障法的出现以1883年德国俾斯麦政府制定的《疾病保险法》为标志。为了缓和社会矛盾，特别是资本家与普通劳工之间的矛盾，达到巩固统治的目的，德国开创了社会保障立法之先河。

罗斯福签署《社会保障法》

1929年美国爆发严重的经济危机，为解决国内矛盾，罗斯福新政开始实施，1935年美国颁布的《社会保障法》，实行养老金制度、失业保险制度、向无依无靠者提供救济。这是第一部规定了社会保险、社会福利和社会救助等内容的综合性立法。

随后欧美各国也先后通过立法的方式颁布一系列有关社会保障制度的法律文件。欧美、日本等发达资本主义国家的社会保障制度进一步发展。这些社会保障制度包括三大部分：一是包括养老在内的各种社会保险；二是包括失业在内的各种救济；三是包括住房、医疗在内的各种福利，覆盖到人们生活的方方面面。特别是北欧一些国家，生孩子、小孩子上学、读大学、失业、殡葬等很多花费都由国家来买单，福利可以说是覆盖了“从摇篮到坟墓”多方面。

如今负担沉重

完善的社会保障制度，不仅要求政府的参与，也要求全体国民的广泛参与。但是近年来欧美国家的社会保障制度出现了很多问题。

首先，开支越来越大，财政负担日渐沉重。欧美国家近年来经济增长乏力，人口出生率持续走低，老龄化现象严重，这些都使政府财政不堪重负。

其次，该制度造成了一定的社会惰性，由于有高额的失业救济金，很多人不愿从事工资较低或较为辛苦的职业，有的人甚至依赖各种福利，不劳而获，从而加剧了社会的不公平现象。

再次，高福利也使外来移民蜂拥而入，这些不劳而获的人与当地居民不可避免地产生了矛盾，加剧了社会动荡。所以这种社会保障制度正从令世人艳羡不已的美好愿景，逐渐演变成难以医治的制度沉疴。当今的西方国家纷纷认识到改革社会保障制度的迫切性，但又面临改革可能带来的社会动荡的风险，西方社会保障制度改革任重而道远。

057 曼德拉为什么被称为“全球总统”？

“黑色肌肤给他的意义，是一生奉献。肤色斗争中，年月把拥有变做失去，疲倦的双眼带着期望。今天只有残留的躯壳，迎接光辉岁月，风雨中抱紧自由。一生经过彷徨的挣扎，自信可改变未来，问谁又能做到……”——这是香港歌手黄家驹创作的歌曲《光辉岁月》，致敬的是南非前总统曼德拉。

不屈的斗争

曼德拉

纳尔逊·罗利赫拉赫拉·曼德拉（1918—2013年），出身于南非科萨人家庭。因为家庭原因，曼德拉幼年有机会进入教会学校学习，接受了正规的学校教育。南非当时处于英国的殖民统治之下，白人统治者对黑人采取种族隔离、歧视和压迫政策。广大黑人生活在地狱一般的黑暗之中。

成年后，曼德拉来到了约翰内斯堡，半工半读完成大学学业。在这里，他看到了白人居住区的繁华景象，也看到了黑人居住区的破烂和拥挤，还接触到了白人政权对黑人实行的种族隔离，亲身感受到了“白人至上主义”对黑人的残酷压迫。

印度民族解放运动领导人甘地曾在南非工作20多年，他的“非暴力不合作”抗争思想深深地影响了曼德拉。1944年，曼德拉加入非洲人国民大会（简称“非国大”），参与组建青年联盟，1947年任青年联盟书记，领导反对种族隔离制度的非暴力斗争。1951 年，曼德拉当选非国大全国副主席。面对南非白人政权变本加厉的种族压迫，非暴力抵抗已经难以继续下去。曼德拉在组织了多次罢工和地下武装斗争之后，于 1962 年被捕入狱，后被判处终身监禁。

1964 年，曼德拉被关进臭名昭著的罗本岛监狱。这里被称为“犯人的活地狱”。在恶劣的生活环境中，他还要从事繁重的体力劳动。即便如此，他从未放弃和妥协，依旧关心自己的民族和人民，领导和鼓励岛上的政治犯们为争取合理待遇而斗争，坚持锻炼身体，自学伦敦大学法学研究生课程。曼德拉带领狱友一起学习政治、经济、法律甚至南非白人的语言，把监狱变成了与白人独裁政府作战的战场和学习的课堂。曼德拉面对白人政府以放弃武装斗争作为释放出狱的条件，坚持非国大的政治原则，不为所动。他的精神，极大地鼓励了监狱的囚犯们。人们开始把荒凉的罗本岛称为“曼德拉大学”。监狱中的曼德拉逐渐成为全球瞩目的焦点。

国际上发起要求释放曼德拉的请愿行动，行动波及全球。曼德拉被称为“全球总统”，成为南非的象征，成为全世界无数人的偶像。1990 年，迫于压力，南非政府释放了曼德拉。

从黑白分明到彩虹国度

1990 年，非国大与白人政府进行了第一次谈判。1991 年，南非废除了种族隔离制度。1993 年，曼德拉被授予“诺贝尔和平奖”。1994 年，南非举行了首次非种族的全民大选，曼德拉成为新南非第一位黑人总统。1999 年卸任后，他继续为南非公益事业及非洲和国际和平事业服务。曼德拉已经成为全世界热爱和平的人们心中的精神偶像。

2013 年 12 月，曼德拉病逝。南非政府为他举行了国葬。

058 国际联盟和联合国分别是怎样的组织？

国际联盟和联合国是20世纪两个规模最大的普遍性的国际组织，二者都是世界大战的产物，反映了世界人民维护和平的心声。

国际联盟

国际联盟，简称国联，是第一次世界大战后建立起来的国际组织，总部设在日内瓦。1919年，巴黎和会通过了《国际联盟盟约》，并把它列为《凡尔赛条约》第一部分的内容。1920年1月20日，《凡尔赛条约》生效，国际联盟正式成立。当时会员国共44个，后来逐渐发展到63个，后有18个国家先后退出或被逐出。《国际联盟盟约》共26条，宣称国际联盟以“促进国际合作，维

原国际联盟总部所在地——日内瓦万国宫，现为联合国驻日内瓦办事处

持国际和平与安全”为目的，盟约提出了会员国应尽的义务与职责：裁减军备，相互尊重并保持领土完整和行政独立；对战败国的属地实行“委任统治”制度等。国际联盟的主要机构有会员国全体代表大会、国联行政院、秘书处，附设国际法庭、国际劳工局等。

国际联盟是世界上第一个政治性的国际组织，但在帝国主义强权政治存在的情况下，它实际上成为英、法所操纵的维护战后国际秩序的工具。第二次世界大战爆发后，国际联盟已名存实亡，1946 年 4 月国际联盟宣告正式解散，联合国取代国际联盟成为当代最大的主权国家组织，其档案全部移交给联合国。

联合国

联合国是第二次世界大战后建立的、由主权国家组成的维护世界和平与安全的国际组织，是当今世界上最大的国际组织。

1945 年 4 月，50 个国家的代表出席了在美国旧金山举行的“联合国家国际组织会议”。经过两个多月的会谈，会议最终通过了《联合国宪章》。《联合国宪章》的宗旨是：维持国际和平及安全，发展国际间友好关系，促成国际合作，构成一个协调各国行动之中心等。10 月 24 日，《联合国宪章》正式生效，联合国正式成立，这一天也成为联合国日。参加宪章签字的 51 个国家为联合国创始会员国，中国是创始会员国之一。

联合国总部在美国的纽约，主要机构有联合国大会、安全理事会、经济及社会理事会、托管委员会、国际法院和秘书处。现在安全理事会由中、法、俄、英、美 5 个常任理事国及 10 个非常任理事国组成。截至 2022 年，联合国已经拥有 193 个会员国。联合国在解决国际争端中发挥的作用越来越大。

华大学人研究书系

章开沅学术与人生

华中师范大学中国近代史研究所 编

華中師範大學出版社

新出图证(鄂)字 10 号

图书在版编目(CIP)数据

章开沅学术与人生/华中师范大学中国近代史研究所编. —武汉:华中师范大学出版社,2011.5

(华大学人研究书系)

ISBN 978-7-5622-4834-7

Ⅰ.①章… Ⅱ.①华… Ⅲ.①史学—文集 ②章开沅—生平事迹 Ⅳ.①K0-53 ②K825.81

中国版本图书馆 CIP 数据核字(2011)第 029550 号

章开沅学术与人生

编者:华中师范大学中国近代史研究所 ©
责任编辑:何军华　**责任校对**:刘　峥　**封面设计**:甘　英
编辑室:文字编辑室　**电话**:027－67863220
出版发行:华中师范大学出版社
社址:湖北省武汉市珞喻路 152 号
电话:027－67863040(发行部)　027－67861321(邮购部)
传真:027－67863291
网址:http://www.ccnupress.com　**电子信箱**:hscbs@public.wh.hb.cn
经销:新华书店湖北发行所
印刷:湖北恒泰印务有限公司　**督印**:章光琼
字数:390 千字
开本:880mm×1230mm　1/32　**印张**:14
版次:2011 年 5 月第 1 版　**印次**:2011 年 5 月第 1 次印刷
印数:1－2500　**定价**:35.00 元

“华大学人研究书系”总序

华中师范大学是中国真正具有百年以上历史的少数知名大学之一。在其一百多年的发展过程中，有一批又一批筚路蓝缕披荆斩棘的先驱者，他们呕心沥血，殚精竭虑，为现今华师的奠基与成长作出了不可磨灭的贡献。我们应该永远铭记这些先驱者的丰功伟绩。

现今高等教育的整体，无论从规模、设施、师资与教学科研水平哪一方面来看，都远远超过自己历史上的那些前身。但这些前身毕竟为今天学校的迅速发展奠定了良好的基础，它们的校园、师资、学生、图书、设备，不仅是历史的遗迹，而且至今仍然为学校的持续发展作出贡献。历史本身就是一种资产，一种无可取代的宝贵资产，其中包含的有些重要无形资产甚至远远高于其相关联的有形资产。由于这方面的感悟日深，许多精明的高校管理者都极为重视保存本校的历史，除档案文献以外，还努力维护古老的建筑、景观乃至旧有的典籍、设备，用意在于彰显其悠久而又丰厚的历史文化底蕴。

这些工作当然非常重要，而迟至今日只能说是亡羊补牢。但更重要的工作恐怕还是要数延续学脉与传承精神。高校不是一般的教育机构，乃是学术文化延续的载体。学脉是学科孳生繁衍的谱系，精神是众多学科群共生互动焕发的校园神韵，而兼任两重载体且流光溢彩于百年岁月之间的则是那一代又一代的杰出学者。

王缁尘撰《汉学师承记评序》云：“《汉学师承记》者，清乾嘉时江氏藩之所著也。盖一时代有一时代之人物，一时代有一时代之学术思想。以此学术思想，由此人物而流衍支配于社会政治间，而此民族文化遂发生变动而或以之衍进焉。准是以言，则学术思想实民族文化最重要之因素。"宋元明清学案之作勃兴，佳构巨制比比皆是，而王氏高明之处则在于突出探究学术思想，而非停留于仅仅陈述"经师之事迹与授受之源流"。其评论最精彩之处是阐析各个时代学术思想之关联："且此时代之学术思想，与前一时代、后一时代之学术思想，皆有密切之关联。或为反对前之学术思想而产生，而其时尚扬前时代之余波；或为启导后之学术思想而殭死，而其时已露后一时代之萌蘖，此其不能划然分割者也。"王氏此处讲的虽是影响覆盖整个社会的宏大学派，但类似的现象在校园学科之间也不胜枚举。"人事有代谢，往来成古今。"对学者业绩及其思想，大体上都可以作如是观。

华师百年，才人辈出。他们在各自的学术领域取得了令人瞩目的成果，获得学界的高度评价。这其中有中国共产党著名政治活动家、教育家恽代英，他36岁慷慨就义，留下遗著300万言，为中国革命和教育事业作出了卓越贡献；著名历史文献学家张舜徽先生，他一生勤于著述，笔耕不辍，给后人留下了几十部厚重著作；著名历史学家、文学史家钱基博先生，他的著作不断再版，在学界影响甚大，许多已经成为研究历史、文学的学者的必读书；逻辑学家、哲学家詹剑峰先生，他在西方哲学研究以及中国哲学研究尤其是墨子和老子研究方面浸淫很深。还有杨东莼、包鹭宾、韦卓民、黄溥等，这些都是华师历史上灿若群星的名字。另外，还有一些学者在华师历史上也曾留下过足迹，如冯友兰、王亚南、吴宓、游国恩、傅懋勣等，他们也是我们这所老校的骄傲和财富。出版社已推出的"桂岳书系"(8种)在一定程度上反映了百年来优秀学人的探索轨迹和学术成就。

华师精神是"忠诚博雅，朴实刚毅"，在这精练的八个字的启发下，华中师范大学出版社正在倾力打造一个学术品牌，名为"华大博雅学术文库"。其中，国学出版将是一个重要的组成部分：我们已经推出了《张舜徽集》的一、二辑共10册(第三辑三种5册也即将付印)，"道家道教研究书系"中也收录了詹剑峰先生研究老子的著作，《钱基博集》已经进入整理阶段，将成为我校出版社"十一五"期间的重点项目。另外，韦卓民先生对康德哲学、黑格尔哲学的译作也在分阶段推出。我们设想，以"立足教育，弘扬学术"为指引，出版社将在未来的发展中坚持不断地提高学术品位，推出学术精品，而挖掘百年老校丰富的学术资源将是工作的重心之一。

在推出百年华师历史上学人的著作的同时，我们也想到，对这些学人进行研究，研究他们的生平、治学生涯、学术思想，无疑可以更进一步推动对他们学术的研究。在这一方面，有些青年学者做过一些工作，出版社就曾经出版过《张舜徽和清代学术史研究》，但显然还是远远不够的。此次有机会推出《恽代英年谱》和《钱基博年谱》，出版社也设想借此机会推出一个新的书系，着眼于研究百年华师历史上成就卓越的学者和他们的学术，丛书名拟订为"华大学人研究书系"，一方面可以将以往已经出版过的相关图书进行整合，另一方面也主动策划一些选题（如年谱、评传、专题研究以及相关人物的研究资料汇编等）。我们希望，这套丛书的推出可以激发对前辈学人的深入研究，从而弘扬百年华大的学术传统，以期华大学脉世代绵延！

章开沅

2006年冬于桂子山之实斋

目　录

上篇　学术人生：章开沅与史学研究

下篇 师友琐忆:章开沅治学与育人

上 篇

学术人生：

章开沅与史学研究

把人生追求落实到推动史学发展

罗福惠

在章开沅先生身边受业近30年，对先生的为人与为学，自应有所了解，然而多次应有关刊物之约写下的介绍之类，限于对方要求，都成了先生生平事迹和学术成果的罗列。20世纪90年代中期以前，我曾围绕先生史学思想的“反思”特点和对现代化研究的率先倡导，写过两篇文章，现在重读也难免萌生悔其少作之憾。究其原因，乃在即使是探讨先生的学术思想时，也只是在先生的著述中寻章摘句，然后或归纳或发挥，简言之就是论其文而未深知其人。这就像今天有些人治史，只埋头在文献、数据中爬梳翻滚，既难见人也难知世，因而缺乏史感。

先生的为人为学，一贯具有锐意进取的特征。历时越久，这一特征越发明显。20世纪90年代以来，先生的思虑愈大愈深，其丰厚的思想因遇到若干更能自由发挥的时空平台而得以伸展，加上先生乐于提携后进，总是坦诚地把自己的所知所感与学生交流，这些使得我对先生的认识有了进一步的丰富和深化。

一

中国对于一般事业有成或学有成就的人，人们通常称其“早慧”、“少有大志”，否则就是“大器晚成”。以先生的家世和禀赋，自当属于前者，但他们那一代人自幼少到青年，适逢中国空前的内战和外患，欲求安定的生活和接受系统的教育皆不可得。但种种困境和磨难丰富了先生的早年人生，养成了先生“从不满足于轻车熟路，经常喜欢在荆莽崎岖的山野作新的追求”①的性格和志向。这种“追求”的目标，对一个有志青年而言，不是盛满稻粱的“饭碗”，也不是温馨的家庭，而是和生命一样重要的“新知”。因为“新知”才能帮助青年树立正确远大的人生志向，引导我们的民族和国家走向独立富强。先生曾在多所小学、中学受教，也曾辍学流浪，还从过军，最终进入大学未曾毕业就奔赴解放区，既是环境所迫，也是人生志向使然。

志向带有一定的主观性，职业则多为客观所定。只有人生志向与职业融为一体，职业才会提升为志业，而不仅仅是谋生的手段。按先生的说法，他与史学结缘，还是由于“革命的需要”，即新中国成立之初，他由组织上安排到高校讲授中共党史和《新民主主义论》，这与先生在金陵大学历史系读书所得的知识积累和方法训练，显然既有联系又有区别。先生从此告别了曾经朦胧憧憬过的文学梦、电影梦或者别的梦，以其高度的适应能力、扎实的理论功底和生动活泼的语言文字表达能力，很快脱颖而出，成为极受学生欢迎的历史教师。与此同时，他结合原先受到的史学训练和在革命队伍中学到的唯物史观与方法论，开始对1911年发生的武昌首义、辛亥革命时期民族资产阶级的性格等加以研究，在1961年举行的“纪念辛亥革命50周年学术讨论会”上成为史坛后起之秀，得到吴玉章、范文澜等革命前辈、学术前辈的赞赏。先生自此不仅以治史为业，而且视治史为对生命意义的终生追求。

史学的魅力在于史学的内在价值和功能本身。从客观上说，史学是人类生命过程纪录的总汇，与整个人类文明，包括物质文明和精神文明息息相关。中华民族是一个文明早启、历史悠久的民族，中国史学同样源远流长，成为人类文明的宝库之一。人们主观上要对这个宝库加以发掘乃至利用，史学的功能就会得以呈现。在中国史学的开山祖司马迁提出“究天人之际，通古今之变”的治史目标之后，历代不同的政治家、史学家对治史和“用史”都高度重视，虽有或者侧重正邪、是非、功罪的评判，或者侧重纲常伦理的人心教化，或者侧重明得失以资经世济民

① 章开沅：《自序》，《章开沅学术论著选》，华中师范大学出版社2000年版，第2页。

等各种各样的动机,但客观上依旧共同造成了中国史学的丰富和发展。到了近代,一方面是因为外来侵略造成了中国的民族危机和文化危机,一方面是因为世界联为一气而必然出现文化交融和文明多元,中国文明的主体性问题因而格外突出,从"国粹"到"国学",显示的是同一命题。但无论在"国粹"还是"国学"中,从内容上看,史学都处在一个重要的甚至是根本的位置上。所以先生借用法国年鉴学派先驱布洛赫和历史学家马鲁的话来表达,称"历史学以人类的活动为特定的对象,它思接千载,视通万里,千姿百态,令人销魂,更能激发人们的想象力",而史学的根本功能在于"使往昔的文化价值历久常新,从而丰富我们的内心世界"①。这就是要把史学的价值和功能从资治、惩恶扬善等等,提升到人类精神文明的高度,超越有限期间和某种特定范围的需求,避免"苟从与附合",从人类的根本特性和终极关怀上来探求和坚守安身立命之所。这是对历史价值和功能的根本性理解,即先生所说的"彻悟境界"。

"彻悟"是一种解放,但又并非彻底的解脱,而是在解放的同时使自己背负上了更重大的使命。先生认为,"知识分子不是一般的读书人或有专业知识、技能的人,而是关心人类命运、社会进步的社会精英"②。而以治史为志业的人,其使命就是成为"优秀的史学家",拿出优秀的史学成果。混沌的历史不会自动成为史学,更不是所有的史学成果都称得上"优秀"。所以先生说,"优秀的史学是民族的文化瑰宝,而且可以为全人类所共享,流传于千秋万载"③;"时间的绵延只属于有意识的心灵",只有优秀的史学才能赋予时间和历史以生命,使其"顿呈鲜活,表现为运动中之绵延"④。否则,人类对自己从哪里走过来,现在处在何

① 章开沅:《治史偶感·史学与政治》,《章开沅学术论著选》,华中师范大学出版社2000年版,第108页。

② 章开沅:《思言篇·知识分子的历史使命感》,《鸿爪集》,上海古籍出版社2003年版,第65页。

③ 章开沅:《治史偶感·治学不为媚时语》,《章开沅学术论著选》,华中师范大学出版社2000年版,第101页。

④ 章开沅:《治史偶感·因诗悟史》,《章开沅学术论著选》,华中师范大学出版社2000年版,第95、93页。

处，下一步再往哪里走，都会感到茫然，历史成了黑暗的虚空，人类成了追求满足当下欲望的动物，这将是最大的危险和悲哀。因而迫切需要优秀的史学家“在人类文化的总宝库中，发掘一切健康有益的精神资源，弘扬而又超然，镕铸以求创新，共同纠正现今人类文明的严重缺失”①。这就是历史学家以史学来“参与现实生活”的使命及其实现的道路。

古今中外的历史显示，“参与史学”和“政治对史学的干预”，首先是一对如影随形的孪生兄弟，只不过这两兄弟的关系有时密切有时疏远，有时紧张有时和谐而已。政治总是老大，有它的权威性格，有对各种科学的要求。如果政治环境宽松，对史学的要求着眼于人类的长远利益和根本问题，真诚、公正的史学家就有更大的发挥空间，优秀的史学成果自会成批涌现。否则只会相反。此外，史学研究的进行和史学成果的传播，也离不开经济保障，离不开社会对史学成果的关注和认可。种种原因可能造成史学的困境，使得优秀的史学家和优秀的史学成果难以产生。

史学家有理由争取更宽松的政治氛围，争取更好的工作环境和保障，然而更根本的问题，还是史学家的人生志趣和科学态度。先生一贯认为，史学应该保持自己独立的科学品格，史学家应该保持独立的学者人格。“真实是史学的生命，求实存真是历史学家无可推卸的天职。”为了维护历史学的科学性，史学家应该具有“超越世俗的纯真与虔诚。工作对于他们来说，奉献更重于谋生，其终极目的则在追求更高层次的真、善、美。唯有如此真诚，才能不趋附、不媚俗、不作违心之言”②。简言之就是史学要求真实，史学家先要做到真诚。

种种“唯上”、“违心”、“趋附”、“媚俗”，我们的古人称之为“曲学阿世”。种种追求地位尊荣、金钱物欲的目的，古人称之为“取容”。曲学

---

① 章开沅：《思言篇·文化危机与人文价值的重建》，《鸿爪集》，上海古籍出版社2003年版，第114页。

② 章开沅：《治史偶感·治学不为媚时语》，《章开沅学术论著选》，华中师范大学出版社2000年版，第100～101页。

阿世以取容,既造成学者人格的堕落,由此也带来史学品格的堕落。而史学品格一旦丧失,自然会造成庸劣之作,其庸劣之尤可称为“秽史”,用今天的话说就是垃圾产品,不唯无益,只能为害。

二

史学如何求真?记得早年章先生偶然引用过一位中国古代史学家的话,即将其比喻为“老吏断狱”。但是后来先生不再以此作喻,而是引用布洛赫的话,即“长期以来,史学家就像阎王殿里的判官,对已死的人物尽情褒贬”①,这当中显示出先生治史的观念升华。确实,精明的官吏面对两造截然相反的证词和主张,必须要有全盘的深入了解,抓住要害和本质,判断是非真伪,然后根据法律条文“定谳”。而治史者对于历史人物的功过和历史事件的是非,也要充分了解相关资料和历来研究者的各种看法,然后深入分析,提出自己的见解。从这个角度看,传统的治史方法与官吏断狱有些相似之处。但是两者又有根本不同。断狱多半在当下,可以进行现场勘验。而治史的对象则处于已经过去的时空,主要根据文字材料。更重要的是,断狱时只能依据法律条令,而且一对一错,或各方对多少错多少,必须得出一个泾渭分明、非白即黑的结论来。

而史学家对历史上人事的评判,不仅更难于体会当时的情境,尤其在评判标准上常如布洛赫所说,或者“将一个人、一个党派或一个时代的相对标准加以绝对化”,或者“极易受集体意向和反复无常的个人爱好的影响”,于是“种种因素使历史学天然地蒙上一层反复无常的外表。空洞的责难,然后又是空洞的翻案”。先生显然对此有感于心,特别提出“历史的公正”,强调史学家的职责不是“依照法律作出裁决”,而是“只限于观察事实并作出解释”。这并不是说“评判”及其用以评判的“标准”,即我们通常所说的“观点”可以完全弃置,而是强调“事实”和

---

① 章开沅:《治史偶感·历史的公正》,《章开沅学术论著选》,华中师范大学出版社 2000 年版,第 101 页。

"观点"的本末关系不能颠倒。史学的公正尤其表现在尊重"与其最偏爱的观点相悖的事实",不是一上来就以"正邪"、"是非"、"功罪"等模式化标准为先入之见,然后用经过选择、裁剪甚至似是而非的"事实"来证明所谓"评判"的正确。为了减少及直至克服"先入为主的判断"和"凭依他人权威"的人云亦云,史学家应该"努力贴近并维护历史真实","充分研究当时当地的情、境、人、事","独立思考"和"自主判断"①。史学家和法官的区别就是研究者和判决者的区别。

先生治史强调"理解"。所谓理解决不仅限于读懂资料,而是大有深意。先生多次引用陈寅恪"神游冥想,与立说之古人处于同一境界"之语,又表示特别喜欢布洛赫"要窥见前人的思想,自己的思想就应当让位"一语,进而发挥说,"所谓让位,即为古人设身处地,把自己设想成处于当时的历史环境,借助确凿史料分析前人思想与行动的成因与后果,这样才有可能理解其心灵深处的奥秘"。这些话的意思就是要史学家在治史时先放弃先入之见,像现实中做调查研究一样,回到现场而且尽量深入到人的内心,通过体验而形成真正的史感。这样才不会"执今以律古"。

当然"理解"不是把古人和前人的一切都看成是"合理"的。先生特地引用过晚明最具反叛性和批判精神的李贽的两句话,一是读史"得与其人会睹","真如与百千万人作对敌";一是"与千古人为友。彼其作用,多有妙处,其心多有不可知处。既已觑破,实不与旧时公案同"②。李贽这里所说的"其人"、"百千万人"、"古人"等等,应该包括史册所记载的人和编纂这些史册的人。但不论是对于何人,"会睹"也好,"为友"也好,都是通过设身处地的冥想神交,达到如同亲历其境,亲会其人并深入了解其心的境界,从而穿透时空,"觑破"历史的迷雾而求得真相,其认识或结论自然"实不与旧时公案同",即得出自己全新的见解。

---

① 章开沅:《治史偶感·历史的公正》,《章开沅学术论著选》,华中师范大学出版社 2000 年版,第 102～106 页。

② 章开沅:《思言篇·参与史学与史学的参与》,《鸿爪集》,上海古籍出版社 2003 年版,第 9 页。

先生把“与古人为友”、“与古人会晤”提升为“与古人对话”,并认为这不仅是一种方法,更是“一种境界,一种进入融通领悟的层次”。先生特别强调的是,“对话应是平等对待关系,史学家在研究初始阶段是求知者而不是裁判员,在相当程度上应持价值中立态势,这样才能作客观冷静的理性探索”①。为什么我们难以进入“对话”境界?一是史学家可能狭隘、简单地理解“让史料说话”,故容易满足于故纸堆中的搜寻所得,殊不知这些文字资料只是我们研究历史的中介材料,而且终究缺少了深度与鲜活。二是史学家研究的是过去,而自己作为后来人常常会因为“历史已经证明……”或者因为已经掌握各种最新的理论和方法而以为治史非常简单。这种据结果求原因的单向思维方式,或者以“后见之明”来论衡前人的方法,就使得我们认为可以轻易地重塑历史。所以,如果我们过度地倾倒于克罗齐的“一切历史都是当代史”,那么与“历史是任人打扮的小姑娘”还有什么区别?对于史学而言,如果有人认为“可信者不可爱”,有人认为“可爱者不可信”,就会造成更深刻的危机。先生强调的平等对话,从“立”的方面是强调“设身处地”,从“破”的方面是反对“以己度人”,或把自己的主观认识强加于人。这对于提升史学的可信与可爱,无疑具有深远的意义。

说到先生重视“对话”,范围还可以再扩大一点。作为一个以治史为志业的人,先生早年曾与辛亥革命亲历者如章士钊、喻育之等对话,这使我想到司马迁年青时遍游禹域,访寻故老。这种与环境、人物的对话,是中国文人尤其是治史者的传统。也许并非每次与故老对话都有新史实的发现和新资料的收获,但至少能在时空方面延伸体味,加深自己的史感。先生从与杨东莼、黎澍、韦卓民等前辈的交往中,得到了扶持和启发。与同辈师友如陈庆华、陈旭麓、戴逸、林增平等人的交往、交谈和交流,则在学术上收到了互相切磋,共同繁荣中国近代史学的作用。而对于后进和青年学生,先生始终诲人不倦,从不因认为青年思想幼稚、知识浮浅而稍有徒费口舌之感,而是相反认为,“学生如行云流水

---

①　章开沅:《思言篇·参与的史学与史学的参与》,《鸿爪集》,上海古籍出版社2003年版,第8～9页。

般的活泼思维，常常能触发教师创造新知的灵感火花”，“通过相互问难、热烈讨论乃至课余无拘无束的对话，从治学经验到人生真谛，处处都体现了传道、授业、解惑的复合功能”①，并从中感到了巨大的人生乐趣。

无论是出于自觉，还是由于机缘，先生还把对话拓展到了史学圈外。“为了不断扩展对过去认知的广度与深度，历史学家便不得不经常向许多其他学科专家求助，如社会学、人类学、经济学、政治学乃至科技专家等等。”处在学术科际整合的时代，治史者应该“主动走近、嫁接许多学科有用的理论和方法，而这正是历史学蓬勃生机之所在”。先生把这类工作称为“广义的对话”②。历史学原本是内涵庞大丰富的学科总汇，在现实教学和研究中细分出来的社会史、民族史、政治史、经济史、思想史、文化史、教育史、科技史、法律史等等，无一不在“大历史”中存在着。古人常说的“为学渊博难”，在治史时最易体现，所以先生又常以“纵通”和“横通”勉励学生。

先生还曾与电影艺术家郑君里、文学家徐迟进行过对话，并由此和布洛赫的“历史学所要掌握的正是人类，做不到这一点，充其量只是博学的把戏而已。优秀的史学家犹如神话中的巨人，他善于捕捉人类的踪迹。人，才是他追寻的目标”一语产生强烈共鸣，认为“在对人的执着追寻方面，史学家与文艺家有灵犀相通之处”③。所以先生的历史著述，无论是研究环境、社会、制度、事件，始终不曾离开人物的言行甚至内心世界这个中心。先生还认可徐迟“历史学界不注意文采，写的东西读不下去”的批评，并且“常以此劝告中青年学者要注意文字的刻苦锻炼”④。而先生自己的文章，既笔削谨严而又文采飞扬，即使是深刻的

---

① 章开沅：《春风化雨·桃李芳菲》，《鸿爪集》，上海古籍出版社 2003 年版，第 58 页。

② 章开沅：《广义的对话》，《章开沅学术论著选》，华中师范大学出版社 2000 年版，第 121 页。

③ 章开沅：《历史的公正》，《章开沅学术论著选》，华中师范大学出版社 2000 年版，第 103～104 页。

④ 章开沅：《徐迟之死》，《实斋笔记》，东方出版中心 1998 年版，第 59 页。

分析议论也是严肃活泼兼具,因此在史学界内外都拥有众多读者。

随着改革开放后学术交流局面的扩大,先生更把对话的对象迅速增加。范围包括港台、韩国和日本、欧洲和北美,无论是华人学者还是真正的外国人,先生都乐于与他们交往,尊重对方,随时展开平等的对话。先生曾引用布洛赫的话,"千言万语,归根结底,'理解'才是历史研究的指路明灯……任何与我们不同的人,如外国人,如政敌,几乎毫无疑问的恶人,在双方不可避免的冲突中,有必要加深一些理解以便于疏导,如有时间进行充分的理解,就能防止冲突……理解包括体验人类千变万化的差异,包括人们之间不断进行的交往",强调通过对话加深理解,是克服各方"往往先入为主,预设结论,并且脱离当时的特定历史环境来评判某些事件和人物"的"毛病"①的根本途径。从先生的相关文字中可以发现,这些对话既有史事和见解的商讨切磋,又有方法和思想的沟通。这些小而言之是史学的交流,大而言之也是中外文化的互动。近两年先生一直在与日本思想家、活动家池田大作进行长时间的对话,内容广泛涉及人与自然环境,生命价值和人生意义,战争与和平,如何正确认识历史,如何教育青少年,文化的多样性与相互关系,如何建设和谐社会与和谐世界等等。先生的思想将在这一重要的对话中得到充分展现。

三

当然史学家最基本的、大量的工作还是与前人对话,要通过足够的史料作为中介,去贴近和理解历史。故治史的入手之处只能是寻找史料。说实话,先生和我们所在的地方——武汉,在获取历史资料和研究讯息方面并不具多大优势。武汉及整个湖北,自清代以来并不是文风很盛的地方,加上屡经战火,而且从近代到现代,武汉也不是中外交流的一线城市,故无论就历史文献贮存,还是通过开放交流获得新的讯

① 章开沅:《对话与理解》,《实斋笔记》,东方出版中心 1998 年版,第 323～325 页。

息、理论而言，武汉远不及京津、江浙和南方的粤港，这种局限在改革开放之前尤其明显。但是先生通过长期不懈的艰苦努力，克服了种种困难，不仅自己做出了一系列有坚实资料基础的研究，还发现和积累了多种有特色的历史资料，从而得以嘉惠学生，并方便远近学者。

先生曾说，“史料与史学的关系正如采矿与冶金，如果没有努力发掘大批量新史料，则所谓开辟新领域只能流于空话连篇”①，所以先生从治史一开始就非常注意史料的发掘与整理利用。20世纪五六十年代，境内的档案资料基本都不开放，做近代史研究只能利用书刊和少数报纸，境外资料更无法一见。而收集资料的方法，不用说没有现在的利用网络和下载，连复印和拍照都不可能，唯一的办法是用笔抄写。先生常常利用难得的外出机会，在上海徐家汇藏书楼手抄《时报》、《民主报》，到北京图书馆和近代史所手抄（也花钱请人抄）张謇未刊函稿和赵凤昌藏札，一点一滴地积累，并运用于辛亥革命研究和张謇研究。

寻找资料不仅要勤奋，更要有眼光，即着眼于近代史研究的需要和发展趋势。先生在20世纪70年代末80年代初就认为，研究辛亥革命史乃至整个中国近代史，除了继续深化政治史研究之外，还应把研究领域拓展到经济史、文化史和社会史。为此必先做好若干资料准备。70年代末，先生在江浙收集资料，在苏州档案馆发掘出苏州商会、商团档案，立即提议由该馆和我校（当时历史研究所尚未成立）合作整理。80年代中期以后，先生开始关注中国教会大学史，其入手工作也是收集史料。为此还专门召开了一次学术会议，邀请境内近10所前身曾是教会学校的大学的教育史研究者与会，呼吁分头着手收集资料。90年代，先生在庐山图书馆也发现了一些史部图书和教会学校的教科书。

从80年代起，先生把“对史料的追寻又从国内延展到海外”，在日本东洋文化研究所、东洋文库、明治文库、京都大学人文研究所、新加坡大学图书馆、耶鲁大学神学院图书馆、斯坦福大学胡佛图书馆、密歇根大学东亚图书馆、普林斯顿大学葛斯德东方图书馆、美国国会图书馆、

① 章开沅：《自序》，《章开沅学术论著选》，华中师范大学出版社2000年版，第3页。

耶鲁大学斯特令图书馆、哈佛燕京图书馆等地，先生都有不少收获。在国外，先生除注意收集难得的零星资料以外，还特别注意已经通过研究者整理过的资料索引，如日本学者坂野正高、田中正俊、卫藤沈吉编纂的《近代中国研究入门》（东京大学出版会），美国学者施坚雅编纂的《近代中国社会——分类文献》（包括西文、日文、中文共三大卷），费正清等人编纂的《日本的近代中国研究：19～20世纪历史与社会学研究文献导引》，还有黎安友编纂的《近代中国：1840—1972，资料与研究介绍》，Clayton H. Chu 编纂的《在华美国传教士：纽约传教研究图书馆书刊目录》等①。

由此可以看出先生收集资料的特点，用一个形象的比喻就是，既留心树木，更关注森林。前者就是独力发掘稀见的各种个别资料。如先生在耶鲁大学容闳的学籍档案中发现了容闳的学习成绩、一些通信和毕业赠言簿，由此可以看出容闳与同学、老师的交往，容闳对家人的挂念和报国抱负，更重要的是看到容闳不仅在努力吸收西学，而且还曾尽可能地向美国同学传播中学②。再如1994年夏，先生在庐山图书馆发现了许寅辉的《客韩笔记》，该书刊于1906年，线装一册，记载甲午战争时期作者在朝鲜的经历和见闻。先生认为，书中所载不仅可见清军的腐败，无斗志，无战斗力，而且纪律松弛，在朝鲜被日军打败后狼狈不堪，境遇悲惨；而且也可以看到中国商人当时在朝鲜的生存状况，可说是中国普通老百姓在朝鲜半岛的一页生活史③。类似发现不仅具有特殊的研究意义，更主要的是，通过聚沙成塔，集腋成裘，最终归之于一个较大的题目之下，可以成为系统性的资料汇编。事实上，2006年由先生主编的八大本、字数多达300多万的《辛亥革命资料新编》，正是先生数十年逐步积累的结果。

① 章开沅：《实斋笔记》，东方出版中心1998年版，第68～77页。

② 章开沅：《先驱者的足迹——耶鲁馆藏容闳文献述评》，吴文莱编：《容闳与中国近代化》，珠海出版社1999年版，第563～580页。

③ 章开沅：《许寅辉撰〈客韩笔记〉》，《实斋笔记》，东方出版中心1998年版，第286～293页。

后者就是从大处着眼，留心各地学者长期整理而成的史料汇编、资料索引之类。这样可以在较短的时间内，尽量避免个人大海捞针式的无限搜索，而充分借鉴和利用别人已有的公之于世的资料。先生每到一处研究机构或图书馆访问，都会留下类似的文字记载，详细介绍有关各处的资料讯息。这在《实斋笔记》中的“海外学记”、“域外寻史”、“史料拾零”等部分特别多。读者如有机会，不难按先生之图而索骥。

而且，由于大型资料的丰富性和相关性，治史者常能意外发现新的资料，从而开拓新的研究领域。20世纪80年代后期，先生为研究中国教会大学史而注意到美国传教士、金陵大学教授贝德士，特意两次前往耶鲁大学神学院图书馆查阅“贝德士文献”，意外地发现了南京沦陷期间由外国传教士组织的“南京安全国际委员会与南京国际救济委员会”的档案资料。这些资料详细地记载了南京沦陷后日军的种种暴行，反映了南京老百姓在地狱中的苦难。先生迅即根据上述资料写成《南京大屠杀的历史见证》和《南京：一九三七年十一月至一九三八年五月》两书，分别由湖北人民出版社和香港三联书店出版。先生说，“这个课题本非我的主要研究领域，但书出以后却在海外引起强烈反应，好些中英文报刊都纷纷作详尽报道”。后来美国吴天威教授和台北郭俊鉌合作，把以贝德士有关文献为主体的一批有关南京大屠杀的档案原件出版，耶鲁神学院图书馆也举办了南京大屠杀档案史料展览。先生认为，“这些工作都是对日本军国主义者妄图掩盖侵略暴行的正义声讨，同时也是对青年一代的必要历史教育”①。所以此后又再赴日本各地，继续“为南京大屠杀取证”，即进一步搜寻资料。

需要强调的一点是，收集资料要靠个人努力，最好也有同道之人协助。由于先生的学术成就广为人知，尤其因广泛交友、坦诚待人，而自然形成一股磁力，常有国内外友人主动为先生提供资料线索，甚至主动把大型资料送给先生。日本学者久保田文次、法国学者白吉尔、美国学者史扶邻，就曾主动送给先生日本外务省、法国外交部和陆军部、美国

① 章开沅：《域外寻史·贝德士文献》，《实斋笔记》，东方出版中心1998年版，第209～212页。

外交部的档案复印件。国内学者如汤志钧、胡国枢、关捷等人也曾协助过先生。而先生一贯主张"学术乃天下公器,资料也应该为天下所共享",得到新的资料时"必定公诸同好"①。其做法是从不据为私有,或只供少数人使用,除了充分研究利用之外,还尽力设法刊布。这样人家才不生"明珠投暗"之憾,交流亦得以持久扩大。

故从 20 世纪 90 年代开始,先生已经陆续主持出版了多种系列资料,如苏州商会、商团系列资料、中国教会大学系列资料、辛亥革命系列资料、贝德士文献系列资料等等。而先生主持的东西方文化交流中心,已经拥有 13 所中国教会大学历史档案全宗、欧美来华十数家差会历史档案和书刊的缩微胶卷,每学期都接待多位有志于这一领域研究的国内外学者、学生来访,成为名符其实的中国教会大学史和中国基督教史资料中心和研究中心。

有关先生在中国近代史领域多方面的开创性工作及其成就,还有教育理念和育才效果等,以前和此次都有同门多士的分析和总结。此次本文着眼于回顾先生在如何把人生追求落实为史学研究,研究中如何通过"对话"达到理解以存实求真,还有如何重视史料收集并使之成为"公器"等三个问题上的理念和贡献,和盘托出我的一得之见,与其说是为了探讨先生的志业,不如说是为了自勉。

① 章开沅:《自序》,《章开沅学术论著选》,华中师范大学出版社 2000 年版,第 3 页。

“以良史之忧忧天下”

——章开沅先生“参与史学”的理论与实践

严昌洪

章开沅先生一贯提倡史学家要有参与意识，史学应该参与现实生活。他主张通过对历史生活的参与，对历史遗产的盘点、总结，从历史中寻求智慧，用这种智慧对一系列有关中国和世界前途的问题进行深沉思考，从而参与历史的创造。龚自珍在《乙丙之际箸议第九》中所说：“智者受三千年史氏之书，则能以良史之忧忧天下。”①章开沅先生用自己的言行表明，他就是这样的“智者”，他就是这样的“良史”。

一个时期以来，他比较集中地谈论“参与的史学与史学的参与”。1999年秋天，章开沅先生在中国社会科学院近代史研究所50周年所庆集会上发表《参与的史学与史学的参与》一文，主张“尘封的历史需要揭开新页，备受冷遇的史学应该显示自己的价值，在火热的现实生活中发出更多的光和热”②。2000年他在接受《光明日报》史学版编辑危兆盖访问时，明确提出“参与史学”的概念：“我们的研究紧扣着时代发展的脉搏，在社会上具有一定的影响，学术界、社会各界都很关注。这种研究既是非常严肃的学术研究，同时又带有强烈的参与意识，我把它叫做参与史学。”③2001年，他在《江汉论坛》上发表《参与的史学与史学

---

① 龚自珍：《乙丙之际箸议第九》，《龚自珍全集》第一辑，上海人民出版社1975年版，第6页。

② 转引自李宪生：《先生授我锦囊策　独寻真知为大事》，载《武汉文史资料》2007年第10期。

③ 危兆盖：《关心社会　参与历史——章开沅教授访谈》，载《光明日报》2000年10月27日。

的参与论纲》,系统地阐述了他对参与史学的看法。该文被《新华文摘》全文转载后,进一步受到学术界的关注。2005 年他在东京与日本著名学者和社会活动家池田大作对话,也谈到历史学家应与其他有识之士携手并进,以各自的优秀学术成果和智慧、热情,为精神文明的健全发展做出努力,真正的历史学要超越学科、超越国界,为全人类所共享,为全世界所认同。

本文拟就章开沅先生关于"参与史学"的理论与实践谈点体会,就教于章先生和读者们。

一、"参与史学"的提出

章开沅先生是在什么背景下提出"参与史学"的?

首先,他目睹了现实的种种问题后,认为需要各方面来参与,历史学家以其优势更要参与,引导社会走向和谐与进步。

章先生居安思危,认为虽然 20 世纪是科学技术迅猛发展的时代,科技创造的现代物质文明给人类生活带来诸多好处,但是又使眼光短浅的人们走进了重物质而轻精神的误区,导致精神文明的缺失和伦理道德的沦丧,两次世界大战和连绵不绝的局部战争,特别是使用了高科技手段的现代战争,使无数生灵涂炭;环境的破坏和资源的浪费使人类正遭受大自然的无情报复,物欲横流与精神堕落所引发的犯罪率居高不下使社会缺乏安全感。章先生觉得人类已经处于严重的灾难之中,甚至面临着自我毁灭的前途。他大声疾呼,人类不应该继续自相争斗、自相残杀、自我毁灭,有良知的人们应该首先联合起来图谋自救,当务之急就是大力扭转重科技轻人文导致的精神缺失与道德滑坡的局面。为达到这一目标,就需要社会各界,包括人文科学、社会科学乃至广大科技专家中的有识之士,共同纠正现今文明的缺失。而历史学家在这方面具有一定的优势,因为历史学所关注的是整个人类、整个社会,是一个很长的时代,其研究对象可能是全国、大区域乃至全球,至少是以全球为背景的重大问题。历史学家具有全球的眼光、全人类的眼光,长于作宏观的、总体的把握,善于进行深层的、全局的思考。这是历史学家最大的优势，因此历史学家尤其要参与现实生活，用自己的学术精品，用自己的智慧与热情，营造健康向上的使人类免于继续沉沦的精神文明。

章开沅先生正是在这样的时代背景下，提出参与的史学与史学的参与的。

其次，古今中外的历史学有一种参与的传统，章开沅先生希望今天的历史学家能够继承并发扬这一传统。

在西方，有开创年鉴学派史学的法国历史学家马克・布洛赫、吕西安・费弗尔，他们不仅写作了多种彪炳史坛的社会史巨著，而且在德国纳粹蹂躏自己祖国的时候毅然拿起枪杆投身到反法西斯斗争中，用鲜血与生命参与了历史的创造。在中国古代，有司马迁的“究天人之际，通古今之变，成一家之言”，写作《史记》以“原始察终，见盛观衰”的实践；在中国近代史上，产生了不少主张“经世致用”的历史学家；在中国现代史上，也有许多历史学家在社会转型过程中积极参与了创造历史，章先生在自己的文章中罗列了郭沫若、范文澜、吕振羽、侯外庐、翦伯赞、吴晗、尹达、黎澍、刘大年等一系列光辉的名字，称赞“他们的一生同样体现出史学可贵的参与意识，并且在不同程度上促进了社会的演变”①。章先生认为“过去、现在、未来，总是前后连续的，而且三者又都是相对而言的”。基于这种认识，他提出“历史学家不仅应该积极参与现实生活，而且应该成为把现实与过去及未来连接起来的桥梁，用自己的研究成果丰富与影响现实生活，并且与人民一起追求光明的未来”②。

第三，是史学家的良知和社会责任感促使章先生提出参与社会，创造历史。

章先生具有强烈的社会责任感，面对 20 世纪的诸多社会问题，常

① 章开沅：《参与的史学与史学的参与》，《近代中国与世界》（第一卷），社会科学文献出版社 2005 年版，第 4 页。

② 章开沅：《现代化研究与中国近现代史研究——寻求历史与现实的契合》，《辛亥前后史事论丛续编》，华中师范大学出版社 1996 年版，第 13 页。

常感到不安和惭愧。“21世纪的人类能为后世留下些什么”是他经常萦绕在心的问题。他既不满于史学界那种埋首故纸堆、潜心做学问而无视时代变化、社会需要的消极现象，也不满于一些人想关心社会、想把学术研究与社会需要嫁接起来但又摸不着门径，粗制滥造、急于求成的浮躁学风。他具有史学家的良知，认为“一个好的历史学家，同时更应该是思想家，在重大历史问题上，要发出自己的声音”①，“面对现代人类文明的严重缺陷和社会的腐败等诸如此类的丑恶现象，决不可保持沉默”②，而要关注现实生活，发挥历史研究的功效，即不仅要研究历史，还要参与现实，还要创造历史，还要跟其他有识之士一起促进历史往正确的方向发展。所以他肩负历史的重任与时代的使命，心系国家、社会乃至人类的前途。他提出参与史学，是希望史学界同人能够与他一道，成为当代历史的创造者，而不是时代的旁观者。

二、如何参与创造历史

历史学家参与创造历史，可以像马克·布洛赫和吕西安·费弗尔那样，不仅致力于高水平的史学研究，而且在祖国生死存亡之际，义无反顾地投笔从戎，血洒疆场；但在更多的时候是要恪尽职守，搞好史学研究，因为马克·布洛赫和吕西安·费弗尔他们也是强调史学家的“天职”是研究历史，历史学家参与创造历史是要用史学而非其他来参与的。即使因某种需要而走上别的什么岗位，历史学家也应该用自己在史学研究中总结出的历史经验作为当前工作的参考。

章开沅先生指出：“历史学家如要积极参与现实生活，首先必须积极参与历史生活，因为历史学家的最高天职就是研究人类的历史生活，不如此他就不成其为历史学家。”③他提倡历史学家首先参与历史，亦

① 《独寻真知启后人——访史学大师章开沅》，引自“历史与社会教学网”(http://www.lsysh.com)。

② 李俄宪等:《章开沅教授对话池田大作》，载《华中师大报》2006年3月9日。

③ 章开沅:《参与的史学与史学的参与论纲》，载《江汉论坛》2001年第1期。

即走进历史，理解历史，把自己重新体验并赋予生命的真正历史奉献给人类！他把积极参与历史生活作为参与现实，贴近社会，贴近生活的前提，历史学家不做好历史研究的本职工作，用来参与现实生活的“史学”不是建立在科学的史学研究的基础之上，那这种参与就是无源之水，无本之木。他的同事和弟子们可能还记得，在他担任华中师范大学校长期间，仍然坚持史学研究，不断推出新的成果，他曾说，能够当校长的人在行政楼里能够找到一大批，为什么上级部门让我出任校长，无非就是要利用我的学术影响，如果我当校长就不搞学术研究了，也就失去了让一位历史学家当校长的意义。

章先生认为，参与历史生活首先是一种“理解”，而不是评判，要做到“设身处地”，一切依时间、地点、条件为转移。要做到这种理解，就要用实证的方法，即通过历史文献，特别是通过文献的考证过程来理解历史事件、历史人物。他反对那种著书不重视发掘史料、不重视运用原始资料的浮躁之风，提倡搜集原生态史料，强调历史资料的原始性、完整性对历史研究的重要意义。任何史料的选集、汇编都在不同程度上破坏了其原生态，所以他一向主张对重要的史料必须读原文、读原本，尤其要考虑文本的完整性。只有充分运用原生态的史料，史学著作才能经得起时间的检验，保持它的生命力。

利用原生态史料研究历史，是为了“求实存真”，进而求得真实历史中所蕴含的智慧。章先生认为史学在本质上是一门求真的学问，真实是史学的生命。但研究历史最重要的还不是史实真相，而是史实中所蕴藏的丰富智慧，因为在人类发展的历史长河中，总有一些智慧的积累与储存，总有一些规律性的东西可遵循。那些长期以来积累的、历史自身所蕴藏的智慧，在任何时候观察事物都是有用的。所以，我们研究历史不仅仅是要弄清历史事实，弄清历史真相当然也很重要，而且更要在真实的历史事实中寻求到真正的智慧，以作为我们参与现实生活的凭借。历史学家参与现实生活，参与历史创造，就是要用历史的智慧为人们提供借镜，用历史的规律指导创造历史的活动。好的历史经验自然可以供人们学习仿效，而历史的教训也可以供人们汲取，以避免重蹈历史的覆辙或重走历史的弯路，至于历史的规律更可以为人们指引正确的前进方向。他把这样的研究视为史学发展的要求："史学的发展，归根结底要靠发掘新史料，开拓新领域，为国家当前和今后的经济文化建设提供历史借鉴。历史是一面镜子，史学工作者通过挖掘开发史料，为当今政治、经济、社会服务，大有用武之地。"①为此他呼吁"让史学更加繁荣"。

历史学家即使是利用史学参与现实，也需要巨大的勇气，因为历史学家参与社会要讲真话，要把历史上痛苦的经验教训告诉人们，提醒人们牢记前车之鉴；也要把自己看到的现实中的种种问题反映出来，让人们警觉；对于违背历史发展规律的人和事要提出批评，帮助其回到正轨上来。但我们有许多人听惯了报喜不报忧的颂扬之声，对于这种真话听不进，甚至反感。这就需要历史学家参与现实时具有大无畏的精神和独立的品格。章先生告诫说："至少两种品格是任何一种学科，包括历史学乃至经济学在内都应该具备的——从学科来讲应该有独立学科品格；从个人来讲应该有独立个体人格。"②即使受政治压力所迫，或面对金钱的诱惑，都不能忘记这个根本。历史学独立的学科品格就是"治学不为媚时语"，即不能把史学变成政治的婢女和金钱的奴仆，不能为了某种功利目的讲假话，歪曲历史；历史学家独立的个体人格就是"独寻真知启后人"，即坚持正确，坚持真理，不怕孤立，不怕打击，有自己的独立思考和独立追求，最终形成自己独特的学术风格，给后人以有益的启迪。

章开沅先生认为史学工作者研究史学的态度应当是关心社会，参与历史。所谓关心社会，是指历史研究者必须根据社会的发展和现实的需要来设计史学研究的内容与方向，并在此基础上把学术研究融入社会实践中去，而不是为研究而研究，钻进故纸堆出不来，像桃花源中人，不知有汉，无论魏晋。他指出："有些人满足于写些论著在很小的圈子里面自我欣赏，就是所谓在象牙塔里面做学问，而不能跟火热的社会

① 《独寻真知启后人——访史学大师章开沅》，引自"历史与社会教学网"(http://www.lsysh.com)。

② 章开沅：《史学的自省》，载《长江日报》2006 年 3 月 9 日。

生活紧密地联结起来。因此，史学的劳动成果很难转化成对社会产生积极作用的因素。这是我们史学应该自省、改进的地方。"①所以，章先生没有把自己的工作局限在书斋之内，而是把学术活动从专业领域推广到整个社会。

有人可能要担心，这种根据社会的发展和现实的需要来设计史学研究的内容与方向，并在此基础上把学术研究融入社会实践中去的参与史学是否会走向"影射史学"？笔者以为，提出这个问题的人混淆了两者之间的区别。众所周知，影射史学就是为了某种政治目的对现实生活中的某人或某事进行褒贬，便拿历史上的人或事来比附，而历史上的人或事与现实中的人或事是不可能对号人座的，那么，为了达到目的，可以不顾历史真相，按自己意图拼凑史料，按某种需要解读史实，历史人物，随意月旦，历史事件，恣其妆点，把历史变成可以任人装扮的小女孩。这种影射史学在"文化大革命"中达于极致，竟致出现了"批林批孔批周公"那样的闹剧，令人深恶痛绝。而参与史学强调根据原生态史料，用科学的方法，还原历史的本来面目，并从真实鲜活的历史中寻找智慧，探索规律，为现实提供参考或借鉴，让人们从历史的经验教训中得到启迪，从而把现实工作做得更好，把现实社会引向光明的前途。这与"影射史学"完全是两码事，我们没有担心的必要。

三、以实际行动参与创造历史

章开沅先生有一个雄心壮志："史学家不能只是面对过去，而是要立足现实，更要把握未来。在任何全球、全社会关注的重大问题上(如环境、资源、世界伦理、战争与和平等)，都应该听得见历史学家的声音。"②

章先生本人参与现实主要是从两个方面进行。

---

① 章开沅:《史学的自省》，载《长江日报》2006 年 3 月 9 日。

② 章开沅:《走自己的路——中国史学的前途》(在暨南大学"星期一史学沙龙"的演讲)，载《暨南学报》(哲学社会科学版)2005 年第 27 卷第 3 期。

首先，章开沅先生的学术研究总是选择那些既有学术价值又有现实意义的课题。

他在研究辛亥革命的时候，经常要考虑一些现实问题，根据现实的需要选择研究课题。例如，2001 年辛亥革命 90 周年之际，他比较关心“世纪”(Century)问题，因为当时处于世纪交替时期，在媒体等的推波助澜之下，“世纪狂热”(Century myth)达到了顶点。他认为“世纪”只是一个时间符号，没有任何实际意义。辛亥革命时期大体上也处于世纪之交，那个时候的人对“世纪”是怎么个看法？他在考察了辛亥革命时期人们对新世纪的认知以后，撰写了题为《珍惜辛亥历史遗产——以世纪意识为例》的文章，在比较了两次世纪之交人们对新世纪的期盼之情后指出：“我总觉得现今流行的世纪话语缺少几分当年的真诚，更缺少当年那么深沉的忧患意识与强烈的自我鞭策，其中夹杂着不少政治权谋与商业炒作。”他主张我们应该向辛亥那一代先辈学习，认真思考 21 世纪将是一个什么样的时代，中国在这个时代将处于什么地位并起什么作用，我们应该如何履行自己的时代使命与历史职责。对于这些问题不能停留于“思索”，应该通过“实行”以谋求解决。他警告世人：不要对 21 世纪存在空想，不要迷信 2001 年一到就会天下太平。在新的世纪之交，正当人们对新世纪的到来大肆鼓吹之际，当代“八国联军”侵占科索沃，以高科技为手段的狂轰滥炸殃及我驻南联盟使馆；法轮功成员坐在中南海周围居然靠网络交流资讯；纽约世贸大楼的轰然崩塌更象征着恐怖主义浪潮严重地威胁着全球。还有环境污染、资源浪费、艾滋病蔓延、吸毒与犯罪率上升，还有那挥之不去的世界金融危机与经济萧条的阴影……都将使人类蒙受苦难。他呼吁，在全球化的形势下，“我们在考虑 21 世纪中国的命运时，还必须同时考虑全人类的命运”①。今天，当我们正在受到全球金融海啸、经济危机威胁之际，重温章开沅先生在 21 世纪开始之年关于“世界金融危机与经济萧条阴影”的预言，不能不叹服他作为历史学家的高瞻远瞩。

---

① 章开沅：《珍惜辛亥历史遗产——以世纪意识为例》，《鸿爪集》，上海古籍出版社 2003 年版，第 75 页。

他对南京大屠杀那段历史的研究也是有针对性的。一个时期以来，日本右翼势力鼓动参拜靖国神社、窜改历史教科书、否定南京大屠杀，企图掩盖日本军国主义的侵略罪行。针对这一情况，当他在美国耶鲁大学神学院图书馆发现自己大学时代的历史老师贝德士等传教士的档案，并着手研究这些文献时，首先选择的课题就是利用那些文献所记录的史实来揭露日本侵略者在南京对平民实行大屠杀的滔天罪行。章先生不仅编著了《南京大屠杀的历史见证》等专著，为南京大屠杀历史新添铁证，并与其他证据相印证，弥补了证据链的不足；而且还积极参与民间发起的“对日索赔协会”的一些活动，并冲破阻力，亲赴日本，参加“纪念南京大屠杀 60 周年东京学术研讨会”和“战争犯罪与战后赔款问题国际市民研讨会”等国际学术会议，揭露当年日军侵华暴行，并批评掩盖真相与推脱罪责的日本政府。他在内地还通过各种演讲活动，讲述日本侵华历史，向广大民众和青年学生进行爱国主义教育，收到了良好效果。他在捍卫民族尊严和维护历史真相的同时，又以更宽广的胸怀告诫人们：“我们回忆充满恐怖与罪行的往事，绝不是为了复仇，而是为了寻求真理与伸张正义，同时也是为了汲取历史经验，教育包括日本在内的全世界人民，反对侵略战争，维护世界和平。”①所以他又能结交一大批日本爱好和平的学者和各界人士，并建立起双方长期的交流与合作关系，为增进两国人民的友谊，为实现人类和平，构建和谐世界贡献一份力量。

章开沅先生从 20 世纪 60 年代初到现在，在张謇研究上花了很多心血。他不仅系统地研究张謇一生的事功，予以理解的同情，实事求是的评价，而且还联系现实问题有针对性地探究张謇事功的深刻意义。他曾指出：“社会现实需要提出的一些问题，如现代化模式、市民社会发育、城市建设规划、商业伦理重建、企业经营管理，乃至张謇早就提出的‘政、学、业’三者之间的良性互动关系等等，也都需要我们在张謇研究学术论著中给以积极回应。”因此，从张謇在谋求本地经济、文化发展时的总体谐调精神，到具有本地特点的近代化道路“南通模式”，从张謇作

① 林伟苹、高峻：《章开沅：为南京大屠杀取证》，载《人物》2006 年第 2 期。

为第一代民营企业家为后世开路奠基的劳绩,到他精神层面那些闪光的优点,从张謇的科举生涯对当前教育改革的借鉴作用,到他的理性爱国主义对我们进行爱国主义教育的启迪意义……都成为章先生关注的问题,经过他的阐释,从而使近代史上的张謇这个人及其在南通这个地方的事业,具有了超越时间和空间的普遍意义。张謇研究就是史学家参与现实,创造历史的神来之笔。

其次,章开沅先生积极参与社会活动。他提倡历史学家不仅要跟古人对话,也要跟今人对话,还要跟未来对话。优秀的历史学家不仅可以假史论今,关注现实,而且还善于把握过去,洞见未来。他常说:"史学是连接过去、现在与未来的桥梁,我们就是这桥梁的建设者。"

他关心现实问题,参加各种研讨、演讲、咨询活动,跟今人对话。在这些活动中,章开沅先生利用他通过研究历史,参与历史生活所获得的智慧,发表了对各种现实问题的看法,这些看法往往能发人深省。仅举一例说明之。章先生将武昌首义精神概括为"敢为天下先",他说:"在清末的革命中,孙中山的革命重心在华南沿海和东南亚一带,并没把武汉这个内陆城市放在眼里,可偏偏就是武汉这些进步知识分子和新军士兵揭竿而起,打响了划时代的第一枪。这个'先'是真正的'先',中国民主共和第一步就从武汉迈出来了。"现在,"敢为天下先"的首义精神已被人们广泛接受,并被吸收进武汉市提出的"勇立潮头、敢为人先、崇尚文明、兼收并蓄"的城市精神之中,成为武汉人民解放思想、开拓创新的精神源泉。后来他又针对改革中出现的某些盲目性,适时地提出不仅要"敢为人先",还要"善为人先",他认为:武汉要腾飞,中部要崛起,要做的事情太多,武汉要有自己的角色定位,做好武汉自己的文章。敢为天下先是有内涵的,就是根据现有的条件,以科学精神来创新,用有前瞻性的思想来办事,用集体智慧把我们的事情做得更好。

辛亥革命是联系海峡两岸同胞的一条重要纽带,辛亥革命研究是沟通两岸学术界的一座桥梁,章开沅先生作为辛亥革命研究专家,在促进海峡两岸学术文化交流方面做了大量工作。在芝加哥,他作为内地史学界代表团的成员,第一次同台湾史学界同行同堂讨论辛亥革命的性质问题,他的精彩辩言和随后所发表的回应文章,使台湾学术界初识内地学人风范和水准，为后来他赴台做进一步交流奠定了很好的基础。所以10年后他能受到邀请，成为在台湾大学课堂授课的第一位大陆客座研究教授。在台期间，他不仅通过课堂教学与台湾学生建立了良好的关系，而且通过参访、演讲，将他的活动扩展到台湾社会。他认为两岸关系的整合是“欲速则不达，夜长而梦多”，应该先积极开展两岸经济、文化交流与合作，为实现大中国地区经济、文化的共同发展而奋斗，只有通过这种积极关系的渐进、积累，而后政治认同整合才能水到渠成。他把这些认识称为“跨世纪的思考”①，并向台湾企业界人士讲演，引起强烈反响，讨论热烈，媒体也加以报道，使他关于两岸关系的看法在各界人士中产生了广泛影响。他还提倡在抗日战争历史的评说上，既要尊重历史，又要超越历史，应该全面、公正地肯定国共两党在正面战场和敌后战场所进行的英勇抵抗，这对于促进两党改善关系，相互理解、相互尊重，是有积极意义的。后来与台湾各界人士接触增多，如协助余家菊之子余传韬在武汉设立余家菊奖学金，接待来访的国民党名誉主席连战并陪同参观辛亥革命武昌起义纪念馆……大量的类似活动为促进两岸的交流与合作作出了积极贡献。

他以历史学家的身份参与现实，保持着独立的学科品格和独立的个体人格，“不将史学作为迎合的工具”，他本着历史学家“秉笔直书”的精神，常常指陈当前社会的弊病，大胆地对违反历史规律的行为予以抵制，对工作中的失误提出批评，努力为人们修正前进的方向。比方说，他曾针对某些官员不重视教育，提出希望，要他们学习张之洞，重视发展教育，为国家培养更好更多的人才。也曾针对一些人常将现今遇到的问题都归咎于传统文化的心态，谆谆告诫说：我们不应该碰到问题就都把责任推到文化传统上去，一说到贪污腐败，就去历史上找原因，一说到科学技术发展迟了，就说历史文化传统不好。这是一种“没有出息的子孙的表现”。这就等于说你自己不正经，还怪你的祖宗害梅毒。这些问题只能说明现在的制度本身有问题，还有改进的余地。历史的前

① 章开沅：《珍惜辛亥历史遗产——以世纪意识为例》，《鸿爪集》，上海古籍出版社2003年版，第87页。

进不是一帆风顺的,而是螺旋式上升的,没有一条通往光明的平坦大道,旧的黑暗消除了,新的黑暗又将产生。我们在共产党领导下反对国民党,国民党一个很大的问题就是贪污腐化,而现在贪污腐化已经到了无以复加的地步。我们的党和政府下那么大的决心,费那么大的力气,用那么重的刑罚,却阻止不住。问题何在?在于制度的缺陷太多、空隙太多,社会上还存在着产生腐败的土壤。只有认识到历史发展的这种曲折性、复杂性,我们才能不断地超越,不断地进步。最近他又说道:"历史学家看过的东西太多了,经历的事情太多了,一个最重要的醒悟,就是各种事物特别是社会的发展都是经过各种曲折、各种坎坷,甚至大起大落的,但最后总是往前走的。我对这一点深信不疑。"①

章开沅先生认为:"真正的学术应是全人类的公器,正直的史学其价值必然超越国界而为世界所认同。"②我们参与现实,不是简单地创造文化,而是致力于整个人类文化素质的提高,创造当代最新的、最健康的、最精美的,能够贡献于全人类文化发展的产品,使大家在新的世纪共同走向和平、幸福、安祥、快乐,这将是我们给后世留下的最好的遗产。

---

① 章开沅:《学习实践科学发展观,坚守学术道德》,引自华大博雅 BBS 站(http://bbs.ccnu.com.cn)。

② 章开沅:《我的人生追求》,《实斋笔记》,东方出版中心 1998 年版,第 12 页。

论章开沅先生的史学思想与实践

苏全有

关注一个学人，进行学理上的研究，是学术史、史学史的重要内容。只是，万万不可仅仅浮在面上，单单展示其学术成就，还需要进行深层次研究，即挖掘思想背后的思想。综观章开沅的史学研究之路，大致说来就是从辛亥革命研究到群体研究（含中国早期现代化研究），然后是中国教会大学史与南京大屠杀研究，再就是构建史学体系。在这些研究表象的背后，潜藏着的是从地域情结到民族情结，然后是史学情结。尽管三大情结之间所存有的先后次序并非泾渭分明，而是交错并生的，但从主体性的角度论，三者确有递进关系。

一、地域情结支配下的辛亥革命研究

1. 从辛亥革命史到群体研究

章开沅从20世纪50年代起致力于辛亥革命史的研究，侧重研究辛亥革命的经济背景、阶级基础和20世纪初年的社会思潮。1979年，他发表了《辛亥革命史研究中的几个问题》，在全国率先提出了"解放思想、拨乱反正"，"重新探索辛亥革命史研究前进的方向与途径"的观点，在国内外引起强烈的反响。1981年，正值辛亥革命70周年国际学术研讨会召开，章开沅推出了其与林增平合作主编的3卷共120万字的长篇巨著——《辛亥革命史》。它作为世界上第一部研究辛亥革命的通史性、综论性的大型专著，受到国内外史学界的高度赞誉，被称为"最能体现目前中国辛亥革命研究的观点、方法、水平"的权威性著作。章开沅在辛亥革命史领域中的学术地位，该著是最主要的支撑。在具体问题的研究中,最为集中的是张謇研究。1986 年中华书局出版了《开拓者的足迹——张謇传稿》,该书被日本、美国学界译成日文、英文出版。

上述代表作之外,章开沅的有关辛亥革命的研究成果有:《武昌起义》(中华书局 1964 年版)、《辛亥革命前夜的一场大论战》(人民出版社 1975 年版)、《辛亥革命与近代社会》(天津人民出版社 1985 年版)、《辛亥前后史事论丛》(华中师范大学出版社 1990 年版)。主编有《辛亥革命辞典》(武汉出版社 1991 年版)、《辛亥革命运动史稿》(与林增平合作,中国人民大学出版社 1988 年版),还主编有《辛亥革命史丛刊》(已出 10 辑)、辛亥革命人物文集丛书(已出 11 种)等等。已发表论文一百数十篇,主要有《从辛亥革命看民族资产阶级的性格》、《辛亥革命时期的社会思潮》、《论国魂》、《论 1903 年江浙知识界的新觉醒》、《辛亥革命与江浙资产阶级》、《论张謇的矛盾性格》、《从离异到回归——孙中山与传统文化的关系》、《"排满"与民族运动》、《试论 1913 年的"二次革命"》、《辛亥革命史研究三十年》、《要加强对辛亥革命期间社会环境的研究》、《关于改进研究中国资产阶级方法的若干意见》、《辛亥革命史研究如何深入》等等。

章开沅以辛亥革命研究起家,但他治学大度、大气,立意远大,虽有专精,决不畛域自囿。在"将中国的辛亥革命史研究推向国际"的同时,为了推进研究的深入,章开沅提出走出辛亥革命的主张。

1983 年,章开沅在郑州举行的辛亥革命史研究会年会上做了题为《辛亥革命史研究如何深入》的发言,提出要加强理论探讨,提高通识素养,并且特别强调上下延伸与横向会通,以及综合研究与专题研究相结合。正如他所指出的:"辛亥革命史研究应该接受过去的教训,在综合的和专题的研究中努力向上下延伸和横向会通;即不仅要把辛亥革命放在中国几千年文明史长河中,而且要放在世界各国资产阶级革命总范畴中,做切实深入的研究与相应的理论探索。"①

在此需要特别指出的是,章开沅的群体研究主张在后来结出了丰硕的果实。曾经在华中师范大学历史研究所攻读过硕士、博士学位课

① 章开沅:《辛亥革命史研究如何深入》,载《近代史研究》1984 年第 5 期。

程的新一代学者先后都从事过社会群体研究，而且取得了令人瞩目的成就。如马敏、朱英对苏州商会以及绅商的研究，成就已比较突出。此外，虞和平对商会的总体研究，桑兵对清末学堂与学生群体的研究，刘伟对晚清督抚群体的研究，乐正对上海人社会心态的研究，赵军对日本大陆游人群体的研究，王奇生对民国县以下官吏群体的研究，王建辉对晚清以下几代出版家群体的研究等，可以说都是"群体研究"思路的实践。

至于章开沅后来从事的中国早期现代化比较研究，某种意义上可以说是群体研究的继续，二者关系密切。如他以群体研究的方法考察了洋务运动中几个不同类型群体的角色与功能，一是督抚群体，二是思想先驱群体，三是科技官僚群体，四是经营管理群体。2000 年，章开沅先生主持编写了《中国近代民族资产阶级研究》、《中国近代史上的官绅商学》，在一定程度上可以说是群体研究的一个阶段性总结①。

2. 地域情结

章开沅从事辛亥革命研究，乐此不疲，与其地域情结有相当之关系。

大凡一个学人，在其学术生涯里，其所生活或曾经生活过的地方，对其人生的选择，会产生重大影响。章开沅也不例外，正所谓环境影响人。

章开沅出生于浙江湖州，乡土情结使得他对家乡有了一份特殊的感情。2001 年 9 月 25 日下午，湖笔文化论坛在湖州师院综合楼报告厅举行，章开沅做了《湖笔文化与章氏家族》的精彩演讲。他说："我小时候就是用湖笔书写的，湖笔成了我思乡的情结。"在浓厚的湖笔文化氛围熏陶下，章开沅对湖州和湖笔产生了深厚的感情，并把这次湖州之行称为"寻根"。在记者采访他时，他起身从包里取出那篇《湖笔文化与章氏家族》演讲稿，并充满感情地朗读起其曾祖父写下的那一首思乡七律："一幅吴绫远寄将，龙眼妙笔胜倪黄。知余时作思乡梦，为画湖山旧

① 魏文享、章开沅：《永无止境的历史求索》，载《中国地质大学学报》(社会科学版)2003 年第 6 期。

章堂……我家昔住圣湖东，烽火频惊草间空。愿构孤山三架屋，四时常住主人翁。”在整个采访过程中，“荻港”是章开沅使用频率最高的一个词，他情不自禁地提起对故乡的印象，他说，每个在外的人都有一个根，湖州就是章氏家族的根之所在。湖笔文化的乳汁培育了一代又一代的湖州人，无论走到何处，湖笔文化的气息总是围绕着那些出门在外的湖州人。1987年，章开沅首次来到荻港，谈起当时的情景，他显得十分激动：“望着荻港那一望无际的芦苇，内心感到了一种极大的震动，也给我留下深刻的印象。”章开沅认为，湖州位于太湖之滨，湖笔文化是一种水文化，有灵气、文气，它的影响体现在每一位湖州人身上。

章开沅早年离开家乡求学，后因受国民党当局迫害而不得不中断学业进入中原解放区，继入中原大学从事历史教学，于是“本想当个跨马佩枪、文武双全的战地记者”的章开沅被留在政治研究室革命史组，“从此与历史建立了不解之缘”。不久中原大学迁到武汉，合并为华中大学，这一机缘使得章开沅结下了深深的武汉情结。

初入史坛时，章开沅的研究兴趣在太平天国史和中国近代史分期问题。1954年，因受一位不远万里来汉调研武昌首义的德国学者的触动，年轻的章开沅受到了不小的刺激，自此矢志从事辛亥革命研究。1961年，他积极参加了纪念辛亥革命50周年学术讨论会，并提交了两篇论文，受到吴玉章、范文澜等学术前辈的高度赞赏，由此在学术界崭露头角。

1981年《辛亥革命史》一书的出版以及相关著论的相继问世，不仅成就了章开沅在辛亥革命史领域的学术地位，而且随着纪念辛亥革命70周年国际学术讨论会在武昌的召开，他的让国际辛亥革命史研究的中心回到武汉——辛亥革命的首义之地的心愿也得到了实现。

事实也正是如此，到了2001年纪念辛亥革命90周年国际学术讨论会在武昌召开之际，以章开沅为学术带头人的华中师范大学中国近代史研究所，已出版有关辛亥革命研究的著作近50部，发表论文千余篇，培养该领域的硕士、博士生百余人。武汉地区大专院校的冯天瑜、马敏、朱英、严昌洪、罗福惠、陈均、皮明庥等近20名专家构成强大阵容，多视角研究辛亥革命。纪念会吸引了中外120余位学者参加，法国国家科学院特级研究员巴斯蒂说：要研究辛亥革命，不同中国特别是湖北地区的学者们交流怎么行？章开沅说：由于武昌是首义之地，加上我们的研究成果居领先地位，世界上对辛亥革命研究有素的专家这次几乎全来了。

武汉情结促使章开沅研究辛亥革命，同时武汉情结在辛亥革命之外亦多有显露。他在谈到《武汉史话丛书》时感慨万千地说：在上海、北京，甚至广州、苏州等地，这类“史话”算不上稀奇，可以说是太多了，历史上不知出过多少种。武汉也不是完全没有，但相对而言少了一些，不像人家那么多。所以作为武汉市的市民，特别是一个老市民，看到这套书的出版，心里确实很高兴。这套书不管是体例还是行文方式，都很通俗，算是一个普及性的历史读物，内容涉及面也很广，对我们了解武汉的历史有很大的帮助。可以按照这个思路朝前越一步，如出版武汉宗教史话、洋行史话、租界史话等，把史话丛书做大，从多个侧面普及武汉历史。

由武汉而湖北，章开沅认为：湖北历史值得深入研究和浓墨重彩地书写，理由大致有如下数端：

其一，湖北是中国大陆上最早有人类远祖活动的地方，是中华民族文明的发祥地之一。人们大多知道楚文化的灿烂辉煌，但一般未曾将其置于世界范围加以比照。实事求是地说，在当时的世界上，就文化的繁荣与发展水平而言，楚国与古罗马也不遑相让。直到目前为止的考古发现，只不过是海上冰山角顶的显露，今后的考古发现将会提供更为丰富的内容。

其二，湖北历史具有丰富的内容，体现在经济、政治、文化、民族、革命传统诸方面。特别是从19世纪50年代到20世纪40年代的90年间，湖北尤其是武汉先后多次产生过重大的战略决策，这些既体现了湖北的重要战略地位，也对湖北乃至全国的历史发展产生过重大影响。充分发掘、研究、利用这种历史文化资源，既是社会发展的需要，更是史学工作者的天职。

其三，迄今关于湖北历史的研究尚有不足。虽然围绕着湖北历史已有一批断代史、专门史以及就重大事件或重要人物而进行的研究成果问世，尤其是已有《嘉庆湖北通志》和《宣统湖北通志》(因完成于宣统年间，印刷于民国初年，故又称《民国湖北通志》)以及 20 世纪 80 年代以来编纂出版的大批地方志新书，但专著类的著作只涉及历史长卷中的一个时段或一个方面，远不足以再现湖北历史整体。而地方志限于体例，分门别类钩稽罗列，篇幅浩繁而横向上互不统属，虽有益于专家研究和各专业部门运用，但对非本专业的人和一般读者而言，则显得过于专精，也难以把握整体的历史进程和编纂者总结的某些规律性认识。而且湖北近年所出版的地方志书大多是从鸦片战争以后续下来的，对古代的有关资料和新的研究成果多未整理和利用，因而给人难以衔接之感。

正是基于上述三点理由，章开沅主持编著了 8 卷本《湖北通史》，力求重现湖北地区有史以来的环境变迁、经济发展、政治变革、文化兴替、习俗演化和民族融合等多方面的全貌。

由上可知，地域情结尤其是武汉情结是促使章开沅从事辛亥革命研究的重要内在因素。

二、民族情结支配下的中国教会大学史与南京大屠杀研究

1. 从中国教会大学史到南京大屠杀

20 世纪 80 年代中叶以后，章开沅将研究重心转向中国教会大学史。1989 年 6 月，在他的主持下，首届中国教会大学史国际学术研讨会在华中师范大学召开，来自美国、加拿大和中国香港及内地十余所高校的三十余名学者与会，就中国教会大学史研究的各个方面展开激烈讨论。由他和美国的林蔚博士共同主编的会议论文集《中西文化与教会大学》在国内外均受到学者们的欢迎及重视，被视为“近代中国教会大学历史研究的一个重要的里程碑”。章开沅于 1994 年初在华中师范大学创建了国内首家中国教会大学史研究中心，该中心得到了美国鲁斯基金会和香港中文大学崇基学院的大力支持，并与后者联合编辑出

版了《中国教会大学史研究通讯》，颇受中外学者好评。在章开沅的主持下，该中心研究人员从不同角度开展多专题的深入研究，已在海内外各种学术刊物上发表有关论文百余篇，出版论文集、专著数部。规模宏大的《教会大学史研究》大型丛书已由珠海出版社出版。2005 年，章开沅将其二十年来研究基督教史的成果结集由广东人民出版社出版，书名为《传播与植根——基督教与中西文化交流论集》。该著分为四个部分：一、门外看基督教；二、教会大学研究；三、走近中外基督徒；四、贝德士藏札选录。四部分内容先后次序的安排颇具深意。首先在门外看基督教，然后对作为近代基督教在华传播运动重要组成部分的教会大学进行研究，最后深入展开对中外基督徒乃至基督教会史的研究，这一研究进路不仅反映了章开沅教授治基督教史的历程，同时也见证着中国大陆基督教史的研究进程。作为中国教会大学史和基督教史研究的倡导者和力行者，章开沅教授此次将二十年来的研究所得结集出版，不仅是对其自身和中国大陆学界基督教史研究的阶段性总结，同时也有对基督教史研究前途的展望，他还对新一代中国基督教史研究者提出殷切期望——由中国人自己撰写完全意义的中国基督教史。章开沅在推动大陆中国教会大学史研究方面所作出的巨大贡献为国际学术界所公认，借此他也实现了自己的心愿："让国际教会大学史走向中国和中国的教会大学史研究走向世界。"

对已故金陵大学历史系教授贝德士档案的研究是章开沅教授的又一杰出贡献。1991 年 7 月至 1992 年 3 月，受鲁斯基金资助，章开沅到耶鲁神学院图书馆潜心系统阅读《贝德士文献》，复印了 1000 多页的南京大屠杀的宝贵资料。1995 年，作为贝德士文献研究系列之一的《南京大屠杀的历史见证》一书由湖北人民出版社出版，《南京：一九三七年十一月至一九三八年五月》由香港三联书店出版。同年 8 月，在台北召开的纪念抗日战争胜利 50 周年学术研讨会上，章开沅作为大陆唯一代表在开幕式上做主旨讲演《尊重历史，超越历史》，稍后又宣读专论《让事实说话——贝德士眼中的南京大屠杀》。1997 年，章开沅参加南京举办的南京大屠杀国际学术研讨会，提交论文《贝德士文献的史料价值》，并参加了中日学生为南京大屠杀取证夏令营的开幕式，还在日本召开的纪念大会上发表主旨演讲《一个中国学者对南京大屠杀的认识过程》。1999年,在《历史研究》第2期上发表《到底是谁在制造伪证?——驳田中正明著〈"南京大屠杀"之虚构〉对贝德士的诋毁》,《天理难容——美国传教士眼中的南京大屠杀(1937—1938)》一书由南京大学出版社出版,该书的英文版于2001年面世。2003年,广东人民出版社出版了章开沅的另一宏著——《从耶鲁到东京——为南京大屠杀取证》,该书记录了他在2000年之前的十几年间从耶鲁到东京这一良知之旅中的所遇所思,是其研究南京大屠杀的世纪末大盘点,带有总结性色彩。该书之得名,乃是因为章开沅的老师贝德士博士将档案从东京带到了耶鲁,而今章开沅却走的是从耶鲁到东京的路线,50多年过去了,历史在轮回。为配合抗日战争胜利60周年纪念,章开沅重新译校了收录在《天理难容——美国传教士眼中的南京大屠杀(1937—1938)》一书中的书信和日记,对其中部分内容作了删减,同时增录了史迈士等人的信函,命名为《美国传教士的日记与书信》,作为《南京大屠杀史料集》第4册,由江苏人民出版社和凤凰出版社出版。书中收录了历史学家贝德士、社会学家史迈士等11位美国传教士的40多封书信,这些书信以其公正性、真实性与严谨性,提供了侵华日军南京大屠杀暴行最为详尽的实录。它们可使青年一代充分了解在中日关系历史上,曾经发生过的给中国人民带来沉重灾难的这一重大历史事件;同时也为日本年青一代提供认识历史本来面貌的真实材料,以史为鉴,面向未来,让历史认识问题不再成为改善中日关系的一大障碍,希望中日关系向着睦邻合作、和平共处的方向发展,真正发挥东亚两个近邻国家之间经济上互补互助、文化上互相学习尊重的精神,在难免发生矛盾和冲突时,永远不诉诸战争①。

章开沅对推动南京大屠杀研究的贡献,归纳起来,就是"一大价值,两个特色"。其价值不仅体现于上面所说的自身做了大量的研究,发表了许多真知灼见,而且表现在他发现的《贝德士文献》是南京大屠杀的历史新证,极大地促进了南京大屠杀的实证研究。在此基础上,笔者认

① 章开沅编译:《美国传教士的日记与书信》,江苏人民出版社2005年版。

为，章开沅的南京大屠杀研究，尚有两大特色，即积极投身于取证和揭露真相活动、与国外学者进行频繁的交流，并带动一批学者研究南京大屠杀历史。

2. 民族情结

章开沅由辛亥革命史研究，到群体研究，到现代化研究，内在路径是一致的，都是为了寻求近代中国社会发展的动力及其主体特征。但中国教会大学史和南京大屠杀研究与上述研究领域截然不同，二者之间并没有必然的承启、连带关系，那么是什么原因导致章开沅进行研究视域的切换呢？在笔者看来，此中之关键在于民族情结使然。

年少时期的章开沅正值中日关系紧张之际，当时平津局势渐趋紧张，大批高校学生南下，或从事抗日救亡，或在南方转学就业，章开沅所在的襄垣小学至少有三位这样的新老师。其中有位冉先生，北师大毕业，教语文课。他出的作文题目都结合现实，如《致华北前线抗日将士书》之类，爱国救亡的热浪滚滚于课堂内外。就在抗日战争爆发之际，章开沅小学毕业了。毕业典礼开始时，全体师生高唱当时流行的电影《桃李劫》主题歌："同学们，大家起来！担负起天下的兴亡。我们今天是桃李芬芳，明天是社会的栋梁……"章开沅热血沸腾，心潮澎湃，仿佛稚嫩的肩膀果真已担负起国家安危的重担。

章开沅是爱国主义者，这可从他因为爱国而信仰马克思主义看出。早年的章开沅由于爱国受到国民党的迫害，不得不离开大学，从而走上了学习马列主义的道路，并最终成为马克思主义的信徒。

民族情结的积淀乃至于成型，对日后章开沅从事史学研究产生了巨大影响。

教会大学是中国近代高等教育的一个重要组成部分，对近代中西文化交流起到过重要作用。早在20世纪50年代，就有美国和中国台湾地区的学者开始了对教会大学的研究，但因政治和意识形态的泛化，唯独中国教会大学的故地——大陆没有人研究。作为一名历史学家，他感到有责任重新客观地研究和评价近代中国教会大学的历史，促进新时期的中外文化交流。正如他所说："我们深信，教会大学史研究的进展,必将对近代中西文化交流史的探讨产生促进作用。"①

由研究中国教会大学史进而从事南京大屠杀的研究,表面是《贝德士文献》所引发的一个偶然,其实不然。按照章开沅自己的说法,有一种力量,或者说有一种召唤,使他投入到这项工作中。他说:很多中外友人都知道,我虽然教中国近现代史,但并未着重研究抗日战争史,特别是侵华日军暴行史。自从 1979 年首次访问东京大学、京都大学以来,我一直热心从事中日友好与学术交流工作。日本的山川秀丽与人民的和善给我留下深刻的印象,特别是众多学界友人的深情厚谊更使我终生难忘。我像千千万万善良的中国老百姓一样,不愿也不忍重新揭开历史的疮疤,唯恐因此而可能伤害这来之不易的中日友好新局面。然而严酷的现实终于使我们逐渐醒悟过来,因为在美丽的扶桑还存在着另一种日本人。他们始终不甘心于侵华战争失败的结局,并且念念不忘为这段残酷而又丑恶的历史翻案。他们的人数不多然而能量颇大,从 20 世纪 80 年代以来年复一年地掀起为日本军国主义侵略罪行翻案的风波,妄图一手掩尽天下人耳目,甚至幻想重温雄踞亚洲并且称霸世界的旧梦。作为受害最为深重的国家的公民,特别是研究近现代史的学者,我不得不挺身而出,回击这种嚣张的挑战,捍卫历史的真实与民族的尊严。

尽管已是古稀之年,但现实的召唤、作为中国公民和历史学家的责任感,使得章开沅走出书斋,为了祖国、民族的尊严,为了正义不受践踏,为了历史不遭玷污,义无反顾地踏上了为南京大屠杀取证的漫漫征途。面对妄图复活军国主义的日本右翼势力的恐吓,他无所畏惧,进行了毫不妥协的斗争,生命不息,奋斗不止。正如他在 1995 年所说:"我们回忆充满恐怖与罪行的往事,决不是为了复仇,而是为了寻求真理与伸张正义,同时也是为了汲取历史经验,教育包括日本在内的全世界人民,反对侵略战争,维护世界和平。再现那段屈辱的历史,会更好地激励我们将祖国建设得更强大;同时提醒中日两国人民,不要重演这段悲惨的历史,世世代代友好下去!我在任何时候都牢记已故老师贝德士

① 章开沅:《教会大学在中国》,载《中华读书报》2003 年 11 月 5 日。

的恳挚语言:'给全球以和平,给人类以慈悲。'我深信,即令我们这一代人不复存在,我们正义的事业也会被一代又一代年轻学者承续下去。"这就是一个伟大学人的崇高史境。

民族情结对于学者学术路径的影响,乃是共性,具有普适性。

三、史学情结支配下的史学体系的构建

1. 史学体系

章开沅不是一个纯粹的乡土文化学者,也不是一个职业革命家,而是一个史学家,史学才是他真正的关注所在。古稀之年的章开沅,在2001年宣布告别辛亥革命研究,2002年又宣布告别张謇研究,而将更多的精力投注于史学体系的构建上。

针对当前史学研究的现状——在市场经济大潮下门庭日渐冷落,章开沅认为原因有二。一是由于本世纪科学技术的迅猛发展及其对社会进步产生的巨大影响部分地造成了全人类片面追求科技的进步、重科技而轻人文的现实,文史哲等社会科学普遍地被挤出社会发展的中心而退至社会生活的边缘。另一个原因则在于史学工作者自身。这主要是指史学工作者如何调适自己的治学态度以适应时代变化的问题。在改革开放前,史学在社会生活中确实具有较大影响,但那毕竟不是正常的现象。改革开放后,史学研究面临着拨乱反正、回到健康发展轨道的问题。现在看来,有些问题并没有解决好。譬如,史学界既存在着埋首故纸堆、潜心做学问而无视时代变化、社会需要的弊病,又存在着想关心社会、想把学术研究与社会需要嫁接起来但又摸不着门径的问题。前者流于消极,后者又显得浮躁①。

有鉴于此,章开沅提出了解决问题症结的方法:史学工作者研究史学的态度应当是关心社会,参与历史。所谓关心社会,是指历史研究者必须根据社会的发展和现实的需要来设计史学研究的内容与方向,并

① 《浮躁:学术创新的大敌——李文海、张岂之、章开沅、龚书铎四教授畅谈学风问题》,载《光明日报》2002年3月19日。

在此基础上积极投身于社会实践中去,把学术研究融入社会实践中去;而不是为研究而研究,钻进故纸堆出不来,像桃花源中人,不知秦汉,无论魏晋。也许有人会问,史学与现实靠得太近会不会伤及自身?是有这个问题。但矛盾总是回避不了的,因噎废食不是智者的态度。当然,关心社会不等于干预社会,也不是完全顺应社会。它应有一个前提,就是不能把史学变成政治的奴婢,因此,我们有必要正确认识历史学的功能。事实上,无论古今中外的主流史学或非主流史学,都具有一种关心社会、参与社会的强烈意识。章开沅指出:当务之急就是如何纠正重科技轻人文的社会缺失与道德滑坡。不要相信那些诸如东西文化冲突之类的凶险预言,也不必沉溺于东西文化孰优孰劣的无止无休的争论。我们首先应该加强不同文化之间的平等对话,寻求相互沟通与相互理解;然后在人类文化总宝库中发掘一切健康有益的精神资源,弘扬而又超越,熔铸以求创新,共同纠正现今人类文明的严重缺失。历史学家不应单纯埋怨社会冷落历史,而首先要问自己是否真正理解历史的价值,自己是否已被历史的永恒魅力所吸引。历史学家毕竟是历史学家,我们的主要天职乃是研究历史而非其他。我们参与现实社会生活,主要是以史学来参与而非其他。正因为如此,我们首先就需要参与历史,亦即走进历史,理解历史,把自己重新体验并赋予生命的真正历史捧献给人类!最后,章开沅大声疾呼:过去、现在、未来,总是前后连续的,而且三者又都是相对而言的。基于这种认识,历史学家不仅应该积极参与现实生活,而且应该成为把现实和过去及未来连接起来的桥梁,用自己的研究成果丰富与影响现实生活,并且与人民一起追求光明的未来。

在吹响参与历史的号角的同时,章开沅重提史魂,大力倡导重建史德。

章开沅在谈话中多次强调治史的品格。他说,史魂即史德,历史学科固有的独立品格最重要,以史学为业者必须对历史负责,对现实负责,以学者的识见,恪守学术规范,将史学参与与保持学者独立人格结合起来。自古至今,独立的学者人格一直受到挑战。过去是受政治干扰太多,20 世纪 80 年代以来,政治对史学已渐宽容,但又遭到商品大潮更为猛烈的冲击,真正专心致志坚持在漫无边际的史学海洋中执着远航的人,已经愈来愈少。学术领域的急功近利导致率尔操觚之作泛滥,敷衍塞责者有之,剽窃成书者有之,精品难出,赝著充塞。现在所缺少的,正是“辨心术以议史德”的高度自觉。重提史魂,重建史德,正当其时。

章开沅引用他经常提到的一句诗,“治学不为媚时语,独寻真知启后人”,来提醒史学研究者们,必须明确治史为求真,是为保存民族文化,学术不是求名求利的工具。尽管史学在社会暂时受到冷落,但历史学者不可妄自菲薄,必须保持学者的尊严与良知,以高品位的学术成果争取社会的理解与支持。他深信,只要还有一个真正的历史学家存在,史学就绝对不会沉默,除非是自己毁灭自己①。

上述之外,章开沅还在学术创新、学术自由等问题上提出了自己的见解。

2. 史学情结

近年来,章开沅研究志趣的转换,即由具体问题的研究而为史学的宏观构想,这其中,史学情结的涌动乃至为关键的所在。

章开沅对史学有真挚的感情,在他的心中,从来就未曾怀疑过史学的功能。他认为,历史千万不能被忘记,“亡人国者,先亡其史”,史学研究很重要。历史不仅是一个民族的精神宝库,蕴藏着丰富的智慧,它还属于全人类,包容着天地之间、人际之间、国际之间的发展演变过程。历史研究已由过去的以人为本,拓展到对环境历史、太空历史等跨越时空的全面观照。历史学家肩负重任,应心系国家、社会乃至人类的前途命运。一个好的历史学家,同时更应该是思想家,在重大历史问题上,要发出自己的声音。在市场经济大潮下,社会不应以狭隘的功利主义来衡量历史的“用”和“历史学家的技艺”。面对当前人类文明重物质轻精神的严重缺失,历史学研究者更不应该保持沉默,而要关注现实生活,发挥历史研究的功效。

对于目前学风浮躁等不良现象,章开沅十分忧虑,他指出:学风是世风的反映,学风又应成为世风的先导。学风随世风堕落,随波逐流,

① 章开沅:《境界——追求圆融》,载《史学月刊》2004年第6期。

乃至同流合污,这是最可怕的事情。如果不嫌夸大的话,那就是哀莫大于心死。章开沅曾经不无感慨地说道:“史学正在不断萎缩,史学存在很多问题,史学受到社会的冷落,应该是不争的事实,所以由此引起诸多忧虑……其实,重视也好,不重视也罢,反正我们对史学已经是忠贞不渝了。”

浓郁的史学情结使得章开沅不满足于具体史学问题的研究,他将目光投向了更为广阔的领域,而关注更为宏观的问题。

需要指出的是,随着史学思想的日臻成熟,章开沅的史学情结中出现了跨国界、超民族的因素。在谈到电脑问题时章开沅曾言道:如果家长和老师的一切努力都战胜不了一只电子宠物的话,那就是我们教育制度的悲哀。人类必须要处理好一些事情,人与人的和谐,人与自然的和谐,人脑与电脑的和谐。新的世纪并不像我们想象的那么光明,1999年的时候就有海外学者批判说,新世纪不一定会带来祥和,因为有很多人类走向自我残杀甚至自我毁灭的重大问题都没有解决。现在已经有一部分人在给世界公民写课本,我很高兴能成为这其中的一员,我认为自己是一个世界公民。当今许多东西都已经全球化,国家和民族的界限也在渐渐淡化,我们要承认社会的多元化、承认自由选择与竞争事情才会向好的方面推进。他还说:我内心却抱着一个宏愿,那就是努力把人类历史作为一个整体,用全人类和大史学的观念和方法来研究历史,不断以此自勉并寄希望于年青一代。

随着学术的进步,章开沅的境界亦与之俱进,正所谓“学大则君子之德崇,言远则君子之业广”。他努力透视历史的沧桑,探索史学的真谛,以“治学不为媚时语,独寻真知启后人”自勉,以“历史是划上句号的过去,史学是永无止境的远航”,“学术的小我只有汇入学术的大我才能进入永恒”来激励自己。正如他所说:我只是一颗铺路的石子,今后,我这头老牛只有更加奋蹄,为学校、为国家、为整个人类尽一点绵薄之力。

天行健,君子以自强不息。

筚路蓝缕，推陈出新

——章开沅先生与中国近代资产阶级研究

朱　英

20世纪80年代至90年代，中国近代资产阶级是国内外史学界十分关注的一个重要研究领域，也是章开沅先生多年治史学术生涯中的主要研究方向之一。先生不仅发表过多篇研究近代资产阶级的高质量论文，在国内外史学界引起很大反响，而且还曾出版论述近代资产阶级代表人物张謇的专著，受到史学界高度重视。特别是其有关研究近代资产阶级方法论的一系列独到见解，对于推动近代中国资产阶级研究的不断发展产生了重要影响。

一

早在20世纪50年代、60年代，史学界对近代中国资产阶级的研究尚未予以重视，有关的成果并不多见。但先生当时即已意识到这一研究领域的重要学术价值，率先开展了对近代中国资产阶级的开拓性研究。1961年在武昌举行纪念辛亥革命50周年学术讨论会，先生向大会提交了与刘望龄合写的《从辛亥革命看民族资产阶级的性格》一文。这篇发表于三十余年前的长文，对资产阶级及其政治派别在辛亥革命准备、爆发、失败这三个历史阶段中的表现进行了比较全面的考察，剖析了资产阶级革命性和妥协性集于一身的性格特征。与先生后来所写的有关论著相比较，此文自然显得不够成熟，而且存在若干时代的局限，但却堪称先生研究近代中国资产阶级的开篇之作，也是当时论述辛亥革命时期的资产阶级较为全面、系统的一篇论文,因而在会上引起许多著名学者的关注。会后,《新华月报》1961 年第 11 期刊载了此文。

由于众所周知的原因,此后不久学术研究受到政治因素的严重干扰,难以正常进行。先生更因所谓李秀成评价问题遭受不公正待遇,根本无法从事学术研究。虽然多年不能发表学术论文,但先生并未停止对近代资产阶级的研究及有关学术问题的思考。"四人帮"垮台后,随着实事求是精神的恢复和发扬,先生始得以充分施展其才华。"文革"期间,由于长期受"左"倾思潮的影响,近代中国资产阶级无形中成为近代史研究的一个禁区,有关论著偶尔提及近代的资产阶级也只是以批判的口吻大加鞑挞,谈不上学术研究。要想使近代资产阶级的研究迅速获得发展,就必须打破这一禁区。

先生以其敏锐的学术眼光于此不无洞察,在 1979 年初发表的《解放思想,实事求是,努力研究辛亥革命史》(《辛亥革命史丛刊》第一辑)一文中,即大声疾呼近代史研究者应加强对近代中国资产阶级的探讨,"要打破所谓'立足于批'的精神枷锁,要推倒所谓'资产阶级中心论'、'资产阶级决定论'、'资产阶级高明论'等诬陷不实之词,要敢于以马克思主义的理论胆识来拨乱反正,坚持正确地、全面地评价处于上升时期的资产阶级及其代表人物"。同时,此文还依据有关史实分析了对近代资产阶级"立足于批",其实是一种主观唯心主义的、极端片面的形而上学的观点。近代上升时期的资产阶级代表着新的生产方式,资本主义取代封建主义,资产阶级取代地主阶级,这在人类文明史上是一大进步,而且是比奴隶制取代原始社会、封建制取代奴隶制更为重要的一大进步。此文发表后,不仅在国内史学界,而且在海外学者中也引起了较强烈的反响。美国学者将此文译成英文重新发表,认为文中的观点反映了中国史学界研究近代资产阶级的新动向。

不仅如此,先生还花费大量时间奔走于各地,广泛收集有关史料,对近代江浙地区的资产阶级进行了深入细致的实证性具体研究。1981 年在武昌举行的纪念辛亥革命 70 周年国际学术讨论会上,先生提交的长篇论文《辛亥革命与江浙资产阶级》,再次引起与会的国内外学者重视。该文依据丰富的史料,翔实而全面地论证了辛亥革命时期江浙地区的资本主义经济已有了相当发展,尽管用现在的标准看江浙资产阶级所拥有的经济实力似乎微不足道,但在当时的历史条件下却已经足以为革命运动提供起码的物质基础。该文还具体论述了江浙资产阶级在辛亥前后的主要社会活动及其特点,说明江浙资产阶级在全国整个资产阶级队伍中占据着领袖群伦的地位,其政治动向对辛亥革命的结局产生了重要影响。由此可见,先生之所以选取江浙资产阶级作详尽的个案剖析,是经过一番深思熟虑的。该文于1981年在《历史研究》第5期发表之后,经众多专家和读者推选,被评为发表在这一严谨史学杂志上的优秀论文,后又被译成英文收入美国出版的有关论文集中。

1982年4月,隔膜已久的海峡两岸历史学者首次在美国芝加哥共聚一堂,就辛亥革命性质问题交换了各自的不同意见。台湾学者坚持认为辛亥革命并非资产阶级革命,而是全民性质的革命。先生在会上代表大陆学者作了精辟的发言和答辩。为了增进两岸学者的交流,充分了解各自的学术观点,先生于会后又撰写了《就辛亥革命性质问题答台北学者》(《近代史研究》1983年第1期)一文。两岸学者对辛亥革命性质之所以有不同意见,焦点之一即在于对辛亥革命前中国资本主义和资产阶级的发展程度,有着相异的看法。所以,先生在该文中以大量史实阐明20世纪初年的中国,不仅确实存在着一个作为新兴社会集团的民族资产阶级,而且已经形成了一股独立的阶级力量,在社会生活的各个领域都可以明显感受到这个新兴阶级的影响。并说明资产阶级直接参加革命为数不多,这是各国早期资产阶级的通病,并非辛亥革命所独有,因而不能以此否认其资产阶级革命的性质。

先生对近代中国资产阶级的研究,视野十分开阔,不仅有整体上的宏观论述,也有区域性的个案剖析,同时还对有代表性的资产阶级典型人物进行过细致入微的考察。由状元而走上经办实业道路的张謇,即是先生研究多年的资产阶级代表人物。先生早年即曾发表颇具分量的《论张謇的矛盾性格》(《历史研究》1963年第3期)一文,后又有多篇论述张謇的论文问世[①],1986 年中华书局还出版其专著《开拓者的足迹——张謇传稿》,2000 年中华工商联合出版社又出版其专著《张謇传》;先生还与人合著《张謇与近代社会》(华中师范大学出版社 2001 年版),同时还主编有《中国近代史上的官绅商学》(湖北人民出版社 2000 年版)、《中国近代民族资产阶级研究:1860—1919》(华中师范大学出版社 2000 年版)。无论是从何种角度切入,先生都特别强调首先必须深入了解近代中国的社会环境,由此才能对历史人物做出实事求是的客观评价。因为人是社会环境的产物,人的活动又能动地反作用于环境,个人与整个社会关系如此,个人与自己厕身的某个小社会(阶级、阶层、群体)的关系也是如此。如果不深入了解历史人物所处的社会环境,对历史人物的分析就往往流于空泛的议论,或是局限于史事罗列,难以更贴切地判断和说明隐藏在人物后面的社会动因。正是因为紧密结合考察近代中国的社会环境,所以先生对张謇的研究,既注重分析社会对其产生的各种影响,如何促使其从一个群体进入另一个群体,又注意探讨张謇如何通过自己的活动,为一个个小社会增添活力并渗入自己的风格,由此得出张謇是过渡性时代、过渡性社会中的一个过渡性人物这一结论。毫无疑问,先生的这一研究思路和方法,其意义不仅在于将张謇研究推进到一个新的高度,同时也大大拓宽了我们研究整个近代资产阶级的视野。

先生作为一个严肃的历史学研究者,研究近代中国资产阶级数十年,在国内外史学界已享有盛誉。尽管如此,他仍勇于以实事求是的科学态度,不断修正自己的观点。其早年所写的《从辛亥革命看民族资产阶级的性格》一文,按照传统的说法将资产阶级划分为买办官僚资产阶

① 《辛亥革命前后张謇与袁世凯的关系》,载《光明日报》1963 年 4 月 7 日;《从状元到资本家——〈张謇评传〉连载之一》,载《华中师范学院学报》1978 年第 2 期;《在两个世纪之间——〈张謇评传〉连载之二》,载《华中师范学院学报》1978 年第 3 期;《翁张交谊与晚清变局》,载《近代史研究》1981 年第 1 期;《辛亥革命前后的张謇》,载《社会科学战线》1986 年第 1 期;《张謇与中国近代化》,载《华中师范大学学报》1987 年第 4 期;《张謇与中韩文化交流》,载《华中师范大学学报》2000 年第 6 期;《张汤交谊与辛亥革命》,载《历史研究》2002 年第 1 期。

级和民族资产阶级两大部分，并认为民族资产阶级中间又有上层和中下层的区别，不同的阶层各有其不同的政治态度。20 世纪 70 年代末与林增平先生共同主编的《辛亥革命史》三卷本，也仍持这种看法。但到 80 年代以后，先生通过进一步深入研究，即对这一看法进行了修正，多次提出这种“一揽子”式的传统划分容易导致笼统和一般化，应该进行具体的分析和考察，这样才能使我们的结论更符合历史实际。先生这种科学的态度，体现了一个真正的学者所应有的宽阔而坦荡的胸怀，也是值得我们学习的一种可贵的治学精神。

二

先生对推动近代中国资产阶级研究的贡献，不仅体现于自身做了大量的实证性研究，提出了一系列有价值的独到见解，而且还表现在从方法论的高度，对如何进一步拓宽资产阶级研究的领域，发表了许多真知灼见，为不少青年学者致力于近代资产阶级研究起了指引门径的重要作用。这方面的影响，甚至较诸先生自身所做的研究更为深远，因为它既促进了近代中国资产阶级研究向纵深发展，同时也推动许多青年学者得以迅速成长，使史学研究队伍后继有人。

在这方面，先生曾发表《要加强对辛亥革命期间社会环境的研究》(《章开沅学术论著选》，华中师范大学出版社 2000 年版)、《辛亥革命史研究中的一个问题》(《历史研究》1981 年第 4 期)、《关于改进研究中国资产阶级方法的若干意见》(《历史研究》1983 年第 5 期)、《辛亥革命史研究如何深入》(《近代史研究》1984 年第 5 期)等多篇文章，既指出了研究近代中国资产阶级存在的各种缺陷，也阐明了弥补和改进这些缺陷的方法。关于近代中国资本主义的研究，先生在强调专题及分省份研究重要性的同时，认为还必须根据旧中国经济发展不平衡的实际情况，进一步做范围较大的区域研究，如对东南沿海、西北边疆、长江中下游等的研究；也可做范围更小的个案研究，如对盛泽、平望、拱宸桥、佛山等作为城乡经济枢纽的小镇的研究。因为清末行政区划并不完全同于实际起作用的经济地理区划，如果只停留于省、府、州、县之类研究格局,有时容易忽视以至割裂客观存在的地区之间的经济联系。这一见解,对于推动近代资本主义研究显然起到了积极作用。近年来,已有研究机构和学者从事长江上游、长江中下游社会经济发展的研究,并已取得若干成果。美国学者黄宗智对华北农村和长江三角洲经济变迁的探讨,实际上也是跨省份的大范围区域研究。但迄至目前,先生多年前所指出的加强对作为城乡经济枢纽的小镇开展研究,仍然十分薄弱,需要有志之研究者花大气力沉下心来进行深入探讨。研究近代经济史的学者都知道,对资本主义发展的全面考察,是研究资产阶级的前提。如果不了解资本主义的发展状况,就很难准确地把握资产阶级的实力及其影响,因而这方面的研究具有不容忽视的重要意义。

关于资产阶级研究,先生认为探讨个别企业主的经济活动固然必要,但同时还应该扩大我们的研究视野,从资产阶级的整体着眼,认真考察其社会生活的各个方面。例如对于商会以往研究较少,其实这是从整体上考察资产阶级所不可缺少的重要课题。1904 年以后各地商会的先后建立,是中国资产阶级已经形成为一支独立阶级队伍的重要标志。1905 年以后,资产阶级之所以能在历次反帝爱国运动中显示出越来越大的活动能量,是与他们有了商会这个纽带和基地分不开的。商会的成立,使资产阶级有了真正属于自己的社团,有了为本阶级说话办事的地方,从此不再以个人或落后的行帮形象,而是以新式社团法人的姿态与官府或其他社会势力相周旋。先生还指出,在资本主义比较发达的地区,商会的势力不仅渗透到传统的社会组织——会馆、公所、善堂等等,而且还控制了新建立的各种社会团体——商团、体育会、救火会、市政工程机构、地方自治机构以至学校、教育会、文艺社团、医学团体等。就不少大中城市而言,几乎在社会生活的各个主要方面,都可以感受到它的存在和影响。因此,深入考察商会,对于拓展近代资产阶级研究的深度和广度均不无裨益。

先生不仅强调研究商会这一新式工商团体的重要意义,而且认为对于资产阶级在其他社会团体中的作用,也不应忽略。例如资产阶级与市政管理和地方自治等机构之间的关系,资产阶级与体育会、尚武会、救火会、教育会以至书画、医药等团体的关系,资产阶级与新闻出版机构的关系,都是全面研究资产阶级所应考察的对象。即使是会馆、公所等传统的工商组织,也需要进行新的探讨。及至20世纪初,会馆、公所虽仍然程度不同地保留着许多封建传统,但随着资本主义的发展也出现了不少新的变化,而厘清这些变化无疑是深入了解资产阶级发展演变的一个重要途径。资产阶级并非一个空空洞洞的概念,而是一群活生生的人,是一个在社会生活体系和社会生活领域中占据独特地位的集团。如果不去研究他们经常活动于其间的那些团体或机构,就很难获致对于中国资产阶级较完整和充实的理解。过去,我们往往浮光掠影地强调当时中国资产阶级的不成熟,却未深入探究它作为一个社会群体到底是怎样在那里活动,因而无论对革命运动还是对立宪运动所做的阶级分析和功过评论,便常常因为论证不足而缺乏足够的说服力。

在先生和其他知名学者的大力呼吁之下,近20余年来史学界对商会及其他与资产阶级有关的社会团体的研究,取得了明显的进展。尤其是商会研究,已成为近代中国资产阶级研究中一个十分热门的新领域,不仅发表了一大批有关商会的论文,而且还出版了《上海总商会史》、《商会与中国早期现代化》、《传统与近代的二重变奏——晚清苏州商会个案研究》、《过渡形成:中国早期资产阶级构成之谜》、《转型时期的社会与国家——以近代中国商会为主体的历史透视》、《在商言商:政治变局中的江浙商人》、《近代中国商会、行会与商团新论》等有分量的专著,并曾举办以商会与中国资产阶级为主题的学术讨论会。其他工商团体以及与资产阶级有关的组织机构,也普遍受到研究者重视,如近代上海的市政机构,武汉、苏州和广州的地方自治及机构,都有专文进行论述,另还出版了有关的专著《辛亥革命时期新式商人社团研究》、《近代中国商人与社会》、《近代中国同业公会与当代行业协会研究》、《中间组织——近代工商同业公会研究(1918—1949)》。这些研究成果的问世,显然大大扩充了近代中国资产阶级研究的领域,标志着近代中国资产阶级研究发展到了一个新的阶段。而这一进展的取得,无疑包含着先生的一份辛勤努力。

除此之外,先生还提出应该分行业或部门加强对资本主义和资产阶级的研究,在选择课题时需要注意构成国民经济主体的各种行业、构成行业主体的各个企业以及行业之间与企业之间的关系等等。也就是说,在研究行业的过程中,不能停留于就事论事的孤立考察,而应弄清它们与外界的关系,否则至多只能说明某个行业、企业的内部情况,难以综观全局。另外,以往为数有限的若干专题论著,多半限于近代工矿和交通运输业方面的考察,对于手工业、商业、农业中的资本主义成分的研究则很不够。与此相应,对金融、商业、农业、手工业资产阶级的探讨也比较薄弱,实在大有加强研究之必要。先生认为,对资本主义和资产阶级的研究,都应该注意整体布局,在做好扎实的各行业或部门的专题研究基础之上,进行比较全面的综合性论述。

在《关于改进研究中国资产阶级方法的若干意见》一文中,先生进一步从概念、模式、类型、布局四个方面,就如何加深对资产阶级的研究,尤其是研究方法的改进,提出了颇具启迪性的独特见解。该文分析了国内外学者使用资产阶级广义和狭义概念的异同,并指明如何在具体解释中将这一概念运用得更为准确贴切。同时,在以西方模式作为参照系分析中国近代资产阶级时,应该特别注意不能生搬硬套,把西方模式简单化、绝对化。既要善于同中见异,又要善于异中见同,将近代中国资产阶级放在世界资本主义和资产阶级发展历史的总体中加以探讨。该文还阐明应将集团研究作为个案研究与类型研究之间的中间层次,因为阶级、阶层决不是个人简单的相加,正如资本主义经济体系也不是企业的简单相加一样,而集团则是个体与整体之间的纽带。如果多做一些集团如资本集团、行业、商会以至商团、会馆等等的研究,然后再进行类型的归纳与区分,所得结论将比简单的上中下层划分更切实际。至于研究近代中国资产阶级的布局,则不仅要注意打破行政区划的区域研究,集团研究也需要合理布局。另外,对市场和人口这两个与资本主义和资产阶级发展密切相关的问题,亦应加强研究。

在强调改进研究资产阶级方法的同时,先生也特别注重挖掘和整理有关的文献资料,并在这方面付出了较多的心血。他在1964年春,即曾前往天津调查商会档案收藏情况,初步了解其研究价值。苏州市档案馆珍藏的大量商会档案,也是研究近代中国资产阶级不可多得的宝贵史料，但长期以来一直没有引起研究者的重视，未能发挥其应有的作用。1980 年，先生经与苏州有关部门及档案馆商议接洽，组织华中师范大学历史研究所的研究人员与苏州档案馆共同整理编辑该档案，后又克服各种困难，使该档案得以出版。受此推动，天津、上海、北京等地的研究者和档案部门，也相继着手整理编辑当地及全国商会的文献资料。毫无疑问，商会研究之所以能在短短几年内获得迅速发展，与有关档案文献的整理出版是分不开的。除苏州商会档案外，苏州市民公社的档案经先生努力，也在《辛亥革命史丛刊》第四辑刊布，受到国内外研究者的重视。

近年来，先生又针对当下学术界某些论著不重视发掘史料，不重视运用原始资料的浮躁之风，提出将时下流行的"原生态"一词借用到历史研究中来，强调历史资料的原始性、完整性对历史研究的重要性。认为近二十余年的商会史研究之所以还能够取得一些为国内外同行所认可的成果，在很大程度上得益于商会原始档案资料的发掘和利用。如果说商会史的研究是近 20 年来中国近代史研究领域中的一个亮点的话，那么在相当程度上应该归功于"原生态"的商会史料①。这对于我们目前改进学风，推进商会史研究的继续深入发展都具有重要意义。

综上所述，不难看出先生对于推动近代中国资产阶级研究在各方面所做的辛勤努力，发挥了相当积极的作用，也取得了明显的成效。如今，在先生直接指导下或受其影响成长起来的一批中青年学者，已经成为研究近代中国资产阶级的新骨干力量。他们在取得自己研究成果的同时，当不会忘记像先生这样的一批前辈学者创榛辟莽和指点迷津的重要影响。

① 章开沅：《商会档案的原生态与商会史研究的发展》，载《学术月刊》2006 年第 6 期。

倾心半世纪，领潮海内外

——章开沅先生与辛亥革命史研究

许小青

章开沅先生在长达半个多世纪的学术生涯中，所涉猎的领域较多，先后在辛亥革命史、教会大学史、南京大屠杀、中外文化交流史等研究领域中成就卓著、影响深远。在这些领域中，辛亥革命史研究无疑具有特殊意义，不仅是他最早倾心投入的领域，也是他关注时间最长、成果最丰富、影响最深远的一个领域。他所倡导的辛亥革命史研究，对我国新时期近现代史学科的成长和走向世界，均产生了重要影响。正如1992年5月24日，在美国奥古斯坦那学院授予章开沅荣誉博士学位庆典仪式上，西门斯博士在热情洋溢的祝词中，引用一位美国著名近代史学者的话，赞誉章开沅教授“在世界上的历史学者与专家当中，他被评价为辛亥革命的学术带头人”①。自20世纪90年代以来，不少学人对于章先生的学术成就已做了非常深入细致的总结②，本文在全面参考诸贤成果的基础上，特别注意结合20世纪90年代中期以来章先生

---

① 《西门斯博士的祝词》，收入华中师范大学历史研究所、中国教会大学研究中心编:《莺花无际楚江头——章开沅先生七十华诞学术纪念文集》，武汉出版社1996年版，第1页。

② 详见马敏、朱英、严昌洪、罗福惠、郭国灿诸位先生的总结，收入纪念章先生七十华诞的纪念文集《莺花无际楚江头——章开沅先生七十华诞学术纪念文集》(武汉出版社1996年版)。特别是严昌洪教授的《辛勤的耕耘，丰硕的收获——章开沅先生与辛亥革命史研究》一文，从多方面系统总结了章先生的辛亥革命研究成果与贡献。该文先曾发表于《华中师范大学学报》1995年第6期。拙文对严教授的论文全面参考，特此说明，并致深深谢忱。

的新研究、新见解，尝试从研究历程、思想前瞻和学术贡献三个方面，对章先生与辛亥革命史研究进行回顾和梳理，以求教于师友与学界同仁。

一、悉心研究、成果丰硕——研究缘起与历程

自20世纪50年代开始，章先生倾心研究辛亥革命已长达半个世纪。追随章先生的研究足迹，重温他走过的艰辛而又充满传奇的研究历程，我们发现，以“文革”结束为界，章先生的辛亥革命研究明显表现出前后两个不同时期的特点，“文革”前或可概括为拓荒期，“文革”后则可归纳为收获期。

1. 拓荒与曲折

20世纪50年代章开沅先生最初走上大学讲坛时，主要讲授中国近现代史课程，那时的研究兴趣主要在太平天国。最早促使章先生开始研究辛亥革命，是1954年秋冬之际，民主德国贝喜发博士专程来汉考察武昌起义遗址和收集辛亥革命史料，外事部门邀请章先生协同武汉大学姚薇元、汪诒荪两位教授参与接待。他们与贝博士一起参观武昌起义遗址、晤谈辛亥老人，有幸与熊秉坤、李春萱、李西屏等一批辛亥老人朝夕相处，聆听他们讲述那一个个惊心动魄的辛亥故事。章先生事后回忆说：“一个外国学者不远万里专程赶来研究武昌首义，而我作为本地的中国近代史教师却从来没有着手研究这个饶有兴味的课题，真是有点难为情。”①在汪诒荪等教授的鼓励和热情帮助下，他开始进入这一重要学术领域。

1959年秋，在即将迎来辛亥革命50周年之际，章先生心中孕育着一个大胆构想，武昌乃首义之地，全国性的纪念辛亥革命50周年学术讨论会如能在汉召开，无疑对辛亥革命研究是一个极大的推动。他的倡议受到华中师范学院院系领导的重视，并最终在湖北省委的支持下变成现实。为筹备大会，他不辞劳苦深入鄂东城乡进行社会历史调查，并远赴京、沪、宁等地查阅文献档案，撰写了《从辛亥革命看民族资产阶

① 章开沅：《辛亥前后史事论丛》，华中师范大学出版社1990年版，第1页。

级性格》。后来这篇论文作为会议有代表性的论文向国内外推荐,被《新华月报》全文转载。同时,在大会上他还提交了《武昌起义与湖北革命运动》一文,被推荐至大会第一个宣读,受到吴玉章、范文澜等史学前辈的热情肯定,并鼓励他写辛亥革命的大著作。

通过这次会议,章开沅真正认识到辛亥革命是一个大有可为的学术空间,"只要辛勤耕耘,即不愁没有收获"。会后,如何选取突破点成了章先生思考的中心。辛亥革命既涌现出了孙中山、黄兴、宋教仁等风云人物,也催生了新兴的民族资产阶级(包括立宪派)等阶层与群体。对于史家而言,辛亥革命的确是一座富矿,选题俯拾皆是,但从何处入手呢?正在从事辛亥时期中国资产阶级研究的章先生,认识到必须有一个从个体到群体的研究过程,于是决定从企业和企业主的个案研究入手,再逐步扩大到对清季民族资产阶级的深度和广度研究。他选取了清季状元实业家张謇作为自己的突破口,之所以如此,章先生后来回忆说,当时有两重考虑:一是张謇作为民族资产阶级的代表,创办了一些有实力有影响的企业,且在家乡南通开办系列公益事业,深得家乡人民的爱戴;二是自己的曾祖父曾在同一时期在安徽创办了一批实业,在感性上也有助于自己对张謇的了解。

为了"求实存真"地研究张謇,1962 年秋他亲赴张謇的出生地、故居和相关历史遗址考察,得到南通市领导和史学同行的热情款待,为他实地调研提供了诸多便利。通过对南通的实地调研,他真切地感受到南通这位现代化之父所留下的巨大历史遗产。章先生利用各种机会收集史料,进一步加强了对这位先驱的研究信心。更为幸运的是,1963 年至 1964 年,原华中师范学院的老院长、时任全国政协副秘书长兼文史资料委员会副主任的杨东莼先生,以协助该委员会征集北洋政府时期史料的名义,将章先生借调北京。这次机缘打开了一个更为广阔的学术世界,他得以有机会探访了包括末代皇帝溥仪、老虎总长章士钊在内的许多历史当事人,还广交了大批史学界的师友,极大地开阔了学术视野。同时,他利用典藏丰富的北京大学图书馆、北京图书馆和近代史所图书馆,大量查阅整理相关报刊和文稿资料,特别是认真笺注张謇自己的未刊信函、手稿,在此基础上,写出四十余万字的《张謇传》初稿。

1963年章先生先后在《历史研究》、《光明日报》上发表《论张謇的矛盾性格》、《辛亥革命前后张謇与袁世凯的关系》两篇论文，成为当时这一方面的拓荒之作，受到海内外知名学者的重视，其后台湾地区的张朋园教授在《立宪派与辛亥革命》和日本学者藤冈喜久男教授在《张謇与辛亥革命》等著作中均加以引用。

正当章开沅先生准备深入清季民初这段历史时，他因在《光明日报》上发表要实事求是地评价李秀成的文章而遭受无妄之灾，成为中宣部内定批判对象。因此，《张謇传》书稿命运多舛，出版社认为不宜为张謇这样的资本家出版大部头学术传记，要求对张謇的评价再次降调，不宜肯定过多。如果按此处理，张謇的历史形象将面目全非，40万字书稿将被削减为没有什么实质内容的通俗读物。加以章先生已经失去发表论著的权利，《张謇传》的出版就这样被长期搁置下来了。不过，在随后而来的文化大革命中，章开沅先生还是因为替大资本家树碑立传而遭到重点批斗和抄家。幸亏自少饱受磨难养成豁达的性格，以及要完成吴老、范老等嘱托的坚定信念，使他在艰难逆境中对辛亥革命的研究并没有完全中断。1975年，他的一本小书《辛亥革命前夜的一场大讨论》在朋友的多方帮助下得以出版，虽然明显带有那一时代的印记，但仍被美、日学者多加引用，日本京都大学岛田虔次教授还将其作为研究生教材。

2. 收获与辉煌

新中国成立以来，在马列主义、毛泽东思想指导下，虽然已先后出版多部辛亥革命研究著作，如黎澍的《辛亥革命与袁世凯》（三联书店1950年版）、陈旭麓的《辛亥革命》（上海人民出版社1955年版）和林增平的《辛亥革命》（中华书局1962年版），这些著作均努力阐明辛亥革命的资产阶级民主革命实况及历史意义，但由于受篇幅（一般为十多万字）和研究资料的限制，对辛亥革命时期的社会环境和系列事件的来龙去脉的研究还很不够，尤其对中国近代资本主义的发展水平和资产阶级内部状况还存在许多疑点。因此，编写一部大型的辛亥革命史著作便提上新时期的议事日程。1976年春夏之交，“文革”还没有最后终结，章开沅先生便将个人艰难处境置之度外，应人民出版社之约，与林增平先生一道,共同组织两湖和豫、川、黔部分学者编写《辛亥革命史》大型专著。在两位先生的精心擘画下,编写组通力合作,经过近四年的努力,1980 年至 1981 年期间,三卷本一百二十万字的《辛亥革命史》正式由人民出版社出版。该书对中国近代资本主义经济发展水平和资产阶级的实际状况用力较多,大力推进了辛亥革命性质等相关问题的研究,在全面考察辛亥革命前后各个阶级、阶层、党派的状况及相互关系的基础上,重新回答了许多历史关键问题,该书还引导和加强了对辛亥革命时期思想文化潮流和社会环境的比较研究。三卷本的《辛亥革命史》写作严谨,参考文献丰富,仅征引书刊即达 590 余种,是一部具有较高水平的学术专著,不仅是对新中国成立三十年来这一领域研究成果的集大成,也是世界上第一部研究辛亥革命的通史性、综论性的大型著作。它的出版正值辛亥革命 70 周年之际,就在 1981 年盛况空前的纪念辛亥革命 70 周年国际学术讨论会上,中国大陆学者提供的研究成果,使到会的外国学者感到吃惊,章开沅和林增平主编的《辛亥革命史》无疑成为此次盛会的"最引人注目的成果"。近代史专家赵矢元、段云章在《中国历史学年鉴》(1982 年)上撰写评论说,这是"迄今为止关于辛亥革命篇幅最大的著作,受到国内外的重视。它较充分地搜集和利用了目前能接触到的国内(包括台湾)外报刊、地方史志和档案资料,广泛地吸收了国内外的研究成果,力图按照唯物史观,客观全面地叙述辛亥革命的发生发展过程,阐明革命取得的胜利及其两个派别、各个团体及各种代表人物、资产阶级各种思潮……有不少精辟见解"。同样,该书也被国外学者誉为"无论是从参与编写人数众多、为增强说服力而提供丰富材料来说,还是从涉及问题的广泛范围来说,这部书都可视为三十年来辛亥革命研究的集大成者",是"最能体现目前辛亥革命研究的观点、方法和水平"的"皇皇巨著"①。

该书出版后长期受到中外学术界的推崇,作为主编之一的章开沅先生二十多年后提到这本著作时,称"如果是从学术史的角度言,这本

① ［日］石田米子著,罗福惠译:《辛亥革命通史的新成果》,载《国内外辛亥革命史研究动态》第 1 辑。

书只能说是一个新的起点”①。这体现了章先生虚怀若谷的学者情怀。值得说明的是,《辛亥革命史》中提出了不少值得重视的学术问题,直接引导了其后辛亥革命研究的不断深入,这也是这部著作出版后一直不断被学人重视的原因。最近仓修良教授主编的多卷本《中国史学名著评介》(山东教育出版社 2006 年版)中,亦将其列为中国史学名著之一,再次说明其在学术史上的地位。《辛亥革命史》取得成功后,他与林增平先生再次联手主编了新中国第一部以辛亥革命为内容的高等学校文科教材《辛亥革命运动史稿》(中国人民大学出版社 1988 年版),与罗福惠教授主编了《辛亥革命与中国社会发展道路》(湖北人民出版社 1993 年版),为辛亥革命革命研究的普及与深化进一步贡献了自己的才智。

1981 年,在完成《辛亥革命史》后,章先生又将精力放回到他一直牵挂而又中断十多年的张謇研究上。他先后撰写了《从状元到资本家》、《在两个世纪之间》、《翁张交谊与辛亥革命》等专题论文,学术视野进一步开阔。1985 年他应邀参加南通重立张謇铜像的典礼,深切感受到南通人对张謇的深情和研究的热情。章先生引用社会学的群体分析理论,着手加紧修订《张謇传》,力图说明张謇是如何从一个普通农家子弟经过科举成为士人群体的成员,又从士人的低层逐步攀升到高层,然后再从士人群体向绅商群体的演变,最终进入新兴资产阶级的行列的。1986 年底重写的《开拓者的足迹——张謇传稿》由中华书局出版。该书出版后受到海内外学术界的青睐,随即被翻译成日文在东京出版,被誉为国际张謇研究的典范之作。

随着研究思想的逐渐成熟,20 世纪 80 年代中期以来,章先生在辛亥革命领域的研究也达到鼎盛时期。他先后发表了六七十篇高质量论文,结集出版了《辛亥革命与近代社会》(天津人民出版社 1985 年版)、《辛亥革命前后史事论丛》(华中师范大学出版社 1990 年版)、《辛亥革命前后史事论丛续编》(华中师范大学出版社 1996 年版)、《章开沅学术论著选》(华中师范大学出版社 2000 年版)。

进入新世纪,章先生在辛亥革命领域的开拓进展,特别表现在对张

① 魏文享:《章开沅先生访谈录》,载《史学史研究》2003 年第 4 期。

謇研究的深入上。其中40多万字的《张謇传》(中华工商联合出版社2000年版)的出版,更是将张謇研究推向一个新的高度。这部新著不仅补充了大量的传主生平史实资料,而且从人际交往等层面入手,更加深入到张謇的精神世界深处,从人性化、个性化的角度层面挖掘出了一个有血有肉的灵魂。此后,章先生继续在这一领域开拓,2000年至2005年,先后撰写了6篇张謇研究论文,其中包括在武昌纪念辛亥革命90周年国际学术讨论会上宣读的《张汤交谊与辛亥革命》一文,一并收入其代表性论文集——《论张謇》(光明日报出版社2006年版)中。

以上这些论著多为辛亥革命研究中的大手笔,记录着章先生个人在辛亥革命领域的辛勤耕耘和收获,这些精品也成为学术界研究辛亥革命的必备参考文献,激励和启发一代又一代学人在这一领域沿着其指引的方向不断拓进。

二、独寻真知、引领潮流——研究思想与前瞻

清代龚自珍诗云:“一事平生无齮龁,但开风气不为师。”历代杰出学者,不仅能在自己研究的领域取得公认成就,而后往往以其深邃思想改变一代学风,引领学术潮流。章先生就是这样一位当代学人,他是一位不倦的探索者,更是一位富于前瞻性的开拓者。20世纪80年代以来,章先生时常以楚图南为纪念戴震纪念馆题词中的“治学不为媚时语,独寻真知启后人”一语勉人与自勉,其实这也是对章先生作为学界开路先锋的最好概括。回顾过往三十年,他能针对性极强地及时提出辛亥革命研究前瞻性的指导思想,直接把握和引领辛亥革命研究的正确航向。

1. 解放思想,突破禁区

新时期中国辛亥革命研究领域取得突破性的进展,与章先生这一代学者在辛亥革命研究领域不断解放思想是分不开的。特别在1979年前后,长期困扰史坛的“左”倾思想仍然很有影响。就辛亥革命研究领域而言,“资产阶级中心论”、“没有以工农群众为主体”之类的批评仍有市场,以孙中山为绝对中心的正统观念也相当普遍。章先生深知辛

亥革命研究深受各方困扰，正如他在《辛亥革命史研究三十年》一文中所指出的，以往辛亥革命研究的局限性主要表现为“四多四少”，即：研究个别人物多，研究社会环境少；研究政治方面多，研究经济、文化少；研究革命党人多，研究其他派系少；研究群众自发斗争多，研究资产阶级领导作用少①。针对这种状况，1979 年章先生发表《辛亥革命史研究的几个问题》，初步提出在辛亥革命研究中要注意排除“左”的思想干扰。次年，章开沅先生又在《辛亥革命研究丛刊》创刊号上发表《解放思想，实事求是，努力研究辛亥革命史》长文，系统总结了 1949 年以来辛亥革命研究的历史和现状，并着重就指导思想、人物评价、中外关系、资料工作、研究方法等重大问题阐明自己的主张，号召学术界“要打破所谓‘立足于批’的精神枷锁，要推倒所谓‘资产阶级中心论’、‘资产阶级决定论’、‘资产阶级高明论’等等诬陷不实之词，要敢于以马克思主义的理论胆识来拨乱反正，坚持正确地、全面地评价处于上升时期的资产阶级及其代表人物”②。此文率先提出“解放思想、拨乱反正”、“重新探索辛亥革命史研究前进的方向和途径”，立论高屋建瓴，直指问题实质，在海内外产生极大反响。美洲《华侨日报》以醒目标题《大陆学者撰写中华民国史——章开沅有新看法》，摘要介绍文章的观点，称之为“体现大陆民国史研究的新方向”。日本东京辛亥革命史研究会还专门开会讨论此文观点。日本《中国研究月报》称该文是“指出了《丛刊》的方向性乃至当前中国辛亥革命研究方向性的文章”。美国《中国史学》1980 年夏季号又全文译载，编者按语称之为“中国近年来辛亥革命史最重要的研究成果之一”，“作者是这方面处于领导地位的专家”。

在 20 世纪 80 年代初的研究中，章先生在《论同盟会的性质及其内部分歧》等文章中，反对将同盟会的内部分歧简单地上升为阶级路线之争，公正地评价了孙文派以外的其他革命派的功绩，还主张对立宪派也应给予客观评价，并且倡导加强经济史的研究。这一思想，对于当时学

① 章开沅：《辛亥革命研究三十年》，见《辛亥革命与近代社会》，天津人民出版社 1985 年版，第 222～223 页。

② 章开沅：《辛亥前后史事论丛》，华中师范大学出版社 1990 年版，第 19 页。

术界解放思想起了明显的促进作用，正如日本研究者的评论，“如后所述，按照章的意见发表了许多具体成果，使中国正在形成这样一种局面，即一方面确认了辛亥革命的资产阶级革命性、大众性、孙文的领导作用及民族资产阶级的进步性，同时重视革命和革命运动的复杂侧面，从而得以响应对‘新正统史观’的批判”①。章先生“解放思想，实事求是，努力研究辛亥革命史”的提出，对新时期辛亥革命史的繁荣起了重要的推动作用。“解放思想”不仅是现代学术创新发展的内在要求，也集中体现出章先生“治学不为媚时语”的固有风骨。

2. 上下延伸与横向会通

史学贵在通识。借鉴我国前辈学者的会通、纵通、横通的思想，1983 年章先生在郑州举行的辛亥革命史研究会年会上作了题为“辛亥革命史研究如何深入”的主题发言，强调指出：“辛亥革命史研究应该接受过去的教训，在综合的和专题的研究中努力向上下延伸和横向会通；即不仅要把辛亥革命放在中国几千年文明史长河中，而且要放在世界各国资产阶级革命总范畴中，作切实深入的研究与相应的理论探索。”②从上下延伸来说，辛亥革命史还有很多工作要做，比如戊戌、辛亥、“五四”之间的纵向联系，前后之间的批判继承；中国资本主义与前资本主义之间的联系与矛盾；清末新政与近代政制、教育现代化关系等。虽然，章先生没有明确阐述法国年鉴学派第二代核心布罗代尔的“长时段”概念，但其背后所蕴含的要突破政治事件研究中只关注短时段局限的意识非常明确，这也是他特别关注社会结构与文化心理的原因所在。例如，20 世纪 90 年代中期，章先生在 20 世纪 80 年代发表的《“排满”与民族运动》和《“排满”与民主运动》等论文的基础上，专门撰写《“排满”评议——对辛亥前后民族主义的再认识》长文，从纵向角度对辛亥时期“排满”的历史渊源、与近代民族主义的关系等问题，从较长的时段上进行细致研究，进一步深化了对中国近代民族主义复杂性的认知。

---

① [日]山根幸夫主编，田人隆等译：《中国史研究入门》（增订本）下册，社会科学文献出版社 2000 年版，第 1040 页。

② 章开沅：《辛亥前后史事论丛》，华中师范大学出版社 1990 年版，第 47 页。

从横向会通来说，章先生认为可以研究的工作更多，不仅要把辛亥革命放在亚洲民族解放运动的总体之中来考察，也要将其与以英、法为范型的资产阶级革命进行比较研究。诸如中西社会结构(包括经济、阶级、意识形态诸方面)的比较研究，文教科技方面的比较研究，民族关系方面的比较研究，以至民族心理、风俗习惯、宗教流派及其影响方面的比较研究。他专门提到应对法国学者所认为的辛亥志士对西方民主的"误解重重"、日本学者直指的辛亥先驱接受的西方政治学说实系东邻的仿制品等观点做出自己的回答。此后，学术界日益重视辛亥时期中、西、日之间的思想学术互动研究，无不印证了章先生的先见之明。

20 世纪 90 年代以来，章先生在继续关心和支持辛亥革命史研究的同时，又转向现代化研究、中国教会大学史研究、南京大屠杀研究和中外文化交流研究，并取得了引人注目的成就。对于自己和部分学者的转向，章先生称这也体现了上下延伸、横向会通的思想，"一部分辛亥革命史研究者加入文化史与近现代化研究的探讨，乃是一件大好事，因为他们可以借此把较广阔的视野与较连贯的史实，带回辛亥革命史研究"①。这不应视为先生对自身的辩护。事实上，近年来，不少学者将现代化视角和文化史视角研究结合起来研究辛亥革命，也取得了丰硕的成果。

2001 年在武汉召开的辛亥革命 90 周年国际学术讨论会上，针对部分学者认为辛亥革命史领域已硕果累累、难以深入下去的状况，他专门在大会上发言，指出辛亥革命内容极为丰富，影响极为深远，课题极为众多，对于研究者具有永恒的魅力，21 世纪的辛亥革命研究才刚刚开始，并将再创辉煌。章先生提出，在新世纪，要使辛亥革命研究推向纵深，需要从四个方面努力：一是要进一步延展时空，要更有"会通"的思想，避免片面关注单个事件和人物，避免局限于既有的解释，要上下求索、左右寻源，探求历史发展中不同事件不同时期间的复杂关系。二是要注意研究视角的转换，从不同侧面审视史事，多维度的历史才是动态的、丰富的、真实的。三是要深入社会生活。不能只关注海面的泡

① 章开沅：《辛亥革命辞典》，武汉出版社 1991 年版，序言。

沫,而要更多关注社会基层与民众,让历史在演绎天下大势的时候,也能够给普通人一个平台,讲述老百姓自己的故事。四是要继续加强实证研究。这是史学观念、研究方法的基础,不可须臾分离。如能做到这几点,辛亥学脉,方可世代绵延①。

3. 社会环境与历史土壤

辛亥革命作为一场资产阶级领导的革命,清季民初一代先进的仁人志士自然是历史的主角,无疑也成为研究的题中应有之义。与林增平先生共同主编《辛亥革命史》以后,章先生开始对辛亥革命史研究进行反思,认为以前的"研究工作过分集中于少数历史人物和政治事件,而对整个社会环境的考察剖析却非常不够"②。在 20 世纪 80 年代中期,他将自己的辛亥革命研究归纳为两个方面,"一是关于辛亥革命时期那一代先进的中国人,一是关于二十世纪初年那个中国社会"③。实际上其中蕴含着丰富的学术思想,即历史是由人与社会结合的整体,彼此互相关联渗透,共同构成特定时空下的一个整体。章先生在运用社会学的理论和方法研究辛亥人物时,比较注意分析个人、群体与社会环境之间的互动关系,这也成了他的学术特色之一。他在《辛亥革命与近代社会》一书的《自序》中回顾自己的研究工作时说:"对于辛亥革命史的探索,我的工作是从近代中国资产阶级问题开始的,而且以后也一直以此为侧重点。就研究序列而言,开头是透过资产阶级的活动轨迹剖析其阶级性格,然后再着重研究辛亥革命的时代背景和社会环境,可以说是一种逆行的探究。"④事实上,"文革"后,章先生先后研究了孙中山、黄兴、章太炎和张謇等人物,也研究了资产阶级的性格、同盟会的性质与分歧。不过,他特别强调对辛亥革命的经济背景、阶级基础和社会

① 章开沅:《纪念辛亥革命九十周年国际学术讨论会综合述评》,收入中国史学会编:《辛亥革命与 20 世纪中国》上册,中央文献出版社 2002 年版,第 22～30 页。

② 章开沅:《辛亥革命与近代社会》,天津人民出版社 1985 年版,第 209 页。

③ 章开沅:《辛亥革命与近代社会》,天津人民出版社 1985 年版,第 2 页。

④ 章开沅:《辛亥革命与近代社会》,天津人民出版社 1985 年版,第 2 页。

思潮的研究,他自己也着手引导了当时新兴的社团(如商会)、社会思潮(如排满)等方面的研究,这无不体现他重视对社会环境——即国情的研究。

就其个人而言,章先生特别注意区域研究(如江浙)和个案研究(如张謇)的结合。这方面的突出成就是对张謇的研究。从 1986 年出版的《开拓者的足迹——张謇传稿》一书可以看出,他既着力揭示张謇一生中在士人群体、绅商群体、企业家群体之间的演变,又注意从张謇的活动中揭示其参与一个个小社会并在其中形成自己的鲜活印记。这种从个人到社会的研究路径和方法,不仅把张謇研究推到一个新的高度,也大大地拓宽了人们研究近代群体与社会的视野。但章先生并不满足于此,对于张謇的研究继续沿着与社会研究结合而扩展,先后发表《张謇与中国近代化》、《对外经济关系与大生资本集团的兴衰》、《张謇与中法劝业银行》等一系列论文,特别引申出张謇在谋求南通发展过程中所具有的社会总体性特征。章先生先后完成了《张謇传》、《张謇与近代社会》(与田彤合作),将张謇研究扩展至东南社会,成为辛亥革命史研究领域中人物研究与社会研究结合的典范。

早在 20 世纪 80 年代,他在《要加强对辛亥革命期间社会环境的研究》等文章中,已经提出“社会历史文化土壤学”的构想,强调不仅要注意人们历史活动背后的经济动因,也要注意经济之外的其他社会因素,乃至某些自然条件对于历史发展的影响,即历史传统、社会结构、文化素质以至民族心理、地理环境等多方面的影响。他多次引用 1903 年的《湖北学生界》第 1 期和《浙江潮》第 2 期中新式学生所草拟的涉及面极广的社会调查科目——包括户口、民智、风俗、善堂、寺院、望族、会党、客民、妓院、赌场,章先生指出:“当年革命志士所提出的那些社会调查细目,其中相当一部分我们研究甚少,甚至毫无接触。”①为此,他呼吁一方面加强精英人物孙中山、章太炎等的传统文化与近代化关系中“离异与回归”思想心理模式的探讨,注意辛亥一代“国魂”与国民精神问题的研究;另一方面加强社会组织(商会、市民社会)、社会结构和市民的

---

① 章开沅:《辛亥前后史事论丛》,华中师范大学出版社 1990 年版,第 37 页。

日常生活和心态史的研究。从 20 世纪 80 年代初开始,章先生就相继发表《时代·祖国·乡里》、《论辛亥国魂之陶铸》、《论国魂》、《国魂与国民精神试析》等系列论文,已经突破器物、制度层面研究,深入到民族文化心理结构层次,他所探讨的近代国民精神改造问题,使辛亥革命史的研究逐步进入一个新的境界。

4. 群体研究与中间集团

我国台湾地区的所谓"正统史学"家,论述辛亥革命往往只突出孙中山和同盟会,对其他革命派领导人和团体则贬低或丑化。"文革"中大陆却出现另一极端,片面突出章太炎,所谓"评法批儒"延伸到辛亥革命,孙中山反而成为次要角色。章先生在主编《辛亥革命史》过程中,亦面临如何处理历史人物与历史运动之间的相互关系的难题。针对过去的研究往往将主要精力集中于个别领导人的倾向,他强调"历史诚然是由人的活动构成的,但它决不是个人活动的简单堆积,而是由许多相互关联的群体(阶级、阶层、政党、社团等等)组成的一种社会运动"①。因此,他在从事辛亥革命研究中特别注意到辛亥时期两大新兴群体的研究,一是资产阶级的研究;二是新式知识分子的研究。

20 世纪 70 年代末以来,海外有关辛亥革命是"绅士运动"的论调盛极一时,而传统的"国民革命说"又有若干新的诠释。辛亥时期中国是否存在一种明确的社会力量称得上资产阶级?如何判断资产阶级的形成,形成的条件和标志是什么?这些都成为当时亟待解决的课题。章先生早在 20 世纪 60 年代就率先进行中国资产阶级的研究,发表过多篇论文。1981 年在武昌举行的纪念辛亥革命 70 周年国际学术讨论会上,章先生又宣读了长篇论文《辛亥革命与江浙资产阶级》,不仅具体论证了辛亥时期江浙地区资本主义的发展,而且通过翔实的史料说明江浙资产阶级在社会上的主导地位及其左右全国政局的深远影响,这种群体研究的确开风气之先,在国内外引起很大反响。

随后,他在《关于改进研究中国资产阶级方法的若干意见》一文中,从概念、模式、类型和布局四个方面,提出了方法论的整体改进。章先

① 章开沅:《辛亥革命与近代社会》,天津人民出版社 1985 年版,第 209 页。

生认为，讨论个别企业主的经济活动固然重要，但更应该从整体的眼光注意群落研究，尤其是处于个体与整体之间的中介集团研究。他倡导对资本集团、行会、商会乃至商团及其他相关社团方面的研究。早在20世纪80年代初他已敏锐地提出要加强中国商会史研究。

关于辛亥时期新式知识分子的地位，他在《辛亥人物文集》的出版说明中指出：辛亥革命不是少数人的事业，它是由一个数以万计的知识分子群体共同发起和推动的。研究革命运动或社会思潮，不能仅把眼光局限于个别领导人，应该将视野扩大到更多的人群。同时，革命运动也绝非革命党人的孤立行动，它是在错综复杂的社会关系与各种矛盾中产生与发展起来的。因此有必要研究其他各种营垒和各种类型人物，以便对辛亥革命时期的历史获得更为全面而深刻的认识。他自己特别关注辛亥时期江浙知识界的觉醒，先后研究了他们的时代意识、祖国意识、乡土意识、国魂意识等，成为辛亥期间思潮史与心态史研究的先导。

章先生指出，近代中国是一个急剧变化的过渡社会，各种社会集团和社会群体纷纷涌现，不仅旧有的官僚集团力量存在，革命团体纷纷涌现，而且许多中间群体和阶层也大量地存在或形成。在此，他强调必须加强中间集团研究，并且视之为个案研究与类型研究之间的中间层次。正是在这一思想的指导下，章门弟子取得了举世瞩目的成就，如马敏、朱英、虞和平对绅商、商会、商团的研究，桑兵对清末新式学堂学生群体的研究，赵军对日本大陆浪人群体的研究，刘伟对晚清督抚群体的研究，王建辉对于出版群体的研究等，在学术界产生了重要影响。

即令是从事张謇这样的"个体研究"，章先生也十分注重"集团研究"和"群体研究"。章先生认为，作为历史的创造者或历史主体，群体与个体对历史进程的作用是不同侧面地交互进行的，史学研究应运用好个体研究与群体研究的结合，将历史微观和宏观两个层面清晰地凸现出来。史学研究应该多维度地看世界，从不同的侧面来审视历史，即所谓"横看成岭侧成峰，远近高低各不同"。在章开沅先生的倡议下，"近代官绅商学研究"作为一个综合群体研究课题被列入国家社科"九五"规划重点项目，对社会转型中的晚清督抚群体、近代绅商、知识分子进行了专题研究，特别深化了官商关系、商学关系、政学关系以及四者之间错综复杂互动关系的研究。

在不同时期,章先生常能及时指出辛亥革命史研究应注意的问题,预示发展的方向。这种前瞻远见,对几十年来的辛亥革命史研究起了直接的引导作用。而这些从具体研究中归纳出来的学术思想,既有抽象理论,也有具体方法,还有直接提示的研究领域,交互整合形成了章先生指导辛亥革命研究的一个比较严密的学术思想体系。有志于研究辛亥革命的青年学人总能从其所寻得的真知中得到启迪,沿着正确的学术道路取得一个又一个可喜的进步。

三、承前启后、沟通中外——学术组织与贡献

章先生在自己潜心研究辛亥革命的同时,也花费了大量时间和精力组织和指导基础性、社团性的工作,努力将武汉建设成辛亥革命史的研究中心。同时,他也利用广泛的出访机会,让中国的辛亥革命研究走向世界。

1.“使武汉成为名符其实的国际辛亥革命研究中心”

武昌是辛亥革命的首义之区,乡土情结激励着章先生这一代学者努力促使武汉成为名符其实的国际辛亥革命研究中心。数十年来,他们与年轻学人一起,披荆斩棘,为辛亥革命研究的繁荣做了大量奠基工作,其荦荦大端者有三:

其一,编辑文献、嘉惠学林。

工欲善其事,必先利其器。1980 年的中国百废待兴,为了方便学界了解和总结新中国成立以来有关辛亥革命史研究的成果,章先生主持了新中国成立三十年来(1949—1979)辛亥革命研究优秀论文汇编——《辛亥革命史论文选》(三联书店 1981 年版),并为此写了《前言》和《辛亥革命史研究三十年》等文章,总结历史经验教训,号召解放思想、突破禁区、坚持历史主义、发扬实事求是的学风,推动辛亥革命史研究。1990 年,他又主持了武昌辛亥革命研究中心选编 1980 年至 1989 年优秀辛亥革命史论文选的工作,出版了文选集《辛亥革命与近代中国》(湖北人民出版社 1991 年版),这本文选集中反映了新的十年中国

辛亥革命研究的新成果、新领域、新观念、新方法。2000年他再次主持编选1990年至1999年辛亥革命史研究成果的工作，在编选中尤其注意上下延伸与横向会通方面的新成果。这三本大型论文集的出版，为中外辛亥革命史的研究者汇集了新中国成立以来各个时期辛亥革命史研究的重要成果，成为研究者的检索工具和必备参考书。

全面总结辛亥革命八十年来国内外辛亥革命史的研究成果，为海内外学人提供一部大型综合性工具书，成为20世纪80年代后期的当务之急。章先生在严昌洪教授的鼎力协助下组织了武汉地区辛亥革命研究者共同编撰了《辛亥革命辞典》（武汉出版社1991年版）。他不仅亲自指导设计了全书框架，还撰写了长篇序言，对八十年来的海内外辛亥革命史研究作了鸟瞰式的回顾总结，对新时期如何推动辛亥革命向更深更广的领域发展，提出了诸多前瞻性、启发性的意见。该辞书收录条目超过3000条，包括历史背景、历史事件、历史人物、会党社团、思想理论、历史文献、报纸期刊、典章制度、史迹及纪念设施、研究著述、研究机构、学术会议共12大类，还将“辛亥革命大事记”、“1949年—1990年国内辛亥革命研究主要论文目录索引”作为附录，其覆盖面之宽与信息量之大十分引人注目，被著名辛亥革命史专家胡绳武先生称为：“内容广博、思想明晰，堪称我国第一部辛亥革命研究的百科全书。”①此外，作为对《辛亥革命辞典》的补充，他与刘望龄教授等编著了《国内外辛亥革命史研究综览》（湖北人民出版社1991年版），对国内外的学术研究机构、成果、研究专家均做了初步的介绍，为研究者提供了一部比较便捷的工具书。

史料是史学的研究基础，辛亥革命史研究的兴盛与资料的深入发掘分不开。自20世纪80年代开始，章先生就注意收集、整理、出版国内外辛亥革命史资料，作为新中国成立初期广泛发行的《中国近代史资料丛刊》的补充。其中比较重要的是《辛亥人物文集丛书》与《苏州商会档案丛编》（均由华中师范大学出版社出版）。前者出于已故唐文权先

① 胡绳武：《辛亥革命研究的“百科全书”——读〈辛亥革命辞典〉》，载《近代史研究》1992年第2期。

生的及时倡议，自 1986 年起，章先生欣然担任丛书主编，并撰文对出版意义、编辑方针提出具体意见。在章先生的具体指导下，唐文权诸先生进行了大量的艰苦工作来挖掘辛亥时期人物史料，尤其是注意弥补辛亥革命时期一些过去不为人所关注的史料。现已出版辛亥时期各类人物——包括雷铁厓、经元善、吴禄贞、居正、戴季陶、刘揆一、卢作孚、马君武、周学熙、黄宗仰等文集十余种，约 700 余万字。这些文献都是从各地档案馆、图书馆和私家收藏搜集而成，为拓宽辛亥人物和清末民初社会思潮的研究领域，做了若干基础性工作。

苏州商会档案的出版是又一重要成就。早在 1964 年春章先生即前往天津调查商会档案的收藏情况，初步了解其研究价值。自 1980 年起，他又组织华中师范大学历史研究所成员与苏州档案馆共同整理卷帙浩繁的苏州商会档案，先后整理出版了 4 辑《苏州商会档案丛编》，计 480 余万字，直接推动了学科的生长点——中国商会史的研究，也催生出像马敏、朱英合著的《传统与近代的二重变奏——晚清苏州商会个案研究》这样在学术界有广泛影响的代表性著作。

还须提及的是《辛亥革命史资料新编》的整理和出版。章先生自 20 世纪 60 年代中期开始，利用在海内外广泛的学术交流、讲学机会，收集了大量国内外革命史资料，包括重要的外国有关辛亥革命的外交、军事档案。经过十余年的整理、翻译和校勘，2005 年在国家清史文献整理项目的资助下，由湖北人民出版社出版。《新编》按文献类别——时人文集、年谱、传记、日记、地方档案、海外报刊、外国外交与军事档案分别结集，共计八大卷，500 余万字。其中法国、日本、英国档案资料各占一卷，法国外交部、陆军部档案，是法国白吉尔教授亲自查阅精选并安排复印的，日本外务省档案是由日本久保田文次教授精选复印的，英国外交部档案则由以色列史扶林教授辛勤搜集馈赠，绝大多数为首次披露，弥足珍贵。《新编》是目前国内外辛亥革命史资料收集最新、最齐全的图书之一。正如史扶林教授给章先生的信中所言："这是一项里程碑工作，国际学术界将获益匪浅。"

其二，组织协会、整合队伍。

20 世纪 70 年代末，在主持《辛亥革命史》编写过程中，鉴于同行学者之间缺乏一个以文会友、交流信息的学会组织，章先生与林增平、张磊、刘望龄诸位先生于1978年创立了中南地区辛亥革命史研究会(后更名为辛亥革命史研究会)，他被公推为首任理事长。在长达三十年的时间里，研究会坚持以年会、学术讨论会为活动中心，团结各团体会员与理事，努力营造一种生动活泼、务实进取的学术氛围，使这样一个比较松散的地区学术团体成为国内外颇有影响的专业学术协会。研究会举办了多次学术讨论会，为中南地区乃至全国的辛亥革命研究者提供了一个学术交流的平台。1981年、1991年、2001年三次与湖南省史学会联合举办的全国辛亥革命青年学术讨论会，征文评选、奖掖后进，成为培养和壮大辛亥革命史研究后备队伍的有效途径，一大批青年才俊正是通过这种形式脱颖而出，成长为学术骨干。进入21世纪后，研究会与辛亥革命研究中心又联合举办多届辛亥革命青年论坛，努力发现和培养新一代辛亥革命研究人才。

研究会成立后，创办了研究会机关刊物——《辛亥革命史丛刊》，这是国内最早创办的以历史事件命名的大型研究集刊。《丛刊》先后由中华书局和湖北人民出版社公开出版，在海内外学术界被视为辛亥革命史研究的权威刊物。迄今为止，《丛刊》先后出版了13辑，发表专业论文一百余篇。研究会还编印了《辛亥革命研究会通讯》和《国外辛亥革命研究动态》，1993年后作为改刊和续办，与武昌辛亥革命研究中心和辛亥革命起义纪念馆联合创办了《辛亥革命研究动态》，一直坚持正常出版，成为及时了解辛亥革命研究进展的一个窗口。

湖北作为辛亥革命首义之区，集中了一大批辛亥革命研究人才，早在1984年章先生就与省内外政学各界知名人士联合倡议在武昌成立“辛亥革命研究中心”。经过多方努力，武昌辛亥革命研究中心于1989年6月正式成立，章先生被推选为该中心副理事长兼学术委员会主任委员。研究会成立后，积极联络各界、筹集资金，扶持辛亥革命研究，组织各种学术活动，积极推动湖北地区辛亥革命研究。尤其是1991年、2001年纪念辛亥革命80周年、90周年国际学术讨论会，大批武汉地区学者论文入选，展示了首义之地研究队伍的实力。

其三，培养人才、薪火相传。

章先生一向关心青年学者的成长，“把他们视为希望之所在”。他诚恳地说：“有些年长学者心甘情愿充当人梯，我则从来不敢以人梯自喻，因为痛感自己在学术上缺少应有的高度。”他认为自己“无非甘当铺路石子，让青年学者成长的道路稍为平坦一点，可以比我们前进得更快更远”①。20世纪70年代末恢复高考后不久，章先生就开始招收中国近现代史专业硕士研究生，1981年被国务院学位委员会批准为我国第一批博士生导师，最早在全国招收中国近现代史博士研究生。为了尽快培养高素质的年轻人才，章先生不遗余力地为研究生和青年教师们提供各种机会和有利条件。他曾形象地自喻为“一只忙忙碌碌的老鸡，成天到处啄啄扒扒，如发现什么谷粒、昆虫之类，便招呼小鸡前来‘会餐’”②。20世纪70年代和80年代，他先后在日本东京收集日本大陆浪人文献、在苏州档案馆勘察商会档案、在海外收集华侨报刊和其他外国档案资料，这些都为研究生和青年教师在辛亥革命史领域的成长发挥了直接引导作用，促使一批青年学者很快脱颖而出，成长为学术的骨干乃至学界领军人物。

他还不断地告诫自己的弟子，“史学应该保持自己独立的科学品格，史学家应该保持自己独立的学者人格，无论在政治压力还是金钱的诱惑之下，都不能忘记这个根本”③。在章先生精心培育下，辛亥革命研究学脉薪火相传，一代又一代弟子在辛亥革命史领域辛勤耕耘，不断有新的进展与业绩。在国内重要的学术期刊上，在各种辛亥革命研究的相关学术讨论会上，都有他们活跃的身影，并且受到国内外前辈学者的赞誉。

---

① 章开沅：《辛亥前后史事论丛续编》，华中师范大学出版社1996年版，第8～9页。

② 章开沅：《辛亥前后史事论丛续编》，华中师范大学出版社1996年版，第9页。

③ 章开沅：《辛亥前后史事论丛续编》，华中师范大学出版社1996年版，第8页。

2.“让中国的辛亥革命研究走向世界”

章先生认为,“真正的学术应是全人类的公器,真正的史学其价值必然超越国界而为世界所认同”①。多年来,他积极参与中外学术交流,大力推动中国史学的国际化。他曾对自己的国际学术交流角色进行过形象概括,即“让中国的辛亥革命研究走向世界,让国际教会大学史研究走进中国”。

辛亥革命作为亚洲第一次民族民主革命,也被称为“中华民族的第一次腾飞”,它的伟大历史意义早已超越国界而具有世界性。因此,辛亥革命一直成为国际史学的一个重要分支。然而,在20世纪80年代以前,国际辛亥革命讲坛一直被外国和港台学者垄断,中国大陆学者难以参与对话。直到1979年,美国辛亥革命专家高慕轲作为美中学术交流委员会的首批访华学者,来到华中师范大学与章先生进行合作研究,这个领域中外之间的学术交流才算正式开始。同年秋,章先生与武汉大学萧致治教授应邀到美国华盛顿大学西雅图分校、斯坦福大学、加州大学伯克利分校、威斯康星大学、密歇根大学、哥伦比亚大学、普林斯顿大学、马里兰大学、耶鲁大学、哈佛大学、芝加哥大学共11所名校访问。章先生巡回作题为《大陆中国近代史研究的现状与趋势》、《辛亥革命研究的现状与趋势》的演讲,深受隔绝多年的美国学界的欢迎。他从容儒雅的气质、才思敏捷的谈吐,更赢得美国学界与听众的好感,从此与美国同行结下了深厚友谊,中国辛亥革命研究也逐渐为外界了解,开始走向世界。紧接着,他又应邀赴日本东京大学、京都大学讲学,均着重介绍新中国辛亥革命研究的新成就与新的趋向,受到日本学界热烈欢迎,进一步开启了国际学术交流的大门。

自此以后,章开沅先生频繁应邀赴美、日、澳、菲、新加坡等十余国家和地区进行学术交流与讲学活动,所到之处媒体争相访谈报道,并与世界上几乎所有研究辛亥革命的知名学者建立了友好联系。大家互通学术信息、交流研究心得、交换研究资料,使辛亥革命史这一学科真正

① 章开沅:《辛亥前后史事论丛续编》,华中师范大学出版社1996年版,第9页。

成为国际性最强的近代史分支之一。特别是1982年春季在美国芝加哥参加北美亚洲学会主办的“辛亥革命与民国肇建”学术讨论会,实现了海峡两岸辛亥革命学者隔绝30多年后的第一次直接学术对话。双方都派出了较强的学者阵容出席,大陆方面由著名史家胡绳领队,成员有中国社科院赵复三、李泽厚、李宗一、章开沅。中国台湾方面由国民党中央副秘书长秦孝仪任团长,也是由五人组成的团队。讨论会上,两岸学者着重就辛亥革命性质问题交换了各自不同的看法。台湾学者认为辛亥革命绝非资产阶级革命,而是全民性质的革命。章开沅作为大陆方面的主要答辩人与以张玉法为代表的台湾学者进行了学术论辩。章开沅思路缜密,侃侃而谈,以渊博的学识、友善平和的学者气质与风度,赢得了全场听众多次热烈的掌声。《华侨日报》、《纽约时报》、《芝加哥论坛报》、《洛杉矶时报》、《中报》、《香港新晚报》等中外报纸以显著标题报道我方代表团的出色表现,对章开沅给以很高评价。为了增进两岸学者相互了解,充分交流各自学术观点,章先生会后又撰写了《关于辛亥革命的性质——答台北学者》长文,进一步论证20世纪初年民族资产阶级作为新兴社会群体已经形成一股独立的阶级力量,对社会生活各方面都有明显的影响。芝加哥会议的影响极为深远,事隔多年后,不少海外同行见到章开沅先生还说:“我们是在芝加哥会议才认识你的。”也正因为如此,1993年夏章开沅应邀赴台湾政治大学等校讲学并进行辛亥革命研究,到处受到热情款待。

1990年至1993年,章先生先后在美国普林斯顿大学、耶鲁大学、加州大学三所大学任教和研究达3年以上,其间还曾分别到法国与韩国访问,促进了中国近现代史领域,特别是辛亥革命领域的研究,为中外学术交流做了大量工作并取得丰硕成果。当章先生离开耶鲁大学时,该校海峡两岸学会为其送别,王宏欣同学即席赋诗:“桃李满天下,文章惊鬼神。讲学广会友,寻道每怀情。侃侃谈国事,谆谆励后生。男儿轻集散,唯愿海河清。”学生的深情是对章先生国际学术交流劳绩的最好肯定。

章开沅正是通过一次次的国际学术交流活动,向国际史学界展示中国辛亥革命研究的最新进展,从而大大扩展了中国辛亥革命研究在国际学术界的地位和影响的。至今,章先生开创的中外之间学术交流与友谊已经延续到第三代了,且与我国香港、台湾地区的学术交流与友谊也向中、新生代延伸。正是以章开沅为主要代表的中国辛亥革命研究者不断在国际史坛展示自己,才把中国的辛亥革命史研究引向了世界。

自20世纪50年代起,章先生在史学领域辛勤耕耘达六十余年,辛亥革命研究业绩已斐然可观,发表了近百篇具有真知灼见的开创性论文,出版了多部有广泛影响的著作。而且在指导研究、培养人才、构建梯队、开辟园地、沟通中外等方面,作出了他人无法取代的重要贡献,为辛亥革命研究兴旺发达贡献了大半生心血,成为这一领域中外公认的学界泰斗。老骥伏枥,志在千里,虽年逾八旬,但学术生命之树长青。目前,章先生正一边积极推动学界准备迎接纪念辛亥革命百年盛典,一边潜心思考辛亥百年留下的丰厚遗产问题。我们再次期待章先生的真知灼见,再次期待辛亥革命研究的百年辉煌。

追求和解与和平

——章开沅先生与南京大屠杀史研究

彭　剑

一、"纯粹出于偶然的机缘"

1937年12月13日，日军攻占中国首都南京，烧、杀、淫、掠随之而来，造成震惊中外的南京大屠杀。这一历史事件，历来备受关注，中外史学界以此为专攻者不乏其人。章开沅先生在20世纪80年代才开始涉足这一领域，却异军突起，硕果累累，在学术界和社会上造成很大影响，其中一个非常重要的原因，就是他的研究，是围绕着《贝德士文献》展开的。

贝德士(M. S. Bates)是一位传教士，也是一位历史学家。1897年出生于美国俄亥俄州，1916年毕业于哈莱姆学院，获学士学位，同年去牛津大学攻读历史。1920年获得硕士学位后回到美国，同年7月被联合基督教布道会(United Christian Missionary Society)授予传教士资格并前往中国南京，任教于金陵大学。南京大屠杀之际，贝德士是金陵大学历史系教授，并被委任为副校长，负责保护校产。他积极倡导并参与了"南京安全区国际委员会"(后来更名为"南京安全区救济委员会")的工作，并成为该会第三任主席，为揭露日军暴行、保护中国难民做了大量艰苦卓绝的工作。贝德士去世之后，他生前保存的全部文献都转交到耶鲁神学院图书馆保存。耶鲁神学院图书馆将其命名为《贝德士文献》(*Bates' Papers*)，归入"中国文献项目"(China Records Project, Miscellaneous Personal Papers Collection)，庋藏于该馆的特藏室

(Special Collection)中。章开沅先生是最早发现并系统研究且积极向学界推介《贝德士文献》的中国学者，他对南京大屠杀的研究，基本上是围绕着该文献展开的。不过，据他自己讲，他之所以研究《贝德士文献》，“却纯粹出于偶然的机缘”①。

这一“偶然的机缘”就是，他在1988年专程到耶鲁神学院图书馆检索中国13所新教教会大学的档案。工作开始不久，他就发现了馆内保存的《贝德士文献》，并“集中好几天时间粗略检索这些卷宗的内容”，在此过程中，他发现了一大批“南京安全区国际委员会”的档案，包括该委员会的往来公文及其许多成员的私人信件、日记、文稿、备忘录等等。章先生马上意识到，“这些都是研究侵华日军南京大屠杀暴行的最宝贵的原始资料”，此后不久，就开始了对这一文献的整理与研究②。

这一“机缘”，在南京大屠杀研究的学术史中，在章开沅先生的个人学术生涯中，都是一件值得关注的大事。对南京大屠杀史研究而言，这一“机缘”为学者们打开了一扇新的资料宝库之门，为将南京大屠杀的研究进一步深入提供了重要的文献资源；对章先生而言，这一“机缘”为他开辟了一个新的学术领域，迎来了一个新的学术高峰。由于章先生自己说了，这一“机缘”，是一个“偶然”的“机缘”，因此，几位研究章先生学术思想的学者都跟着说，章先生之研究南京大屠杀，是出于偶然。鄙意以为，这种评论固然没有错(毕竟也有根有据)，但却失之简单化了。没错，章先生确实说了他之研究南京大屠杀是出于“偶然的机缘”，甚至还在“偶然”一词的前面加了“纯粹”二字，但是，只要我们细察章先生的行文，就可以发现，即使他在述说这一“纯粹”“偶然的机缘”的时候，也明示了造成这一“机缘”背后的其他众多的“机缘”，而这些机缘又显示，其实，章先生之研究南京大屠杀，不尽出于偶然。窃以为，要准确揭示章先生的南京大屠杀史研究，必须首先把造成那次“偶然的机缘”的种

① 章开沅：《南京大屠杀的历史见证》，湖北人民出版社1995年版，第2页。

② 章开沅：《从耶鲁到东京——为南京大屠杀取证》(以下简称《从耶鲁到东京》)，广东人民出版社2003年版，第3页。

种“机缘”揭示出来,否则,人们将容易对章先生的学术历程和学术思想造成误解。鄙意以为,那一次“偶然的机缘”,至少是由以下四个相互关联的“机缘”所成就的。

机缘之一,是章先生学术领域的拓展。章先生一直致力于中国近代历史的研究,但不像有的学者那样终生只耕耘于一个“山头”,而是不断拓展研究领域。他早年曾致力于太平天国史研究,后来则潜心于辛亥革命史领域,并成为这一领域的大家。到20世纪80年代,章先生将研究领域又进一步拓展,一面积极参与文化史的探讨,一面投身“现代化理论”的构建,同时还开始涉足教会大学史研究。章先生之发现《贝德士文献》,正是缘于他到耶鲁神学院图书馆查阅中国13所新教教会大学的档案。我们可以想见,如果章先生一生只在一个“山头”耕耘,而非不断拓展研究领域,他怎么可能会到耶鲁神学院查阅教会大学档案,又怎么可能有缘接触到《贝德士文献》?章先生之所以能“偶然”发现《贝德士文献》,与他在20世纪80年代将研究领域拓展到了教会大学史领域这一“机缘”有很深的关系。

耶鲁神学院图书馆特藏室的文献,其主体部分是中国13所基督新教教会大学的档案全宗,另一部分则是“中国文献项目”,《贝德士文献》是“中国文献项目”中之一种。“中国文献项目”虽然与研究中国教会大学史有重要关系,但与教会大学档案全宗相比,关系毕竟比较远一点。看了那一次“偶然的机缘”,人们可能要纳闷,因为章先生那次本为检索中国13所基督教大学档案全宗而来,为何却对“中国文献项目”产生了浓厚兴趣?并且,“中国文献项目”包含许多传教士的文献,他却为何对其中的《贝德士文献》情有独钟,并花费大量时间翻阅之?这就涉及第二个机缘。这一机缘,乃是章先生与贝德士的一段师生缘。章先生在1946年考入金陵大学,就读于历史系,其时贝德士是金陵大学历史学教授。由于贝德士“确实博学多才,开设的课程(特别是新课程)也最多,而且效果也较好”,并且,贝德士还非常关心学生,“除认真教学外,还常在家中安排简单茶叙,与学生亲切交谈”,因此章先生对他一向都是“心口如一地推重”,选修过他的世界通史、俄国史等课程,并在他的指导下研究过印第安人文学[①]。正是有此学缘，当章先生在耶鲁神学院图书馆特藏室的“中国文献项目”中发现了贝德士个人的专档之后，“不禁怦然心动”，并“怀着思念与好奇交织的复杂心理，在逐卷阅读其文献的过程中重新走近了他”[②]，而正是在此过程中，他发现了《贝德士文献》中有大量与南京大屠杀有关的文献。如果没有20世纪40年代那一段学缘，则章先生在1988年初次到耶鲁查阅文献的时候，很有可能不会在《贝德士文献》中流连，也就不会有那一次“偶然的机缘”。虽然可以想见，即使没有那一段学缘，随着章先生对教会大学史研究的深入，终有一天会检索到“中国文献项目”，并发现《贝德士文献》中与南京大屠杀有关的资料，但其时间可能就要推迟好多年。

章先生与贝德士有此一段师生情缘，因此见到《贝德士文献》之后“怦然心动”，并忍不住仔细翻阅，这是可以理解的。但是，《贝德士文献》中，对当时正着手研究中国教会大学史的章先生而言，最有价值的，似乎是与教会大学相关的文献，或者是贝德士的未完稿《基督徒在华60年，1890—1950》及其大量相关文献，而他为何却对与南京大屠杀相关的文献产生了浓厚兴趣呢？毕竟，南京大屠杀是他涉足甚少的研究领域啊。章先生在当时会对《贝德士文献》中与南京大屠杀相关的文献产生兴趣，与他当年参加的一项社会活动有关，这就是笔者所说的第三个机缘。当年五月，他应邀参加在哥伦比亚大学举办的中国民主运动史学术研讨会，“记得是在一次会议休息的时候”，唐德刚、邵子平等先生提出筹建“对日索赔会”，“并且当场邀集发起人签名”，章先生出于民族大义，“成为义不容辞的祖国大陆当然代表”，毫不犹豫地作为发起人签下了自己的名字[③]。“对日索赔会”是一个民间组织，由唐德刚先生任会长，邵子平先生任秘书长，致力于对复活的日本军国主义的斗争，维护中国人的尊严与利益，后来更名为“纪念南京大屠杀受难同胞联合会”。在参与了“对日索赔会”的发起成立活动之后，章先生马不停蹄，

① 章开沅：《从耶鲁到东京》，广东人民出版社2003年版，第8页。

② 章开沅：《从耶鲁到东京》，广东人民出版社2003年版，第9页。

③ 章开沅：《从耶鲁到东京》，广东人民出版社2003年版，第2页。

马上赴耶鲁神学院图书馆检索中国教会大学的档案全宗。而正是在此过程中,他发现了《贝德士文献》中藏有大量与南京大屠杀有关的档案材料。我们虽不能说章先生当时会留意这些与南京大屠杀相关的材料完全是因他前不久参加了“对日索赔会”的创建工作,但我个人认为,参加“对日索赔会”的创建工作,确实是他会特别留意这些文献的一个重要机缘。

而章先生之所以会参加“对日索赔会”的工作,表面上是缘于那一次北美学术会议,但从深处讲起来,实有另一层更深刻的机缘,而这一机缘,也就是他进行南京大屠杀研究的第四个机缘。这就是,在战后的日本,有那么一群“特殊的日本人”,他们是军国主义后继的支持者,矢志要延续其先辈的未竟之业,不断为法西斯战争翻案:“一年一度的内阁成员对靖国神社的参拜,文部省对历史教科书的多次错误否定,政界要人周而复始地跳出来否认南京大屠杀等侵略暴行……”①甚至在日本知识界,也有极少数这种“特殊的日本人”,如1973年出版《南京大屠杀的虚妄性》一书的铃木明,1975年出版《我方的日本军》一书的山本七平,1984年出版《“南京大屠杀”之虚构》一书的田中正明等,他们或称南京大屠杀为虚构,或称南京大屠杀为“无稽之谈”,肆意淆乱是非,篡改历史。这些“特殊的日本人”的行为,是对曾经因日本的侵略战争而遭受巨大苦难的亚洲国家人民感情的极大伤害,凡是有正义感的学者,均不可能对此表示沉默。“这些特殊的日本人逼着我们不能不正视现实与追忆往事,作为受害国人民的我们,不能继续沉默。”②正是战后日本社会中涌起的这种为历史翻案的逆流,促使章先生积极投入到“对日索赔会”的工作中,并在看到《贝德士文献》中与南京大屠杀有关的文献之后马上为之吸引,不惜将其他研究课题暂时搁置,将大量时间与精力投入到南京大屠杀这一“本非我的主要研究领域”之中③。

综上可知,章先生之投身于南京大屠杀史研究,虽然直接缘于

---

① 章开沅:《南京大屠杀的历史见证》,湖北人民出版社1995年版,第251页。

② 章开沅:《南京大屠杀的历史见证》,湖北人民出版社1995年版,第251页。

③ 章开沅:《实斋笔记》,东方出版中心1998年版,第211页。

1988 年在耶鲁神学院图书馆发现了《贝德士文献》，具有相当大的偶然性，但之所以会出现这一次偶然的机缘，则跟章先生不断拓展研究领域、勇攀学术高峰的学术追求有关，也与他与贝德士之间的师生缘有关，还与他当年参加“对日索赔会”的创建工作有关，更与战后日本出现的为侵略战争及日军暴行翻案的逆流有关。章先生之投身于南京大屠杀史研究并非一缘注定，而是多缘造成。其中的有些机缘，必将对章先生之研究行为产生影响，并对我们理解他在研究过程中所寄托的人文关怀有所助益。

二、学术的新高峰

有评论者指出，章先生在那个“偶然的机缘”之后，“一头扎进了有关南京大屠杀的研究，终于在古稀之年迎来了又一个学术高峰”①，这种评论是切近实情的。不过，章先生在 1988 年发现了《贝德士文献》中的那些与南京大屠杀有关的文献之后，并未马上着手研究，原因是，他当时正担任华中师范大学校长，“由于校务的牵挂，除稍做索引外没有可能认真阅读与研究这批文献”②。

两年之后，1990 年 8 月，章先生结束了学校行政事务，应邀前往美国正式进行中国教会大学史研究。其间得到耶鲁大学历史系邀请并获得鲁斯基金(Luce Foundation)资助，于 1991 年 7 月专程前往耶鲁神学院图书馆，得以“潜心系统阅读《贝德士文献》”，经过 8 个月的辛劳工作，“历经酷暑寒冬”，发现并复印了 1000 多页有关南京大屠杀的文献。这一项工作为章先生迎来学术的新高峰准备了坚实的文献基础，章先生自己也说，这是他旅美三年中“极大的收获之一”③。

但是，在美三年期间，由于忙于教学与其他科研，实际上顾不上整

① 倪腊松：《为了历史的尊严——评〈从耶鲁到东京——为南京大屠杀取证〉》，载《抗日战争研究》2003 年第 4 期。

② 章开沅：《从耶鲁到东京》，广东人民出版社 2003 年版，第 2～3 页。

③ 章开沅：《从耶鲁到东京》，广东人民出版社 2003 年版，第 3 页。

理与研究这批资料。结束旅美生活之后，又于1993年夏天应邀访日，并在同年8月前往台湾政治大学讲学。“直到1994年春重返武汉，我才有可能把这批复印资料初步加以清理归类，为进一步研究做必要的准备。”[①]在此基础上，并应湖北人民出版社的稿约，章先生在当年写成了一部书稿，这就是于次年出版的《南京大屠杀的历史见证》一书。这部著作由缘起、正文、附录、参考文献几个部分组成，正文部分目次如下：一、贝德士其人其事；二、贝德士文献简介；三、“南京安全区国际委员会”与“南京国际救济委员会”；四、南京大屠杀的实录；五、毒品、慰安妇及其他；六、战争损失调查；七、东京审判与贝德士证词；八、未能结束的结束语。全书以《贝德士文献》为依托，从一个独特的角度，向读者展示了南京大屠杀的很多鲜为人知的面相，尤其是贝德士等美国传教士为抗议日军暴行、挽救难民生命财产所作出的艰苦卓绝的贡献。

1995年5月中旬，正在香港中文大学崇基学院从事讲学与研究的章先生接受了香港三联书店的邀约，与旅美华裔女导演汤美如合作编译一本有关南京大屠杀的书，以纪念抗战胜利50周年，这就是同年七月出版的《南京：一九三七年十一月至一九三八年五月》一书。这是一部图文并茂的书，由“导论”、“保卫战”、“安全区”、“访问”、“附录”等部分组成。“导论”部分收录了章先生的《一个中国学者对南京大屠杀的认识过程》、日本学者洞富雄的《南京暴行事件的责任》、美国学者罗慕士的《一九三七年的中国历史脉络》三篇文章，其中章先生的文章是他专为这本书而做的[②]，对于我们了解章先生由不了解到了解到研究南京大屠杀的心路历程很有帮助。“保卫战”部分收录了谭道平的《南京卫戍战》一文，以便让读者对南京保卫战有一个大致的了解。“安全区”部分是全书的重点部分，介绍了魏特林（中文名“华群”）、马吉、麦考伦（亦作“麦卡伦”）、威尔生（亦作“威尔逊”）、贝德士等美国传教士的生平并收录了他们在南京大屠杀期间所写的一部分书信、日记和备忘录等，

① 章开沅：《从耶鲁到东京》，广东人民出版社2003年版，第4页。

② 章开沅：《辛亥前后史事论丛续编》，华中师范大学出版社1996年版，第297页。

并收录了亲历南京大屠杀的两个中国人蒋公穀和王英对安全区的有关叙说,可以说是多侧面多层次地向读者展示了南京大屠杀的现场。“访问”部分收录了汤美如的《奉天皇之命》电影拍摄组在1992年夏天和1993年秋天两次在日本进行采访的记录,包括采访前情报员永富博道、退伍军人东史郎和上宇武一郎、前慰安妇宋神道的记录,这一部分为我们进一步了解日军的残暴提供了加害者和受害者的证言。“附录”部分收录了两份文献,一为出自《贝德士文献》的《南京国际救济委员会报告》,一为当年由国际委员会在调查基础上撰写的《南京地区战争损失》(节录),这两份文献对于读者了解大屠杀前后救济工作之艰巨和大屠杀对南京地区所造成的损失很有帮助。

1995年是抗日战争胜利50周年,章先生上述两部著作的问世,可以说是恰逢其时,对纪念抗日战争胜利50周年具有重要意义。但这两部著作更为重大的意义,是让学术界和社会各界通过他那优雅的文笔,对南京大屠杀有了更深刻的认识,并逐步了解到《贝德士文献》的史料价值。诚如章先生自己所言,《南京大屠杀的历史见证》一书的写作是对他在耶鲁期间工作的“初步小结”,而《南京:一九三七年十一月至一九三八年五月》则“更提高了《贝德士文献》的知名度”①。

同年8月中旬,章先生还出席了在台北为抗战胜利50周年而举办的大型学术研讨会,并在会上宣读论文《让事实说话——贝德士眼中的南京大屠杀》②。1997年是南京大屠杀60周年,是年8月,章先生参加了在南京举办的国际研讨会,提交论文《贝德士文献的史料价值》。同年12月,章先生又赴日本,在纪念大会上发表主旨演讲,讲题为《一个中国学者对南京大屠杀的认识过程》,随即又在研讨会上宣读论文《耶鲁神学院藏档有关南京大屠杀文献述评》。

田中正明在《“南京大屠杀”之虚构》一书中,宣称贝德士是“伪证制造者”。章开沅先生则利用自己所掌握的第一手资料,撰写《到底是谁在制造伪证?——驳田中正明著〈“南京大屠杀”之虚构〉对贝德士的诋

① 章开沅:《从耶鲁到东京》,广东人民出版社2003年版,第5页。

② 此文后发表于《抗日战争研究》1996年第4期。

毁》一文,于1999年发表,“以确凿而且充分的史实予以严正驳斥”①,以无可辩驳的事实说明,贝德士是一位经过严格史学训练的历史学教授,其关于南京大屠杀的记载都客观公正,经得起考验,田中正明等日本右翼才是真正的伪证制造者②。

与此同时,章先生又协助吴天威、郭俊鉌等先生,与耶鲁神学院图书馆的玛莎·斯莱莉(Martha Smalley)合作,并由她出面编辑出版《美国传教士对南京大屠杀的见证,1937—1938》(*American Missionary Eyewitnesses to Nanking Massacre*,1937-1938)一书。“其用意即在于正式公布一批‘南京安全区国际委员会’原始档案,以充分显示历史真相并揭穿日本右翼的无耻谎言。”③此书的出版,使《贝德士文献》等珍贵史料直接为西方人士所了解,从而进一步扩大了《贝德士文献》的影响力。

不过,由于财力与篇幅的限制,斯莱莉主编的那本书所收文献数量较少,不足以反映耶鲁相关藏档的全貌。因此,章先生又与吴天威、郭俊鉌等先生反复磋商,最后商定由斯莱莉代表耶鲁神学院图书馆授权章先生,再编辑一本文献数量较大也更为全面的资料汇编。于是,章先生在1998年5月再次与夫人一道前往耶鲁神学院图书馆查阅文献,对有关南京大屠杀的藏档进行“竭泽而渔”式的全面搜索。回国之后,章先生与夫人及华中师范大学中国近代史研究所的同事刘家峰、王薇佳通力合作,经过8个月的艰苦工作,将其于1999年9月交由南京大学出版社出版,这就是引起学界高度重视的《天理难容——美国传教士眼中的南京大屠杀(1937—1938)》(以下简称《天理难容》)一书。与《南京大屠杀的历史见证》和《南京:一九三七年十一月至一九三八年五月》两本著作相比,《天理难容》一书的取材有了明显的扩充。前两书取材基本上不出《贝德士文献》之外,而《天理难容》则扩大到中国文献项目之

① 章开沅:《从耶鲁到东京》,广东人民出版社2003年版,第6页。

② 章开沅:《到底是谁在制造伪证?——驳田中正明著〈“南京大屠杀”之虚构〉对贝德士的诋毁》,载《历史研究》1999年第2期。

③ 章开沅:《从耶鲁到东京》,广东人民出版社2003年版,第6页。

其他部分、亚洲基督教高等教育联合董事会档案(Archives of the United Board for Christian Higher Education in Asia,编号为RG11)和“史德蔚文献”(Alert and Celia Steward Papers,编号为RG20)等,从而具有更高的史料价值。全书40多万字,由冠图、序、编译说明、历史背景、美国传教士文献、大事记、附录、后记构成,其中主体部分是美国传教士文献,依次收录了贝德士、费吴生、福斯特、马吉、麦卡伦、米尔士、史迈士、史德蔚、华群、威尔逊共十位美国传教士关于南京大屠杀的文献。《天理难容》出版之后,以其文献的权威和详实,受到学术界的高度重视,很快就出了英文版和日文版。后来,张宪文先生主持编纂南京大屠杀大型资料集,《天理难容》又被列为其中一种,经适当删削增减,作为《南京大屠杀资料集》第四册,由江苏人民出版社和凤凰出版社出版。

讲到章先生与南京大屠杀史研究,尚不能不提到他的《从耶鲁到东京:为南京大屠杀取证》一书。虽然这本书几乎没有学院式的研究,但正如该书责任编辑倪腊松所言,此书乃是章先生“从事南京大屠杀研究近15年的一个总结”①。全书以行云流水般优雅的笔调,述说他在耶鲁大学发现有关南京大屠杀的文献及其后从事研究并将研究成果在东京等地向日本人士加以介绍,以及他在美洲、日本等地与一帮志同道合的友人为南京大屠杀取证、作证、同日本右翼分子作斗争等等经历,对于世人了解一代历史学大家从事南京大屠杀史研究的心路历程和20世纪80年代以来世界范围内的各界人士关于南京大屠杀的争鸣良有助益。

从以上的简单梳理可以看出,自1988年那一次“偶然的机缘”至今,章先生在南京大屠杀史研究领域辛勤耕耘,新论迭见,硕果累累。其成就,既是章先生学术生涯中的学术新高,也是南京大屠杀史研究领域的学术新高。

章先生在研究南京大屠杀史的过程中,呈现出两个非常明显的特

① 倪腊松:《为了历史的尊严——评〈从耶鲁到东京——为南京大屠杀取证〉》,载《抗日战争研究》2003年第4期。

点。一个是,他的研究基本上是围绕着耶鲁藏档特别是《贝德士文献》展开的。关于这一点,我们可以从前文对他的研究成果的介绍中看出来,不再赘述。这里只补充一点,那就是,他研究中的这种侧重,与他1988年那一次“偶然的机缘”有甚深的关系。正是那一次“偶然的机缘”,他发现了他的业师贝德士的文献中藏有大量与南京大屠杀有关的第一手文献,而这些文献虽然价值巨大,但在学术界尚未引起足够重视,并且,这些材料能够用来反击日本右翼学者的谬论——这些学者在否定南京大屠杀的时候,常常挂在嘴边的一句话是,南京大屠杀缺乏同时代的第一手资料,而《贝德士文献》则提供了大量同时代的第一手资料。凡此,都促使章先生以《贝德士文献》为中心展开对南京大屠杀史的研究。

另一个特点则是,在潜心学术研究的同时,还参与了大量与之相关的社会活动。如前所述,还在接触耶鲁藏档之前,他就参加了“对日索赔会”的创建工作。在那之后,他参与的与南京大屠杀有关的活动还有很多,要者如:1991年12月12日,“纪念南京大屠杀受难同胞联合会”在纽约举行集会,应邀在会上发表演说;1995年在香港中文大学讲学与研究期间,就《贝德士文献》接受《星岛日报》、《南华早报》等媒体采访,从而使“《贝德士文献》对于研究南京大屠杀历史真相的史料价值,遂为海外许多学者所逐渐知晓”①;1997年8月中旬,在南京大屠杀纪念馆参加中日学生夏令营授旗仪式;1997年南京大屠杀60周年之际,在中、日接受一系列采访,让人们了解南京大屠杀;1998年6月28日,与邵子平、吴章铨等参加AJPAP在纽约举办的“日本证人访美代表团”报告会;1999年11月26日,在华中师范大学担任野泽丰讲座第一讲,题为《南京大屠杀研究的新进展》;是年底,再次应邀前往东京参加“战争犯罪和战后赔偿问题国际市民研讨会”;2000年12月,在日本关西地区作巡回演讲,足迹遍及冈山、神户、大阪、京都等地;2003年12月12日,在中山大学历史系作有关南京大屠杀的学术演讲;2007年12月10日,在华中师范大学作题为《从牛津到金陵:为了忘却的纪念》的演讲。诸如此类的社会活动,可以说与其研究活动相始终。

① 章开沅:《从耶鲁到东京》,广东人民出版社2003年版,第5页。

三、为了人类的和解与和平

一个真正的历史学家，绝不会是“著书都为稻粱谋”，而往往寄托有深沉的人文关怀。章先生就属于这种历史学家，其对南京大屠杀史的研究，就像他在其他领域的研究一样，有其独特的人文关怀。那么，章先生在南京大屠杀史研究中所寄托的是一种什么样的人文关怀？对此，学术界已经做了很好的探讨。笔者注意到，有几位学者，将章先生在南京大屠杀史研究中所寄托的人文关怀归纳为爱国主义或民族情怀，另有几位学者，则将之总结为维护历史的尊严。

我们能够轻而易举地为章先生在南京大屠杀史研究中所体现出来的爱国主义或民族情怀找到证据。在《南京大屠杀的历史见证》中，章先生写道：“这些特殊的日本人逼着我们不能不正视现实与追忆往事，作为受害国人民的我们，不能继续沉默。”在《从耶鲁到东京》一书中，章先生如此记录他自己 1997 年 12 月 13 日在东京纪念南京大屠杀 60 周年大会上发表演说时的感受：“我站在高高的讲台上，面对着密密麻麻的众多日本听众，聚精会神而又寂静无声，我蓦地产生一种感觉，仿佛现在不是自己在说话，而是所有中国历史学者、中国公民和我们伟大而又曾经苦难深重的祖国在说话。尽管没有受到任何授权与委托，然而自觉应该利用这个讲台，把我们民族的正义声音传播到全世界。”①2003 年章先生在中山大学作关于南京大屠杀的讲座时，曾经说道：“作为一个中国公民我要捍卫民族的尊严。”从诸如此类的言论中，我们能够领略到章先生在从事南京大屠杀史研究中所体现出来的浓浓的祖国爱，民族情。

关于捍卫历史的尊严，我们也可以从章先生自己的论述中找到很多证据，如：“严酷的现实教育我们，不能忘记历史的真实、历史的尊严。”②“不能让这些特殊的日本人胡诌历史，我们必须捍卫历史自身的

---

① 章开沅：《从耶鲁到东京》，广东人民出版社 2003 年版，第 117 页。

② 章开沅：《鸿爪集》，上海古籍出版社 2003 年版，第 34 页。

尊严。”①“严酷的现实教育我们,不能忘记历史,也不容许篡改历史。而作为历史学家,更应该捍卫历史的真实,历史的尊严。”②“作为一个历史学家,我要捍卫历史的真实。”③凡此均可看出,维护历史的尊严,确实是章先生从事南京大屠杀史研究的一个重要出发点。

然而,若说章先生在从事南京大屠杀史研究的过程中所寄托的人文关怀就是爱国主义与维护历史的尊严,则又有欠准确。实际上,章先生在南京大屠杀史研究中所寄托的人文关怀,有比以上两个方面更为深沉的一面。这更深沉的一面,乃是对人的终极关怀。人类的未来会怎么样?人类这个数千年来自相残杀的物种将何去何从?这是章先生一直萦绕于心的问题,他也一直强调,历史学者应该有这样的人文关怀。冤冤相报只能造成战争不断、人类相残终无已时,这不是人类应该有的未来,人类的未来必须通过和解,走向和平。追求人类的和解与和平,是章先生在南京大屠杀史研究中深层次人文关怀的本质所在。

我们看到,他在从事南京大屠杀研究的时候,有着对人性的非常深层的思考,这里仅举一例。章先生写过一篇题为《“拉贝”现象》的文章。拉贝是一个德国纳粹,但他本人却在南京大屠杀期间做了大量保护中国难民的工作。就此现象,章先生做了深刻的思考:“人类社会没有任何堪称纯之又纯的群体,好的群体中难免有害群之马,坏的群体中也未尝没有善类混迹其间。就是从某一个人来说,好人并非都是绝对的好,坏人也不一定都是绝对的坏。正如佛家所言,阿赖耶识本来就伏藏着善与恶两类种子,章太炎则把此义发挥成为:‘种子不能有善而无恶,故现行亦不能有善而无恶。’”④这是对人性非常深沉而准确的定位。人类就是这么一种奇怪的动物,体内似乎同时有善恶两颗种子,因此,优雅起来,则表现得如同天使;暴戾起来,则表现得如同恶魔。个人如此,

① 章开沅:《南京大屠杀的历史见证》,湖北人民出版社 1995 年版,第 251 页。

② 章开沅:《从耶鲁到东京》,广东人民出版社 2003 年版,第 125 页。

③ 章先生 2003 年于中山大学讲座之演讲词。

④ 章开沅:《实斋笔记》,东方出版中心 1998 年版,第 331 页。

民族亦如此。没有绝对的善类，也没有绝对的恶类。这种认识论有重要的实践价值，它使我们清醒地认识到，即使我们目前没有为恶，表现得像个善类，但这并不意味着我们就没有可能为恶，我们必须提防体内恶的种子发芽；而对于那些曾经为过恶的个人或民族，我们也不要给他们贴上“恶”的标签，因为在他们的身上，一样有着善的种子，只要精心培育其善的种子，他们就有望得到改造，人们就有望跟他们达成和解，实现人类的和平。

正是基于对人性的这种深刻的认识，章先生并没有因为日本侵略过中国并在中国进行过南京大屠杀等暴行，而将日本民族视为一个恶的民族，更没有把日本人民视为恶类。1995 年，章先生在台北参加纪念抗日战争胜利 50 周年学术会议时说：“人们都说，对于战争责任的反省，日本不如德国。我不愿意说日本人不如德国人，而宁可说日本政府不如德国政府，因为我深知绝大多数日本知识分子和广大人民都是强烈反对军国主义复活的。”①在同一年出版的《南京大屠杀的历史见证》一书中，他则声明，他愿意将这本书献给广大善良的日本人民：“田中正俊在《战争·科学·人》一书的扉页上写‘献给中国抗日战士’，我则愿意把这本书献给所有坚持真理和伸张正义的日本历史学专家，当然也愿将此书献给众多平凡、善良的日本人民。”②在 2003 年出版的《从耶鲁到东京》的《缘起》中，他更是饱含感情地抒写他对日本的好感：“自从 1979 年首次访问东京大学、京都大学以来，我一直热心从事中日友好与学术交流工作。日本的山川秀丽与人民和善给我留下深刻的印象，特别是众多学界友人的深情厚谊更使我终生难忘。我像千千万万善良的中国老百姓一样，不愿也不忍重新揭开历史的疮疤，唯恐因此而可能伤害这来之不易的中日友好新局面。”③从这些文字中，我们可以看到，章先生对于日本人民的态度是非常公正的、客观的，不存在任何偏见。他甚至不愿意揭历史的疮疤，以免日本人民产生什么误会，伤害了中日

---

① 章开沅：《鸿爪集》，上海古籍出版社 2003 年版，第 34 页。

② 章开沅：《南京大屠杀的历史见证》，湖北人民出版社 1995 年版，第 5 页。

③ 章开沅：《从耶鲁到东京》，广东人民出版社 2003 年版，第 1 页。

友好的局面。但是,他最终还是揭了历史的疮疤,展开了对南京大屠杀历史的研究,这一方面是日本的右翼分子一再出来否定南京大屠杀,美化侵略战争,篡改历史真实,伤害被害国人民的感情,另一方面,则是他对人性善恶的深刻认识使他坚信,日本人民中善的种子必然会战胜恶的种子,中日两国人民以至所有有过矛盾冲突的民族之间,最终都能够实现和解与和平。

田中正俊在《战争·科学·人》一书的扉页上印着一首战死学生兵的小诗:"为什么日本人的死,只有日本人悲伤。为什么别国人的死,只有别国人悲伤。为什么人类不能共欢乐,共悲伤?"这是一首忧伤的小诗,表达了诗歌作者和引用者对战争的反思和对人类能够共欢乐、共悲伤的憧憬。章先生非常喜欢这首小诗。当他第一次看到这首诗的时候,就对它留下深刻印象,后来专门写入《东京学人》一文中①。后来在《巧遇东史郎》一文中,又专门谈及此事并引用该诗②。而在《难忘田中正俊》和《1997 年的抗战——会师东京》两文中,章先生都谈及了 1997 年底在东京演讲时引用这首诗的情况,我们还注意到,章先生在前一篇文章中引用了该诗一次,在后一篇文章中则引用该诗两次③。章先生引用这首诗歌频率之高,值得引起重视。我们固然可以说,引用频率如此之高,显示了章先生对这首诗歌的青睐程度非同一般,但我们更应该想到,章先生之所以如此青睐这首小诗,实际上体现了章先生对这首诗歌所表达的意境与追求的深刻认同。这首忧伤的小诗,表现了一个正在走向战场也是走向死亡的日本学生兵对人类相残的厌恶和对人类能够同欢乐、共悲伤的向往。而他所憧憬的人类同欢乐、共悲伤的未来景象,其实就是一个人类达成和解实现和平的人间美景。章先生如此青睐这首小诗,也就无异于说,对人类的终极关怀,对和解与和平的追求,是章先生人文关怀的一个重要体现。

---

① 章开沅:《实斋笔记》,东方出版中心 1998 年版,第 119 页。

② 章开沅:《从耶鲁到东京》,广东人民出版社 2003 年版,第 83 页。

③ 章开沅:《从耶鲁到东京》,广东人民出版社 2003 年版,第 100、112、118 页。

这就能够理解，章先生为何会不止一次地说："我们回忆充满恐怖与罪行的往事，决不是为了复仇，而是为了寻求真理与伸张正义，同时也是为了汲取历史经验，教育包括日本在内的全世界人民，反对侵略战争，维护世界和平。"并且每次还会引用贝德士的名言："给全球以和平，给人类以慈悲(Peace on earth, good will to men)。"①是出于对人类前途的关心，出于对战争的警觉与对和平的渴望，章先生才20年如一日，从事与南京大屠杀有关的研究与社会工作。

1999年底，章先生赴日本东京参加"战争犯罪和战后赔偿问题国际市民研讨会"，积极参与讨论并通过了《东京宣言——为和解与和平的21世纪》，该宣言曰："我们在此郑重宣布，我们将通过正视20世纪的历史事实，来追求一个和解与和平的21世纪！"②这是一个集体讨论的宣言，但也可以作为章先生在从事南京大屠杀史研究过程中的深沉人文关怀系追求人类的和解与和平的一个绝佳注脚。

---

① 章先生1991年12月12日在纽约参加纪念南京大屠杀受难同胞联合会的纪念活动中发表言论，第一次说了这一段话(见《纪念南京大屠杀受难同胞联合会》,《从耶鲁到东京》，广东人民出版社2003年版，第49页)，后来在写作《南京大屠杀的历史见证》一书的时候，先生在《缘起》中也说了这一段话(见《南京大屠杀的历史见证》，湖北人民出版社1995年版，第6页)。

② 章开沅：《从耶鲁到东京》，广东人民出版社2003年版，第136页。

跨文化对话:中国基督宗教史的现代化解读

——章开沅先生与中国基督宗教史研究

陈才俊

历史往往会发生一些巧合。1945年,教会大学华中大学校长韦卓民作为首位美国"亨利·鲁斯世界基督教客座教授(Henry W. Luce Visiting Professorship of World Christianity)",在美国发表题为"Rooting the Christian Church in Chinese Soil(植根基督教会于中国土壤)"的著名演讲。40年之后的1985年,华中大学衍演而成的华中师范大学校长章开沅先生,在美国普林斯顿大学(Princeton University)刘子健教授等的推举促请下,决定从中国教会大学史着手涉足中国基督宗教史研究。再过20年之后的2005年,凝聚章开沅先生二十载中国基督宗教史研究学术结晶的重要成果——《传播与植根——基督教与中西文化交流论集》出版。不知是否受到自己曾相识共事近30年而且一直倾仰心仪的先贤韦卓民那次著名演讲的影响,章先生以"传播与植根"作为自己著作的主题。按照中国人的传统习俗,丙寅生人的章先生,乙酉(2005年)正好80岁。

基督宗教在近代中国的传播与植根是中国现代化进程的一个缩影,而这段历史可以说一直是中国近代史研究的薄弱环节①。章开沅先生在花甲之年,仍老骥伏枥,潜心耕耘于这一对他而言全新的学术领地,攀越了其学术生涯的又一高峰,堪称学界奇勋。他在该领域研究的卓著贡献,一直受到国内外学人的广泛赞誉。20多年来,章先

① 参见陈才俊:《挑战、适应与融合:基督宗教在近代中国——章开沅先生中国基督宗教史研究述论》,载《华中师范大学学报》2007年第2期。

生发起组织多次重要的中国基督宗教史国际学术会议，创建相关的研究机构与学术团队，成立具有国际水准的图书档案基地，举办系列培养中国基督宗教史研究青年才俊的培训活动，主编了《中西文化与教会大学》(与林蔚合作)、《文化传播与教会大学》、《社会转型与教会大学》等重要著作及“中国教会大学史研究”丛书(与马敏合作)、“教会大学在中国”丛书、“基督教与中国文化”丛刊(与马敏合作)等书系，整理编译了《天理难容——美国传教士眼中的南京大屠杀(1937—1938)》等珍贵文献。《传播与植根——基督教与中西文化交流论集》、《贝德士文献研究》等专著，更是他理性重构中国基督宗教史的智慧结晶。

作为国际著名的史学大家，章开沅先生一向长于在追求“通识”、“圆融”境界的基础上宏观把握社会历史的演衍与流变。考察章氏的学术思想体系，我们不难发现，跨文化对话与现代化解读是其研究中国基督宗教史的显著特征。一方面，他主张不同文明之间对话的可能性、可行性与互动性，认为中国文明与西方基督教文明、古希腊文明、伊斯兰文明、印度文明一样，都拥有共同的终极关怀，其对话理应“是一种双向的互动过程”①。另一方面，他指出，“现代化不等于是‘西化’”，“从来没有不可逾越的单一模式”②；现代化的过程并不是用西方的现代化克服中国的传统，中国传统文化中很多优秀的成分在现代化过程中也发挥了积极的作用；传统在中国现代化过程中并不是被动的，而是主动地参与其中。同时，章开沅先生解读中国基督宗教史的“传播与植根”这一观念，又是其站在全球化、现代化的视域，从基督宗教思想内核出发，对基督宗教在华传播史的一种“全球地域化”诠释。

---

① 参见章开沅：《世局变迁与宗教发展——以教会大学史研究为视角》，载章开沅著：《传播与植根——基督教与中西文化交流论集》，广东人民出版社2005年版，第25页。

② 章开沅、罗福惠主编：《比较中的审视：中国早期现代化研究》，浙江人民出版社1993年版，序言。

一、"文化传播":多元视角下中国教会大学的近代化诠释

章开沅先生涉猎中国基督宗教史研究看似偶拾,实属必然,其发端始自对中国教会大学史的研究。章先生 20 世纪 40 年代曾求学于著名教会大学之一的金陵大学,后长期执教于由教会大学华中大学发展而至的华中师范大学,对教会大学的生活、教育乃至历史作用体会甚深。1985 年春,早年就读于著名教会大学燕京大学后久居美国(普林斯顿大学历史系)的刘子健教授等访华,建议由章开沅先生领衔推动中国教会大学史的研究。而且,心直口快的刘子健教授列举出章先生作为担此重任"不二人选"的三大理由:"第一,你原来是教会大学的学生,现在的工作单位前身也是教会大学(华中大学),对教会大学有较多亲身的体验。第二,你现在是大学校长,对学校有总体的把握,比一般人更有利于研究教会大学。第三,特别是作为历史学者,你既有这方面的专业训练,更有责任来填补中国近代史研究中这块空缺。"①于是,在章先生的率领下,中西学界诸多精英展开了这一任务艰巨而又意义深远的历史重寻工作。章开沅先生认为,中国教会大学史研究应该抱持实证的态度,既要避免历史成见,亦不可矫枉过正,随意拔高研究对象的历史地位。同时,该研究应是交叉性的,既有学科的交叉,又有时空的交叉,因此要加强中外合作与交流——通过合作进一步发掘史料,通过交流促进研究的提升。他还强调:"不是仅仅就教会大学研究教会大学,也不仅仅是在教会史的范围内来研究教会大学,而是从更广泛的文化史角度来研究教会大学,特别是从文化交流的角度来研究

① 据章开沅先生回忆:"这次见面可以说是我决意投人中国教会大学史研究的发端。"但他进人实质性的研究则稍晚。1997 年春,章先生及美国普林斯顿大学教授林蔚(Arthur Waldron)等发起在成都四川大学召开了一次小型的工作会议,把国内有兴趣从事此项研究的学校与学者初步联络起来,并且对如何加强此项研究略作规划与协调。参见吴梓明、梁元生、李金强主编:《中国教会大学历史文献综览》,香港中文大学崇基学院宗教与中国社会研究中心 1988 年版,序言。

教会大学。”[①]他身体力行，从理论与方法上对该领域的研究发挥了主导作用。

1. 客观评价教会大学的宗教、政治与教育功能

中国教会大学是指19世纪末至20世纪上半叶由西方教会组织与传教人士在华创办的一批迥异于中国传统教育形制的新式高等教育机构，其中基督新教创建的有圣约翰大学（上海，1879年）、东吴大学（苏州，1900年）、沪江大学（上海，1906年）、之江大学（杭州，1910年）、金陵大学（南京，1910年）、华西协和大学（成都，1910年）、华中大学（武汉，1910年）、奉天医科大学（沈阳，1912年）、湘雅医学院（长沙，1914年）、华南女子大学（福州，1914年）、金陵女子大学（南京，1915年）、福建协和大学（福州，1916年）、岭南大学（广州，1916年）、齐鲁大学（济南，1917年）、燕京大学（北京，1919年）等，天主教创建的有震旦大学（上海，1903年）、津沽大学（天津，1923年）、辅仁大学（北京，1925年）等。这批教会大学既是中国近代高等教育体系的重要组成部分，也是中国教育史上不可或缺的篇章。西方史学界20世纪50年代即已展开对中国教会大学史的深入广泛研究，但是在中国大陆，由于“左”倾思潮的长期影响，这一历史产物被简单视为“帝国主义的侵华工具”、“文化租界”、“反动堡垒”，因而“曾经长期成为被遗忘的角落”，罕有学者涉足。面对长期以来“中国教会大学史研究在西方”的尴尬局面，章开沅先生认为，其症结在于以政治评价取代了学术评价，以较为表层化的民族主义情结代替了对教会大学这一历史事物的理性分析。因此他主张，该研究的突破，首先在于排除历史成见，并用客观、全面、科学的标尺揭示中国教会大学的历史作用[②]。

教会大学作为中国教育史上的特殊产物，其创办初衷是希望培植一批掌握西方科学文化知识和具有基督宗教精神的“高等华人”，以取代崇奉儒学孔道的中国士大夫阶层，使基督宗教在中国得到更好的传

① 章开沅主编：《文化传播与教会大学》，湖北教育出版社1996年版，序言。

② 章开沅、林蔚主编：《中西文化与教会大学——首届中国教会大学史学术研讨会论文集》，湖北教育出版社1991年版，序言。

播与植根,所以,基本上由西方人筹资兴建、管理操控、充任师资,并在国外注册。通过发掘文献与考察史实,章开沅先生看到,教会高等教育是西方在华教会教育体制的重要环节,同时亦为早期教会初等、中等教育的高层次延续。19 世纪末 20 世纪初,其主要功能是培养高级布道人员或宗教领袖。这些大学有的是某个教派单独创设,有的由几个教派联合成立。无庸讳言,对中国人而言,基督教会和教会大学最初都是外来事物。正如曾任中国基督教大学联合托事部(United Board for Christian Colleges in China,后易名为 United Board for Christian Higher Education in Asia,即亚洲基督教高等教育联合董事会)主席、在中国教会大学任教多年的芳威廉(William B. Fenn,亦有人译为芳卫廉)博士所言:"早期由于(中国)缺少现代化的高等教育体系,任何新事物都难免是舶来品。新式大学显然是外国输入,严格区别于中国的传统教育。"①而且,教会大学的基督宗教性质更加增添了浓厚的外来色彩。更为重要的是,基督宗教当时又与殖民主义、帝国主义不同程度地连接在一起,有的教会大学还有过"基督教征服中国(The Christian Occupation of China)"的宗教狂热,因此,中国民众当时的反帝排外情绪便难免转移到教会大学身上来。其具体表现就是从 20 世纪初的"非基督教"运动,迅速发展成为政府主导和朝野结合的"收回教育主权"运动。从 20 世纪 20 年代后期开始,教会大学陆续向中国政府注册,标志着教会大学决定性地走本土化的道路,除人事、财务的逐步转变外,更为重要的是执行教育部颁发的教学计划与课程设置。同时,许多教会大学都加强了对中国文化的研究,特别是为适应社会的迫切需要,许多新兴学科在教学、科研、推广方面做了大量富有成效的工作。章开沅先生认为,所有这些变化,并非全都是由于民族主义的挑战和政府法令的压力,基督教会内部的顺应潮流趋向与适应环境机制也发挥了明显的作用②。

---

① William B. Fenn. *Christian Higher Education in Changing China*, 1880-1950, William B. Eerdmans Publishing Company, 1976, p. 3. 见章开沅主编:《文化传播与教会大学》,湖北教育出版社 1996 年版,序言。

② 章开沅主编:《文化传播与教会大学》,湖北教育出版社 1996 年版,序言。

1928年,新成立的南京国民政府颁布经过修订的私立学校注册章程。除坚持必须由中国人管理学校外,章程特别强调不得将宗教列为必修课,不得在课堂内宣传宗教,不得强迫学生参加任何宗教活动等等。这就从根本上改变了中国教会大学的办学方向。多数教会大学对新政府持比较合作的态度,接受按照注册章程改组学校的要求,选举中国人为校长,并迅速成立中国人占多数的董事会,限制课堂以内的宗教宣传与课外宗教活动。这样,注册之后,教会大学与中国政府之间便逐步形成比较良好的合作关系。这标志着教会大学的性质改变——西方基督教徒依附不平等条约在中国从事宣教事工,转向由中国政府给予他们合法权利从事教育活动。对于中国而言,这就是教育主权的回归,或可称之为基督宗教的合法本土化①。20世纪20年代之后,中国教会大学得到飞速发展,学生人数迅猛增长,增加了十几倍乃至几十倍,并且日益本土化、专业化和世俗化,逐渐融入中国社会,成为中国私立大学的重要组成部分。

基于上述事实,章开沅先生提出了评价教会大学史的"三个区别说":一是将作为教育机构的教会大学和西方殖民主义本身区别开来;二是将教会大学作为主体的教育功能与日渐疏离的宗教功能乃至政治功能区别开来;三是将教会大学的不同发展阶段区别开来②。大量事实也表明,在早期,教会大学的确与西方殖民主义及所谓的"基督教征服中国"的宗教狂热有过不同程度的联系。但后期,教会大学的宗教功能与其教育功能日渐疏离,教育功能逐步占据中心地位,专业教育、学术水准和社会工作日益提升。特别是抗日战争以后,绝大多数教会大学都实现了本土化,实际上成为中国高等教育的组成部分,很少有人视

---

① 参见章开沅:《世局变迁与宗教发展——以教会大学史研究为视角》,载章开沅著:《传播与植根——基督教与中西文化交流论集》,广东人民出版社2005年版,第16~17页。

② 章开沅、林蔚主编:《中西文化与教会大学——首届中国教会大学史学术研讨会论文集》,湖北教育出版社1991年版,序言。另见章开沅:《世局变迁与宗教发展——以教会大学史研究为视角》,载章开沅著:《传播与植根——基督教与中西文化交流论集》,广东人民出版社2005年版,第20页。

其为外国人的在华机构。

过去20多年的研究实践证明,章开沅先生当时对中国教会大学的理性考量,对后来该研究在中国大陆、港澳台地区乃至欧美的深入拓展具有划时代的意义。

2. 直面正视教会大学的"中国元素"

很长一段时期,一提及出现于中国的教会大学,人们便会想到"舶来品"三个字,认为它是西方社会的产物。所以,过往的学者在研究中国教会大学时,多视其为西方传教士的宣教活动工具。而章开沅先生却认为,研究者不应该忽略教会大学的"中国元素"。

章开沅先生指出,只要从历史事实出发就可以看出,中国教会大学的"中国元素"从其创办之日就与生俱来。道理很简单:一是其施教对象是中国学生;二是其处于中国社会历史文化的特定环境之中。在中国社会文化背景下出生长大的学生具有"中国元素"自不待言,就是校园以外的中国历史文化氛围也不可能不对它产生或多或少的影响。即使是西方的传教士,在中国这样具有悠久历史文化的环境中长期生活,也不可能完全不受其影响。正如长期生活在英语国家的华人大多有英文名字一样,中国教会大学的外籍教职员一般都有中文名字,而且还颇为古色古香,如"华群"(Minnie Vautrin)、"裴义理"(Joseph Bailie)、"贝德士"(Miner Searle Bates)、"史德蔚"(Albert N. Steward)之类。据章开沅先生考证,连在中国出生的外籍教职员的子女,也大多取有相当地道的中文名字,如"贝如璞"(贝德士之子)、"史庆云"(史德蔚长女)等。他在耶鲁特藏档案中还发现当年金陵大学外籍教授夫人一次举办家庭茶会中,在给其他"师母"们发的邀请信上特别注明:"请自带针线笸。"可以想见,这些在六朝古都金陵情韵中生活多年的西方女子,尽管是金发碧眼、鼻隆肤白,但边做针线活、边品茗叙旧,倒也不失为中国教会大学颇具特色的一道"风景线"①。

20世纪20年代,中国民族主义运动的高涨,特别是"非基督教"运

① 吴梓明著:《基督宗教与中国大学教育》,中国社会科学出版社2003年版,章序。

动与“收回教育主权”运动的兴起，引发教会大学陆续向中国政府注册，促使教会大学内部的“中国元素”更为迅速增长，如华人出任校长，董事会乃至教职员中华人比例的大幅度提高，中文课程和中国文化研究的加强，以及相关专业（如农学、医学、社会学、经济学等）更加适切地为中国社会服务等等。人们习惯称之为“本土化”或“中国化”。我们以章开沅先生曾就读的金陵大学为例，该校首任中国籍校长陈裕光认为，金陵大学虽为教会大学，但它首先应是一所中国大学，而非外国大学。作为中国大学，它则应以传播中华文明、弘扬中国文化为己任。陈裕光接手金陵大学后，注重利用自身师资优势，借鉴西方最新学术发展，然后结合中国本土具体实际，开辟了一条“有中国特色”的学科建设之路。1930 年，陈裕光利用美国实业家霍尔（Hall）的一笔捐款，在金大设立了中国文化研究所，其宗旨为：研究并阐明本国文化之意义；培养研究本国文化之专门人才；协助本校文学院发展关于本国文化之学程；供给本校师生研究中国文化之便利①。该所珍藏名贵文物之丰，为当时中国各大学所不多见。特别是其东方学藏书，在国内同行中更是首屈一指。教会大学中以研究中国文化见长者，除了燕京大学，则数金大。1930 年创办的《金陵学报》，前后共出刊 11 卷，其影响堪与《燕京学报》媲美。1940 年，金陵大学与燕京大学、齐鲁大学、华中大学的文化研究所或国学研究所联合创办的《中国文化研究汇刊》，亦曾是一份影响甚巨的中国文化研究专刊。陈裕光对民族传统文化的热爱溢于言表。作为教会大学的一校之长，他在金大从未穿过西装。受其影响，金大的教职员也多穿中山式服装。更为有趣的是，20 世纪 30 年代，在一年一度的华东地区教会大学英语演讲比赛中屡屡夺冠的金大学生，全部长袍马褂登场，与西装革履的其他大学代表相较，形成鲜明的“中国化”特色②。

章开沅以历史学家的眼光来看，这乃是无可避免的发展趋势。因

---

① 参见《南大百年实录》编辑组编：《南大百年实录（中卷）：金陵大学史料选》，南京大学出版社 2002 年版，第 59 页。

② 参见陈才俊：《华人掌校与教会大学的“中国化”——以陈裕光执治金陵大学为例》，载《高等教育研究》2008 年第 7 期。

为历史发展的趋势总是多种因素合成的,其中必然也包括互相对立的因素,这些因素相互作用而形成合力。从终极因果关系来说,历史就是合力运动产生的结果。正因为如此,任何历史事物的创始者,从来不可能实现完全如同自己预期的那样的结果。虽然未必是"种瓜得豆",但也往往如同人生一样,"不如意事十常八九"。西方传教士来华兴教办学,目的当然是为了"(教)化中国",亦即是使中国"基督(教)化",但结果更为明显的却是自身的"中国化"。从"化中国"到"中国化",难道果真是"人事天心两相违"吗?章开沅认为未必如此。因为以基督宗教普度众生的"化中国"宏图虽然未能实现,但作为"中国化"主体的中国确实也在变化之中①。

3. 科学解读教会大学与中西文化交流

中国教会大学是近代中西文化交流的重要产物与载体,其发展变化亦为近代中西文化交流史的鲜活档案。章开沅先生自涉猎该领域之始,即将研究对象置于跨文化对话的宏大层面。他认为,大学是培养社会精英的高等教育机构,青年学生的世界观、人生观、价值观念、行为规范、学业基础乃至初步的工作能力,大多在这里滋育形成。因此,教会大学校园内连绵不绝的异质文化的碰撞与融会,便属于中西文化交流较高与较深的层次。据此,他很早就大胆预示:"教会大学史研究的进展,必将对近代中西文化交流史的探讨产生促进的作用。"②过去 20 多年的学术发展史也充分证明了章开沅先生高瞻远瞩的学术见识。

过往对近代中西文化交流史的研究,无论是中国学者抑或外国学者,大多将其视为单向的西学东渐,即西方为传播的一方,东方为接受的一方。然而,章开沅先生却认为,既然称之为交流,便必然有不同程度的双向对流。中国教会大学诚然是基督宗教文化与近代西方文明的

---

① 吴梓明著:《基督宗教与中国大学教育》,中国社会科学出版社 2003 年版,章序。

② 章开沅、林蔚主编:《中西文化与教会大学——首届中国教会大学史学术研讨会论文集》,湖北教育出版社 1991 年版,序言。

载体，但它毕竟又处在东方传统文化环境与氛围之中，因而不可避免地要走向本土化、世俗化。中国教会大学的存在和发展，归根到底，还得取决于其对中国国情与社会需要的适应能力。许多长期在中国教会大学工作的西方教职员（包括一些传教士），也不可避免地要受到中国文化的熏陶，在不同层次与不同程度上吸收中国文化，并且将其带回西方故土。所以，对于有些西方人来说，“教会大学又是一个观察、了解中国文化与中国社会的不大不小的窗口”①。有关此论，我们从芳威廉博士的著述中得到了佐证。他说：“基督教大学在增进国际理解和亲善方面贡献卓著。基督教会无意中充当了西方文化的媒介，在这方面，它们几乎和作为基督教信仰传播者的有意识的工作一样成功，基督教大学通过提供西方的语言、知识、价值和人员代表，在这其中扮演了主要角色。通过它们，西方很多最好的东西到了中国；在基督教大学中，中国人和西方人有了交往，并非没有摩擦，但通常不会引起战争，而是互惠互利；中国的知识也通过基督教大学的诠释和示范，传到了西方。作为欧洲和北美基督教徒关怀的一种表达，基督教大学成为精神和文化的使者，帮助向东方解释西方，向西方解释东方，尽管有帝国主义联系和外国特征的阻碍。”②章开沅先生曾解释：“我之所以从中西文化交流的角度来研究中国基督教大学史，就是想用比较平和的心态来从事此段曾经众说纷纭的复杂历史（的研究）。从历史上来看，文化交流一般都是双向的，尽管有主动与被动、强势与弱势、高级与低级的区分，尽管在交流过程中还必然存在着许多冲突与排拒，但总的趋势毕竟是异质文化的适应、改造与本土文化的包容、吸纳，从而逐渐

---

① 章开沅、林蔚主编：《中西文化与教会大学——首届中国教会大学史学术研讨会论文集》，湖北教育出版社 1991 年版，序言。

② William B. Fenn. *Christian Higher Education in Changing China*, 1880-1950, William B. Eerdmans Publishing Company, 1976, p. 236. 转引至芳威廉著，刘家峰译：《基督教高等教育在变革中的中国 1880—1950》，珠海出版社 2005 年版，第 245～246 页。另参见章开沅：《中国教会大学的历史命运——以贝德士文献（*Bates' Papers*）为实证》，载章开沅著：《贝德士研究》，财团法人基督教宇宙光全人关怀机构 2006 年版，第 45 页。

形成两者之间的融通。”①

关于从文化层面来推进中国教会大学史研究，章开沅先生还提出，不能单纯将近代中国的教会大学或者教会看做是纯西方的、外来的产物。他认为，我们现今常常说到的中国传统文化或中华文化，其中理应包括业已在相当程度上本土化(indigenization)了的基督宗教文化。基督宗教神学是基督宗教文化的核心部分，它与佛教、道教、伊斯兰教的各自神学一样，都是世代流传而且不断发展丰富的宝贵人类文化遗产，其中固然有许多陈旧的糟粕，但同时也保存着许多终极关怀的哲理与追求至善的理想。真正的历史唯物主义者应该采取科学的、理解的乃至比较宽容的态度来对待宗教。也正因为如此，我们应该加强对近代中国教会大学、本土宗教和基督宗教的研究，这不仅可以探明近代中国宗教与社会的复杂关系，也有利于更完整、更全面地吸收近代中国的历史经验和教训②。

4. 宏观把握教会大学与中国现代化进程

教会大学这一中国特定时期的特殊产物，虽然持续的时间有限，数量仅有十几所，学生人数也不过占其时中国大学生总数的10%～20%，但大量事实表明，中国教会大学在其创办与发展过程中，对中国的现代化进程发挥了独特的功能。关于这方面，章开沅先生从不同角度予以了阐发。

首先，章开沅先生对教会大学在中国教育现代化过程中所起到的示范与导向作用，给予充分肯定。他指出，教会大学在体制、机构、计划、课程、方法乃至规章制度等诸多方面，更为直接地引进西方近代教育模式，从而在教育界和社会上产生颇为深刻的影响(当然既包括积极的影响也包括消极的影响)③。教会大学是近代西学东渐大潮的重要

① 吴梓明著:《基督宗教与中国大学教育》，中国社会科学出版社2003年版，章序。

② 章开沅主编:《文化传播与教会大学》，湖北教育出版社1996年版，序言。

③ 章开沅、林蔚主编:《中西文化与教会大学——首届中国教会大学史学术研讨会论文集》，湖北教育出版社1991年版，序言。

历史产物,其有别于中国传统的教育理念、教育思想与教育体制,毫无疑问促进了中国近现代教育的发展。

其次,章开沅先生认为,教会大学不仅通过自己造就专业人才,而且还通过在校师生的专业实践,直接在若干领域为中国的现代化作出了重要贡献。尽管中国教会大学一般规模不大,但大多办出了自己的特色,特别是在农学、医学、女子高等教育等方面处于领先地位。尤其是随着宗教功能的逐渐减弱与教育功能的日益增强,学校不断彰显出其为社会服务的功能。如金陵大学的农业改良与农村调查,燕京大学的新闻学系与社会学系,华中大学文华图专的图书馆专业,东吴大学的比较法学,圣约翰大学的商科等等,都影响甚巨①。教会大学这些功能则以独特的方式加速了中国现代化的进程。

再次,章开沅先生指出,教会大学的中国师生较早受西方思想文化的熏陶,并萌发自由平等思想与爱国主义激情。中国教会大学由于它的特殊地位,在一个较为封闭的大环境中形成若干个较为开放的小环境。与国立大学相比较,教会大学的中国师生与西方文化乃至西方社会有较多直接的接触,思想比较活跃并且享有较多的自由。这为他们了解西方自由、平等、博爱、民权等思想提供了更多的机会。同时,由于更为经常直接感受某些外国势力政治、宗教、种族偏见的刺激,他们也比较容易产生民族反抗情绪乃至滋生民主革命思想。所以,历次反帝爱国运动与民主革命运动,都有大批教会大学师生积极参与,有的教会大学甚至成为爱国民主运动的重要据点②。

最后,章开沅先生认为,教会大学的世俗化(secularization)构成了中国现代化洪流的一个支系。许多在中国教会大学工作的外籍教职员,接受现代派的主张,把 serve God 与 serve the society 结合起来,将

---

① 章开沅、林蔚主编:《中西文化与教会大学——首届中国教会大学史学术研讨会论文集》,湖北教育出版社 1991 年版,序言。

② 章开沅、林蔚主编:《中西文化与教会大学——首届中国教会大学史学术研讨会论文集》,湖北教育出版社 1991 年版,序言。

推进教会大学的世俗化。世俗化带来了教学水准、学术品质的提高,密切了大学与社会的关系,但并未带来更多的基督化(Christianization)。serve the society 逐渐超越 serve God,甚至由手段提升为目的[①]。所以,“尽管现代派传教士教育工作者的奋斗目标,仍然是用基督教文化影响以渗入中国,直至最后实现中国‘基督化’(或曰:‘中华归主’),但他们推动教会大学迅速走上本土化、世俗化、学术化的道路,毕竟顺应了历史的潮流,满足了社会的实际需要,从而或多或少为中国现代化作出了贡献”[②]。

二、“巨大的流产”:章开沅研究视野中的中外基督徒

任何一个历史现象或历史事件、历史人物,都可以从不同的视角去认识。认识的角度越多,也就越容易走近历史的原生态。章开沅先生曾指出:“现代化不仅在于物的层面。或许可以说,人的层面更重于物的层面,没有人的现代化就不可能最终实现整个中国的现代化。现代化的人不仅需要现代化的知识与技能,而且更需要现代化的观念与素养,这就必须把教育延伸到社会生活的各个领域与各个层面。”[③]所以,他比较注重从典范的中外基督徒入手去解读基督教文明与中国现代化的关系。章先生还主张,“重视通过个案研究寻求理论解释,常能为我们提供若干新的视野、思路和参照系统”[④]。同时,他又认为群体是“个体与整体之间的纽带”,并倡导社会群体(或称社会集

① 参见章开沅:《中国教会大学的历史命运——以贝德士文献(*Bates' Papers*)为实证》,载章开沅著:《贝德士研究》,财团法人基督教宇宙光全人关怀机构 2006 年版,第 28 页。

② 章开沅:《教会大学与 20 世纪 20 年代的中国政治》,载章开沅著:《传播与植根——基督教与中西文化交流论集》,广东人民出版社 2005 年版,第 80 页。

③ 章开沅:《大教育:建设中国的支点——〈陶行知与中国现代化〉序》,载《中国改革》2002 年第 7 期。

④ 马敏著:《官商之间:社会剧变中的近代绅商》,华中师范大学出版社 2003 年版,序。

团)的研究方法[①]。于是,他在有关中外基督徒的研究方法上则较好地运用了个体研究与群体研究相结合的范式。

1. 破译耶鲁馆藏珍贵文献中的容闳

提及容闳(1828—1912),人们自然会将他与西学东渐紧密联系在一起。这不仅因为其传奇经历记录影印了近代西学东渐的特定历史,而且还因为他那本名垂青史的自传 *My Life in China and America* 被中译为《西学东渐记》。然而,容闳更是一名地道的基督徒。他 7 岁入读西方传教士在华开办的教会学校,18 岁随传教士留学美国,成为"中国人而毕业于美国第一等之大学校"[②]的第一人,深受基督教文化的浸润与濡染。但是,由于相关原始资料与文献阙如,容闳研究很长时间都是中国近代史研究领域的薄弱环节。1988 年,章开沅先生在美国耶鲁大学图书馆档案部(Yale University Library, Manuscripts and Archives)发现一批珍贵的容闳私人文献,并陆续将其整理、翻译、发表,为中国的容闳研究开启了新的局面。

过往学者对容闳的认识,多以中国近代社会文化为背景来解读其现代化思想与现代化实践,而章开沅先生却是以普世文明与文化传承为路径,将容闳置身于全球化、国际化的语境与人类文明传播的洪流之中,阐发出一些独到的见解。

首先,章开沅先生认为,容闳是近百余年西学东渐历史大潮的典型产物,是西方文明(包括基督宗教文明)"中国化"的倡导者与实践者。容闳经过 10 年在华西式教育和 6 年美国高等教育(包括预科),比较全面地接受了西方近代文明,从语言文字、生活方式、言谈举止、科学知识、文化素养直至价值观念(包括世界观和人生观),都深深烙下了西方文化(特别是基督教文化)的印痕。虽然容闳把自己培养成为比较规范的西学载体,但是他的身上却充满着中华文化的基因。所以,章开沅先生指出:"我们不宜把年轻的容闳看成一张可供任意涂抹西方油画的白

---

① 参见章开沅:《〈中国近代史上的官绅商学〉导言》,载章开沅、马敏、朱英主编:《中国近代史上的官绅商学》,湖北人民出版社 2000 年版,第 2~3 页。

② 容闳著:《西学东渐记》,岳麓书社 1985 年版,第 11 页。

纸,实际上他仿佛是一个在西方文化氛围中习画的东方艺徒,虽以西方油画为主,但却悄悄融入中国画的技法与意境。他把西方基督宗教的使命感与奉献精神,与中国传统文化的以天下为己任与回报祖国融合起来;又把西方近代化以个性解放为基础的 ambition(雄心),与中国古代经典所提倡的大丈夫气概贯通起来。因此,他留学美国的起因与归宿都是以近代西学改造中国,而不是纯粹归化于西方。"①过去,人们往往误将容闳视为业已归化美国的假洋鬼子,其实他终身抱持着牢固的中国情结。无论是在中国还是在美国,他都把自己的一生全部奉献给了中国伟大的现代化事业。

其次,章开沅先生认为,容闳不仅是西学东渐的先驱者,而且是东学西渐的践行者。章开沅先生通过悉心查阅耶鲁馆藏发现,容闳在写给美国来华传教士卫三畏(Samuel Wells Williams)的几封信中,曾提及他进入耶鲁大学学习时,因没有人与之用华语交谈,中文写作水平迅速退化,遂请其按照信上所列书目购买中国书籍,以及他收到所购书籍后托人带给卫三畏书款的事情。容闳不仅对《四书》和若干中国史书、诗词有所了解,而且还利用这些典籍中的名言佳句为众多美国级友赠别留言,如"礼之国,和为贵";"大人者,不失其赤子之心";"有志者,事竟成";"手拈一管笔,到处不求人"等等。容闳还在其毕业赠言簿上留下两首中文小诗。一首是:"弥年不得意,新岁又如休?念昔同游者,而今有几多?以闲为自在,将寿补蹉跎。春色无新故,幽居亦见过。"另一首是:"善似青松恶似花,如今眼前不及他。有朝一日霜雪下,自(只)见青松不见花。"容闳还在这些中文赠言及小诗后面附有英译文,以供美国级友理解。以上题词,凡用中文者,多以毛笔正楷书写,笔画尚称工整,足见容闳即使长期旅居海外,亦未中辍习字。19 世纪 70 年代,容闳在哈特福德(Hartford)担任中国留学生监督工作期间,不仅督促留美幼童学习中文经典,而且向耶鲁大学赠送《纲鉴易知录》、《三字经》、《千字文》、《四书》、《五经》、《山海经》、《康熙字典》、《三国志》(疑为《三

---

① 章开沅:《先驱者的足迹——耶鲁馆藏容闳文献述评》,载吴文莱主编:《容闳与中国近代化》,珠海出版社 1999 年版,第 575～576 页。

国演义》)、《李太白诗集》等书。章先生认为,"当时一般美国人对中国所知甚少,对许多耶鲁美国学生来说,容闳就是中国,通过他了解中国和中国人,捕捉有关中国社会和历史文化的种种信息。尽管这是一种层次较低的东学西渐,然而却是容闳自觉的主动行为,特别是表现于临别赠言所展示的中华文化风采。至于二十(多)年后向耶鲁大学成批赠送中国书籍,那更是一种自觉的较高层次的东学西渐大举措……东学通过容闳给耶鲁内外一部分美国人留下了比较美好的印象,并且使他们增加了解中国、中国人和中国文化的兴趣"①。中国传统文化具有极其悠久的历史和极为丰富的内涵,"西方人为东方文化的固有魅力所吸引",体现在容闳的身上,"故国文化的基因必须要在与美国同学、友人长期相处中有所展现","这就是容闳致力于东(中)学西渐的缘由"②。

再次,章开沅先生认为,容闳是早期推动中国现代化的"另类"。中国早期的现代化先驱者,大多是长期接受传统教育,然后走出国门看世界,获取新知以后回国推动各项革新。章先生指出,"唯独容闳是从小到大在海外接受比较完备的西方教育,然后回国投身维新与革命活动"。不同的文化背景塑造出不同的世界观,容闳实际上早就形成了适应于西方近代文明的世界观,只是由于他平生事业重在实践,同时也由于他不善于运用中国的语言文字,因而未能在这方面多作自我表述罢了。此其"另类"之一。容闳一生有四件大业载入史册:一是协助建立江南机器制造总局,二是倡导并率领幼童赴美留学,三是参与维新变法,四是促进革命运动。而这四件大业都是开风气之先,都需要大智慧、大勇气、大才干,才能在专制高压、封闭守旧的社会环境中有所成就。人们常说容闳的可贵在于"与时俱进",意即他的革新主张与实践经历器物(办工厂)、精神(创新学)、制度(从变法到革命)三个层面。章先生认为,"这种看法是把容闳等同于其他中国现代化的先驱者,不尽

① 章开沅:《先驱者的足迹——耶鲁馆藏容闳文献述评》,载吴文莱主编:《容闳与中国近代化》,珠海出版社 1999 年版,第 578 页。

② 吴文莱主编:《容闳与中国近代化》,珠海出版社 1999 年版,序言。

符合容闳的心路历程。因为,容闳在美国所接受的文化熏陶,特别是在耶鲁大学的系统教育,使他早已具有民主、自由与共和国思想”。此其“另类”之二。容闳在耶鲁大学临近毕业之际,即已立下“以西方之学术,灌输于中国,使中国趋于文明富强之境”的宏愿。回国后,他开始在香港学律师,在海关当翻译,在洋行任职员,以谋求生活自立的支撑点。其后,他投奔曾国藩和会见洪仁玕,开始寻找灌输、移植“西方之学术”的依托力量。太平军领导人的晚期腐化蜕变最终使他失望,他暂时放弃了激进变革的试探;而洋务派官僚的趋向某种革新,却使他有可能实现办新式工厂与率幼童留学,迈开以西学使中国日趋文明富强的第一步。留学计划半途而废后,他又迅即将眼光转向新起的维新运动,结纳孙中山,积极促进以建立共和国为目标的资产阶级革命。章先生认为,这一切都说明,“容闳的认识具有明显的前瞻性,也可以说是知先于行或行其所知,这是他与其他许多先驱者思想发展轨迹不同之处”[①]。此其“另类”之三。

2. 走近跨越中西文化的巨人韦卓民

虔诚的华人基督徒韦卓民(1888—1976)不仅是一位卓越的教育家,更是一位杰出的思想家、宗教家;不单对中国的文化及宗教传统十分精通,而且对西方的基督宗教文明亦非常了解。他一生最大的贡献是参与创办并执掌教会大学——华中大学。章开沅先生与韦卓民相识与共事近三十年,一向对其人格与学问敬佩有加。1990 年,章先生远赴美国集中精力从事中国教会大学史研究期间,通过爬梳、研析大量中外文献,对韦卓民的宗教思想与实践予以比较全面和深入的考察,还原了一个“真诚的爱国的基督徒”[②]的真实形象。

章开沅先生认为,在思想方面,韦卓民有自己的宗教信仰,一方面认为“在基督那里,蕴藏着智慧和知识的无限宝藏”,一方面又认为,应该“植根基督教会于中国土壤(Rooting the Christian Church in

① 吴文莱主编:《容闳与中国近代化》,珠海出版社 1999 年版,序言。

② 马敏、周洪宇、方燕主编:《跨越中西文化的巨人——韦卓民学术思想国际研讨会论文集》,华中师范大学出版社 1995 年版,序。

Chinese Soil)”。因此,他提出需要“以中国文化来解释基督宗教”,需要尽量深入中国文化的精神以及多少世纪以来为中国文化所吸取的各种宗教、社会以及知识传统的精神,来看有没有和基督宗教生活观念能够配合的地方,在不抵触中国人观感情况下,有没有若干因素可以利用作为表达媒介和作为接触的交点,用以将基督教义和制度传播与中国人民。站在基督教徒的立场,韦卓民当然期望中国的基督教化,“将远东拥有世界最悠久历史的这个国家的优良文化,带到主的神坛前,作为对主的奉献”。但是,作为一个有爱国心的中国人,他又主张基督宗教应该中国化,即不仅应该产生本土化的教会,而且应该产生本色化的神学;同时该教必须尊重中国的社会结构、文化习俗,逐渐形成自己的“中国形式”。在实践方面,韦卓民一直是中国基督宗教内部爱国与革新潮流的卓越代表。他同情中国人民的民族主义潮流,反对殖民主义利用宗教作为侵略的工具,更反对宗教以不平等条约作为靠山。1927年,他曾支持武汉基督徒联合会发表的《武汉基督徒革新运动宣言》。该宣言公开声明:“耶稣基督以自由、平等、博爱、牺牲、服务立教,与罪恶的势力绝对不能妥协,是一种革命的大势力……我们深愿本着耶稣基督当年打倒法利赛主义及传统的旧礼教,与当时之压迫平民的富裕贵族阶级,甚至舍身十字架之革命精神,以从事于我们的革命工作。”他们赞成反帝反军阀,对反基督教运动虽然难以苟同,但却称之为“诤友”,承认基督宗教本身确实需要革新。他们赞同收回教育主权,主张“要使教会学校都归中国自办,受中国政府之监督,及其一切实施都依着中国的教育训令及学制而办去”①。抗日战争期间,韦卓民不仅率校西迁,与全国人民共同承受了深重的民族灾难,而且还向海外广泛宣传,谴责日本帝国主义的侵略罪行,以争取国际社会对中国抗战的同情与支援。作为大学校长,他具有高度的历史使命感,认为“际此生死存亡之秋,中国人民的教育实系我

① 参见耶鲁大学神学院图书馆所藏贝德士档案。转引至马敏、周洪宇、方燕主编:《跨越中西文化的巨人——韦卓民学术思想国际研讨会论文集》,华中师范大学出版社1995年版,序。

们抵御外侮的文化前线"①。他曾自豪地宣称:"战争中的中国教育是一部史诗,将为中国人民子子孙孙永志不忘。"②作为基督徒,他亦将自身的命运与整个民族的命运紧密联系在一起,并向海外介绍说:"在基督徒倡导之下,战后救济、医药服务、儿童福利等工作已经显示出来,教会的爱心和善意是为全人类的,不管种族和国籍。……也显示出,传教士在必要时愿意牺牲自己生命,以尽传教士职责;以及中国基督徒爱国,也决不后人,因为他们是基督徒。"③是故,章开沅先生说:"韦卓民先生为维护民族独立和促进社会发展的一切努力,亦将为中国人民子子孙孙永志不忘。"④

另外,章开沅先生对韦卓民作为教会大学的著名校长和蜚声海内外的杰出学人,亦有客观的评价。他认为,华中大学在13所基督新教大学中可能算不上顶尖的角色,然而却办得相当有活力,并有自己的特色,这完全归功于韦卓民一直主张控制学校规模、把质量的提高放在第一位的办学理念。韦卓民对外勇于开拓,对内善于凝聚,虽然该校地处中国腹地,但他却通过哈佛燕京学社(Harvard-Yenching Institute)和雅礼协会(Yale-China Association),把它与国内外的名校联合起来,在教学、科研、师资、图书、设备诸方面资源共享,使学校的辐射力超越武汉与湖北,而扩大至整个华中乃至华中以外地区。所以,章先生称韦卓民"以筚路蓝缕的精神,历尽艰辛,弦歌不绝,培养出一批又一批优秀人才"。依章氏之见,韦卓民作为一位渊博的学者,在中西文化沟通方面作出了重大贡献。韦氏毕业于华中大学前身文华大学,并先后就读于哈佛大学、伦敦大学,是典型的洋博士。可是他对中国传统文化却始终

① 参见韦卓民著,万先法等译:《抗战时期的中国教育》,《韦卓民博士教育文化宗教论文集》,华中大学韦卓民纪念馆1970年编印,第93页。

② 韦卓民著,万先法等译:《抗战时期的中国教育》,《韦卓民博士教育文化宗教论文集》,华中大学韦卓民纪念馆1970年编印,第78页。

③ 韦卓民著,万先法等译:《抗战时期的中国教育》,《韦卓民博士教育文化宗教论文集》,华中大学韦卓民纪念馆1970年编印,第73页。

④ 马敏、周洪宇、方燕主编:《跨越中西文化的巨人——韦卓民学术思想国际研讨会论文集》,华中师范大学出版社1995年版,序。

锲而不舍，并且以毕生精力营造贯通中西文化的桥梁①。关于这一点，我们可以从美国研究中国教会大学的著名学者杰西·G·卢茨那里得到佐证。卢茨在评价韦卓民时说："他选择孟子的政治思想作为攻读文华大学硕士学位的论文题目以及在哈佛大学专修的哲学课程，这决非偶然。也正是基于同样的出发点，他撰写了《佛教净土宗以信得救的教义及其与基督宗教之比较》这篇重要论文以及《中国文化之精神》这部用英文写作、最知名的著作。同一时期，他还发表了《要使基督宗教在中国有活的生命》、《中国的本色教会》、《"民族革命"与基督教运动关系的若干问题》等一批论文。"②

显然，章开沅先生对韦卓民的认识是十分深刻的。

3. 大力宣扬"金陵之光"陈裕光

金陵大学是中国创办最早、影响最巨的教会大学之一，曾享"北有燕京，南有金陵"之誉，且最先向中国政府立案注册；该校首任中国籍校长陈裕光(1927 年履职，1951 年卸任，历时 24 年)，不仅是教会大学任职最早、任期最长的华人校长之一，而且是推进教会大学"中国化"最成功者之一。所以，章开沅先生非常敬重这位他求学时代的母校校长，称之为"金陵之光"。陈裕光执掌金陵大学之时，正值 34 岁至 58 岁的精力旺盛时期，他用人生的最宝贵年华成就了该校创建后变化最大、发展最快的光辉历史。金陵大学之所以在教会大学中脱颖而出，铸造辉煌，很大程度上归功于陈裕光建立于教会大学"中国化"基石之上的开创性办学理念。章先生根据有关文字材料以及他本人在该校求学期间的亲身感受，对陈裕光的办学理念予以深入考察，并总结出如下几点：

其一，把大学定位为沟通中西文化的桥梁。陈裕光执掌金陵大学

① 马敏、周洪宇、方燕主编：《跨越中西文化的巨人——韦卓民学术思想国际研讨会论文集》，华中师范大学出版社 1995 年版，序。

② [美] 杰西·G·卢茨：《基督徒、学人、爱国者韦卓民先生》，载马敏、周洪宇、方燕主编：《跨越中西文化的巨人——韦卓民学术思想国际研讨会论文集》，华中师范大学出版社 1995 年版，第 78～79 页。

之时,恰逢中国民族主义运动空前高涨之际,为求学校在外国教会与中国政府双重权力夹缝中得以生存与发展,他睿智地选择以沟通中西文化作为办学的基本方针。陈裕光在金陵大学 60 周年校庆大会上的演讲说:"回溯本校为外籍校友所创立,因此以沟通中西文化,介绍西方之新进学科,为其自然的特点,而文化亦因沟通,而更加发扬。本校对此宗旨,始终未渝。……即本人自办学以来,亦一再与本校同仁与同学畅谈本校办学方针,以沟通中西文化为职志。"[①]这里值得注意的是,陈裕光所言之"沟通中西文化",并非指单向地吸收西学,而是中西文化的双向交流。基于此论,陈裕光遂在金陵大学极力推行双语并重的教育原则,要求学生国文与英文不可偏废。教师对语言教学非常严格,除精读范文外,每两个星期一次作文;高等作文课除规定的两周一次作文外,一学期还写一篇至两篇长文,以提高学生的语言阅读和写作能力[②]。在这种强化训练下,金陵大学学生不仅英语出众,汉语也相当出色。金陵大学在 1934 年至 1935 年前后,还开办过国学研究班,从国内各大学文史哲毕业生中招收研究生。研究生教育开设有高等国学课程,专门培养国学研究人才和大学国学师资。此举不仅为中国教会大学之首创,而且领其时中国高等教育之风骚。

其二,教与育并重,把陶冶学生品格放在极其重要的地位。陈裕光在金陵大学 60 周年校庆大会上的演讲中指出:"教育二字,包括二种意思,一为教导学识,一为陶养品格。二者并重,不可或缺。若仅有学问,而无人格,则于事于人,无所裨益。故本校除启发知识外,亦常以琢磨品性,阐明宗教伦理为职志。"[③]金陵大学的学生思想教育工作主要是通过导师来做,《导师制暂行训导纲要修正草案》规定:训导学生思想宜

---

① 陈裕光:《以沟通中西文化为职志》,载《金陵大学校刊》(金陵大学 60 周年纪念 8 号)第 376 期,1948 年 11 月 30 日。

② 参见程千帆、陶芸:《三十年代金大文学院的课程结构及其它》,载《高教研究与探索》(南京大学校史研究专刊)1988 年第 2 期。

③ 陈裕光:《以沟通中西文化为职志》,载《金陵大学校刊》(金陵大学 60 周年纪念 8 号)第 376 期,1948 年 11 月 30 日。

有重心行为，宜树标的同时，注意学生身心之健全，以养成体魄皆健思想纯正之公民；导师宜尽量利用课余之暇及例假与学生多加接触以求亲切；导师宜注重团体训导，如远足会、谈话会等，作团体生活之训导；导师宜体察学生个性，加以个别训导，以补团体训导之不逮；导师宜注意平日言行之启示，以身作则等。而在其《暂行细则》中还要求：学生在校时其学业思想及行为均应由导师负责指导，出校后原任导师仍应与学生间保持密切接触。金陵大学的品格教育主要不是靠讲大道理和作大报告，而是以润物无声的方式渗透于校园文化的整体之中；虽然强调导师的身教言传，但更为重视的乃是学生的自我教育。

其三，倡导教育为社会服务，实行教学、研究、推广的"三一制（即三结合）"。"三一制"是陈裕光推进教会大学教育目的"中国化"的核心，其基本理念是，大学不能仅限于培养高级专门人才，研究高深学理，还必须实现科研成果社会化、教育目的社会化。20 世纪 40 年代出版的《私立金陵大学要览》曾总结其办学经验称："本校除努力于教学及研究工作，以期探求高深学理外，并力求教、学、做三者合一。举凡社会服务，科学实用与提倡，及农事改进等项工作，无不积极推广，务期学校与社会打成一片，发扬文化与促进建设兼筹并顾……"①在金陵大学，实行"三一制"最早、成效最丰且最具代表性者首推农学院。该校农科初创于 1914 年，开国内四年制农科之先河。陈裕光掌校后，没有照搬美国农学院的办学模式，而是结合当时中国农村和农业实际，独自探索出一条教学、科研与推广应用的一体化道路。该院宗旨明确规定："授予青年以科学知识和研究技能，并谋求我国农业作物之改良，农业经营之促进，与农夫生活程度之提高。"学院在教学方面，如前所述，先后建立了农艺学、园艺学等多个独立系及一个农业专修科。研究方面，设有农艺研究所、园艺研究所和农业经济研究所。推广方面，专门成立推广部，对农业推广尤为重视。另外，学院还辟有农场及试验场多处，其中仅农艺系就有总场 1 所、分场 4 所、合作场 8 所、区域合作试验场 5 所、种

① 《南大百年实录》编辑组编：《南大百年实录（中卷）：金陵大学史料选》，南京大学出版社 2002 年版，第 311～312 页。

子中心区4所,其他合作农场遍布全国各地。各分场的研究计划由金陵大学合作总场统一设计、统一研究、统一计划,以利于农产品的研究、试验和推广,并推动农业产品的科学化、现代化。20世纪三四十年代,该院师生足迹遍及全国十多个省的广大农村,深受各地农民欢迎。所以,陈裕光称:"金大校誉鹊起,闻名国内外,农科是一主要因素。"①金陵大学"三一制"最具自身特色之处乃是推广和社会服务事业。抗日战争之前,金陵大学文学院社会福利行政系师生深入社会基层,为妇女儿童服务,并调查南京人力车夫的生活福利情况;社会学系与农学院一起办理毛织手工业,以救济南京缎织业的失业工人,均成效甚佳。抗战时期,金陵大学内迁四川,课程设置遂根据战时和建设的需要进行修订,增加战时知识和实用技能方面的课程;科学研究则密切结合战时国家建设需要和四川当地实情,服务战备,如理学院鉴于战时汽车技术人才的缺乏,添设汽车专修、电化教育专修等科。其中,电化教育专修科与国家资源委员会合作,先后拍摄战时工业电影6部及天文、地理、农业、手工业等方面的科教影片多部,巡回全国100多个地方放映,对群众进行科普教育;此外,还多次举办训练班,为各省市培训电教人员200多人。金陵大学电化教育专修科因此名声大振,并受到教育部的肯定。陈裕光对电化教育十分重视。他认为"教育电影为开通民智,促进科学化之最良工具"②。

陈裕光在总结金陵大学的办学理念时曾说:"教育非仅求知,乃所以加强服务意志,锻炼耐劳刻苦精神。教育本身,并非仅以增加知识为已足,而在作育人才,济世惠民。所谓:'非我役人,乃役于人',由小我而推及大我,变利己的思想,而为利他的思想。……总之,本校办学以来,除沟通文化外,亦常勉为学问而致力,为修养而淬力励,为和平而奋斗,为服务而尽力。"③这显然是他作为一位华人基督徒教育家将"为上

① 陈裕光:《回忆金陵大学》,载钟叔河、朱纯编:《过去的大学》,长江文艺出版社2005年版,第292页。

② 参见陈裕光:《教育的整个性》,载《金陵大学校刊》第271期,1940年3月10日。

③ 陈裕光:《以沟通中西文化为职志》,载《金陵大学校刊》(金陵大学60周年纪念8号)第376期,1948年11月30日。

帝服务(serve God)”融会于“为社会服务(serve the society)”的教育思想的真实写照。对此,章开沅先生的看法是,“陈裕光校长的办学理念,至今仍是中国高等教育的一笔宝贵遗产,值得我们继续深入研究并作为借鉴”①。

4. 重识“较受基督教影响的中国知识分子”陶行知

章开沅先生一直非常推崇、关注并致力于对他“终身服膺”的伟大教育家同时也是基督徒的陶行知(1891—1946)的研究,并于 1991 年与唐文权合著出版过《平凡的神圣——陶行知》一书。通过考察传主教育哲学理念形成的历史轨迹,章先生发现,陶行知是中西文化既相冲突又相融合的产物,所以,该书没有就教育言教育,也没有限于就中国教育言中国教育,而是从较广阔的视野,即从文化互动与跨文化的向度,来深刻阐释陶氏教育思想与实践的发展过程。《平凡的神圣——陶行知》一书中指出,1908 年以前,陶行知在家乡就读,开始接受教会创办的崇一学堂的西式教育,但主要还是植根于徽州浓重深厚的传统文化土壤。直到 1911 年,陶行知进入金陵大学以后,才养成民主共和信念,皈信自由、平等、博爱,但同时仍然以王阳明“知行合一”学说陶铸自己的道德风范与人生信仰。如果说,南京求学使陶行知从早年的徽州文化圈跃进金陵文化圈,从而结束了中西文化兼摄的初级阶段,那么,1914 年赴美留学,进一步直接、全面、系统地接受西方高等教育,陶行知则终于完成了从相继信仰朱熹、王阳明到皈从杜威(John Dewey)的超越,也完成了从传统的徽州文化圈到中西合璧的金陵大学文化圈再到纯粹西方的哥伦比亚大学(Columbia University)文化圈的超越。正是这三次超越,奠定了陶行知一生思想、理论与实践的文化根基②。既然讨论西方文化对陶行知的影响,就不能回避基督教文化所起之作用。于是章先生在书中既肯定“金陵求学时期基督教的道德教化对他影响不浅”,又

① 章开沅:《金陵之光——陈裕光办学理念试析》,载章开沅著:《传播与植根——基督教与中西文化交流论集》,广东人民出版社 2005 年版,第 147 页。

② 何荣汉著:《陶行知——一位基督徒教育家的再发现》,基督教文艺出版社 2004 年版,序。

溯源求证:"基督教要人去伪心存真心,自我牺牲,爱人如己等有关道德教化,在他身上确实都留有深浅不等的痕记。"①可令人遗憾的是,由于特定历史时期非学术因素的干扰,《平凡的神圣——陶行知》一书当时没有就基督教文化对陶行知的影响予以深入探析。

十多年之后,针对国内陶行知与基督教文化关系论析依然阙如的局面,章开沅先生指出,主要原因在于较少有学者能系统而深入地钻研此课题,或者是学界根本上就抱持不同的观点。但是章先生也认为,从基督教文化的角度研究陶行知虽然是一个新的路径,但亦不可将其视为唯一的视域。他明确表示:"像陶行知这样的大教育家、大学问家,对于中西各种文化、精神资源,多半是兼容并包,博采众长,如他服膺王学而不可能称之为儒家,师从杜威而又超越杜威一样,基督教的影响也很难把他局限于基督徒教育家这样狭窄的框架之中,这是他与赵紫宸、韦卓民、陈裕光等教育家的不同之处。"②章先生进而阐明,把陶行知定位于为"较受基督教影响的中国知识分子"或"富有传教精神的教育家",比较符合实际;没有必要在"基督徒"字眼上钻牛角尖,因为真正重要的是思想内容而非形式。

同样是研究基督徒,但章开沅先生在评价陶行知时,还是将其首先定位于"中国孔子以后又一位万世师表,而且也是现代世界屈指可数的伟大教育家之一"③。他曾说:"无论古今中外,我们很难找到另外一个人,能够像他这样千方百计调动社会一切积极因素来兴办教育,同时又这样千方百计把教育的功能渗透到社会机体的许多层面与许多角落。其思虑之精与用力之勤,真是如同水银泻地,无孔不入。我常想,近代中国如果有两百个真正像陶行知、晏阳初一样的大教育家,则中国的教

① 章开沅、唐文权著:《平凡的神圣——陶行知》,湖北教育出版社 1991 年版,第 81～82 页。

② 何荣汉著:《陶行知——一位基督徒教育家的再发现》,基督教文艺出版社 2004 年版,序。

③ 何荣汉著:《陶行知——一位基督徒教育家的再发现》,基督教文艺出版社 2004 年版,序。

育甚至整个历史都会是另外一番景象。"①这很可能就是章开沅先生为何将陶行知与赵紫宸、韦卓民、陈裕光等基督徒教育家有所区别的原因。

5. 解析"学者型的传教士和社会活动家"贝德士

如果要列举曾经身体力行对章开沅先生学术与人生影响甚深的外籍学者，那么，其大学时代的历史老师、美国来华传教士贝德士(Miner Searle Bates，1887—1978)可为首选。贝德士 1920 年接受教会派遣来到中国，在金陵大学任教，直至 1950 年返国，前后 30 年。此外，他还曾先后在金陵女子文理学院、国立中央大学、国立政治大学等校兼课，在基督教高等教育委员会(The Christian Council for Higher Education)、太平洋关系研究院(Institute of Pacific Relations)等机构兼职。贝德士对中国高等教育事业现代化及中西文化交流贡献甚巨，被章先生称为"学者型的传教士和社会活动家"②，"当代少数优秀的中国基督教史专家之一"③。

章开沅先生曾于 1988 年和 1991 年两度远赴耶鲁大学，以近一年的时间伏案查阅全部有关贝德士的档案文献，倾注大量心血于贝德士研究，并先后撰写了《中国教会大学的历史命运——以贝德士文献(*Bates' Papers*)为实证》、《巨大的流产——贝德士与中国基督教史研究》、《西方人眼中的东亚基督教——以贝德士为个案研究》、《让事实说话——贝德士眼中的南京大屠杀》等文，出版了《南京大屠杀的历史见证》、《南京：一九三七年十一月至一九三八年五月》、《天理难容——美国传教士眼中的南京大屠杀(1937—1938)》、《从耶鲁到东京——为南京大屠杀取证》、《贝德士文献研究》等学术著作。章先生将贝德士对中

① 章开沅、唐文权著：《平凡的神圣——陶行知》，湖北教育出版社 1991 年版，序言。

② 章开沅：《中国教会大学的历史命运——以贝德士文献(*Bates' Papers*)为实证》，载章开沅著：《贝德士研究》，财团法人基督教宇宙光全人关怀机构 2006 年版，第 16 页。

③ 章开沅：《巨大的流产——贝德士与中国基督教史研究》，载章开沅著：《贝德士研究》，财团法人基督教宇宙光全人关怀机构 2006 年版，第 104 页。

国现代化事业的贡献主要归结于三个方面:

其一,对金陵大学的历史学科乃至整个文科的学科发展起到了开创性的作用。贝德士来华前,金陵大学农林学科虽然很强,但文科却相当薄弱。贝德士既有牛津、耶鲁等著名大学历史学科的良好训练,其后又对中国的历史文化有较为深入的研究(其博士论文即为《公元前221—前88年的中国历史》),所以,到金陵大学任教后,他将主要精力投入到历史系的创办与发展之中。他对历史学科的培养目标、课程设置、教学计划,均有详尽的考虑与安排。1935年,该校史学部最先在文科研究所成立,学生毕业可以授予硕士学位。贝德士学术兴趣非常广阔。据他自己所言,历史学方面,他的主要训练是近世欧洲史与英国史,通过自学与研究生攻读,扩大至古代和中世纪的中国、日本、印度、俄国,还有若干美国史——几乎是除了拉丁美洲以外的所有地区的历史;与史学研究相关联,他还有政治学、社会学方面的兴趣,包括在牛津的攻读与早先在金陵大学讲授的政治学,接着是经济史、国际关系和当代事务,特别是远东地区事务。在金陵大学,贝德士长期倾心于历史教学实践,为中国培养了新一代的历史学者,如陈恭禄、王绳祖、吴天威、陈大瑞等,均大有成就(其中当然包括后来蜚声中外的历史学家章开沅先生)。注重发展中国传统史学所轻视的近现代史学,则被认为是金陵大学历史系的显著特色。章先生非常肯定地说,“贝德士的名字已经与金大历史系紧密地联系在一起了”①。

其二,抗战期间对南京地区难民极尽可能地救济,对日军的暴行予以无情地揭露,为南京大屠杀这一历史事件保留了大量难得的第一手证据。1937年抗日战争爆发后,金陵大学西迁成都,贝德士奉学校之命,历尽艰险从日本返回南京,以副校长之名全面负责留守校产。南京沦陷后,他与人发起成立南京国际难区委员会(Nanking International Safety Zone Committee),随后又担任南京国际救济委员会(Nanking

① 章开沅:《贝德士与金陵大学》,载章开沅著:《传播与植根——基督教与中西文化交流论集》,广东人民出版社2005年版,第156页。

International Relief Committee)主席。当日军在南京大肆烧杀淫掳时,他组织在宁外国人团体以及勇于献身的中国教友,夜以继日地从事救援工作,将难民安置在外国人保护区,帮助那些在恐怖浪潮中历经苦难的受害者,并千方百计为区内七万难民谋求食物与住所。他们常常在日军刺刀与中国受害者之间,用自己的恳求、辩才乃至身体去保护难民,尽管其努力有时归于无效。与此同时,贝德士和他的同事们每逢发现日军的残暴兽行,都要认真调查列表呈报美国领事馆等机构。他还与《纽约时报》(*New York Times*)驻上海记者窦尔丁(Tillman Durdin)、《卫报》(*Guardian*,因总部设于曼彻斯特而称《曼彻斯特卫报》)驻南京记者田伯烈(Timperley)等分别撰写对外报道,向全世界揭露日军的各种滔天罪行。此外,他们还组织人员对南京地区的战争损害予以调查,从社会各层面真实记录留下了日军侵华恶果的铁证。1946年7月29日,他出席东京军事法庭对日本战犯的审判,以无可辩驳的亲身见闻与实地调查资料,证实并指控日军大肆烧杀淫掳的万恶罪行。抗战胜利后,他又奉命交涉收回校产,为金陵大学复校南京立下汗马功劳①。

其三,穷晚暮十几年之余力,撰写 *The Protestants' Endeavors in Chinese Society*,1900 - 1950(《新教徒奋进在中国社会:1900—1950》)这部计划中的鸿篇巨制。据考证,贝德士为了此书的正式撰写,做了极为严谨而又勤奋的前期工作:其一,花费十个夏季与整整七年时间,为几千种相关书籍、文章、宣传品制作索引卡片,并简要提示其价值或预期可能增长的价值;其二,为全部《教务杂志》等重要刊物,中国与世界的主要相关会议的文献,中华续行委办与中华全国基督教协进会的各类文件及其他文献,部分中国基督教领导人的著作,各个差会、团体、机构的历史,许多相关的学位论文与学术文章乃至未刊文稿、信件与口述历史抄件等等,做了大量的索引与笔记;其三,在广泛搜集资料量的基础上,初步草拟了按时期区分的撰写纲要,仅这批

① 参见章开沅:《贝德士与金陵大学》,载章开沅著:《传播与植根——基督教与中西文化交流论集》,广东人民出版社2005年版,第156~161页。

手稿就有3284页之多①。章开沅先生览阅过贝德士未完成著作的写作提纲及大量笔记、备忘录后，觉得这是贝氏为后人撰写中国基督宗教史留下的一笔宝贵遗产。理由是，首先，在那些零碎片断的备忘录中，记录了他有关近代中国基督宗教史的许多理念；如果把这些理论与他多次起草并不断修订的提纲（虽然并非完整）与部分书稿结合起来研究，不难发现他对1900年至1950年期间基督宗教在中国社会活动史的总体构思。“其视野之广阔、观察之细微与态度之严谨，都足以对我们有所启发。”其次，更为可贵的是，他在13年期间勤奋搜集积累的大量资料与索引，可以为我们现今编纂中华基督宗教史提供许多重要文献的线索。“特别是他复印的那些书刊，现今在国内外许多重要图书馆已经很难发现，虽吉光片羽亦弥足珍贵。”最后，章先生通过贝德士计划中的鸿篇巨制的“巨大的流产”认识到，编纂中华基督宗教史乃是一项巨大的工程，以目前的研究状况而言，决非个人所能单独完成；而必须集体分工，通力合作，按预定计划有步骤地进行，才有可能比较圆满地完成。“作为贝德士的学生，我希望现今的中国学者能够在新的起点与新的水平上共同实现他未能完成的宏伟计划。”②

当然，在章开沅先生的视野里，贝德士自身始终是虔诚的基督徒。1947年6月，贝德士在写给儿子的家信中说：“我是一个传教士，受到教会人们的支持，相信基督教事工在中国和其他地区的价值。”30多年后的1978年6月（30日），贝德士在其平生最后一篇文章——“It's the Long Pull That Count”（《作长远考量》）中写道：“我们现今的首要关心（prime concerns）与长远考量应当是：第一，占世界人口四分之一的中国人民的幸福；第二，近十亿人民与其他国家人民之间的关系，特别是我们厕身其间并承担直接责任的北美人民……由博爱主义的‘第一关心’出发，我们基督徒应该抱着坚定不移的信念深切投入。超越所有意

① 刘家峰著：《中国基督教乡村建设运动研究（1907—1950）》，天津人民出版社2008年版，序。

② 章开沅：《巨大的流产——贝德士与中国基督教史研究》，载章开沅著：《贝德士研究》，财团法人基督教宇宙光全人关怀机构2006年版，第133～134页。

识形态与制度的差别，中国的男人、女人、儿童和我们都属于一个上帝的家庭……我们必须决心真诚地理解中国，与中国人民建立稳固的关系。”①显而易见，贝德士还是一个热爱中国的虔诚的基督徒，他将自己人生最宝贵的时光都献给了中国的现代化事业。

6. 讲述特殊群体“南京帮”的故事

“南京帮”(Nanking Gang)是20世纪20年代至40年代活跃于南京的一个美国传教士群体的自称。他们大多长期服务于金陵大学、金陵女子文理学院及其他相关机构，把一生最宝贵的年华奉献给了中国高等教育事业的现代化，直至1950年前后才最终离开中国。据章开沅先生考证，“南京帮”一词最早见于1942年11月24日金陵大学农艺学教授林查理(C. H. Riggs)夫人写给已返回美国的米尔士(W. P. Mills)牧师夫人的一封信，信上说：“几天以前，章文新(F. P. Jones)夫人和我邀请‘南京帮’茶叙……”②这一特殊群体的诞生，源自于欧战之后北美学生海外布道运动的蓬勃兴起。

章开沅先生在研究中发现，“南京帮”有两个特有的文化标识。其一，这些被称为“传教士教育家”(missionary educator)的新一代美国人，有别于早期的许多西方传教士。他们虽然也具有出身于基督教家庭、学校的背景，也有不亚于先驱者的献身精神，但大多在来华前已受过高等以上的良好教育，具有不同的专业特长，属于学者型传教士群体。其二，对这些传教士而言，南京为他们最先提供了稳定而又优裕的职业，甚至为他们提供了成家立业、生儿育女的环境；而这个城市绵长的历史和旖旎的景色，又深深地吸引了他们。秦淮夜月、玄武春晓，乃至雨花台的采石、栖霞山的红叶，都已经融入他们永恒的记忆，与他们

① 转引自章开沅：《中国教会大学的历史命运——以贝德士文献(*Bates' Papers*)为实证》，载章开沅著：《贝德士研究》，财团法人基督教宇宙光全人关怀机构2006年版，第26页，第46页。

② 耶鲁藏档RG20，B6，F121。转引至章开沅：《“南京帮”的故事——传教士在中西文化交流中的角色》，载章开沅著：《贝德士研究》，财团法人基督教宇宙光全人关怀机构2006年版，第49～50页。

的整个人生相伴相随①。

章开沅先生认为,“南京帮”现象的出现,取决于这些美国侨民对南京文化的认同。语言是中西文化交流的钥匙。“南京帮”在南京的最初岁月是从华言科(亦称传教士培训中心)开始的。华言科是金陵大学专为外籍教职员学习汉语与文化创办的。据说学员曾 100 余人。中文老师为这些西方学生都取了典雅、辉煌而又地道的中文名字,使他们从称呼上开始融入中国文化。“南京帮”的成员在南京居住愈久,对南京的了解与感情就愈深,更不由自主地向海外介绍南京的历史、名胜和有关游览资讯。他们把南京称为“世界上最美的城市之一”,把金陵大学和金陵女子文理学院称为“建立在京城的大学”。这些美国侨民虽然始终未能融入南京主流社会,但他们却从内心力求认同于南京市民。他们还努力模仿南京市民的生活方式。当然,作为传教士教育家,他们的主要工作还是教学与研究。毋庸置疑,南京两所教会大学的发展与完善,都渗透着他们的勤劳与智慧。20 世纪 20 年代初,由日益高涨的民族主义浪潮引发的“非基督教”运动及其后的“收回教育主权”运动,导致 1927 年的“南京事件”;1937 年日本发动罪恶的侵华战争,南京发生惨绝人寰的灾难。这些“南京帮”表现出来的则是患难见真情。特别是在抗日战争期间,坚毅的“南京帮”成员救死扶伤,谱写了无数可歌可泣的动人故事。

章开沅先生在分析“南京帮”的特殊身份与文化认同时指出,“‘南京帮’是他们略带嘲嘘而又情有独钟的自称,虽然没有任何实质性的团体组织,但‘南京情结’(实质上就是中国情结)却成为把他们紧密联结在一起的心理纽带。他们在中西文化交流中所扮演的角色有两个面向,既把以基督(宗)教为底色的西方文化传入中国,又把以儒学为背景的中国文化带回故土,而归根结底就是充当了中西文化交流的桥梁”②。

---

① 参见章开沅:《“南京帮”的故事——传教士在中西文化交流中的角色》,载章开沅著:《贝德士研究》,财团法人基督教宇宙光全人关怀机构 2006 年版,第 51～52 页。

② 章开沅著:《贝德士研究》,财团法人基督教宇宙光全人关怀机构 2006 年版,自序。

“南京帮”故事的结局是“悲剧性的”，包括贝德士在内的那些1950年前后回到美国的传教士教育家们，也曾是美国历史上的一个小小的特殊群体。作为美国公民，他们相互间却自称为“我们中国人”(We Chinese)乃至“我们南京人”(We Nankinese)，有一个永远难以解脱的“南京情结”。他们背负着“帝国主义分子”的恶名被中国“礼送”或公开驱逐出境，而回到故国却又被麦卡锡主义者疑为来自中国的“赤色分子”，但他们始终无怨无悔，把数十年奉献给中国的艰苦生活视为一生中最值得回忆的美好岁月①。这更让人感受到了“南京帮”故事的酸楚与凄美。然而，章开沅先生却始终认为，“南京帮”故事的本身并非悲剧。

三、“传播与根植”:基督宗教文化内核在宗教与文化中的阐释

20世纪80年代中期，章开沅先生本想从文化史、教育史和现代化的路径探析中国教会大学史，以弥补中国近现代史学术领域的一个空缺。然而二十多年来，其研究视域已拓展至中国基督宗教史及整个宗教问题。他认为，“民族与宗教乃是当今乃至下个世纪困扰世界的两大复杂问题”;“包括基督(宗)教在内的宗教研究，其意义已经远远超越文化、艺术、教育、历史、神学等等专门领域，实乃涵盖整个人类相互理解、沟通乃至和谐相处的终极关怀”②。所以，在中国基督宗教史研究中，他始终将宗教与人类命运、社会发展紧紧联系起来，将全球化、普世性、本土化、民族性等理念渗透其中。

1. “传播与植根”:本土化的世界观与价值观

诞生于古代巴勒斯坦的基督宗教，在其两千来年的发展进程中，经

① 参见章开沅:《贝德士与金陵大学》，载章开沅著:《传播与植根——基督教与中西文化交流论集》，广东人民出版2005年版，第162页。

② 章开沅著:《传播与植根——基督教与中西文化交流论集》，广东人民出版社2005年版，自序。

历了一个由东至西而又自西向东的传播轨迹，由一个起初势单力薄的教派分支发展而为当今信仰人数最多、影响领域最广的世界性宗教。除了其教理教义自身具有广泛的普世性外，恐怕更多地要归功于其“与时俱进”的传播理念。章开沅先生指出，“基督（宗）教的传播从一开始便接受其传播地社会、政治、文化的制约与影响，而其表现形式无非是通过挑战—适应而进入融合”①。他认为，基督宗教对于中国来说诚然是一个外来宗教，然而其在西方国家的传播究其初始而言，又何尝不是一个外来宗教。该教当初进入西方，首先受到的“礼遇”是歧视与迫害，继而则是更多地吸收西方文化特别是希腊文化，并逐渐将希腊哲学思想渗透至自己的教理教义之中。俄国哲学家别尔嘉耶夫曾说：“基督（宗）教乃是东西方精神的和历史的力量之汇合和交融。没有这种交融基督（宗）教便不可思议。这是唯一的世界性宗教，它有其东方的直接发源地，但它首先是以自身反映西方全部特点的西方宗教。基督（宗）教产生于人类通过罗马帝国和希腊文化形成统一、东方和西方彻底联合的时期。”②当该教在西方国家确立其主流地位之后，进而向东亚传播时，同样也经历了“挑战—适应—融合”的漫长而又曲折的过程。如我们中国人熟知的利玛窦（Mathew Ricci），当面临中国传统文化的强大挑战时，他明智地采取合儒、补儒的传教策略，甚至为进入上层社会而改穿儒服。章先生认为，基督宗教早期在西方及其后利玛窦在东方的成功传播，都是因为恰如其分地把握好了宗教“传播与植根”的基本规律，即建立本土化的世界观与价值观。

然而，当19世纪初新教传教士到达广州时，世界和东亚的整体格局均发生了极大的变化。西方的强盛与东方的衰败形成鲜明的对比，基督宗教在东方的传播则是伴随殖民主义的狂潮而至。显而易见，基督宗教在亚洲与中国的传播不再像早先那么温文尔雅。也正因为如

① 章开沅著：《传播与植根——基督教与中西文化交流论集》，广东人民出版社2005年版，自序。

② ［俄］别尔嘉耶夫著，张雅平译：《历史的意义》，学林出版社2002年版，第97页。

此，自19世纪中期始，发生在中国的民教冲突日益激化，各地教案连绵不断，终至酿成两个世纪之交庚子、辛丑的悲剧结局。而随着帝国主义瓜分与再瓜分世界浪潮的高涨，基督宗教的传播仍然与殖民主义结伴东行。西方传教士，包括那些虔诚的真正基督徒，似乎并没有从历次教案与义和团等惨烈事件中吸取应有的教训，他们在20世纪20年代初再次与中国重新高涨的民族主义浪潮发生正面碰撞，而且碰得头破血流。章开沅先生认为，之所以造成19世纪至20世纪上半叶基督宗教在中国及至东亚如此狼狈不堪的境遇，同样是因为其抛离了“传播与植根”的思想内核。他非常欣赏蒋梦麟在《西潮》中所表达的思想：“中国人与基督(宗)教或任何其他宗教一向没有什么纠纷，不过到了19世纪中叶，基督(宗)教与以兵舰做靠山的商业行为结了伙，因而在中国人的心目中，这个宣扬爱人如己的宗教也就成为侵略者的工具了。人们发现一种宗教与武力形影不离时，对这种宗教的印象自然就不同了。而且中国人也实在无法不把基督(宗)教和武力胁逼相提并论，慢慢地人们产生了一种印象，认为如来佛是骑着白象到中国的，耶稣基督却是骑在炮弹上飞过来的。”①其实类似的思想，许多华人基督徒学者亦有过表达。徐宝谦曾于1939年坦率地指出：“基督徒常喜欢采用军事的术语。1922年，一本调查报告被取名为‘基督教占领中国’。其他人士或许会用‘基督教征服’的字眼。现在我们以历史的角度来看，必须说，虽然中国在某种程度上是被基督(宗)教占领了，但她从未被征服过。对此失败，必有其原因。”他认为这个原因，“即是整个方法的错误，其根源在于对基督(宗)教思考不够周全。基督(宗)教是一个爱的宗教，在精神、目的，以及在方法上都绝对如此。爱的宗教不能用武力传布，方法与目的必须是一致的，否则会引来悲剧性的失败”。当然，基督宗教在华传布并非是完全失败，所以徐宝谦又指出：“为什么基督(宗)教没有遭到更大的失败？原因即是凭借武力的方法并未被普遍认同，亦未被全面实施。传教士、医生和教育工作者，大多有

① 章开沅著：《传播与植根——基督教与中西文化交流论集》，广东人民出版社2005年版，自序。

着爱心、奉献与牺牲精神，因此能够超越或克服一般宣教事工机构的困难，为中国的宣教建立一个良好的基础……所以尽管基督（宗）教有初期的错误与后来的兴衰，现在正稳定地成长。"[①]由此可见，章开沅先生解读基督宗教在华发展史的"传播与植根"观念是有广泛理论基础与史实依据的。

2. 本土化："传播与植根"观念的核心

"本土化"是章开沅先生在中国基督宗教史研究中着墨较多的篇章，因为此乃其"传播与植根"观念的核心。通过深入考察基督宗教在中国传播的艰辛历程与经验教训，精辟阐释中西文化的巨大差异，透彻解析中外基督徒有识之士的经典著述，章先生指出，本土化乃基督宗教在中国"传播与植根"的必由之路。

对于大多数中国人来说，19 世纪以来传入中国的基督宗教依然是难以理解和接受的。上帝对于东方人而言仍然是一个外来的"主"，"归主"与"征服"则严重损害了中国人的民族感情与民族尊严，而且很容易被理解为西方人的僭妄乃至殖民主义的张扬。在 20 世纪 20 年代反基督教运动的冲击下，许多中外基督教领袖人物都认识到不应以外国武力与不平等条约为靠山来传播基督福音，传教士必须摒弃盎格鲁—撒克逊与西方文明的傲慢，力求平等地对待中国人（as man with man）。于是乎，一种新的宣教理念迅速被引入在华传教事工，即除直接宣教福音与引人归主外，教育、医疗、农业与社会改革等等也被用以扩大基督宗教的影响。传教士们试图把"事奉上帝（serve God）"寓于为满足中国社会需要的"服务社会（serve the society）"之中，甚至主张通过新的社会与经济重建运动，形成更好的社会格局以实现基督教文化的精神价值。尽管此举在改变基督形象、扩大福音影响、增多信众教徒等诸多方面取得了明显成效，但是，章开沅先生还是发现基督宗教没有妥善解决好其在华传播的两个深层次问题：一是所传为何；二是由谁来传。他认为，如果不解决好这两个问题，则很难完全实现基督宗教在中国的

① Jessie G. Lutz 编，王成勉译：《所传为何？基督教在华宣教的检讨》，国史馆 2000 年版，第 134～135 页。

“生根(rooting)”与“落户(settlement)”①。

章开沅先生以中国教会大学的历史命运为例来展开这一讨论。20世纪20年代,中国民族主义运动的高涨,特别是“非基督教”运动与“收回教育主权”运动的兴起,促使教会大学内部中国因素更为迅速增长,如华人出任校长,董事会乃至教职员中华人比例的大幅提高,中文课程和中国文化研究的加强,以及相关专业(如农学、医学、社会学、经济学等)更加密切地为中国社会服务等等。人们习惯称之为“本土化”或“中国化”。章先生认为,“从历史学家的眼光来看,这乃是无可避免的发展趋势。因为历史发展的趋势总是多种因素合成的,其中必然也包括互相对立的因素,这些因素相互作用而形成合力。从终极因果关系来说,历史就是合力运动产生的结果。正因为如此,任何历史事物的创始者,从来不可能实现完全如同自己预期的那样的结果”。所以,西方传教士来华兴教会办学校,其目的当然是为了“(教)化中国”,亦即是使中国“基督(教)化”,但结果更为明显的却是其自身被“中国化”了②。据此,他提出一个颇耐人寻味的命题:“为了中华归主,首先要主归中华。换句话说也是一样:为了中国基督化,首先要基督中国化。”③此可谓其对基督宗教在中国“本土化”之睿见。

章开沅先生客观地认为,外来宗教在中国社会土壤上真正落户必然需要几个世纪的艰苦努力,而既往众多中外基督徒的坚毅奋进也并非没有在历史上留下痕迹。他始终相信海斯格芮夫(David J. Hesselgrave)说过的一句话:“宗教运动必须具有本土化的世界观和价值观意义,也要采用传统的方式。如果这个运动产生于本土文化内部,它自然企望传播、示范这些观念、价值和方式。如果它是从外介绍进

① 章开沅著:《传播与植根——基督教与中西文化交流论集》,广东人民出版社2005年版,自序。

② 吴梓明著:《基督宗教与中国教会大学》,中国社会科学出版社2003年版,章序。

③ 章开沅著:《传播与植根——基督教与中西文化交流论集》,广东人民出版社2005年版,自序。

来,它必须使之便于本土理解,否则便要费力重新解释才能使之成长。"①具体到基督宗教在中国的"本土化"问题上,章先生又非常赞同韦卓民的观点。韦氏在其"Rooting the Christian Church in Chinese Soil"的演讲中说:"用另外一种文化来解释基督(宗)教的教义和组织,重要的事情就是首先必须进入这种文化……我们尽可能进入中国文化、社会、各种宗教和知识传统的精神,看看有没有与基督(宗)教对生命的看法气味相投之处,或者那里可以找到一种不致触犯中国人的中介,用以向中国人介绍基督(宗)教的教义和机构。"②

章开沅先生还以两位已故美国著名中国基督宗教史学者为例,进一步深入地解析其"传播与植根"观点。他说,赖德烈(Kenneth S. Latourette)将自己有关基督宗教在华传播史研究的专著定名为 *A History of Christianity Mission in China*(《基督教差会在华史》),贝德士把自己未完成的遗著称为 *The Protestants' Endeavors in Chinese Society*(《新教徒奋进在中国社会》),都不敢自命为 *A History of Christianity in China*(《中国基督宗教史》)。他由此提出两个值得我们深思的问题:其一,"基督教在中国植根与落户仍然是一个有待继续艰苦努力的漫长过程";其二,"撰写完全意义的中国基督教史,应该由中国人自己来完成"③。

3. 普世性与全球化:基督宗教与人类社会发展

基督宗教自视为普世性宗教,自认为具有超越人类存在之时间与空间意义,因而也就彰显出全球化的价值取向。在章开沅先生看来,基督宗教本来就不专属于某一个国家或某一个民族。它向全球逐渐传布的过程也就是不断移植于一个又一个新的社会文化环境的过程;而教

① David J. Hesselgrave ed.. *Dynamic Religious Movement Case Studies of Rapidly Growing Religious Movement around the World*, Michigan, 1978, p. 304.

② 章开沅著:《传播与植根——基督教与中西文化交流论集》,广东人民出版社 2005 年版,自序。

③ 章开沅著:《传播与植根——基督教与中西文化交流论集》,广东人民出版社 2005 年版,自序。

会人士世世代代梦寐以求的非基督教地区的“基督化”，实际上也就包含着基督宗教在这些地区的“本土化”。他说：“从我们历史学者的眼光来看，基督（宗）教的普世性，与其他各种世界大宗教一样，不仅在于其固有的神学内核，而且也是经过千百年来各种语言和文化的诠释阐发，逐步磨合融通渐进形成的。”同时他还指出，国人对宗教普世性的认识存在两个误区：一是认为西方具体性的东西就是“普世性”；一是认为西方具体性的东西中根本不存在任何“普世性”，或者干脆把“普世性”的东西一概附和成为中国古已有之。而章先生的理解是：其一，普世性应该是超越于区域或国家、民族的具体性之上的，如果认为只有经过西方诠释的基督宗教才是真正的基督宗教，那仍然未免流于西方中心主义的僭妄。其二，中国的基督宗教毕竟是从西方传来的，并非本土所固有；因此中国对于基督宗教的理解，终究不能背离基督宗教的原来基本教义①。

针对基督宗教在中国传播过程中存在的问题，章开沅先生指出，百余年来几代中外有识之士似乎很难取得比较一致的共识。严重的分歧始终存在：许多传教士及其从属的差会认为“中国归主必须有中国文明的基督化，也就是西方化”；而也有一部分传教士，特别是中国传教士，始终反对这种简单的甚至带有文化殖民主义的“基督化”与西方化。历史事实表明：“明清以来，特别是20世纪20年代和30年代许多中外基督徒的不懈努力，基督（宗）教在教会与神学两方面的本土化都已取得有目共睹的进展。……在历经磨难数十年之后，基督（宗）教之所以能够在中国城乡各地得到发展，在一定程度上满足了社会转型期一些迷茫的人们寻求精神家园的需要，弥补了他们在现实生活中的某种失落感与飘零感……当然它与中国主流文化的整合依然是一个艰苦而漫长的过程。”章先生认为，“宗教自由与其自身的独立自主是密不可分的，无论是来自哪一方面的政治干扰都会妨碍宗教的健康发展。时至今日，如果仍然把基督（宗）教简单地看做帝国主义的文化侵略工具，那必

---

① 刘家峰编：《离异与融合：中国基督徒与本色教会的兴起》，上海人民出版社2005年版，序一。

然会伤害众多真诚基督徒的感情。同样,如果有任何外在势力出于政治目的,蓄意挑动基督徒与本国政府的对立,那也会把基督(宗)教引入危险的歧途"[①]。由是观之,只有包括基督徒在内的教内外人士,客观评估、理性思考与正确对待基督宗教在中国乃至其他非基督化地区的拓展,才能促进这种文明的有效传播与植根。

宗教与民族、宗教信仰与民族主义,古往今来都是困扰人类社会发展的至关重要而又极为棘手的问题。"民族精神乃民族文化的核心内容,是其民族优秀成分的集中体现及其民族文化之精华所在。""宗教在某种意义上亦属于相关民族所具有的民族精神。因此,宗教在民族主义和爱国主义中占有极为重要的地位。"[②]从某种意义上说,宗教是影响人类社会发展的一个不可逾越的要素。故此,章开沅先生指出,历史唯物主义者自然要宣传无神论,反对有神论,更不会相信上帝创世说和救赎教义。但是,真正的历史唯物主义者又理应懂得宗教的产生与流传至今的原因(包括自然的、社会的与认知的),应该采取科学的、理解的乃至比较宽容的态度来对待宗教。只要不是为非作歹、触犯法律、危害社会的邪教,只要是遵守国家宪法与政策、法规的正当宗教,特别是那些历史悠久、信徒众多的全球性大宗教,我们就应该容许其存在,并且尊重和保护他们理应享有的合法权益,包括宣传、研讨其教义的自由与必需条件。宗教问题甚至比民族问题更为复杂,因为它更多地涉及人类的认知领域。科学主义的偏失在于过分夸大了科学认知的能力,甚至对科学认知的局限视若无睹,而正是此种局限给宗教留下了并非狭窄的继续存在与发展的空间。宗教既然存在,它便成为构成社会诸因素之一元,便有其特殊的不可缺少的角色与功能。随着人们科学认知能力的发展,或是由于对物质文明的过度追求而沉溺于物欲,宗教的

① 章开沅:《世局变迁与宗教发展——以教会大学史研究为视角》,载章开沅著:《传播与植根——基督教与中西文化交流论集》,广东人民出版社2005年版,第25页。

② 卓新平:《民族主义、爱国主义与宗教信仰在中国》,载卓新平著:《神圣与世俗之间》,黑龙江人民出版社2004年版,第280页。

角色与功能可能在某个时期或某个地区有所淡化，但是可以断言，在几个世纪乃至十几个世纪以内却绝不会消失。也正因为如此，我们应该加强宗教与宗教文化研究，不仅可以借此吸取传统文化的营养，而且有助于宗教自身正常的、健康的、趋向高品位的发展，使宗教与社会保持良性的互动关系①。

章开沅先生一向将自己的学术研究倾注于民族的命运与社会的发展。面对当今世界暴露出的诸多不安定因素，他指出："现在的世界太吵闹了，问题太多了。为什么宗教能够发展？人们的心灵，需要一种归宿，需要一个精神家园。在这种情况下，应该用更客观、更超然的态度来看待世界。现在的问题很大一部分出现在民族问题上，也出现在宗教上，宗教问题研究非常重要。"②其实早于世纪之交，章先生就对此问题予以高度重视。他说，物质文明与精神文明，科学技术与人文科学，仿佛车之双轮、鸟之双翼，缺一不可，单纯依靠科技决不能建立合理而完善的社会。现今的人类社会，自然还不能说是缺一轮或缺一翼的社会，但至少可以看做是跛足的或倾斜的社会。如果任其恶性发展，也许有一天人类将会走上自己毁灭自己的道路。他迫切感受到："时代呼唤人文精神，精神文明急需健康发展，而关键仍在于人类的自我完善，首先则在于人性的复苏。""现今为了复苏人性和纠正人类文明偏失，就应该具有这种兼容并包的博大胸怀，努力发掘包括基督教与其他优秀宗教在内的历史文化遗产中有益的精神资源，营造人与人、人与自然和谐共处的新文化，共同挽救整个人类的沉沦！"③

现今世界，由于意识形态与精神信仰的多元化乃至多极化，不同的国家、不同的民族对宗教与民族问题亦有不同的诠释。对此，章开沅先生强调，全人类的精神信仰应该首先建立在一种共识上，那就是，"只要

---

① 章开沅主编：《文化传播与教会大学》，湖北教育出版社 1996 年版，序言。

② 陈建明、刘家峰主编：《中国基督教区域史研究》，巴蜀书社 2008 年版，代序。

③ 章开沅：《文化危机与人性复苏》，载章开沅著：《传播与植根——基督教与中西文化交流论集》，广东人民出版社 2005 年版，第 11～12 页。

是真正的对真善美的追求,我们都支持,应该相互沟通、相互交流。我认为我们共同面临的任务是挽救人类精神文明”。他呼吁全球有识之士,要“不分信仰、不分主义、不分党派、不分国界,携起手来,吸取一切健康、有益的精神资源,来建设新的人类文明,来挽救全人类”①。同时,他警醒,“宗教一旦跟国家利益、跟政治联盟,特别是跟私利混杂在一起的时候,问题就多了。世界的纷纷扰扰,其中很重要一条,是宗教私利、宗教偏执、宗教垄断造成的”②。此乃章先生一贯倡导的“参与的史学与史学的参与”这一著名论断在中国基督宗教史研究中的具体显现。

4. “全球地域化”:基督宗教传播的本真

21世纪到来之际,基督宗教传教史学者、美国波士顿大学丹娜·罗伯兹(Dana Roberts)发表了一篇题为“The First Globalization:The Internationalization of the Protestant Missionary Movement between the World Wars”(《第一个全球化运动:世界大战期间新教传教运动的国际化》)的文章。作者开始使用全球化的概念审视基督宗教的宣教运动,将之称为“第一个全球化运动(The First Globalization)”。在她看来,基督宗教宣教运动本身即可被视为全球化的运动。早期基督宗教的宣教运动已经具有一种普世性、全球化的意识,这种意识驱使西方传教士向全世界传播福音③。不过,罗伯兹等西方学者的研究仍是单向的,他们多以基督宗教为主体,只重视基督宗教的全球化运动本身,而忽略了全球化与地域化两者之间的互动历程及其结果。所以,同时亦有学者指出,在全球化(globalization)的浪潮中,地域化(localization)的呼声亦与日俱增。全球化与地域化看似矛盾、指归不一,却在今日世

① 章开沅:《世纪之思》,载章开沅著:《传播与植根——基督教与中西文化交流论集》,广东人民出版社2005年版,第30～31页。

② 陈建明、刘家峰主编:《中国基督教区域史研究》,巴蜀书社2008年版,代序。

③ 参见 Dana Roberts,“The First Globalization:The Internationalization of the Protestant Missionary Movement between the World Wars,” *International Bulletin of Missionary Research*, Vol. 26, No. 2, 2002, pp. 50-67.

界中有机共构，在二者之张力下彼此共存。自西方学者罗伯逊(Roland Robertson)等人提出“全球地域化(glocalization)”这一理念以来，人们开始关注这种张力与关联之共在，并由此辨认当代社会发展中所出现的一些新迹象及时代特色。中国基督宗教史的发展，亦自觉或不自觉地卷入到这种全球化和地域化的交织进程之中，成为“全球地域化”特色鲜明的宗教。人们所深入讨论的基督宗教之普世性和中国化，正是这一发展趋势和中国教会现状的生动写照。在“全球地域化”语境中，究竟什么是中国基督宗教的“本真”和应有“存在之态”?“中国基督教神学”的特色何在?这是中国基督宗教界和学术界所普遍关注的问题。实际上，中国基督宗教在“全球地域化”之影响下正出现与其以往传统不同的存在方式、信仰特色、神学理论和人员构成之嬗变。当然，要了解中国基督宗教的历史、现状和发展趋势，不可能仅限于某一静止的横截面，而必须善于捕捉其动态的发展线索。“这样，中国基督宗教历史的回溯之纵向，以及其与世界、中国社会发展密切关联之横向，都应该纳入我们的研究视域，值得我们去发掘、去深思。”①

世纪之交，章开沅先生同样对基督宗教的“传播与植根”进行了新的思考。1991 年的海湾战争及其后的世局变幻，使他认识到，“民族与宗教乃是当今乃至下个世纪困扰世界的两大复杂问题”;“包括基督(宗)教在内的宗教研究，其意义已经远远超越文化、艺术、教育、历史、神学等等专门领域，实乃涵盖整个人类相互理解、沟通乃至和谐相处的终极关怀”②。1997 年，章先生在《世纪之思》的演讲中指出:“当前人类最大的危机是精神文明的缺失，是物欲横流，单纯追求物质享受。有人说我这种危机感是就中国而言，不是的，这是全球性的问题，遍及全世界。”③进入 21

① 卓新平:《“全球地域化与中国基督宗教”学术研讨会欢迎辞》，载卓新平、许志伟主编:《基督宗教研究》第七辑，宗教文化出版社 2004 年版，第 2 页。

② 章开沅著:《传播与植根——基督教与中西文化交流论集》，广东人民出版社 2005 年版，自序。

③ 章开沅:《世纪之思》，载章开沅著:《传播与植根——基督教与中西文化交流论集》，广东人民出版社 2005 年版，第 31 页。

世纪,章先生又高瞻远瞩:“今后的世界,必然是文化多元化的世界。世界全球化绝非意味着人类文化归于一统,各个地区各个国家各个民族必将各自带着具有个性魅力的文化,参与更为密切而又迅速的相互交流。在相互交流的过程中逐渐形成相互融合也是必然的,当然,融合会通应该是平等的和互利的,不同于殖民主义式的征服与强加。因此,在全球化浪潮汹涌而来之际,我们对于各种各样的文化尤其应该持有更多的理解与尊重。”①具体到基督宗教在中国的“地域化”,章先生明确提出,“基督(宗)教不能再被认为是一个洋教了,是中国宗教,中国宗教的一部分。……尽管基督(宗)教本土化没有完成,本色化没有形成一个很成熟的体系,但是作为一种宗教来讲,不能老说是一个洋教。基督(宗)教是中国宗教里边一个重要的组成部分”②。此亦为章先生中国基督宗教史研究一以贯之的主张。

四、结　语

章开沅先生对中国基督宗教史的研究有其一以贯之的核心理念。他一再强调,如同世界上其他历史悠久的大宗教一样,基督宗教本来就不专属于某一国家或某一民族。它由东而西而又自西向东,向全球逐渐传布的过程,也就是不断移植于一个又一个新的社会文化环境的过程;而教会人士世世代代梦寐以求的非基督教地区的“基督化”,实际上也就蕴含着基督宗教在这些地区的本土化。正常的文化交流本来就是一种双向的互动过程,即便是先进文化与落后文化之间的交流,也不会完全没有这种互动,只不过程度与形式有所不同而已。从历史发展过程来看,基督宗教的普世性,不仅是其固有的神学内核,而且也是经由千百年来各种语言和文化的诠释、阐发、磨合、融通而逐步形成的。所

---

①　吴梓明著:《基督宗教与中国教会大学》,中国社会科学出版社 2003 年版,章序。

②　陈建明、刘家峰主编:《中国基督教区域史研究》,巴蜀书社 2008 年版,代序。

以，章开沅先生非常欣赏他的老师贝德士提出的关于研究中国基督宗教史的两点主张：一是“寻求一种观察中国现代化过程中的基督教因素的健全视线”；一是“寻求对于基督教国际的与跨文化的关系的真实经验的理解，包括帝国主义的成见与亚洲人及发达国家人民之间的民族主义的理解”。他认为，此两点可作为我们中国人现今撰写中国基督宗教史的追求目标①。同时，章先生也颇为赞同他的老同事韦卓民曾经发表过的精辟论断：“我们承认基督教真理的本体是绝对的，但是基督教的作用的显现或表达并不是最后的。一直要到所有各种类型文化在吸收了大部分人类积聚的精华之后，归向于主，才算是最后的显现或表达。”“中国人需要基督教，而教会也需要中国人。当我们以文化来解释基督教义的时候，由于中国人的重视，我们的宗教新展望，也会趋于显赫。我们将会产生一个中国神学，就像过去有希腊、拉丁和欧美的神学一样。”②这也正是章开沅先生站在跨文化对话的高度，对中国基督宗教史予以现代化解读的思想根基与理论源泉。

① 参见章开沅：《巨大的流产——贝德士与中国基督教史研究》，载章开沅著：《贝德士研究》，财团法人基督教宇宙光全人关怀机构 2006 年版，第 130 页。

② 章开沅著：《贝德士研究》，财团法人基督教宇宙光全人关怀机构 2006 年版，序言。

求索于“思想”与“时代”之间

——章开沅先生的近代中国思想史研究管窥

何卓恩

历史运动不仅仅是思想推动的，但不能缺少思想的参与。在利（经济因素）、力（政治因素）、礼（社会文化因素）、理（思想因素）等构成的历史综合动能中，思想理论或明或暗、或浓或淡总是伴随着历史行进。章开沅先生对近代中国历史的研究，广涉各个领域，思想领域亦为相当突出的一部分。

近代中国的思想变迁进入章先生的研究视野很早，20 世纪 50 年代至 70 年代，章先生就曾发表、出版了《试论中国十九世纪七十年代至甲午战争前的维新思维》、《辛亥革命前夜的一场大论战》等著述。新时期以来，章先生在这方面的研究成果更为宏富，除出版《离异与回归——传统文化与近代化关系试析》等专著外，还有《论国魂——辛亥革命进步思潮浅析之一》、《“排满”与民族运动》、《论 1903 年江浙知识界的新觉醒》、《时代·祖国·乡里》、《论辛亥革命时期爱国主义思想特征》、《论辛亥国魂之陶铸》、《辛亥革命时期的社会思潮》、《从离异到回归——孙中山与传统文化》、《“排满”与民主运动》、《俱分进化论的忧患意识》、《国魂与国民精神试析》、《愤悱·讲画·变力——对外反应与中国近代化》、《“排满”评议——对辛亥前后民族主义的再认识》、《对于容闳的再认识》、《王道与霸道——试论孙中山的大同理想》、《落叶归根与落地生根——从容闳与留美教育说起》、《学习张謇的理性爱国主义》、《国学家的精神世界——对章太炎与“苏报案”的再认识》等论文数十篇，以及更多的相关序文和杂感。

本文主要以这些成果中所涉及的几个重要论题为线索，来体会章先生研究近代思想史的基本进路、问题意识、分析方法和学术风范。

一、大时代与大思潮

大时代必有大思潮。广义地说，近代中国就是一个文明内新和转型的大时代，这个时代的大思潮包括活跃纵贯于各阶段的“常”、“变”之争，“主义”、“路线”之争。狭义地说，世纪之交的辛亥革命时期，乃是近代中国历史进程里面的大时代。因为这个时期侵略与反侵略的矛盾，卖国与反卖国的斗争，伴随着《辛丑条约》的签订而空前激化；中华民族是上升还是沉沦的课题，挽救国运是凭血气还是凭智慧的选择，伴随着戊戌维新和义和团运动的失败而空前凸显。在这样的时代，革命民主思潮的勃兴，顺乎情，合乎理。

章先生在广义的大时代思潮方面，很早就开始进行研究。“文革”前的《试论中国十九世纪七十年代至甲午战争前的维新思维》就专门讨论了“同光中兴”时期在边疆危机、洋务新政、民族资本主义成长等环境下促成的进步知识分子维新思想，对于他们批评传统轻商观念首重发展工商业，对于他们随之主张议会制度来保障工商业而产生的民主意识，给予了足够的评价。不过章先生考察近代思想史的重点，还是具体放在狭义的大时代思潮方面。其《辛亥革命前夜的一场大论战》出版于“文革”之中，在当时极不正常的学术氛围中，仍最大限度地坚持自己唯实的学术探险。“文革”结束后，思想禁锢打破了，更有条件继续拓展这一研究。正好20世纪70年代末80年代初，章先生主要精力集中于深化辛亥革命整体研究，自然会扩大和深化考察此一时期的社会思潮。

章先生对辛亥时期社会思潮的研究，大致围绕三个方面展开：

第一个方面是此际社会思潮的形成过程和特征。1905年（乙巳年）在辛亥社会思潮的形成中具有界标的意义，已成学界“定论”。章先生经过研究，发现1905年的界标意义其实是建立在1903年（癸卯年）界标意义之上的，“癸卯年是中国进步思想界空前活跃起来的一年”，对于中国知识分子新觉醒至关重要。章先生指出，这一年“经过‘拒法’、

'拒俄'和'苏报案'三次斗争,人们迅速增强了政治觉醒,从反对帝国主义侵略我国边疆,反对清朝政府出卖领土主权,进而直接反对清朝政府自身”,文明排外观念勃兴,“民权革命的思想仿佛清新的春风一样吹拂着祖国的大地”。1905 年革命民主思潮的兴盛,正是这些新觉醒合乎逻辑的发展,没有癸卯就没有乙巳。“过去,我们比较注意一九〇五年以后《民报》与《新民丛报》之间的论战,却不免忽略了一九〇三年国内革命知识分子与维新派的诀别以及对保皇派的批判,也没有明确肯定一九〇五年以后大论战中所涉及的主要问题在一九〇三年已经全部被提出,这样就不可能更为全面地把握二十世纪初年中国思想界演变进程的内在联系。”①

章先生不仅在辛亥思潮的界标问题上提出新见,在思潮策源地问题上也独具慧眼。后一方面,以往学界重点关注的是中国留日学生的思想运动及其对国内的辐射,不太留心国内自发的思想运动。章先生研究发现 1903 年勃兴的辛亥时期社会思潮,起点就在国内,而且江浙地区就是“二十世纪初年国内革命思潮最为重要的策源地”,其作用比之中国留日学生毫不逊色。他们创办刊物、举办新式教育、鼓动学潮,“不仅直接为一九〇四年各地革命小团体的建立提供了思想和组织上的准备,而且也为以后同盟会的建立创造着条件”②。

关于辛亥时期社会思潮的内涵,章先生的研究揭示出三重特征。一是对呼啸而来的新世纪有敏锐明确的判断,充分认识到那是一个帝国主义瓜分世界的时代,在此时代中国民族危机将更趋严重,但同时他们深信中国将经得起危机的考验,并将趋向于进步。二是对苦难祖国有痛切的认识和剀切的态度,他们爱之深,责之切,一面揭露民族弱点,一面灌注时代精神。三是爱国意识与爱乡意识紧密结合,主张爱国自爱乡始、从治乡走向治国,既激励乡民献身祖国,也提出破除省界共救

① 章开沅:《辛亥革命与近代社会》,天津人民出版社 1985 年版,第 79、80、82 页。

② 章开沅:《辛亥革命与近代社会》,天津人民出版社 1985 年版,第 82、86 页。

时难。这种浓厚的乡情意识不仅是怀乡之思的自然流露，而且是新的民族觉醒①。

第二个方面是辛亥人物的国魂呼唤和陶铸。章先生以历史学家的睿智眼光捕捉到辛亥时期社会思潮中一些特有的关键词，“国魂”即其中之一。

辛亥革命时期的国魂呼唤荡气回肠。章先生指出，这有其必然性，“它是民族矛盾与阶级矛盾交相激化的产物，是革命形势迅速发展的迫切需要”，因为“革命不仅需要刀剑，而且更需要精神；御侮不仅需要枪炮，而且更需要国魂”②。事实上，“在革命风暴到来的前夕，国魂问题的郑重提出，是近代中国民族运动发展到正规的资产阶级民主革命阶段的一个表征，它标志着中国人民的爱国主义觉悟达到了新的水平”③。以灵魂比喻民族精神在中国具有悠久的传统，但辛亥志士的国魂讴歌不同于往，而注入了时代内涵：一则吸收了戊戌时期以来改良派已经提出的“民力、民智、民德”等近代国民精神，一则将这种精神与改良派所力图避免的革命道路和共和国方案结合起来④。这就使国魂有了新旧之分。“旧魂，在他们看来，包括奴隶魂、仆妾魂、囚虏魂、倡优魂、饿殍待毙奄奄一息之魂、犬马豢养摇尾乞食之魂……总之，无非是反映着已经结成反动文化同盟的帝国主义的奴化思想和封建主义的复古思想”；“新魂，在他们看来，包括山海魂（探险精神）、军人魂（勇武精神）、游侠魂（重然诺，轻生死）、社会魂（经济革命）、魔鬼魂（秘密运动）……总之，是为振兴中华所必需的进取、革新、勇敢精神”⑤。世纪之交呼唤的国魂实质在于摒弃旧魂，张扬新魂。

---

① 章开沅：《辛亥革命与近代社会》，天津人民出版社 1985 年版，第 1～23 页。

② 章开沅：《辛亥革命与近代社会》，天津人民出版社 1985 年版，第 29 页。

③ 章开沅：《辛亥前后史事论丛》，华中师范大学出版社 1990 年版，第 133 页。

④ 章开沅：《辛亥前后史事论丛》，华中师范大学出版社 1990 年版，第 27 页。

⑤ 章开沅：《辛亥前后史事论丛》，华中师范大学出版社 1990 年版，第 132～133 页。

章先生将时人所谓新国魂的基本精神归结为民族主义,揭示出这种民族主义不是义和团式的,而是既不笼统排外,也与专制不相容的新型民族主义①。对于时人铸国魂之法,章先生总结为:结合时代潮流和世界全局激发使命感和紧迫感;用寻根式的方法标榜华夏胤裔炎黄子孙以激发民族感情;发掘中华民族丰厚的历史文化遗产来激发民族自信和自豪增进国民爱国的热肠;以及把爱乡作为爱国的起点②。这就反映出思想精英们将自己取得的社会认知落实到国民觉悟中去的努力。

第三个方面是“排满”思想的本质与局限。“排满”是“国魂”之外章先生捕捉的另一个关键词。这个关键词在之前已经被学界注意,并且做过不少评断。章先生的新贡献,是结合客观的历史条件,观察这一口号在当时的不同面相,更有说服力地重新论定了“排满”的精神内涵。

针对国内外学术界将“排满”笼统贬为种族主义的倾向,章先生提出认识“排满”,要看到它是近代中国整体民族运动新阶段的重要表征。世界民族运动有三种形式:西欧民族国家形成过程即民族形成过程;东欧民族国家形成后内部发生被压迫民族反对压迫民族的民族运动;非欧洲地区大多数殖民地半殖民地民族反对殖民压迫的民族运动。中国属于第三种。近代中国一切民族战争、农民起义、政治革新、企业兴办、改良运动与革命斗争,都是中国民族运动的组成部分。近代中国民族运动面临的殖民主义是以年深日久的封建主义作为社会基础的,“排满”应在这个特定历史条件下求得合理的解释。

章先生高屋建瓴地指出,1900年是近代中国民族主义的基本分界线,在此之前以农民为主体,比较活跃的力量是开明地主阶级和士大夫;之后农民仍为主要社会基础,但民族资产阶级和资产阶级知识分子成为最活跃的力量。在一切改良方案都破产了、一切善良愿望都遭到

① 章开沅:《辛亥前后史事论丛》,华中师范大学出版社1990年版,第134页。

② 章开沅:《辛亥前后史事论丛》,华中师范大学出版社1990年版,第34、36、37、38页。

冷酷的践踏之后，他们中的一些人认识到只有推翻“洋人的朝廷”，中国才会复苏生机。资产阶级革命派借久已有之的“排满”旗帜点燃人民推翻清廷的热情，但“排满”的内涵已经与昔日“反清复明”有本质区别，染上了新时代的色彩和图案。革命志士所提出的“排满”口号，一开始就与建立资产阶级共和国的目标，与天赋人权、自由平等等价值联接在一起，是穿戴古人衣冠扮演近代角色。“排满”反对的不仅是清廷的统治，而且也是清廷的后台老板帝国主义。之所以采取“排满”而非“排外”，是策略的需要。资产阶级革命派无非是“以排满为名”，而行“建立最能满足现代资本主义这些要求的民族国家”之实。

以上观点在章先生的《“排满”与民族运动》一文中得到系统发挥①，实际上在这一论述中已经将“排满”的精神实质比较充分地揭示出来了，因而也成功扭转了“排满”在历史词典中的颜色和地位。但历史学家的研究，从不囿于为历史角色翻案或进行表彰，章先生在阐明“排满”进步内涵的同时，也不放过对其政治文化等方面弱点的剖析。他的《“排满”与民主运动》就指出，“反满”有效地鼓动了革命，却留下了长期的后遗症。这个口号以民族主义取代皇权主义作为革命的精神纽带是合理的，但由于袭用了夏夷之辨的形式，且夹杂着一些陈旧宗法观念，因而冲淡甚至压倒了必要的民主启蒙教育。革命者固然自始倡导民主主义，但要么由于他们内心旧传统积淀较深，或者担心自由民主妨碍革命纪律；要么由于为了民族革命，他们与改良派陷于内耗抵消了彼此在民主启蒙上的努力，使得国民中的民主主义文化心理结构始终没有建立起来，这些都成为“五四”及以后民主与科学声浪反复高涨的原因所在。

章先生在研究中对历史运动中的思想角色做出了平实的估量。文中多处提到，辛亥思想精英过分看重了知识分子的力量而忽略了社会群众，过分看重了思想的作用而忽略了经济和社会因素，后来革命的失败跟这种认识的片面性多少有些关系。但同时，章先生也不同意看低

① 章开沅：《辛亥革命与近代社会》，天津人民出版社 1985 年版，第 43～67 页。

精英的力量和思想的作用,强调新知识界的思想努力,“与那些枪林弹雨、血肉横飞的壮烈场面相比较,可能并不怎么倾动宇内。但正是通过他们长年累月的辛勤劳动,涓涓细流逐渐汇合成长江大河,在整个中华民族的新觉醒中也凝聚着这些志士的心血”①。

二、时代变迁中的思想者

辛亥思潮属于辛亥时期,但其意义不限于辛亥时期。章先生始终将辛亥革命时期的社会思潮看做是鸦片战争以来中学与西学、新学与旧学斗争的更高阶段的继续②。并且将后来“五四”思潮的发展看做是辛亥思潮的延伸——对辛亥思潮半途而废的宗法传统文化批判的延伸。这就联接到章开沅先生思想史研究的另一个重要论题,即对近代知识分子,尤其是思想人物思考传统文化与现代化关系的思想轨迹进行的考察。

在考察辛亥革命时期社会思潮的过程中,章先生关注到章太炎、孙中山等重要人物的文化观演变。章先生认为章太炎尽管对辛亥革命参与甚深,总体上却是一个学者,一个思想家。在1903年发表的《驳康有为论革命书》等文献中,章太炎明显显示出进化论的立场和除旧布新的文化意识,但经过三年狱中生活,“研诵佛学,晨夜冥思,对宇宙、对社会、对文明、对人生都有了更深一层的看法”,对西方近代文明开始有理性批评。“章太炎对于近世文明弊病的批判尽管有其精粹之处,但其思想体系仍然未能摆脱伦理中心的传统格局,加以他往往习惯于用某些陈旧的道德观念来评判当代事物,这就更加增添了他的著作中的怀旧情绪与复古色彩。”③到辛亥革命后,由于对革命的失望与对现实的不满,便逐步回归到儒家的道德立场。孙中山的人生经历迥异于章太炎,

---

① 章开沅:《辛亥前后史事论丛》,华中师范大学出版社1990年版,第136页。

② 章开沅:《辛亥前后史事论丛》,华中师范大学出版社1990年版,第111页。

③ 章开沅:《辛亥前后史事论丛续编》,华中师范大学出版社1996年版,第48、59页。

少年时代求学海外，投身革命基本也在海外奔波，传统的包袱很小，但其文化观也经历了曲折的演变：早期他主要看重西方文明的优胜处，有全盘西化倾向；伦敦蒙难时期的广交博览使他认识到西方世界并不完美，转向融贯中西文化，注意力也逐渐从西方转向东方①；辛亥革命时回国对国情有了直接了解，且面临传统势力的直接包围，对传统有不少妥协②；十月革命后将世界区分为压迫与被压迫两类民族，认为反对帝国主义的民族主义是不可逾越的，但民族主义不是最后目的而是走向世界大同的基础。而世界大同主义，基本的思想资源就来自传统的儒家思想。晚年的孙中山主张恢复中国传统道德，弘扬王道和大同理想③。这些人物对中国传统文化都经历了由离异到回归的曲折历程：从离异开始，以回归终结。

章开沅先生认为章太炎、孙中山等对传统文化的认识过程，不过是近代中国知识分子群体认识历程的一个缩影；他们“从离异到回归”的趋势，“也未尝不可以看做是中国走向近代的文化历程的一种粗略的小结”④。为此，他撰写了近二十万字的专著《离异与回归——传统文化与近代化关系试析》一书，力图对近代中国知识分子文化观的演变逻辑进行系统揭示。

这部重要著作共分十章，最大特点是从文化流动力学的角度出发，运用文化社会学与心理史学相结合的分析方法，将“离异与回归”作为一个独特的文化心理分析框架，以宏观把握中国近代的基本文化现象。文化流动力学的角度，也即从宏观动态的发展把握文化变迁的方向趋势及其内在机理。文化社会学的分析方法，章先生名之为“社会历史文

① 章开沅：《辛亥前后史事论丛》，华中师范大学出版社 1990 年版，第 196～200 页。

② 章开沅：《辛亥前后史事论丛》，华中师范大学出版社 1990 年版，第 192 页。

③ 章开沅：《辛亥前后史事论丛》，华中师范大学出版社 1990 年版，第 222 页。

④ 章开沅：《离异与回归——传统文化与近代化关系试析》，湖南人民出版社 1988 年版，第 219 页。

化土壤学”分析框架,就是强调不仅要注意人们历史活动背后的经济动因,也要注意经济因素以外的其他社会诸因素,以至某些自然条件对于历史发展的影响,即历史传统、社会结构、文化素质以及民族心理、地理环境等许多方面的影响。所谓“心理史学”的分析方法,就是利用现代精神分析心理学理论,根据集体的行为来解释历史现象和历史进程,进而推断社会未来的发展。这一个角度、两种方法,结合到近代中国知识分子意识史的研究,章先生特别着意的是各种历史环境对人物意识生成的作用,以及从个体思想意识到社会意识现象的衍变进程。在此基础上,论著勾勒出从龚自珍、魏源到冯桂芬、王韬、容闳到郭嵩焘、徐建寅、盛宣怀到康有为、梁启超、严复再到邹容、孙中山、章太炎,这样的一个近代文化观推演谱系。从龚、魏,直到孙、章的前期,这一线索的主调都是“离异”,深度所及,连长期生活在旧营垒中的贤淑弱女单士厘,也在短短几年之内与强大的传统决裂,公开表明对西方近代文化的倾慕;但到了孙、章的后期,“回归”的趋势开始出现。论著指出,这一态势符合世界文化史上经常出现的“离异—回归”现象。

章先生认为,“离异与回归是人类文化史上经常交替出现或相互伴生的两种趋向,也是文化史研究带有永恒魅力的重要课题”。特别是在从传统文明向近代文明过渡的过程中,开创新制度的思想先驱对于传统文化大都有这两种倾向。但其具体表现形式有所差异:或为跨越时间距离的离异与回归,或为跨越空间距离的离异与回归。大体上,西方属于前者,东方属于后者。中国近代思想人物的文化离异之路,就主要是从中国社会外部驱动的。鸦片战争后魏源的觉醒,最能说明这种离异的发端。不过,魏源之前,呼唤变革风雷的龚自珍已经从中国传统内部发起了离异的运动,并因此而被陈旭麓称为代表中国古代“最后”和近代“最初”的但丁式人物(章先生则以“新时代的传令官”来强调其开创性的角色)。这就说明中国的文化离异也有内部驱动力的参与。在西方刺激为主、中西两种驱动力的共同作用下,通过冯桂芬等的策略性努力,通过王韬、容闳等走出国门看世界,文化离异渐次扩大。虽然离异实践中的文化惰性非常大,洋务时期中国第一次现代化的良机因此而坐失,但到甲午战争后维新与革命运动勃兴,离异终于取得突破。而突破实现之日,也正是回归出现之时,在辛亥革命前后,国粹主义、国族论纷纷登场,开始将文化运动朝民族文化认同的方向调整,意图补救西方近代文化之不足。

论著架构气象博大,而下手处却具体精微,富于"了解的同情"。例如在分析文化离异时,很深刻地洞察到民族文化离异力量与惰性力量的既冲突又可调适的关系。章先生引证汤因比关于文明受冲击后经常有"狂热主义"和"希洛德主义"两种反应模式的理论,从中解析出各民族文化内部的两种机能:排他性(稳定自有传统)与包容性(适应时代潮流)。两种机能都是文化自我调节机制的一部分,但在不同历史条件下发挥程度有所差异①。在他看来,洋务运动时期的思想面貌就处在两大机能同时作用而排他性更强的局面之下。"鸦片战争引发向西方学习,与传统文化开始某些离异,这仅仅是我们民族反应的一个方面,一个重要而尚非主要的方面。还有另外一个方面,那就是相当普遍的顽固或保守势力的反应,他们仍然对西方文明采取笼统的排拒态度。如果说,前者反映了中国传统文化的包容性或吸收机制,那么后者则反映了传统文化的排他性或封闭机制。"②冯桂芬"以中国之伦常名教为原本,辅以诸国富强之术"的主张,正体现了两个机能的共同作用。这个主张开了洋务派"中体西用"论的先河,不同的是冯桂芬自始以"富强之术"为重点,而洋务派则越来越倾向于维护中学之"体"(章先生也指出洋务派包括督抚、幕僚、技术官僚、经营管理者四个不同群体,其对中外文化的态度也有所差异)。这场早期现代化运动没有取得成功,正是由于排他性过强。

文化土壤对外来文化的变异作用,也是论著细心探究的一个重要内容。在对太平天国引进基督教文化的分析中,这种观察最为突出。众所周知,来源于基督教的拜上帝教是太平天国的基本意识形态,太平

---

① 章开沅:《离异与回归——传统文化与近代化关系试析》,湖南人民出版社 1988 年版,第 35~36 页。

② 章开沅:《离异与回归——传统文化与近代化关系试析》,湖南人民出版社 1988 年版,第 54 页。

军占领天京后,其基督教色彩曾经引发一些外国人乃至中国维新思想先驱者的想象,以为这可能是一个比较容易接受西方近代文明,而且有资格取代顽固保守的清朝的新政权。然而事实并非如此。这个打着基督教旗号凝聚农民力量而建立起来的天朝,“仍然是一个未能摆脱农业宗法模式的守旧王朝”①。这个悲剧是怎样造成的呢?章先生分析指出,关键是“橘化为枳”。曾国藩出于策略而夸大其词的《讨粤匪檄》,曾使学人过高地估计了太平天国改造旧的社会制度与意识形态的革命性质,“实际上太平天国的反传统并没有走得那么远”,基督教的上帝在他们那里不仅世俗化了,“而且还把西方的上帝纳入中国的宗法谱系”,中国传统的宗法文化仍为他们主要的精神皈依。章先生对于“橘枳”现象的研究,特别具有方法论意义,说明文化的传播绝对不是单向的流动,不能忽略被传播者的具体情境及其反作用功能。这也是后来章先生从事中国基督教研究的一大特色。

论著以“从离异到回归”为题,显示“离异”、“回归”是一种继起的关系。不过,章先生从不把它看做一种定型的“模式”。他在分析离异现象时,不忽略考察同时存在的回归;在分析回归现象时,不放过考察同一人身上存在的离异,注意“离异之中经常有回归,回归之中继续有离异”的具体复杂性,这种细腻的把握方式,以及细腻之中体现宏观视野的方法,将晚清 70 年知识分子的思想轨迹,勾画得神灵活现而脉络清晰。

三、近代思想的当代意义

历史学家之不同于一般历史工作者,除了高人一筹的洞察力之外,还在于强烈而深邃的时代关怀。历史没有句号,当下仍在延续,历史学家的现实关怀使其本身就是未来学家。

实际上,章先生的每一篇文章,每一部著作,都是应时代之脉搏而

① 章开沅:《离异与回归——传统文化与近代化关系试析》,湖南人民出版社 1988 年版,第 146 页。

作。辛亥思潮研究方面，在为纪念辛亥革命 75 周年而作的《国魂与国民精神试析》中，章先生将国魂与民族精神问题置于当时亟待解决、海内外学界讨论也最热烈的传统文化与近代化关系这个总问题之下，经过对甲午战争之前、之后知识分子文化心态的急变，以及戊戌、辛亥时期改良派与革命派国魂问题论述的异中之同和革命派内部同中之异的分析，得出几点对当今十分重要的启示：中国具有文化的自我调节能力；当面临外来文化挑战时民族内部会有不同反应，保守反应增加了中外文化交流的阻力；国魂问题是长期艰巨的课题，非一两代人可以完成；近代化进程中对传统文化也应采取正确态度；国魂内核要与时俱进①。

章先生还从冷战结束后出现的“亨廷顿问题”、台湾政治转型后出现的“省籍问题”想到重新认识辛亥革命时期的“排满”议题，发表过《“排满”评议——对辛亥前后民族主义的再认识》。文章在再次肯定“排满”不是种族主义，而是属于近代资本主义类型的民族运动的同时，又从民族主义的角度反省其局限，指出：“排满”的有限历史作用，随着清王朝结束而结束；但大汉族主义影子犹在，客观上更有可能被少数民族衍变为“排汉”。所以“民族主义是一把双刃剑，既可以伤害对手，也可能伤到自己。民族情结与省籍情结一样，都需要引向更广泛的国家认同、区域整合与国际整合，而不宜作为政治斗争的手段轻率地反复加以利用”。文章发表在台湾学术刊物上，对于操弄省籍矛盾从事政治斗争的一些政治人物，不啻为当头棒喝②。

如何把握我们的时代，如何看待世界一体化的挑战，亦为章先生力图在辛亥思潮中发掘智慧的方面。他对章太炎悲剧的分析，就特别引人深思。章太炎因其文化上日益发展的国粹主义倾向，被学界广泛目

---

① 章开沅：《辛亥前后史事论丛》，华中师范大学出版社 1990 年版，第 140～154 页。

② 章开沅：《“排满”评议——对辛亥前后民族主义的再认识》，原载台北《国史馆馆刊》复刊第 16 号，见《辛亥前后史事论丛续编》，华中师范大学出版社 1996 年版，第 63～87 页。

为“保守”，其“俱分进化论”更被打上思想倒退的标签。章开沅先生借助解读其俱分进化论的思想，重新认识了这一问题，揭示出章太炎的俱分进化论不是思想倒退，其积极意义甚至也不限于道德范围，而是一种广泛的进步文明观。俱分进化论是对风靡一时的进化论的深刻反思，告诫人们不要把进化变成一种信仰，但不是反对进化论本身。这一理论体现了一种近代忧患意识，不再是传统士大夫忧患意识的简单重复；这种忧患意识观照的是整个人类的命运，超越了民族框架。汤因比、池田大作的议论可以视为俱分进化论某些部分的现代语言阐释。文章认为章太炎的俱分进化论尽管思想体系未臻完善，但用以观察当今人类发展，不掩其潜在的精微之处。章太炎的悲剧不在于思想倒退，而在于中国还未走进近世文明，便已经困扰于道德的转型。“他对资本主义的批判是超前的，当时中国所急毕竟是批判封建主义而非资本主义。这种过早的道德困扰，容易产生对资本主义所代表的近代文明的排拒，从而延缓近代化进程。”①

对孙中山大同思想的探讨同样引人深思。大同是中国古代源远流长的一种政治思想，也是一种最高层次的伦理设计，具有历久不衰的非凡魅力，成为后世许多仁人志士用以激励自己和群众谋求改造社会的远期目标。孙中山所接受的大同思想的影响除了针对中国社会的根本改造，更包括国际格局的根本重建。在孙中山的政治思想中，“天下为公”与“世界大同”是紧密联系的。章先生在《王道与霸道——试论孙中山的大同理想》中通过孙中山接受传统大同思想影响、运用大同思想融合民族主义和民主主义的过程，清理出以民族的独立、平等为基础的真诚的世界主义的珍贵价值，认为其合理内核在现今乃至未来都将具有重要的借鉴价值。因为“时至今日，世界格局已与本世纪初有很大区别。但是，冷战时期结束以后的世界并不太平。问题的实质，即孙中山所早已明确提示的‘公理与强权之战’。现代国际战争的挑起者，无论是打着人道或是什么国际新秩序维护者的美丽幌子，骨子里都是为着

① 章开沅：《辛亥前后史事论丛续编》，华中师范大学出版社 1996 年版，第 48～62 页。

市场、资源与霸权。而亚洲某些国家领导人所标榜的所谓‘亚洲价值观’,其实也并非本国多数民众所认同的本土文化真正的精粹,他们极力维持的乃是既得利益集团的极权统治。把广大‘受屈者’联合起来对抗‘横暴者’的欺凌,仍然是孙中山遗嘱要求我们完成而仍然须要继续的艰苦工作。公理战胜强权,也仍然是一个现今还难以完全实现的伟大理想”①。

在探讨近代中国知识分子思想演变的脉络中,章先生同样贯穿着对于当代思想理论问题的思索。《愤悱·讲画·变力——对外反应与中国近代化》一文指出,一部近代中外关系史,主题就是侵略与反侵略的历史,其间确有正常的文化交流,但仍难免有侵略与被侵略的印记。面对侵略和霸权,义愤是自然的,但更需要理智的谋划,强力的革新。魏源提出的愤悱、讲画思想,龚自珍萌芽、康有为提出的变力思想,都是应对侵略和霸权的可贵财富。愤悱是情感的,但已经包含着理智因素。魏源从三元里抗英中看到民气可用,但反对浪战,主张向西方学习,这一空谷足音后来在戊戌变法和辛亥革命中得以光大。讲画是完全理智的,是对革新的宏观规划。知识分子对于革新的讲画,大致经历了器物、制度、心性三个阶段,但这只是就重点而言,细节上则互有交叉、渗透之处。而这一波一波的革新,都是在民族危机激化的环境下被推到历史前台的,总体上随机应变多于系统讲画,所以不断遭遇挫折失败。变力是形成变革的力量,具体将讲画落到实处。近代中国在这方面更历经曲折。龚自珍的“山中之民”,在十年后的太平军身上得到某种印证,但太平军缺乏现代意识,只有破坏没有建设。此后洋务集团的四种群体也曾充当变力,但他们外部受到顽固派的阻遏,本身也有局限,难免不败。维新派将变力希望寄托于皇帝和民间团体,且有讲画纲领,变革超越洋务派,但因力量仍脆弱而昙花一现。革命派起初依靠会党,后来通过“中等社会”(知识分子)“提携下等社会以矫正上等社会”,推翻旧王朝,最终因“下等社会”发动不够充分而不败而败。今天的形势跟

---

① 章开沅:《王道与霸道——试论孙中山的大同理想》,载《浙江社会科学》2000 年第 3 期。

前人已有很大不同,但外部霸权仍然存在,义愤仍然难免,所以愤悱、讲画、变力问题,仍值得历史借鉴①。近年随着国内民族主义的日趋激昂,章先生又写了《学习张謇的理性爱国主义》,来提示国人正确的爱国之道②。

论著《离异与回归——传统文化与近代化关系试析》也是响应时代的节拍而作,在最后的"没有结束的思考"里,总结中国近代文化心态的变迁史,结合日本近代转型的经验教训,也提炼出一些有助于现实的重要思考。一是"不能离开社会的整体结构来孤立地谈论文化"③。改革开放初期,由于中国经济落后,一些人将落后的根源完全归咎于传统文化,章先生不同意这种说法,指出,文化可以对经济发展起促进或延缓作用,但说到底还是经济结构决定文化的发展态势与走向。经济发展有自己的规律,它与文化固然有着密切的关系,但归根到底还是取决于市场、资源,尤其是社会整体结构、经济体制和决策,谈论文化也应该置于社会整体结构之下。二是"应该以强者(优越者)开放的心态来对待"传统文化和外来文化④。传统不是静止的,它永远处在变化之中,不可笼统地肯定或否定;作为自在之物的传统,无所谓优劣,其所带来的优劣主要取决于接受者的自身条件,传统对优越者是优越的,对拙劣者才是拙劣的。对于外来文化新潮也同样有接受者主体自身的"精神思维态势"问题,"即令是在两相较量中遭到失败,也要善于利用'失败者的优势',在精神上转化为'十年生聚、十年教训'的强者,放手吸收外来文化的先进部分,改造革新自身的传统文化,并在两者融会贯通的基础上整合,发展本民族的新文化"。三是"我们既要广搜博采世界文化中的

① 章开沅:《愤悱·讲画·变力——对外反应与中国近代化》,《辛亥前后史事论丛续编》,华中师范大学出版社1996年版,第18~35页。

② 章开沅:《学习张謇的理性爱国主义》,载《华中师范大学学报》(人文社会科学版)2006年第2期。

③ 章开沅:《离异与回归——传统文化与近代化关系试析》,湖南人民出版社1988年版,第223页。

④ 章开沅:《离异与回归——传统文化与近代化关系试析》,湖南人民出版社1988年版,第224、225页。

一切精英，我们更要把新的绚丽多彩的中华文化奉献给世界”。章先生提出中国已经为周而复始的体用之争、西化论与本位论之争耗费了太多太多的时间，现在应该既超越西方文化，又超越传统文化，“根据现实生活与未来发展的需要营造新的价值体系”，既不自满，又不自卑，排除一切外在的与内在的、行为的与心理的障碍，“勇敢而又稳步地迈向二十一世纪”①。

除了比较宏观的大问题的史学参与，在一些重要性较突出的比较具体、比较细微的问题上，章先生也不放弃史家的责任。例如，1991年3月章先生应邀参加旅美中国学者学生学会之年会，曾在会上作了题为《1900—1990中国留美学生》的主旨讲演，引起留学生应该“落地生根”还是“落叶归根”的讨论。十二年之后的2003年12月，章先生应邀参加香港“近代中国留学生国际学术讨论会”时，提交的论文就回答了这个问题。这篇论文从容闳与留美教育说起，通过容闳既未能落叶归根，又未曾落地生根的留学生涯，惟妙惟肖地刻画了一个眷恋祖国的海外赤子报国无门的心理世界。章先生认为，时至今日，“落叶归根”还是“落地生根”（或可简称为“海归”与“归海”），孰优孰劣、孰是孰非的争论似乎已失去原有的意义，但仍能从历史与现实的联系中通过反思而得到启发：一是无论是“落叶归根”还是“落地生根”，要想有“根”首先是自己的成才；二是落地生根与落叶归根并非截然对立的两橛，把两者联系在一起的是祖国或乡土这个“根”，只要不忘这个根，无论是“海归”还是“归海”，都不会有失落与飘零之感②。

探索辛亥时代的大思潮，探讨近代变迁中思想者的心态演变，探究近代思想的当代意义，不过是章开沅先生中国近代思想史研究的沧海一粟，但仅此三端亦可略窥先生对思想与时代关系——时代需要思想、时代产生思想，思想反映时代、思想推进时代——的深邃洞察，更可体

① 章开沅：《离异与回归——传统文化与近代化关系试析》，湖南人民出版社1988年版，第228页。

② 章开沅：《落叶归根与落地生根——从容闳与留美教育说起》，载《徐州师范大学学报》（哲学社会科学版）2004年第2期。

会到章先生一以贯之的史家风范:唯实、高远、鲜活。

唯实,即先生常讲的“原生态”研究,“回到历史现场”、不为各种“理论”所左右、不为各种“范式”所囿限、有一分证据说一分话的史学精神。章先生经常教诲我们,史学的可贵品格首先是求实存真,必须以大量的原始资料和实证工作为支撑,走近历史的原生态。历史研究要“走进历史,理解历史”,“治学不为媚时语,独寻真知启后人”。

高远,即先生提倡的进得去、出得来,既见树木,也见森林,能透过历史陈迹的支离表象洞察历史整体面貌的史学境界。章先生颇为欣赏王国维“入乎其内,故有生气;出乎其外,故有高致”的精辟见解,将其视为我们至今仍然可以体味与借鉴的一种佳妙境界。他说历史研究应有“尊重历史,超越历史”的“史识”,用全人类和大史观的理念与方法予以观照。要还原历史的本质,要探究历史的奥秘,就必须对逝去的历史有一个整体的理解与把握,这就需要历史研究中的“通识”。

鲜活,即先生反复强调的将历史与现实进行真实的有机连接,发挥历史积累文明的功能,让历史从纵深处服务于现实的史学活力。章先生这几年总在讲史学的价值,讲“参与的史学和史学的参与”,认为史学是连接过去、现在与未来的桥梁,治史者是这桥梁的建设者。历史学者不仅要研究历史,还要创造历史,还要干预历史,促进历史往正确的方向发展。历史研究要有“关心历史,参与历史”的“史感”,要善于把握过去,洞见未来,挖掘历史自身所蕴藏的智慧,贡献于时代。

理论根本上是切身经验的提升,章先生的史学主张亦然。先生在思想史研究中这些充满魅力的史家风范,自非一般学者所能及,却是我辈晚学心向往之的典范。

章开沅先生的史学思想

王玉德

章开沅先生是国内外著名的史学家，他不仅在辛亥革命史、教会大学史、南京大屠杀等研究领域有很大的学术成就，而且在史学思想方面有一系列重要的观点。然而，学术界对章先生的史学思想一直没有引起足够的关注。本文拟对章先生的史学思想做初步的介绍，以期引起学术界的注意，盼望有更多的学者能够对章先生的史学思想进行深入研究。

从历史的眼光看，章先生的史学思想有一个演进的过程。新中国成立前，他的生活颠沛流离，历经艰辛，对社会底层有亲身的了解，对社会的现状看得很透彻，因此，阅历是他治史的宝贵财富。他在南京读大学时，确立了很坚实的文史功力。青年时的综合素质基础，注定了章先生的人生成就。像章先生这样的学者，不论让他一辈子从事哪个专业，都会是超一流的学者。但是，历史学选择了他，他也选择了历史学。历史学是幸运的，章先生使历史学熠熠生辉。章先生是成功的，历史学这块福地成就了他有声有色的辉煌人生。不过，他在新中国成立前并没有想到自己会把一辈子投进史学，正如他在《历史寻踪》中所说："大学时代，虽然在历史系读书，但并未树立此项专业思想。"①随着新中国的建设，革命的需要使章先生走上了治史的道路。他起初是应付历史教学，后来全身心投入到史学研究。自中共十一届三中全会以后，"学术界和其他行业一样，人们备受压抑而又积蓄甚久的积极性像埋藏在地

① 章开沅：《辛亥前后史事论丛续编》，华中师范大学出版社 1996 年版，第 3 页。

下的泉水一样突然喷涌出来”。章先生自称“这是我一生之中精力最为旺盛而成果也最多的时期”①。直到现在,章先生每年还在不断发表高水平的论著,不断提出新的史学思想。章先生是一位“思想者”,从未停止过思考。不论是他的演讲,还是他的平时谈话,其中都不乏独到的见解。其思想之新,甚至超过年轻人,令人折服和感叹。

通观 20 余年来章先生的史学思想,主要有以下方面:

一、史学要解放思想,实事求是

正如前面所述,章先生在十一届三中全会以后焕发了学术的青春,他特别赞赏邓小平提出的解放思想、实事求是的观点,撰写了《解放思想,实事求是,努力研究辛亥革命史》一文,他指出:关于辛亥革命的研究,要打破所谓立足于批的精神枷锁,要敢于以马克思主义的理论胆识来拨乱反正。在人物评价问题上,要反对简单武断的好坏分类法,还历史以本来面目。历史本身是极端错综复杂的,决不能用一锅煮、一刀切的办法评说历史人物。在中外关系问题上,要注意把帝国主义国家的政府和人民区别开来,要努力阐明世界人民对中国人民革命斗争的同情和支持②。据说,章先生这篇论文发表之后,即被美国许多报刊转载,国外学者认为这是代表了辛亥革命研究方向的文章③。要实事求是,就必须解放思想。只有解放思想,才可能实事求是。“实”是忠实与诚实,是中华民族的美德,是中国人现在最需要提倡和宏扬的思想。作为一个史学家,治史无非就是寻求历史的真实,大胆地想,大胆地说,忠实于历史,忠实于史学。因此,务实是史学家的立身之本和成功之基。

---

① 章开沅:《辛亥前后史事论丛续编》,华中师范大学出版社 1996 年版,第 6 页。

② 章开沅:《辛亥前后史事论丛》,华中师范大学出版社 1990 年版,第 17~27 页。

③ 详见严昌洪:《章开沅先生与辛亥革命研究》,载华中师范大学历史研究所编:《莺花无际楚江头——章开沅先生七十华诞学术纪念文集》,武汉出版社 1996 年版,第 70 页。

如果思想受到束缚，瞻前顾后，畏首畏尾，就不可能在史学上有所创获。章先生一辈子都强调务实的思想，他说真话，说实话，做实事。他的书房名称是实斋，出的一本论文集称之为《实斋笔记》，这些说明他对“实”的眷念。他在《史学的品格》一文中写道：“史学的可贵品格首先就是诚实，也就是人们常说的求实存真，离开实与真史学就失去存在的价值。”①章先生带出来的弟子们有一个共同点，那就是朴实、踏实、务实，这也许就是“章门”的成功之道。

二、史学要坚持马克思主义

史观是历史学的灵魂。马克思主义是历史科学的指导思想。在马克思以前，历史学理论不能注意到物质生产发展程度对社会的作用，也不能说明人民群众的活动。马克思指出社会存在决定社会意识，人类的历史归根到底是社会物质生活资料的生产发展的历史，是劳动人民的历史。如果不用马克思主义指导，我们就不能从史料中理清历史发展的头绪，看不清历史的本质性。我国学者对马克思主义有一个不断深化认识的过程。在 20 世纪，由于苏联的影响，史学总的趋势是把马克思主义变成教条主义。1978 年拨乱反正之后，有些史学工作者对马克思主义产生了怀疑，甚至要与马克思主义保持距离，而章先生一直坚持马克思主义，他从来就自称自己是马克思主义史学家，即使是到国外讲学也从不隐讳自己的马克思主义史学观。

章先生坚持以马克思主义观点研究史学，他在论文中多次谈到马克思主义的理论修养问题。在《辛亥革命史研究如何深入》一文中，章先生说：“史学贵在通识，通识首先需要理论素养，需要马克思主义的历史哲学，需要正确的方法论。”②章先生提倡唯物论的史观与辩证法的史观，自如、自然地运用马克思主义。他还多次指出：坚持马克思主义，不等于贴标签，不等于以政治代替学术。例如，在教会大学的研究方

① 章开沅：《鸿爪集》，上海古籍出版社 2003 年版，第 11 页。

② 章开沅：《辛亥前后史事论丛》，华中师范大学出版社 1990 年版，第 47 页。

面,他主张严格划清学术与政治的界线,超越单纯的政治评价,代之以全面的学术评价。章先生在大力提倡马克思主义的同时,从不排斥其他的史学理论,如汤因比、希洛赫等人的史观虽然与马克思主义不是一个层面,但章先生仍然注重从他们的著作中汲取营养。章先生的弟子们不是恪守传统的乾嘉考据学,也不是茫然追求西方的学术,而是自觉学习与运用马克思主义,堪称都是马克思主义学派的史学工作者。

三、史学要关注对社会环境与群体的研究

所谓社会环境,相应的一个概念就是"历史社会土壤学"。所谓社会群体,主要是介于阶级与个人之间的群体。早在 1981 年,章先生就发表了《要加强对辛亥革命期间社会环境的研究》。其后,章先生在各种学术场合都谈论这个问题。他自称:"80 年代以来,我在辛亥革命的研究与教学工作中,非常强调社会环境、社会群体与社会心态的研究,也比较注意区域研究与个案研究。有些中外学者以为我可能是接受了美国同行学者的影响才有此变化。其实,历史唯物主义本来就重视社会环境的研究,而且我对辛亥革命的研究从一开始就以社会运动为整体对象,并没有局限于个别的人物与事件。"章先生又结合他自己的学术实践说:"我在运用社会学理论与方法时,也有自己的特点:一是比较注意分析个人、群体与社会环境之间的互动关系,二是把研究重点放在作为个人与阶级的中介——群体之上。"①章先生在《关于孙中山研究的思考》中说:"关于研究社会环境的必要性,我们的认识尚未赶上本世纪初的进步青年学生。到目前为止,在他们刊载于《江苏》、《浙江潮》等杂志上的详细的社会调查大纲中,仍有很多我们至今做不出答案的项目。社会环境即是国情。"②他又说:"提倡社会集团的研究,是为了弥

① 章开沅:《辛亥前后史事论丛续编》,华中师范大学出版社 1996 年版,第 7 页。

② 章开沅:《辛亥前后史事论丛续编》,华中师范大学出版社 1996 年版,第 164 页。

补过去阶级分析简单化造成的缺点。……应该更加努力研究实际存在的社会集团丰富的内蕴,而无需过分急于寻求阶级定性。”章先生的弟子们热衷于做社会群体研究,如对辛亥革命志士、商人、学生、留学生的研究,在国内外有一定的影响。章先生为《中国近代史上的官绅商学》一书写的导言就是《追寻近代社会群体研究的轨迹》,阐明了他对研究社会群体的看法。在中国当下的史学研究中,华中师范大学对社会环境与社会群体的研究,确实是一个突出的特点。

四、史学要有独立人格

章先生特别喜欢楚图南为戴震纪念馆题写的两句诗:“治学不为媚时语,独寻真知启后人。”他根据这两句话写了一篇论文,其中反思了史学工作者的人格,他说:“过去,曾经在相当长一段时间里,我们自己给自己立下众多框框条条,这也不能写,那也不能写。其结果却是坐视某些外国别有用心的人,任意篡改或掩盖我国历史的真相,散布极其恶劣的影响。作为一个史学家,如果没有自己真诚的科学追求,没有维护历史真实与坚持科学真理的勇气,甚至随时要看某些有影响的人士的脸色,那就是徒有其名而无其实。”①他认为,史学应该保持自己独立的科学品格,史学家应该保持自己的学者人格。无论在政治压力还是金钱诱惑之下,都不能忘记这个根本。历史学者不应妄自菲薄,而是应以高品位的学术成果争取社会的理解和支持。

20世纪90年代初,章先生经常谈论史学的独立人格,他在《关于孙中山研究的思考》中说:“旅居美国三年,无论到哪里,我总是围绕‘中国史学寻找自己’这个主题讲演。……所谓寻找,有两个含义,一是历史学者的独立人格的寻找,另一个是历史学的独立品格的寻找。”②运

① 章开沅:《辛亥前后史事论丛》,华中师范大学出版社1990年版,第466页。

② 章开沅:《辛亥前后史事论丛续编》,华中师范大学出版社1996年版,第161页。

用到具体的史学研究中,章先生认为对孙中山的研究也存在寻找的三层含义:第一,寻找真实的孙中山;第二,寻找自己的研究方法的风格;第三,寻找对孙中山的新的理解。这就是史学独立人格的内涵。

章先生的弟子们把史学当做安身立命之地,都自觉地维护史学的尊严,把史学当做神圣的事业。他们绝不趋炎附势,从不媚俗,也不阿谀奉承,个个都尽力治史,形成了很好的学风。中国近代史研究所之所以能够多次在全国的评比中获得好评,这与他们的史学人格有关。

五、史学要关注现代化与全球化

史学是古老的学科,似乎是边缘化的学科。许多人大声呼喊史学危机。史学如何走出困境? 章先生认为史学应当主动关注社会,走出原有的窄小圈子,研究现代化,为现代化服务。人类社会在 15 世纪至 16 世纪就已经进入到早期现代化的历程,伴随着西方人走向各个大洲,全球化也就开始了。中国近现代史的研究,实际上就是中国早期现代化的研究。巴勒克拉夫在《当代史学大趋势》的前言中说:“今天历史学著作的本质特征就在于它的全球性。”又说历史学的领域在扩大,“历史学的重点移到经济、社会、文化、思想和心理等方面”。巴勒克拉夫后来又写了《当代史导论》,巴勒克拉夫认为“处于变动世界中的历史学”学者应当建立全球历史观,有世界视野。早在 20 世纪 80 年代,北京大学与华中师范大学就分别承担了国家社会科学“七五”规划课题关于现代化的研究,华中师范大学完成了章先生主编的《中外近代化比较研究丛书》,章先生在《序》中提出:“在中国实现现代化的进程中,历史学理应发挥自己的作用,作出较大的贡献。……从学科分工而言,史学家虽然侧重研究过去,但是更应该立足现实,面向未来。”①章先生还认为:历史学家的参与,不仅拓展了现代化研究的广度与深度,加强了现代化研究的科际整合,同时也对历史学自身的发展提供了新的活力。

---

① 章开沅:《离异与回归——传统文化与近代化关系试析》,湖南人民出版社 1988 年版,第 1 页。

章先生经常思考史学何去何从。记得章先生有一次给历史文化学院的师生作了一场学术报告,主要讲了三个问题。第一是在全球化的今天,历史学的作用与地位,其中讲了三小点:关心宇宙、关心环境、关心人类;究天人之际,通古今之变——寻求智慧;历史学应有自己的声音。第二是面对多学科整合,历史学的态度与举措,其中讲了广开门户,兼容并包;欢迎渗透,主动引进等。第三是历史学的出路何在?还是讲了三点:主体意识(自尊、自强、独立人格);基础仍需加强;提倡多方面革新(通过史学实践,落实于实践)。这个报告体现了章先生对现代化的关注,对史学前途的关心,展示出章先生的博大胸怀。

现在,华中师范大学有一批教师致力于现代化研究,特别是从现代化的进程、各国现代化的比较方面形成了特点。近代史研究所开设了相关课程,出版了系列学术著作,已经成为国内研究现代化的一个重要阵地。

六、参与历史与创造历史

清初顾炎武在《与人书》中说过:“君子之为学,以明道,以救世也。”当代社会转型要求史学为现实社会的发展服务。法国年鉴学派就是以关心经济、社会为特征。史学要经世致用,要为社会现实服务,在直接促进、推动社会进步方面获得生命力。章先生一向主张史学工作者的研究侧重于过去,但要立足于现实,还要面向未来。

章先生主张史学家不仅要学习历史,研究历史,还要参与历史,创造历史,其代表性的文章是发表在《江汉论坛》2001 年第 1 期的《参与的史学与史学的参与论纲》。文章首先介绍了这个思想的背景,提出史学正在受冷落,其根源是人类文明业已生病,人类走上了重物质、轻精神的道路,当务之急是要纠正社会缺失与道德滑坡。接着,文章又谈到史学传统是具有参与意识的,列举了司马迁的事迹,介绍了法国年鉴学派布洛赫的观点,强调史学的主题就是人类本身及其行为,历史研究的最终目的在于增进人类的利益。所谓参与历史,必须参与现实生活,要走进历史,理解历史,理解古人的处境与想法。历史学家不应只责怪社会的冷落,而要责问自己是否真正理解历史的价值。面对现实,历史学家不应该保持沉默,更不应该无所作为,而应和其他人士一起,用自己的学术精品,用自己的智慧与热情,营造健康向上的文明。章先生不仅是这样说的,也是这样做的。他多次参与各种社会活动,说要让社会听到历史学者的声音,说史学家可以同时是社会问题专家。即使年过八十,他仍多次出席企业家的论坛、地方经济文化建设的研讨会,并不时发表独到的见解。

章先生一方面主张史学关注社会,但又反对史学因为社会效益而被扭曲,他说:“我赞成史学必须讲究社会效益,但是不赞成对社会效益作过分偏狭乃至扭曲的理解。史学之所以有社会效益,首先因为它是一门科学;如果史学不再是一门科学,它就顶多只能成为一件可供任何人随意驱使的玩意儿。”①

七、史学要加强规范化

由于市场经济的影响,史学出现了浮躁之风,抄袭剽窃在在皆是。章先生的著作都曾被人抄袭,章先生对这种学风非常着急,他多次强调史学的规范化。章先生在《史学的品格》中说:“史学如同一切其他科学一样,都是老老实实的学问,来不得投机取巧,更容不得半点虚假。”他又说:“学风应为世风的先导,学风为社会良心之最后寄托;如果世风坏而学风未坏,这个社会还有希望;如果学风随世风而俱坏,这个社会就无可救药了。”他还说:“史料的重要不仅在于量,而且更在于质,即其可靠性。……史学研究的原创性首先就表现为要认真看原始材料,仅靠或主要靠别人利用过的二手货是难以获致真正有价值的学术成果的。”②

章先生写过一篇《论史魂》,发表在《华中师范大学学报》1998 年第

① 章开沅:《辛亥前后史事论丛》,华中师范大学出版社 1990 年版,第 464 页。

② 章开沅:《鸿爪集》,上海古籍出版社 2003 年版,第 11 页。

一期上，论文针对史学工作者在某种程度上的自我迷失，发出了史魂归来的呼吁。史魂即史德。在《实斋笔记》中，章先生指出：“我们现在所缺少的，正是辨心术以议史德的高度自觉，所以敷衍塞责者有之，剽窃成书者有之，精品难出，赝著充塞，乃至在史学界也需要厉行打假打劣。”①笔者在本校开设了一门论文写作课，把《论史魂》一文发给学生讨论，学生读后无不感动，他们说章先生这么大年纪还在为史学招魂，为史学的科学规范化操心，我们一定要“慎初”，从大学时代开始养成良好的史学品德，绝不为史学抹黑。

规范化不等于死板。在强调史学规范的同时，章先生一度提出过快乐史学的概念，他认为史学应当生动起来，像文学家写的作品那样有人读。同时，要让学习历史的青年人喜欢史学，乐意于在史学领域耕耘。章先生的这个观点虽然没有形成文字，但他在许多场合讲过这个想法。他自己的文章写得漂亮，讲座生动，把治史当做人生最快乐的事情，无疑是我们最好的榜样。时下，许多大学生不愿意学习历史，究其原因当然是多方面的，如上课太沉闷，论文程式化，内容枯燥使学习乏味，这些可能是直接原因。我们应当加强教学改革，把史学学习变成快乐的事情。

八、提倡大史学观

章先生的史学思想是大史学观。章先生曾说：“我内心却抱着一个宏愿，那就是努力把人类历史作为一个整体，用全人类和大史学的观念和方法来研究历史，不断以此自勉并寄希望于年青一代。”②章先生认为真正的学术应是全人类的公器，真正的史学其价值必然超越国界而为世界所认同。章先生赞扬西方学者的大视野，他在《把人类作为一个整体》一文中说：布莱克的《现代化动力学》一书“是力图把人类作为一

① 章开沅：《实斋笔记》，东方出版中心 1998 年版，第 310 页。

② 章开沅：《辛亥前后史事论丛续编》，华中师范大学出版社 1996 年版，第 8 页。

个整体加以研究和说明”。又说:“不管汤因比苦心经营的庞大框架与体系存在着多少纰漏或未尽善尽美之处,但他力图以人类历史的整体作为研究对象的宏大学术气魄与勤苦学术实践,却具有历久不衰的深邃魅力。”①章先生在《走出中国近代史》一文中提出中国近代史的研究要扩大视野,要把中国史当做世界史的一部分来研究。“就当代学术科际整合发展趋向而言,我们也需要继续努力把社会学、经济学、政治学、法学、文化学、人类学、宗教学、心理学等相关学科理论与方法引进史学研究,不宜墨守单一的考据实证成规,妨碍本学科开创新局面。……知识单一、贫乏而且陈旧的史学工作者,不可能成为一个名实相副的当代历史学家。”②

近些年来,华中师范大学历史文化学院按章先生提出的史学思想,一直坚持大史学观,以“厚基础、宽口径、高素质、创新型”为目标,致力于加强学生专业基础学习、致力于拓宽学生知识领域、致力于培养学生能力、致力于发展学生个性培养。章先生鼓励沿着史学边缘开拓新领域,他支持历史文化学院开展文化方面的研究,对学院举办的文化产业学专业给予首肯。

章先生之所以有这样一些思想,除了本文开头提及的社会阅历与家庭背景之外,还有两方面原因:

其一,章先生从近代先贤的进步思想中汲取了营养。章先生主要研究中国近现代史,他能够向被研究者学习。他在《关于孙中山研究的思考》一文中说:“1982 年以来,我一直强调社会历史土壤的研究,就是由于从孙中山那里受到启发。”③他在《俱分进化论的忧患意识》中论述章太炎的“《俱分进化论》所包含的忧患意识已经不再是传统士大夫那种古老忧患意识的简单重复。它突破了宗庙社稷、王朝统系的狭窄框

① 章开沅:《辛亥前后史事论丛》,华中师范大学出版社 1990 年版,第 455 页。

② 章开沅:《发刊词》,载《近代史学刊》2002 年第 1 辑。

③ 章开沅:《俱分进化论的忧患意识》,《辛亥前后史事论丛续编》,华中师范大学出版社 1996 年版,第 164 页。

架，也超越了忧国忧民、愤世嫉俗的固有格局，而是把自己的视野与思路引向更为广阔的空间与更为久远的时间。它关心的不仅仅是自己的民族与国家的命运，而是整个文明、整个人类，乃至人类栖息于其上的地球、地球运行于其中的宇宙的发展前景”①。章先生就是具有章太炎当年的那种抱负，甚至是超越章太炎的抱负。

其二，章先生受到国内外史学同行的影响。章先生不仅是史学家，还是教育家、社会活动家，他阅历甚广，朋友很多，善于向同行学习，甚至向青年人学习。对此，罗福惠在《寻找传统与现代的对话》一文中就曾经指出：“无可否认，章先生提出进行中国早期现代化研究，也是受到境外一些研究工作的启发。他从70年代末开始，多次到北美、英、法、东欧、澳洲、日本、东南亚和港台地区作学术交流，对境外同行的研究状况、趋势和方法多有了解。”②章先生是学术大师，担任过校长的职务，并且到过许多国家进行学术访问，接触过许多文化名人，这些经历，加上他的敏于思考，使他在史学思想方面具有大气象、大视野，并且能够与时俱进。章先生在《实斋笔记》中列有“师友杂记”，他回忆了从中小学教师到黎澍、杨东莼、贝德士等人对他的影响，以及他与林增平、李时岳等人的深厚友谊，读来感人。此外，章先生还多次引用布洛赫等国外著名学者的著作，如《历史学家的技艺》，这说明他从未放松读书，在读书中形成了一些新的思想。

总之，章先生的史学思想是深邃的、与时俱进的、科学发展的、不断创新的思想，是我们取之不尽的精神财富。

① 《历史研究》1989年第5期。

② 华中师范大学历史研究所编：《莺花无际楚江头——章开沅先生七十华诞学术纪念文集》，武汉出版社1996年版，第47页。

鸿飞天涯思无穷

——从《鸿爪集》看章开沅先生与中外学术交流

魏文享

苏东坡的《和子由渑池怀旧》很早就曾读过,"雪泥鸿爪"的典故也已印在记忆里。一般用得较多的是前四句,"人生到处知何似,应似飞鸿踏雪泥。泥上偶然留指爪,鸿飞那复计东西",悠悠人生,飞鸿过境,爪印雪泥,雪下无痕,空旷苍凉,最易无端惹悲情,勾引起对过去及生命意义的无限思绪。若再见到后四句,"老僧已死成新塔,坏壁无由见旧题。往日崎岖还记否,路上人困蹇驴嘶",那历历往景更是涌上心头,但物是人非,好景不再,昨日走过的多少印迹,或许自己还记得一些,但能够真正留下的又有多少呢?这首诗既怀兄弟情谊,又诉人生感悟,其弟苏辙显然深有所感。他在回和的《怀渑池寄子瞻兄》中写道:"遥想独游佳味少,无方骓马但鸣嘶。"苏氏兄弟互寄此诗时,已是人过中年了。中年后的诗中,岁月的痕迹总是很重,经历过人间悲喜饱受过名利洗刷后的那种深邃与了然往往自然流露,引人感怀。想来章开沅先生在不知多少次重读此诗时也被深深吸引,于是将其引到自序里。一翻开《鸿爪集》时,这首诗也引导我忘却时间的差距,让我能够将所了解的他的历史与思想融合起来,走向一个学者真实的内心世界,也走入刚刚流逝的岁月河流中。如此,书中那些敏锐难抒的识见,那些波浪难平的忧思,那些纠缠不清的冲突和激愤,那种开窗放入大江来的宽容和激情,都踏破冰河入梦来。

这不是一个人的回忆,也不是一个人的故事。在《鸿爪集》中,章开沅先生以真实的笔触写下了他自 20 世纪 90 年代以来的行踪和思想,记录下了他在北美、日本和台湾的思见,他对史学、文化及诸多社会问题的思考，陪伴在侧的还有海外访史的文献收获和他自己的连篇故事。日记、演讲、杂文、故事一一开列，学术与社会的思考穿透其间，这部文集几乎成为他的人生小传与思想自述。尤为可贵的是，我们可以由他在 20 世纪 90 年代初的海外萍踪了解到大陆与海外学术交流史中的艰难历程。《鸿爪集》全书共分思言篇、萍踪篇、拾贝篇、故事篇四个部分，从总体上看，不论在时间或者是主题上，它都可以说是章开沅先生在 1998 年出版的《实斋笔记》(东方出版中心 1998 年版)的续集。《实斋笔记》汇集其早年回忆、海外学记及一些学术杂文，在海外行踪部分，《实斋笔记》所记主要为 20 世纪 80 年代出访情况，本书则侧重的是 1990 年后的情况，二者可相互映照。在治史偶感方面，亦无重复，而是另有卓见。虽然全书分为四个部分，我还是喜欢将其视为一个整体来读。至于起点，那就从孤鸿远飞的那一年开始吧。

改革开放以后，中外学术交流渐多，章开沅先生是较早走出国门的人文学者之一。1979 年，他初访美、日，后又数次赴美、日、新加坡等国参加学术会议，与众多研究中国近代史的名家结下前缘。但均为时短暂，未能尽兴，即在耶鲁发现之贝德士文献亦无暇细阅，唯留牵挂。在 1990 年 8 月直至 1994 年间，他又先后赴美、日访学任教，此次客居海外前后将近四年，令他自己也颇有海外浮萍之感。其实，青年时期颠沛流离的生活早使他“颇有感于自己也犹如浮萍，随波逐流未知所已”，但所悟不深，及至耳顺之年，“才明白人生如白驹过隙，生活的踪迹也无非如同飞鸿在雪泥上偶然留下的若干爪印而已”(第 2 页)。1990 年的深秋，他寄住在普林斯顿社学院蟠音客舍，这是一座专门用以接待海外传教士的古色古香的小楼，“我孤身独居顶层，仰望蓝天白云，俯视芳草如茵，每日与松鼠、白鸽为伴，邻居全是素不相识的欧美白人”，这样的感觉更为强烈，这样的寂静最令人感慨，“特别是秋雨连绵的深夜，更不免传统文士身世家国的感喟”。正所谓风声，雨声，读书声，声声入耳；家事，国事，天下事，事事忧心。不论身在何地，波澜总难平。恰好出国前在国内也遭遇到不顺境况，出国后又感受到中国在国际上所受到的压挤，难免触目伤怀。“九万沧溟掷此身，谁怜海外一逋臣”，王韬的心弦又在他心中拨动起来。斯时，虽然在改革开放十余年后，中国学界与西方学界的交流已经有所增多,但在实质上的学术对话则非常之少。在1990年前后的特殊时期,中国的国际处境更显孤独。这种情况也影响到学术的交流。置身海外,这种感受更为真切。而自身与近代中国史学相依偎,客观上成为一个桥梁的角色。他既要有意识地放眼了解西方史学界关注的问题及观点,同时又不能不代表着大陆史学界的声音。在这种特殊情境下,他的北美羁旅、滞留扶桑就成为中外学术交流小史的映照了,而台湾情缘则恰当表现了海峡两岸学界间那种剪不断理还乱的文化血脉。

四年之间,在研究教学之余,每日均有简单记事,章开沅先生言之为雪泥鸿爪,但对于当代史学而言,则是珍贵的史料。在其中,可以看见众多海外汉学名家的身影,了解到他们对于中国史学的关注和态度,也了解到在由隔离走向交流的过程中潜在的阻碍和涌动的大潮。1990年12月27日,始到美国就受到老友高慕轲(Michael Gesster)的热情接待,除偶览风景,更多时间则投入到学界的交往之中(第123页)。美国是一个各国学者交流的集中地,不仅有印度、菲律宾、日本及欧洲各国学者,就是大陆学者也偶有相遇。经常举办的专题报告所讨论的问题也十分广泛,中东问题、朝裔问题、日裔问题等,但中国大陆学者似多为短期访问,参与程度不是很高。这或许也反映了当时大陆与海外交流的真实程度,有所交流但还没有形成真正的对话。但中国文化显然也具有极大魅力,章开沅先生在各大学发表多场演讲,反响均极为热烈。在俄亥俄州大学演说对史学研究反思的相关主题时,一对老年夫妇还冒大雨开车百余里送两位年轻学者前来听讲,热心令人感动。海外学人自组织的活动也相当之多,对日索赔会仍顽强地坚持活动,表达着中国人的正义呼声。现在,国内的民间对日索赔与揭露日军暴行的活动正在蓬勃发展,想必也正是他们所期待的吧。

在美国的学术讨论中,大陆与海外学界既互相参与但又仍存隔离,这种情形在辛亥革命及近代中国市民社会问题的研讨中有所反映。1991年8月28日,纪念辛亥革命80周年国际研讨会在夏威夷召开。辛亥革命是中国近代史上具有转折意义的大事件,也是海外及两岸学界共同关注的话题。在1981年,曾举办了70周年研讨会,但两岸间没有形成对话。在80周年之际,在异国竟不期而遇,形成了两岸学术交流中的一次“碰撞”。首次正面交流竟在第三地,这或许正意味着当时两岸学界的微妙之处。故章开沅先生与张朋园先生相见,均有“海内存知己,天涯若比邻”之感。在夏威夷大学中西文化中心,两岸学界意见分歧但并不妨碍热烈讨论,且历来歧见甚深之问题(如孙中山三大政策)渐有趋近之势,两岸学者已增进互相理解(第136页)。关于其中曲折,今日看来,也成为两岸学者间动人的回忆。两岸及与海外学界之间往来频繁,共同促进了辛亥革命史的研究。不料,在孙中山是否签署了辱国文件的问题上,台湾学者和日本学者之间发生激烈争辩,政治与意气之争冲淡了学理和实证的讨论,最终不欢而散(第137页)。这虽是个例,但不论是在冷战刚刚结束后的中西学界还是在大陆与台湾之间,都有政治的空气弥漫。学者个人不能超越国家和政治,但在具体的问题上,如果不能放弃政治意气,那么交流也是无益于学术的进步,反而由此会引起不愉快。如此相见时难别来易,只有一江春水枉东流了。

而在有关市民社会问题的研讨中,中国学者的缺位则凸显了缺乏学术交流所带来的问题。1992年5月9日,在加州大学圣地亚哥分校召开了有关市民社会问题的讨论会,周锡瑞、黄宗智、魏斐德、罗威廉等都参加了会议。罗威廉肯定中国明清以来已存在公共领域,而魏、黄等则表示否定,认为把17世纪英国、18世纪法国的情况套在中国身上是不妥当的。这场争论无疑只是开幕,在此后与会各家都发表了篇幅众多的文章来阐释他们的观点。但在当时,在海外学界激烈讨论中国市民社会问题之时,中国本土学者却由于信息交流太少,对于情况知道不多,真正参与其中的更不多。虽然这一问题的讨论到今天仍未有定论,但当时没有中国学人的参与问题的深入肯定受到影响。当时在座的章开沅先生评论说:“很多是在概念上兜圈子,对中国社会历史背景剖析似不够深入。”一语中的。当时,在章开沅先生倡导下,中国商会研究已经取得初步成效,关于商人社团的研究对于明清时期社会研究不仅是一个延续,也初步描绘了当时中国民间社会的组织状况。虽然不可实体化,但对于判定中国社会的市民社会的形态及其特性方面却具有重要意义。但这一学术信息显然也未被西方学者所熟知。几年之后,不少中青年学者以近代商会及其他民间社团为主体,对国家与社会关系进行透视,使大陆学者参与到这一讨论中来,极大促进了这一问题的深入。学界常言,言国外学者往往提出问题,而中国学者往往趋步解决问题,这是中国学界的悲哀。但如果了解到大陆与国外学术交流几十年的中断、大陆史学曾受政治左右而停滞的实情,就更能领会近二十年的进步。只有在了解他人和外界观点的时候,才能在此基础上更上一步,所谓登高才能望远,正是此意。从现在关于这一问题的研究来看,虽然中国是否存在市民社会的问题虽无定论,但围绕这一主题,中国近代史学界在国家与社会关系、社会团体研究等方面的进步则是有目共睹的。

在此后,章开沅先生先后前往韩国、法国,与韩国汉学界的代表高炳翊、闵斗基,法国汉学家白吉尔、巴斯蒂交游。在关于资产阶级问题研究方面也有所得。1993 年 6 月到 8 月间,他至日本访学。与前不同的是,交游讲学非常顺畅。数场报告与演讲的主题均围绕辛亥革命进行,先后做关于《孙中山与宫崎兄弟》、《关于孙中山研究之思考》的演讲,与井上清、岛田虔次、野泽丰、小滨正子等新旧老友交谈极其和谐,并多有讨论。大致所交游者多为日本较有影响的左派知识分子,对于中国有着较为理性的认知。个人之感情当然能够消弭分歧,但如果不能够真诚相待,真正的友谊也难以建立起来。或许至 1993 年,外界对于中国的了解又有所深入。

1993 年 8 月到 1994 年 4 月间,章开沅先生在台湾,“从美国一到台湾就又站在中国的土地上”(第 189 页)。海外飞鸿的感觉或许因此倍减,与蒋永敬、张朋园、胡春惠、张玉法等老友相聚也倍感亲切,但由此引来有人“侧目相看”则表明两岸间那湾浅浅的海峡并非可以凌空飞渡,两岸关系仍然可能影响到学术交流的正常进行。虽然他并非首次到台湾,与台湾史学界也并非不熟悉,但仍不得不承当大陆学者“代表”的角色。能为“代表”,在平常为光荣,但在当时境况下则只会感到压力。1994 年 9 月 9 日在国史馆主办的第二届民国史专题学术会议上,得蒋永敬先生悄悄劝告:“你是会上唯一大陆学者,大家都看着你,须注意形象。”此在蒋先生来说自为挚友之忠告,以建立章先生及大陆学者在台湾学者心目中的正面印象。于是遂换新购西服且系领带,居然容光焕发，风度翩翩，席间讨论也反应热烈(第178页)。9月18日，他在政治大学历史所上课，群贤毕至，老少咸集，显然也不无“物以稀为贵”的原因，不少是抱好奇的心态来的。章先生笑谈：“你们大概很少见过‘中共’，我就是‘中共’，‘中共’可怕吗?”有调皮女生答曰：“老师很可爱。”于是哄堂大笑，气氛顿时活跃(第179页)。大概在20世纪90年代初的台湾，两岸由于政治原因，交往太少。在台湾，由于官方的宣传，对于大陆的政治及学术都有着片面的认识，特别对于新生代的青年学子来说，大多以为大陆学者都是思想僵化的共产分子，难得见到如此富有人情味和个人魅力又具有学识的“中共”。而一旦亲眼得见，亲耳聆听，“中共”也是很可爱的，自然也就容易进行下一步的思想交流了。1994年9月29日，适逢农历中秋节，章开沅先生受张哲郎先生及东吴大学校长张京育之邀，至张校长家过节，又谈及两岸关系。章开沅先生言，两岸关系还须经济、文化交流先行，渐进积累然后政治之认同、整合才能水到渠成。此言毕，更因此家庭式聚会，使旅外三年多的章先生倍感同胞温馨。此后，又相继做大陆学者看台湾、大陆师范大学的发展方向等相关报告，以介绍大陆学界之情况及其对台湾的认知，以使台湾学者知大陆情状。而在学术讨论中涉及中国、国家认同等相关问题时，大家为避免牵连政治，节外生枝，往往有意回避。更有民进党分子将政治故意带到学术交流会上，引众人侧目，实属可悲。在台期间，或许此类问题始终如鲠在喉，便如一家人本和睦相亲，却因某种误会影响交谈，虽与老友会谈不需避讳中国或统独问题，甚至可以共同探讨，但在更多时候，却是对两岸前途的忧心忡忡。

这种情况也许不仅存在于学术界，但也许独史学界为特殊。史学本为中国之传统学科，也是与中国文化传统联系最为紧密的学科之一。史学研究者对于中国的文化认同和国家认同犹过于一般社会之人。在台湾，对于老一辈的学者而言，中国不仅是其研究的对象，也是其文化记忆与感情的归一。在近代史领域，两岸学者有着许多共同的研究课题，在广泛领域内存在着频繁对话的机缘。因此，在史学界，两岸间的文化联系更应过于一般领域。故众多由大陆而流于海外的学人，以能够魂归故土为命之所寄。钱穆先生之夫人在章先生赴美前数月，曾通过其在华中师大任教的亲戚找他,说钱先生非常想回大陆看看。章先生立即委托学校有关人员办理学术邀请,但可惜钱先生因迁新居不适,未久即患病仙逝(第187页)。章先生在台湾钱先生之素书楼言及此事,闻者感怀。但反而观之,在史学界,可能存在的冲突也会大于一般领域,统独问题也更会影响到其学术交流。由于民进党等台独分子的有意破坏,两岸学术交流时时受到阻碍。自20世纪90年代至今,应该说在台独势力嚣张的同时,和平统一派的力量也在壮大。在香港、澳门回归之后,台湾学人的这种文化思乡也许更为强烈,双方学术界的交流之潮也具有更大的力量。不论是理性的大陆学人还是台湾学人,大多数都能够有意识抛开台独的干扰,在中国文化的领域内互相切磋,共谋发展。

海外萍踪的数年,在今天已成为回忆。而由章先生回忆的点点滴滴,我们则能够了解到大陆学界海外学术交流史上曾走过的历程。章先生在1990年代之初在海外的孤寂感是复杂的,不单纯是独在异乡为异客的孤独感。在美国学界讨论中国问题时大陆学者的缺位,在韩国机场的不公正待遇,在台湾时受台独分子之侧目,这不是章开沅先生个人的遭遇,而是海外中国的遭遇。这里,20世纪90年代初中国的国际环境恶化、长期封闭造成的文化闭塞、缺乏交流而使海外对大陆产生的误读,都纠缠在一起,使身在海外的学人不能不起传统文士的身世家国之叹。好在他是一个具有文化自信的人,他参与到有关近代中国辛亥革命史、市民社会问题、教会大学问题的讨论过程中,并将有关讨论情况介绍到国内,促使相关问题的研究。他还以极具个人人格魅力的演讲,展示了"中共"的形象,打通了与海外学界的隔离。再观今朝,大陆学界与海外学界的对话更趋频繁。他此后又多次出访,好在不再会被当做"中共",共同感兴趣的主要是学术问题,或者也在于个人的吸引力。但当初的飞鸿雪泥绝没有湮灭,泥上指爪早已成为历史的足迹,成为他自己和大陆学术史上共同的故事。

就近代中国史研究而言,中外交流则具有别样的意义。20世纪上半叶的中国史学界与国外史学界就保持着紧密的联系,近代意义上的史学学科的建立及史学研究方法的革新在很大程度上都受到了西方史学的影响。而作为研究对象的近代中国史，本身就是一部中西交通史。在近代化的进程中，西方世界既是近代中国不可回避的外力，也是近代中国历史的见证者。研究中国近代史，如果缺乏了西方的有关史料加以印证，显然是不完整的，也可以说肯定是缺失的。要避免这种情况，在封闭的状态下显然不可能达到。章先生在1979年赴美日等国访学，除了学术观点的交流，更大的一个目标就是搜寻海外中国史料。1988年，他在初访耶鲁大学时，就已有了相当的发现。但在当时，限于时间，未能一一细阅。1990年访美后，得以有充足时间阅读耶鲁大学图书馆有关中国的丰富收藏，并进行了整理。部分情况在《实斋笔记》里有所介绍，其中最为突出的就是耶鲁大学神学院所藏之贝德士文献。关于贝德士文献，在《从耶鲁到东京》一书中有更为详细的介绍。《鸿爪集》中又介绍了耶鲁所藏其他相关中国近代史的文献，包括近代中国最早走出国门看世界的少数先驱者之一的容闳私人文献，足以弥补容闳在美学习与工作文献之不足(第197页)。此外，还有1988年间在该馆特藏室所见之《同文馆题名录》，为1879年刊行，极为罕见，对了解同文馆的办理情况极具参考价值(第304页)。在该室还翻检出1890年学堂教科书委员会之工作报告，足补近代教科书沿革之名目。还有他的老师贝德士文献中的其他案卷。经章先生介绍，贝德士文献已举世闻名，大家都了解到贝德士文献中关于南京大屠杀的详细记载，但贝德士文献不仅于此，还包括其他部分。其中包括贝德士与费正清的交往信札，还有贝德士与早年来华基督教学者谢扶雅的来往信札，时间虽然都是在贝德士离华之后，但其中颇多关于中国教会大学史的探讨，而贝德士、谢扶雅等本身也是来华基督教及教会大学研究的对象(第215页到250页)。《鸿爪集》还介绍了耶路撒冷希伯来大学史扶邻(Harold Z. Schiffrin)、法国中国近代史研究名家白吉尔(Marianne C. Bergere)所赠之辛亥资料，分别为英国及法国档案馆的原始资料，对于了解辛亥革命时期中国的外交环境及西方国家的反应具有不可替代的意义。从耶鲁的藏档里，我们不仅得以了解曾经在中国工作学习的来华基督教学者的生平，得以了解南京大屠杀的更多细节，还了解到许多动人的故事，就像“南京帮”的故事(第383页)。它告诉我们，在近代中国，除了侵略者,还有一些来华外国人对于中国有着第二故乡般的感情。对于他们,我们也应该去了解,去寻找。近年来,由于学界开放与交流的增加,不仅观点的对话增多,许多学者也走出去,广集资料,从而“发现了许多曾经遗失的历史”,纠正了许多错误的认知,发现了许多未知的领域,也使我们的历史更为完整。

在行踪遍天涯之际,章先生的思想也游历于史学与社会之间,思考着许多问题。这些思想,大多反映在他为一些著作所写的序言或者学术会议的演讲之中,有些在海外就有所阐述,有些则在近年提出。确切地说,章先生更多时候是以一个历史学家的史识和敏感来反思史学,反思社会。今天,“无论是在中国还是在世界其他地方,史学已经、正在并将继续遭到冷落,这是有目共睹的不争事实”,不少历史学者由此埋怨社会冷落历史,或者认为历史无用。要想史学重归三代或者“文革”时期的荣光不仅是不现实的,也是不正常的。但是史学过于受到冷落仍然有着长期的历史文化背景,“其根源乃在于人类文明业已生病”,在于重科技轻人文的社会缺失与道德滑坡。面对这样的难题,“历史学家不应单纯埋怨社会冷落历史,而首先要问自己是否真正理解历史的价值,自己是否已被历史的永恒魅力所吸引”,章先生倡导,面对当代人类文明的严重缺失,历史学家不应该保持沉默,更不应该无所作为,必须与其他人文社会科学乃至广大科技专家中的有识之士一起,共同纠正现今文明的缺失,并用自己的学术精品,用自己的智慧与热情,营造健康向上的使人类免于继续沉沦的精神文明。这是一种大家气象,摆脱了对于历史的功利观念,章先生强调要着眼于人类社会的进步来献身于历史学的发展,以史学参与社会(第10页)。另一方面,史学界又需保持独立的品格,这又如何协调呢?在章先生看来,史学有着独立的品格,而史学的可贵品格首先就在于诚实,求实存真。史学的诚实首在于实证,实证首在史料,史料不仅在量,更在于质,由此才能够获得具有原创性的成果。要达实证还需切实把握史料之间的内在联系,对史事进行认知与解释。更为重要的是,学风不能屈于世风。20世纪80年代以后,政治对史学已渐宽容,但又遭到商品大潮更为猛烈的冲击,真正专心致志坚持在漫无边际的史学海洋中执着远航的人,为数已经愈来愈少。加以现行学位制度与职称评定中存在着严重问题,学术领域的急功近利导致率尔操觚之作泛滥,而直接的或变相的抄袭之风愈演愈烈。现在所缺少的,正是“辨心术以议史德”的高度自觉,所以敷衍塞责者有之,剽窃成书者有之,精品难出,膺著充塞,乃至在史学界也需要厉行打假扫劣。重提史魂,重建史德,诚实治学,正当其时。不能因世风坏而下学风,学风应为世风之先导,“如果学风随世风而俱坏,这个社会就无可救药了”(第14页)。

在史学需走向社会之时,作为历史学二级学科的中国近代史也需要走出中国近代史。在辛亥革命研究的问题上,章先生早就提出要上下延伸与横向会通,这同样适用于中国近代史研究的整体发展。社会变迁是一个渐进的漫长的过程,中国近代史不能够局限于80年或者是110年,在基础知识与学术视野两方面要上下延伸。而横向会通的意义更为丰富,中国近代史既要关注局部与整体之间的有机联系,也要关注中国与世界的互动关系。在学术科际整合层面上而言,也需要重视相关学科与史学研究的方法互动。“总之,上下延伸是从时间上走出中国近代史,横向会通是从空间上走出中国近代史,而走出的目的又都是为了回归中国近代史。”(第21页)以此为衡,章先生在中国近代史方面各个领域的研究也主要是在这两个方面进行突破。由辛亥革命史起点,拓展到资产阶级研究、中国早期现代化研究;由阶级研究,到个体、群体研究,从总体上不仅注重到了历史的连续性,也由模糊的阶级逐步深入到更为具体的层面,以求立体展示近代中国的发展轨迹。基督教会及教会大学史的研究则是侧重于从中西互动的角度来拓展研究空间,南京大屠杀的相关研究是他以历史学家的责任感参与社会的精神实践。

作为史学家,章先生的研究对象涵括官、绅、商、学和传教士,不过,对于自己,他显然更乐于做一个学者,一个具有历史责任感的知识分子。他说,“知识分子是社会培育出来的,知识分子应该反馈社会,对社会承担责任。或许可以说,没有历史使命感的知识分子,不是真正的知识分子”。但长期以来,中国知识分子的历史使命感是有局限的,不论是1949年前还是1949年以后,中国知识分子的独立个性都受到压抑,其"历史使命感大多表现为追求国家独立富强的自觉,但难以表现为对个性解放与维护人的价值及尊严的强烈诉求"(第 64 页)。在世人眼中,中国知识分子较多逆来顺受和柔韧性,但缺乏独立的批判精神。较之辛亥与五四时期的先进知识分子,当代知识分子还有相当的"逆差"。可喜的是,随着改革开放步伐及知识分子地位的提高,随着对外开放与中外交流的进程,一部分知识分子既能禀传统士大夫精神为家国献身,也能从西方有良心的知识分子身上汲取营养,孕育着更具有社会良心与批判精神的个性品格。章先生在诸多方面也在实践着这一准则。本书收录他关于世纪意识的思考即为其例。2000 年前后,世界各地均以极高热情庆祝欢迎新世纪来临,但对于知识分子而言,这更多的是一个总结与展望的时节。1994 年春,章先生在应台湾《联合报》邀请为台北中小企业家的演讲中,就提醒听者,自 19 世纪以来,这个跨世纪可以说是中国人迎来的最好的新世纪,中国面临着二百年来绝无仅有的振衰起敝的大好机遇,但夜长而梦多,欲速则不达。话虽不中听,但提醒我们在 21 世纪,"我同胞之国民,其将何以自处也?"所忧虑者,并非强大的外敌,而是本身的分裂,两岸当局能否搁置政治争论,重新整合关系到 21 世纪中华民族复兴大计的成败。这番反思,相信深为台湾企业界所认同。2001 年,在香港浸会大学"纪念辛亥革命 90 周年研讨会"上,章先生再次反思世纪意识。在辛亥一代人,"世纪意识的萌生,从一开始就与深沉的忧患意识结合在一起。当前,辛亥那一代人的理想,已基本实现,但 21 世纪一开始带来的就不仅是和平与发展的吉祥旋律,而且还有战争与恐怖等凶险警报。在新的历史条件下,孙中山所为之奋斗终生的三大任务仍然有待于继续完成"(第 75 页),反观历史,不能不使我们更清醒。不仅辛亥的遗产,而且中国历史的遗产,更弥足珍惜。而对于日本右翼分子有意篡改历史、遗忘历史的行径,他就不能不感到痛恨。一日不能还历史以真实,还中国以公平,他的取证就会继续下去。而在他精神的感召下,更多的历史学者更多的知识分子更多的中国人会认识到这件事情的意义,会参与其中。对于中国,这些都是前进的力量。

"往日崎岖还记否,路上人行往如织",章先生在出行路上的孤寂和艰难今天恐怕也很难体会到了,现今大陆与海外学界的交流已为平常事,而学术研究的视野也更为开阔。在学者与学术之间,似乎从来都是一体的。当学者局于一域之内,或受到政治的阻碍,自然就难以打开思想的世界,共谋学术的进步。近代中国史学要持开放的态度,走出中国,方才能够找到更广阔的舞台,使中国文化在交流中发展。而史学的研究,也要走出史学,走向社会,超越历史,促进中国与整个人类人文价值的丰富。在跨过世纪之后,世界并没有在一夜之间改变;但抱着这种期待,寻找史学、人文和社会中的真实价值,继续已开始的路,也许是学者在这个世纪应该思索的。

章师、章门与中国近代史研究

高　钟

一、文章憎命达，多难出大师

章开沅先生在史学领域既无家学渊源，亦无宗师引导，而之所以能在中国近代史研究领域卓然自成一家，实因其所处之时代，正是一个前所未有的内外交患、多灾多难的转型蜕变之期。而章先生与时俱进，对于时代的艰辛、历史的吊诡，感同身受，刻骨铭心；由是在近代史研究中，触史生情，有感而发，笔下风雷动，胸中块垒平。一代史学大师，实由时代多难、命运多舛而生。

抗日战争是中华民族近代史上最艰辛的一场苦战。尚是少年的章先生与其家人沦为难民，逃难到四川，而后又因家贫，与兄姐离家远赴江津国立九中就读（该校对于沦陷区学生，有“贷金”维持生活）。又因喜爱文学，模仿鲁迅笔法抒写散文，而为国民党顽固分子所迫害，勒令退学。“田园牧歌似的中学生活就这样戛然而止。然而九中在我心中依然保持着永恒的美好回忆。因为那里留下了我天真无邪的童年和少年的梦。”①

抗战胜利后，章先生随西迁的难民返乡，以己之努力，考上南京金陵大学历史系，开始了其历史研究的生涯。而且遇到了名师——美籍学者贝德士先生的指点。时至今日，章先生还时常怀念：“金大历史系

① 章开沅：《实斋笔记》，东方出版中心 1998 年版，第 23 页。以下引文凡未注出处者，均出自此书。

对中外近现代史的重视，与强调兼学其他社会科学课程（如社会学、经济学等），这两方面都堪称开国内风气之先。我一生治学之稍有所成，或多或少得益于此。”惜乎好景不长，内战使偌大的中国已放不下一张平静的书桌。章先生出于对国民党独裁腐败统治的不满和对民主自由的追求，毅然放弃学业，投奔解放区，并随大军南下武汉，成为新组建的华中师范学院历史系的教师。

20世纪50、60年代，章先生在教学之余，矢志近代史研究，并开始崭露头角。老一辈学者杨东莼、黎澍慧眼相加，1963年将先生借调到北京，参加中国近代社会历史调查委员会的筹备工作，使先生有了一个前所未有的近代史研究的条件和视野，前景似乎看好。但文章憎命达，此时，已是极“左”思潮暴涨之时，而先生又以史家之良知，对戚本禹武断专横地评李秀成的文章，提出了不同看法，捋了虎须，何能得免？逐出京城，“回鄂接受批判”。

多难兴邦，多难兴学。20世纪，中国前五十年的内外战争，50年代后期和“文革”时期的极“左”运动，创痛巨深。每个有良知的中国人面对这满目疮痍的历史，都不得不发出一个“为什么”的反思。而章先生作为饱经其难的史学家，身体神会，感悟泉涌。在改革开放——这迟来的“科学的春天”中，“学术界和其他各行业一样，人们备受压抑而又积蓄甚久的积极性，像埋藏在地下的泉水一样突然喷涌而出。这也是我一生之中精力最为旺盛而成果也最多的时期。继合编《辛亥革命史》三卷本之后，又陆续出版了《辛亥革命与近代社会》、《开拓者的足迹——张謇传稿》、《离异与回归——传统文化与近代化关系试析》、《辛亥前后史事论丛》等专著，还在国内外重要学术刊物上发表许多论文”。而时代磨难的烙印在这些论著的字里行间灼然可见。如正因对抗日战争这一民族的灾难体悟深切，章先生通过其恩师贝德士档案的整理，为日军南京大屠杀提出了铁证，并亲自到日本、台湾，唤起当地人民的正视与警惕。同样，因对极“左”政治对史学的强暴，目睹身受，痛定思痛，感慨良多。“十年浩劫期间，由于极不正常的政治环境，许多人（包括我们史学界）或多或少说过一些违心的话，内心的痛苦自然难以言说；而科学的尊严也受到肆意践踏，其痛苦更有甚于自己在人格上所蒙受的羞辱。

这样的沉痛的教训,难道还不足以使我们警醒过来吗?”正是基于这样的认识,所以,先生常以“治学不为媚时语,独寻真知启后人”来教育弟子,并在各种场合大声疾呼:“真实是史学的生命,求实存真是历史学家无可推卸的天职”、“史学家应该保持独立的学者人格。史学不是政治的婢女,更不是金钱的奴仆。……勇敢地迎接权势与金钱的挑战吧,史学与史学家们。”杜鹃声声皆带血,不信东风唤不回。这些呼唤因浸润了先生多舛之个人遭际和民族多难之历史,所以格外凝重,发人深省。

先生少年失学,青年辍学,中年挨批,命运坎坷多劫难。而最终“庾信文章老更成”,以其数十年磨难之体悟,厚积晚发,一鸣惊人。正如美国奥古斯坦那学院 1992 年 5 月 24 日授予先生荣誉法学博士时,其院长致词所言:“一位著名的美国的中国近代史学者曾经指出:‘章开沅教授无疑的是当代中国一位极为重要的学者和教育家,在世界上的历史学者与专家当中,他被评价为辛亥革命的学术带头人;在中国国内,他也是一位知名的深受尊敬的教育家,作为华中师大的校长,曾尽力促使该校成为一个真正的人文科学中心。’……那些曾与章校长共事过的人们,一致认为他是一位显示‘勇敢的意志去阐明自由的价值’的品格高尚的人。”①对章先生的学术地位与影响做了客观的评价。一代学术大师,在历经磨难后,卓然自立于中国近代史研究领域之巅。

二、转益多师,融会百家

章先生饱受磨难,少年失学,而能在百家争鸣、名家辈出的中国近代史领域中卓然自立,开创流派,除了其天资颖悟之外,更重要的是先生之善于学习。前辈师长,同辈师友,境外友人,先生一一请益,集众之长,纳川于海。可谓是:转益多师为我师,融汇百家成一家。

先生对前辈师长虚心学习,涓滴不遗。先生自述少年读江津九中,“有两位语文老师对我影响较深。一位是姚述隐……我对中国文学史

① 转引自华中师范大学历史研究所编:《莺花无际楚江头——章开沅先生七十华诞学术纪念文集》,武汉出版社 1996 年版,第 1 页。

稍具常识,多半是得益于姚先生的熏陶";"另一位是朱彤……朱老师把我对文学的兴趣从古代吸引到现代,并且促使我更加关切与同情挣扎在社会底层的劳苦大众";"我们还有一位很出色的英语老师赵宝初。……在他的启发下,我热衷于读英、法近代文学作品,增强了对于西方文学史的了解;同时也酷爱做英语语法图解练习,虽在失学失业四处流浪之际仍乐此不疲。我的英语现今勉强可用,应该归功于赵老师诱导有方"。中学的这些老师给善于学习的章先生奠定了牢实的文史、外语基础。

先生进入金陵大学历史系学习仅二年,但先生认为由于贝德士等教授"严格的训练,使我们在养成良好的学风方面受益匪浅"、"我一生治学稍有所成,或多或少得益于此"。

从金大辍学后,先生就告别了学生生涯,而在历史教学与研究的实践中,开始了转益多师为我师,从与前辈师长的工作接触中观察与学习的生涯。如黎澍"特别强调学习中西哲学以丰富思想的必要,这也对我此后的治学产生了深刻影响";如杨东莼:"东老的工作作风极为细微深入,属学者型而又无书生气。……东老见多识广,交游面特宽……这些活动不仅有助于当时的工作,而且也有助于我此后的资产阶级研究","正是由于他们的关切与支持,使我在北京得以结识许多学识丰富的师友,会见许多在中国近现代史上占有相当地位的重要当事人,阅读许多珍贵的文献史料。这不仅使我大开眼界,而且为此后的治学奠定了比较坚实的基础";如钱基博:"钱老使我最为倾慕的是他的恢宏的学术气象。……其学术魅力在于渊博,在于会通以至形成通识。学术境界有高低之分,专而狭则易流于琐碎之学,唯有博通古今才能成一家之言",这种恢宏的学术气象不仅为章先生所继承,而且钱老"注意从门径上指点学生,特别是注意方法与能力的训练"的方法,也成为章先生培养学生的重要方法。

对同辈师友,章先生也注意请益问难,淘金掘铜,熔为一炉。在众多师友中"相较而言,与我相知最深、合作最密的同辈学者,还得首推(林)增平。这不仅是由于地区邻近,志同道合,而且还由于在性格上也可以互相补益。所谓性格互补,并非只限于通常所说的个性,还包括学术风格与路径。林公憨厚而我豁达，林公扎实而我开放；林公长于细密而我追求宏观，林公旧学根底深厚而我略知西学。……他常侧重史料考订，我则更为致力理论诠释。他的论著端庄凝重，条分缕析；而我则行文不拘一格，间或流于偏锋”。先生与林公增平互相推重，携手合作，成为近代史研究领域中著名的“林章配”，不仅合作出版了三卷本的《辛亥革命史》，而且还合作培养了一大批史学人才，“两湖地区年青一代中国史学者群体的崛起，也渗透着我们两人的心血与精力。可以毫不夸张地说，我们合作的成效，在某种程度上已经辐射到全国，其影响且已为众多海内外同行学者所认知”。除林公增平外，陈庆华、陈旭麓、李时岳等都是章开沅先生推重与切磋、请益的师友。如此转益多师，聚精摄华，使章先生之史学研究达到一个更高的境界。

三、“章门”学术之特色

在历经数十年的积累之后，从 20 世纪 80 年代中期开始，章先生与其麾下的“章门第子”开始在中国近代史研究领域崭露头角，并以其新开辟的研究领域与研究特色而为人所注目，“其影响且已为众多海内外同行学者所认知”。其要点如下：

1. 新研究领域之开源

常有人将先生的名字错写为“开源”，这也许是因为章先生在近代史研究中开荆辟莽地开拓了很多新领域所致吧。在这方面“开沅学派”确是不负此“误”的。

由于众所周知的原因，近代史研究领域长期为“五朵金花”所囿。改革开放后，章先生以其过人的胆略与史识，顶着极“左”沉渣余沫的干扰，毅然地在近代史研究中筚路蓝缕地开辟出了众多的研究新领域，从而在这些领域研究中印上了鲜明的“开沅学派”之标记。其首开之域就是辛亥革命史研究。

辛亥革命因涉及国民党之历史功绩与该党众多元老之历史建树，故自新中国成立以来即打入冷宫，少人问津。1961 年为纪念辛亥革命 50 周年在武汉召开了学术讨论会，吴玉章致开幕词，级别可谓不低，但由此也可知其政治意义大于学术研究。即使如此，也好景不长，旋即“文革”妖风飙炽，人们对辛亥革命的研究噤若寒蝉，避之唯恐不及，何谈研究？而就在1976年“四人帮”甫倒台，“两个凡是”派依然执掌政权，继续推行极“左”路线之际，章开沅先生就应人民出版社林言椒先生之约，组织林增平、刘望龄等人进行三卷本的《辛亥革命史》的写作，并于1981年10月之前全部出齐。该书填补了辛亥革命研究的空白，结束了过去辛亥革命在中国，辛亥革命史研究在海外的尴尬局面。自此而后，辛亥革命史研究几成“章门”学术研究之重点，凡研究辛亥革命而不借重“章门”既有之成果者几稀。

“史学是永无止境的远航。”这诗意的语言正是章先生在史学领域永无止境的远航之写照。在开辟出辛亥革命的研究领域之后，章先生又目光如炬，灼见到中国近代商会史研究之亟待开拓。于1983年带弟子马敏、朱英远赴苏州，整理苏州商会档案。不仅出版了《苏州商会档案丛编》，更在此基础上出版了一系列科研成果。如马敏、朱英合著《传统与近代的二重变奏——晚清苏州商会个案研究》，马敏《官商之间——社会剧变中的近代绅商》，朱英《转型时期的社会与国家——以近代中国商会为主体的历史透视》，章开沅、马敏、朱英主编的《中国近代史上的官绅商学》等等。继辛亥革命史研究之后，商会史研究又为“开沅学派”再着先鞭，擎旗潮头。

20世纪90年代初，章开沅先生在访美期间，接触到大量教会大学档案史料，认识到教会大学对我国近现代大学教育制度之形成实有其不容抹杀之处。于是，在1994年归国之后，即筹组教会大学史研究中心，召开了中国首届教会大学史研讨会，出版了一批学术著作。一些章门弟子更在此基础上，形成了对中国现行宗教政策的反思，为崇仰正教、驱逐邪教提出了学术的论证与建议。

研究领域的开拓需有过人的胆识与才识，很多学者终其一生，囿于某一领域内而无力外涉。章先生却在不到二十年的时间内，开辟了三个领域的研究，同时还分别在1987年与1995年率先主持了国际性的中国近代文化史、经济史、社会史的研讨会，在这三个领域也成为领军者之一。功力超群，实为罕见。

2. 注重史学之通识

历史是已逝的过去,它蕴含着过去的方方面面。这些方面的相互影响与运动,构成丰富多彩的历史。所以要探究历史的奥秘,就必须对已逝的历史有一个整体的理解与把握,这就是历史研究中的"通识"。

对史家之通识要求,梁启超、章太炎、陈寅恪、钱基博诸大师莫不注重于此。梁言"作普遍史者须别具一种通识,超出各专门事项之外而贯穴乎其间";钱语"基博论学,务为浩博无涯矣,诂经谭史,旁涉百家,抉摘利病,发其阃奥"……"通识"、"会通"、"淹博"、"总汇贯通"等都是前贤大师对治史者一基本要求。其词虽不一,然其意则一致,都是强调对历史要有一种整体的把握。要注意到历史系统中各子系统之间的互动与影响。章先生思接前贤,启迪后学,谆谆强调:"梁氏所谓通识,也是就通史(普遍史)而言,但同样适用于整个史学研究。他强调的要发现'甲部分与乙部分之关系',实系一种泛指,既包括纵向的前后连续性,也包括横向的相互关联性等等,只有超越相关各类专史而加以'贯穴熔铸'始能得之。我所接触过的一些老辈学者,经常强调纵通、横通、中外古今法、东西南北法,大抵都是这个意思。而时下一些海内外学者所运用的系列研究或系统学方法,与此亦有相通之处。据我切身体会,专则易入,通则始出。若无深入的专题研究作为基础,所谓通识则如水无源,如木无本。但史家如缺乏通识,亦易流于支离破碎";"太炎虽系自述思想变迁轨迹,但却可视为通识形成之一个案,且对史学家亦有重要参考意义。1949 年以来,我国高校史学教育受苏联影响颇深,专业分工过细,课程设置单调,教学内容与教学方法都较划一而呆板,所以很难形成严格意义的通识,80 年代以来,始注意历史学科内部之中外古今相通,与历史学科同其他学科之相互渗透。但现今治学又多失之于功利主义太重,著述往往异化为晋升手段,或过于急切追求社会时尚,通识之意亦唯少数学者言之。而言者谆谆,听者藐藐,通识通才之难得更甚于往昔!但今后史学之发展,仍然呼唤通识与通才,有抱负的年轻学者需要继续朝这个方向努力"。

章先生对通识如此强调,并身体力行。20 世纪 70 年代末,他在辛亥革命史研究中就提出"社会历史土壤说",即任何一个历史事件都不是孤立的，而是有其历史土壤才能产生的。这个历史土壤就是历史总背景，就是整体历史观，就是史学之通识。而章先生作为“开沅学派”的创立者，金针度人，将此史学真谛传授于弟子，形成其学派的醒目特色。

如马敏、朱英的商会研究就突破了经济史、社会史专门史的樊篱，而从通识眼光看到商会与“传统与近代”过渡中官、绅、商、学之间复杂的粘连，以及这种粘连所体现出的“国家与社会”之间的互动。

又如章门弟子罗福惠在章太炎研究、居正研究中都不囿于人物自身之思想、言行，而是“把一位历史人物的思想放在近代中国社会土壤中加以考察”①。

再如章门弟子虞和平的商会研究，“特别注意过程中新旧质素的消长及其相互之间的错综复杂关系”，“特别可贵的是，他不仅从社会结构与社会生活的各个层面来考察、剖析商会，而且还把中国商会放在更为广阔的世界范围中来加以观照”②。

还如章门弟子桑兵之庚子勤王研究，“截取历史一个断面，从不同角度展开对同一事件的多方位、多层面探究，相关人事错综复杂，互相纠葛，无论从任何一面入手，均须牵涉其他各面。而有关史料必须前后左右互为参证，才能彼此贯通，形成线索条理，进而透视表象，显其本真”③。

这种通识、会通实际上就是“努力把人类历史作为一个整体，用全人类和大史学的观念和方法研究历史”。由章先生之耳提面命，弟子循径躬行，注重通识的大史学理论亦因之成为“开沅学派”醒目之徽标。

3. 注重中观研究方法

在中国近现代史研究中，注重中观之研究，是“开沅学派”一个极为突出的特点。所谓中观研究，就是在类型性的定性宏观研究与具体个案的微观研究之间的研究。就社会层次而言，注重中间层次；就社会整体而言，注重中间群体；就全国疆域而言，注重省际地域。这类中观研

---

① 唐文权、罗福惠：《章太炎思想研究》，华中师大出版社 1986 年版，后记。

② 虞和平：《商会与中国早期现代化》，上海人民出版社 1993 年版，第 2 页。

③ 桑兵：《庚子勤王与晚清政局》，北京大学出版社 2004 年版，第 19 页。

究,既能弥补类型宏观研究易流于粗疏之不足,又能避免个案微观研究易走入琐碎之弊病。而同时,他既需要从宏观整体把握历史的功力,也需用个案微观的定量分析来说明中观的历史真谛。这种研究方法,综合了类型宏观与个案微观之所长,弃其所短,尤其贴合中国近现代社会转型历史中,中层社会崛起、中层社会群体作用增大、省际差别显明的历史真像。同时,也能为中国当代社会转型时期建设各类社会中介组织与群体及解决东、中、西部省际发展不平衡问题提供历史的借镜。

如章先生所言:"自 1962 年对张謇进行系统研究以来,也经常感到简单的阶级归类很难对过渡时代错综复杂的社会群体作出贴切的解释。"于是,开始了"从下层社会群体向上层社会群体,从旧群体向新群体转化的思路"。群体的、集团的中观研究方法滥觞于此。而因极"左"思潮之压迫,直至二十多年后,才泉涌湍出,汇成巨波。

1983 年 8 月在复旦大学举办的"近代中国资产阶级讨论会"上,章先生作了"关于改进研究中国资产阶级方法的若干意见"的发言,整理后由《历史研究》发表全文。文中郑重提出并强调社会集团研究的重要性与迫切性。其要点有二:第一,"集团研究可以作为个案研究与类型研究(或个体研究与阶级、阶层研究)的中间层次……多样性的充分展示,常使统一性的揭示更为确切与深刻";第二,"无论是人类社会或自然界,无论是社会或自然界的哪个领域和哪个侧面,其本身结构和研究方法都是多层次的。……我之所以强调集团研究的重要,目的也正在于使我们的认识和研究方法更加符合历史客观实在的多层次性"。

以集团研究为开端的中观研究方法,为章门弟子所传承,循途而进,扩而广之,成为"开沅学派"的重要标识。如马敏、朱英、虞和平对绅商阶层与商会的研究;赵军对日本大陆浪人群体的研究;桑兵对学生群体与学堂、保皇党群体的研究;乐正对晚清上海居民心态的研究;王奇生对留学生群体与民国县长群体的研究;熊志勇对军人群体的研究;王建辉对出版家群体的研究;刘伟对晚清督抚群体的研究;林济对长江中流的社会宗族研究;刘望龄对湖北近代报刊史的研究;罗福惠对湖北近三百年文化社会变迁的研究;宋亚平、江满情对湖北近代财政的研究;高钟对湖北近代社会结构转型的研究;彭南生对近代行会团体的研究;

饶东辉对工会的研究;马小泉对近代地方自治的研究;余子侠对抗日战争时期中学教育的研究等,都是从集团、阶层、群体、省域等中观角度切入,“力求贴近客观实在地陈述历史,进而在理论上寻求对历史的合理解释”①。而由于中观方法最容易抓住中国近现代社会转型“两头不到岸”的特征与本质,所以常收事半功倍之效。章门弟子在中国近现代史研究领域头角峥嵘,成果累累,实与其中观研究方法之得当有莫大之关联。

4. 诗意的历史

中国传统文化文史不分家,强调文章写作中文无质则不传,质无文则不远。所以好的文章不但要有质,而且要有文,要有文采,要有文华。但由于极“左”思潮猖獗时,强调史学论文的政治性,再加上大学教育中分科过细的影响,这种文质彬彬、相互辉映的文风传统,在史学研究中日渐衰微,严重影响到史学的传播与普及。而章先生开创的“开沅学派”以对历史“同情的理解”,以优美的文笔、文风抒写的历史论文,不仅有质,而且有文,有一种历史的诗意,或者说写出了诗意的历史,形成一种历史的美感。

章先生学生期间酷爱文学写作,有“小鲁迅”之称。进入史学领域后,“常劝人治史要‘设身处地’”,即对历史有一种深入其境的“同情之理解”。在此基础上,再加上章先生的文笔功底,所以先生的学术论文充满诗情画意,给读者一种美的享受。很多学术观点、警言妙句,有诗的韵味与格调。如“历史是已经划上句号的过去,史学是永无止境的远航”;“真实是史学的生命,求实存真是史家的天职”;“诗人与古人均形成超越时空的无声对话,亦即思想与感情的沟通,其贴近感正如‘海内存知己,天涯若比邻’。史学家唯有如此贴近自己的研究对象,才能形成真正的沟通与理解”。这种发自内心的诗一般的语言,在章先生的文章中比比皆是。而且,如大师陈寅恪一样,章先生对于诗与史的关系十分重视:“诗中有史,史中有诗,即非史诗佳作,昔人诗词中亦有富于史

① 章开沅、马敏、朱英主编:《中国近代史上的官绅商学》,湖北人民出版社2000年版,第4页。

识、史感者，读之可以增添治史悟性”；“（孟）浩然诗句之佳在于‘代谢’、‘往来’，有此二词，历史遂有生命，时间顿呈鲜活……”而正是借助于这种诗的治史悟性，借助于诗般的语言，“开沅学派”的史学文章，没有诘屈聱牙的文句，没有晦涩不通的辞章。注重文风，注重文采，成为学派的家风与特色。唐文权、罗福惠的《章太炎思想研究》，每章标题对仗工整，有诗的意韵；马敏、朱英的《传统与近代的二重变奏——晚清苏州商会个案研究》，书名就有琴音古韵，引人入胜；桑兵的《庚子勤王与晚清政局》，全书文笔酣畅沉郁，大有寒柳堂遗风……此外，如赵军行文之高屋建瓴；严昌洪为文之老到若拙；郭国灿文章之雄健开阔；虞和平文风之平实厚重；乐正文笔的轻灵洒脱；林济文章的飘逸秀丽；宋亚平笔扫千军，锐不可当；熊志勇文如老吏，斩钉截铁；陈曼娜文风婉约，如山溪初出；张艳国笔力豪迈，似湍流暴涌……总之，尽管数十名章门弟子文风各有所长，但有一个共同的特点就是注重文字的锤炼，注重文采的张扬；注重文章之大气，先声夺人，高屋建瓴。切实做到了文如行云流水，行止有当；笔如巧匠丹青，浓淡自如。由是从“开沅学派”的史学论文中，人们读到了诗，看到了画，感受到了美，体悟到了史学的智慧与美丽。

章门弟子因秉师教，注重通识通才，故不仅在研究历史中领军潮流，在创造历史中亦不后人。限于篇幅，不一一列举，窥斑知豹，名师高徒，交相辉映、彰显，成史学之佳话。

章先生曾说：“我一向关心青年学者的成长，把他们视为希望之所在。”章门弟子不负师望，以优异的学术成果和创造历史的骄人业绩使先生的希望得以实现。

寻求历史与现实的契合

——章开沅先生与中国商会史研究

郑成林

近30年来，中国商会史研究越来越为中外学者所瞩目，不仅推出了一批颇具分量的研究成果，还形成了一支可观的研究队伍，并逐渐成为中国近代史研究的重要领域。这得益于改革开放后学术界的思想解放，更与章开沅先生的开拓与倡导密不可分。因此，每当提起中国商会史的研究，人们首先想到的即是先生及其创建的华中师范大学中国商会研究中心。尽管在先生数以百计的重要论著中，直接以商会为研究对象和主题的并不多，但他对该领域的思考、关注，以及提出的具有开创意义的真知灼见“引领了这一新的学术潮流”①。

一、“商会是从整体上考察资产阶级不可缺少的重要课题”

先生对商会的关注与思考，发轫于对辛亥革命史的研究尤其是对中国近代资产阶级的考察与探讨。

20世纪五六十年代，先生的研究兴趣逐渐由太平天国运动转向辛亥革命，并在国内率先开展了对近代资产阶级活动及阶级性格的深入探讨。具体研究时，就多次论及商会。在1961年纪念辛亥革命50周年国际学术研讨会上，先生宣读了与刘望龄教授合写的《从辛亥革命看

---

① 马敏:《拓宽历史的视野:诠释与思考》，华中师范大学出版社2006年版，第417页。

民族资产阶级的性格》,该文在对比分析辛亥革命前后资产阶级及其政治派别的态度与表现时,不仅考察了上海、汉口等通商巨埠的商会及其领袖人物,而且探讨了类似鄂北襄樊、光化等中小城市或商镇的商会、商团,认为“辛亥革命爆发时,除上海、无锡等少数城市的商会、商团为形势所迫在不同程度上参加了起义活动外,大多数地方的商会、商团都对革命采取观望或敌视的态度,这是与其领导成分有密切关系的”①。在《试论 1913 年的“二次革命”》一文中,先生再次认真分析了“二次革命”爆发以后上海、南京等地商会或行业组织的表现,尤其是全国商会联合会京师事务所的态度,指出“很多地方的商会或行业组织纷纷通电反对,或者以实际行动进行阻挠破坏,主要就是大资产阶级在捣鬼”②。现在看来,这些研究虽然有待进一步深入和细化,但与当时流行于一时的贴标签式的“阶级分析”相比,仍然有着十分重要的学术意义与价值。因为,当时学界研究辛亥革命中资产阶级的表现,多集中于革命本身以及一些“资产阶级个体”,忽视了对社会环境与资产阶级群体组织的考察,而先生则自觉地将商会、商团等工商团体纳入研究范畴,不仅深化了近代中国资产阶级的研究,也拓宽了辛亥革命研究的视野。

其实,先生自 1962 年从事张謇研究时,就感到简单的阶级归类很难对过渡时代错综复杂的社会群体做出贴切的解释,到 1963 年当撰写《张謇的矛盾性格》时,“更初步形成张謇从下层社会群体向上层社会群体、从旧群体向新群体转化的思路”③。由此可见,先生对张謇的研究不单是对个体人物的探讨,而主要是透过分析人物所厕身的社会集团,以揭示他生活于其间的时代与社会的特征。正是因为有了这样的思考,所以当 1964 年随杨东莼教授和邵循正教授在天津看到收藏完整而内容又极为丰富的天津商会档案时,尤其是当聆听邵循正教授对社会

① 章开沅:《从辛亥革命看民族资产阶级的性格》,载《新华月报》1961 年第 12 号。

② 章开沅:《试论 1913 年的“二次革命”》,载《新建设》1964 年第 2 期。

③ 章开沅、马敏、朱英主编:《中国近代史上的官绅商学》,湖北人民出版社 2000 年版,第1页。

集团研究重要性的强调后，先生立即意识到商会研究的重要学术价值，并着手筹划对商会进行专题研究。然而，遗憾的是1964年因所谓“替叛徒李秀成辩护”获罪，被迫停止教学与研究，筹划之中的商会研究也被迫中辍。

拨乱反正以后，为了突破狭隘政治史格局，赋予辛亥革命史研究更为宽广的视野，先生不仅呼吁学界加强商会史的研究，并着手整理和编辑苏州商会档案资料（详后），以及撰文（或指导研究生撰文）对商会组织及活动进行探讨。1980年，先生在《辛亥革命史论丛》创刊号（1980年第1辑）上发表了《解放思想，实事求是，努力研究辛亥革命史》，指出辛亥革命史研究“特别要提倡系统而深入的专题研究”，“不能再停留于不分行业、地区的‘一揽子’式的考察”，“除了企业家与企业集团外，行帮、公所、会馆、商会、商团、码头、集镇等等都应列入我们的研究课题”。次年，在总结新中国成立30余年来辛亥革命研究取得的成绩与不足时，再次明确指出“过去，我们对资产阶级的研究，往往侧重于个别企业主的经济活动，这自然是必要的，却又是不够的。应该扩大我们的科学视野，要从这个阶级的整体着眼，认真考察他们社会生活的各个方面”，进而对清末民初的经济基础与阶级结构进行系统而深入的具体研究。那么，怎样从整体着眼呢？又如何深入探讨辛亥革命时期的社会经济状况呢？先生认为可以从商会研究入手，商会“是从整体上考察资产阶级不可缺少的重要课题”，因为“从不少大中城市来说，几乎社会生活的各个主要方面，都可以感受到它的存在和影响。……如果多注意考察一些类似这样的社会‘细胞’，并且认真地加以剖析，将有助于我们对辛亥革命时期的资产阶级进行更确切的估量”①。在先生看来，“除了企业家与企业集团，行帮、公所、会馆、港埠、集镇……举凡资产阶级的各种组织，以及他们栖息并且活动于期间的社会环境，都应该列入我们的研究课题。只有逐步弄清各个侧面，才能更为深刻和全面地认识资产阶级的整体，并对这个阶级在辛亥革命前后的动向作出真正科学的说明”。不仅如此，先生还认为“历史诚然是由人的活动构成的，但它决不

① 章开沅：《辛亥革命史研究中的一个问题》，载《历史研究》1981年第4期。

是个人活动的简单堆积，而是由许多相互关联的群体（阶级、阶层、政党、社团等）组成的一种社会运动”，因此，“从研究的总体布局来说，如果过分地偏重于个别人物的研究，而相对忽略了整个社会环境的研究，则必然容易在不同程度上流于孤立的个人史事陈述”，“在资本家个人和资产阶级整体（或其某一个阶层的整体）之间，多做一些集团（如资本集团、行业、商会以至商团、会馆等等）的研究，然后再进行类型的归纳与区分，所得结论可能比简单的上中下层划分更切合实际一些”①。

在具体的研究中，先生也正是循着上述路径思考，把探索的触角尽可能延伸到社会生活的各个领域，并以商会组织的兴起与发展状况剖析了辛亥革命前后资产阶级发展的程度。在探讨了商会的成立意义与主要活动，以及与政府和其他社会团体的关系后，先生认为商会是早期江浙资产阶级社会活动最重要的舞台，增强了资产阶级在社会生活中的地位和作用，“这些（商会与政府之间公文往来形式——笔者注）无非是表象的变化，通过商会团聚起来的资产阶级，逐步控制了一些大中城市的市政机构，才是问题的更为本质的方面”②。1982 年，在北美亚洲学会第 34 届年会暨“辛亥革命与民国肇建”学术研讨会上，先生在与台北和海外学者交换对辛亥革命性质的意见和看法时，更为系统地论及商会，并以正在整理的苏州商会档案资料为例证，指出“建立商会决不是简单地套用西方模式，也不是出于清朝皇帝偶尔善心的恩赐，而是资本主义初步发展和资产阶级力量增长的结果，它的出现反映了社会发展的必然趋势”，“1904 年以后各地商会的先后建立，可以看做中国资产阶级已经形成一支独立的阶级队伍的重要标志。1905 年以后，资产阶级之所以能在历次反帝爱国运动中显示出越来越大的活动能量，是与他们有了商会这个纽带和基地分不开的”，“只是商会成立以后，资产阶级方才有了真正属于自己的社团，有了为本阶级利益说话的地方，从此不再是以个人或落后的行帮形象，而是以新式社团法人的姿态与官

① 章开沅：《关于改进研究中国资产阶级方法的若干意见》，载《历史研究》1983 年第 5 期。

② 章开沅：《辛亥革命与江浙资产阶级》，载《历史研究》1981 年第 5 期。

府或其他社会势力相周旋"①。

这些详细又具体的实证分析,迄今依然有着很强的说服力,使得我们对辛亥革命的性质及其爆发的时代与社会有了更为深刻的认识。加强社会集团研究的倡议更是引起了学术界的普遍共鸣,不仅将辛亥革命中的资产阶级研究从"上中下"的阶层分析、单个企业与个人的考察推进到社会群体及集团研究的新阶段②,而且极大地推动了中国商会史的研究,促使商会研究逐渐成为"社会集团研究中的一个热点",进而深化了整个中国近代史的研究③。

二、"商会研究对整个中国近代史研究具有重要意义"

诚如有些学者所言,中国商会史研究之初是作为辛亥革命史的一个领域加以拓展的,尤其是成为对资产阶级进行集团分析的一个样本,以致在史学研究实践层面"形成了这样一种局面:资料、问题和领域是新的,但思考的角度和路数却是旧的",即通过商会的兴起和表现来论证中国近代资产阶级已经形成,进而证明辛亥革命是一场资产阶级革命,或从资产阶级的成长来说明和解释商会组织的成长。这种主要关注和论析商会阶级属性的研究,一定程度上局限了我们的视野,也制约了研究者对历史其他方面的思考④。

对此,先生有着深刻认识,早在 1960 年代进行张謇研究时就多次强调应加强对社团和社群与社会环境之间互动关系的研究,1980 年代初即指出"商会是 1904 年以后出现于中国大地的新事物,不仅活跃于通都大邑,而且分布于许许多多州县乃至集镇,在 20 世纪最初 10 年已

---

① 章开沅:《就辛亥革命性质问题答台北学者》,载《近代史研究》1983 年第 1 期。

② 冯筱才:《中国商会史研究之回顾与反思》,载《历史研究》2001 年第 5 期。

③ 罗福惠、田彤:《引进借鉴变化——80 年代以来中国大陆近现代史学鸟瞰》,载《近代中国史研究通讯》(台北)第 20 期(1995 年)。

④ 马敏:《商会史研究与新史学的范式转换》,载《华中师范大学学报》(人文社会科学版)2003 年第 5 期。

经形成全国范围的巨大网络，并且在经济、政治乃至文化生活中产生越来越明显的作用”①，因此，“商会研究，不仅对中国资产阶级研究，而且对整个中国近代史研究，都具有重要意义”②。为了进一步拓展商会史的研究，先生不仅从方法论的高度发表了许多真知灼见，还成功培养了一批从事商会史研究并取得突出成绩的中青年学者，进一步促进了中国近代经济史、社会史和城市史诸领域的研究。

先生是国内较早从事现代化理论和中国早期现代化研究的学者之一，认为“历史学家的参与，不仅拓展了现代化研究的广度与深度，加强了现代化研究中的科际整合，同时也对历史学（主要是中国近现代史）自身的发展提供了新的活力”。因此，热衷欢迎和鼓励学者运用现代化理论把商会与中国早期现代化结合起来研究。在他的指导下，马敏、虞和平、朱英等中青年学者从不同的角度论证分析了商会的兴起演变及其与中国早期现代化的关系，这些研究无论是对商会本身的研究，还是对早期现代化的研究，都让人产生了柳暗花明又一村的感觉。不过，对运用“传统—现代”分析框架考察商会社会属性时，先生有着自己的看法和认识，多次指出“历史本身即是过程，中国商会史也是一个漫长的历史过程。如果研究历史而忽视过程，则必然失之于肤浅乃至失真……近代中国是一个过渡性的社会，其中的事事物物都带有过渡性，都充满着新旧质素的纷争与消长，产生于其中的商会自然不能例外”，因此反对把近代商会与公所、会馆等传统行会作为两种截然对立的组织来看待，进而指出“商会是近代社团，区别于行帮、会馆，但中国商会不仅以行帮、会馆为渊源，为依托，而且为基础组织”，“连资本主义最为发展的上海，封建性相当浓厚的会馆、公所也长期与商会并存，而且有增无减”③。这些对研究中简约化和表面化倾向的提醒和批评，一定程度上推进了中国商会史的研究，也有助于我们更加深入深刻地理解近

① 马敏、朱英：《传统与近代的二重变奏——晚清苏州商会个案研究》，巴蜀书社 1993 年版，序言。

② 虞和平：《商会与中国早期现代化》，上海人民出版社 1993 年版，序言。

③ 虞和平：《商会与中国早期现代化》，上海人民出版社 1993 年版，序言。

代中国的国情。

不仅如此，先生还强调不仅要从近代中国社会结构与社会生活的各个层面对商会进行考察和剖析，还应该把它置于更为广阔的世界范围加以观照，因为“商会本来是‘舶来品’，是中外交往的产物，它既经产生以后便必然要成为中外沟通的桥梁，并且以寻求平等互利的国际经济合作为自己的职责”，进而指出“从参加国际博览会，到举办国内的劝业(博览会)，到接待外国商团并派代表出国访问，中国商会一步一步登上了国际舞台。尽管地位和作用都很有限，但毕竟是迈开了艰难的第一步，而且逐渐加快了走向世界的步伐”①。这种“从世界看中国”的宏阔视野，有助于我们摆脱就商会研究商会的桎梏，促使我们以系统、整体和发展的眼光去看待和研究商会。

在探讨商会与中国早期现代化的关系时，先生还指出应多从商会自身实在的活动加以分析，而不是仅从“革命者”的立场加以推导，认为中国早期现代化的失败不应该仅仅归咎于商会，更不应该由商会来承担。在先生看来，“中国现代化至今仍然是一个尚未完结的过程，商会自然也只能在当时当地有限的范围内履行自己的历史职责。全部中国商会的历史可能略带灰色，但是也绝非没有比较辉煌的篇章。……世人每每诟病各地商会常多对革命持保留态度，殊不知商会自有其潜在的不易被察觉的潜在功能。商会最为关心的乃是市场的稳定与不断扩大，因此最害怕社会的动荡与分解，不至最后关头决不轻易与现存政府决裂。但是对于旧社会而言，商会所依附并推进的商品经济，则是具有很大瓦解力的革命因素，可以毫不夸张地说，商品经济是在不声不响地、每日每时地进行着改组旧社会的革命。而商会为推进商品经济所曾付出的各种努力，也都对近代中国社会的变革，作出过贡献”。当然，先生也认为商会有其严重局限与弱点，中国资产阶级的“先天不足，后天失调”都集中地缩影在商会身上，因此，“从历史总体来说，商会很难左右政局，更谈不上校正社会前进的方向”②。循此思路，加强商会与

① 虞和平:《商会与中国早期现代化》，上海人民出版社 1993 年版，序言。

② 虞和平:《商会与中国早期现代化》，上海人民出版社 1994 年版，序言。

经济现代化的探讨,势必可以解决历史研究中的某些问题,甚至对某些悬而未决的问题做出更合乎情理的解释。然而,遗憾的是,迄今学者对商会在商品经济等方面表现出来的“革命性”的探讨仍相当不足。

对学术界将“公共领域”与“市民社会”理论引入中国商会史研究,先生也十分关注和重视,指出近代中国商会一经诞生,便极力向社会生活各个层面渗透,期望在政府和民众之间发挥更大的作用,因此,研究近代中国市民社会与公众领域(不论其有无)不能忽略商会档案的利用,更不能忽视商会的研究,否则,将是一个重大的缺陷,并积极鼓励商会研究学者参与讨论,认为这不仅可以使有关近代中国市民社会与公众领域的研究更加深入,也可以拓宽商会研究的思路,使汗牛充栋的商会资料得到更为充分的利用。同时,先生强调不能简单地将国家视为专政的工具,更不能“忽略了政府与百姓之间那块不算大也不算小的空间”,探索这块空间中活动的人和事,是一个很大的课题,也是一个既有学术意义又有现实意义的课题,并以晚清商会与政府的关系分析为例,指出“如果没有清朝商部和各级政府的倡导,各地商会就很难如此迅速建立并且不断拓展自己的活动空间。但是,商会势力的增长与活动空间的延展,又必然要或多或少冲击固有的统治秩序,并且在不同程度上影响权力与利益的再分配。因此,作为旧体制的国家便难免又要对新兴的商会加以种种限制乃至压抑。不过,由于晚清中央政府的腐败和权力日益下降,商会仍能在各种限制中获得生存和发展”①。这些简明扼要的论述不仅具有重要的启发意义,并成为许多思考的源头。

不过,先生同时提醒我们,具体研究时决不能跟着西方学者惯用的理论概念兜圈子,更不能挖空心思地寻找中国的史实去印证西方的理论概念,而应是在大量占有第一手资料的基础上,力求贴近客观实在地陈述历史,进而在理论上寻求对历史合理的解释。唯有如此,才不会流于凿空的夸夸其谈。

---

① 朱英:《转型时期的社会与国家——以近代中国商会为主体的历史透视》,华中师范大学出版社1997年版,序言。

三、原生态史料是商会史研究的生命

“历史是历史学家的暴君，它自觉或不自觉地严禁史学家了解任何它没有透露的东西”（布洛赫：《历史学家的技艺》），这是先生极为欣赏也常用来教诲我们青年学子的一句话。

对于史料与史学的关系，早在刚刚开始史学研究时，先生就进行了较为深入的思考①，此后又多次强调“对于真正的历史科学来说，单纯从一般理论上进行演绎推导是无济于事的，必须从历史实际出发，在大量可靠的史料基础上进行科学的分析和综合，才有可能获得比较切近客观实际的理论概括”②，“考据实证仍然是历史学家的看家本领（基本功），没有实证作为基础，任何巨大而华丽的史学架构就仿佛建立在沙滩上的大厦。……一味追随于西方史学的新潮流，那并非是真正独立自主的与国际接轨”③。当然，先生并非“史料至上的学者，也经常做一些解释，做一点宏观的判断，也做一点评判的工作”，更允许甚至鼓励做一些理论、方法和范式的探讨，认为学术史的总结有助于促使现有研究在已有基础上取得新突破，只是提醒我们要对传统史学与西方史学持科学分析的严谨态度，认识到“新的范式不一定就是对已有范式的颠覆”，更要警惕范式的泛滥，不能将其置于研究的首位④。

对于原始档案资料，先生尤为重视，认为“档案对史学研究的重要性是难以用语言来表达的，只要是长期、严肃地从事具体研究的人都会知道，档案是具体研究课题的生命”。因此，在强调改进商会研究方法

① 章开沅：《读书与求解——史料与史学的关系》，载《理论战线》1959年第7期。

② 章开沅：《辛亥革命史研究中的一个问题》，载《历史研究》1981年第4期。

③ 章开沅：《〈近代史学刊〉发刊词》，华中师范大学出版社2001年版，第2页。

④ 章开沅：《商会档案的原生态与商会史研究的发展》，载《学术月刊》2006年第6期。

的同时，先生还特别重视挖掘、整理和运用档案资料，尤其在苏州商会档案资料的整理出版方面付出了较多的心血。前已述及，1964 年春前往天津调查研究时，看到天津市档案馆收藏完整又丰富的商会档案时，先生立即意识到这些资料的重要学术价值，并拟进行商会专题研究。1980 冬，先生因撰写《辛亥革命与江浙资产阶级》赴苏州市档案馆搜集资料，当踏进该馆库房时，就被眼前“堆积如山而尚未及全部清理的商会档案”所吸引，并为之兴奋。继而发现的市民公社和苏州商团档案，更让先生惊喜若狂。这种兴奋与惊喜，非长期抉剔爬梳文献资料者所能理解与想象，但先生迄今记忆犹新，“当时的兴奋，真是如入宝山，为琳琅满目的珍贵史料所迷醉，忘记了室内已是滴水成冰，唯有靠滚烫的茶水来稍解严寒”。在先生眼中，这些资料是历史的活化石，对探讨中国近代社会具有极其重要的意义。但先生并未“据为己有”，不仅在 1982 年春召开的北美亚洲学会第 34 届年会上做了重要介绍，以期学者的关注和利用，还积极争取江苏省和苏州市档案部门的同意整理和编辑出版这些资料，为中外学者提供检索的方便和满足学术研究的需要。不仅如此，先生还组织编辑委员会并出任主编，克服种种困难，几经寒暑，历尽辛劳，终于在 1991 年出版了《苏州商会档案资料丛编（1905—1911）》，是为第 1 辑，凡 100 万字。迄今，《苏州商会档案资料丛编》第 2—6 辑（1912—1951）均已编辑完毕，其中第 2、3、4、5 辑已正式出版。尽管已过八十高龄，第 1 辑出版也近 20 年，但先生对每辑的整理、编辑与出版（还有《苏州商团档案汇编》）均十分关注，从资料选编、框架结构等方面也予以细心和耐心指导。因此，每辑的编辑出版均有先生的辛劳。受此推动，天津、上海、无锡、武汉等地的研究者、档案部门和工商联，也相继联合整理编辑当地商会的文献资料，进一步促进了中国商会史与近代经济史的研究。

随着商会档案陆续整理公布和报刊的影印出版，中国商会史研究的资料条件比过去任何时候都要优越。对此，先生感到既欢欣鼓舞、充满信心，又忧心忡忡。欢欣鼓舞的是，越来越多的学者投入到中国商会史的研究行列，并努力“通过商会研究增添一个新的突破口，把过去习以为常而其实是非科学的所谓‘科学方法’纠正过来”①。也正是如此，先生对中国商会史的研究又充满信心，认为“商会史研究就仍将作为史学研究的一个新生长点继续深入发展下去”②，并“殷切地希望现今年青一代学人能够从前辈学术经历中吸取经验教训，认真打好基础，以期根深叶茂而有所大成”③。

忧心忡忡的则是现在学术界弥漫的急功近利之风，尤其是不重视发掘史料、不重视原始资料的浮躁之风。有感于此，先生提出将时下流行的“原生态”一词借用到历史研究中来，强调历史资料的原始性、完整性，并以之类比于艺术工作者对原生态艺术的提倡、房地产开发商对原生态居住环境的追求，认为史学的价值及其品格首先就表现为要认真看原始资料，仅仅依靠或主要靠别人利用过的“二手货”，是难以获致真正有价值的学术成果的。只有充分运用了原生态的史料，史学著作才能经得起时间的检验，保持它的生命力。在先生看来，中国商会史研究能够取得一些为国内外同行认可的成果，正是与“原生态”的商会档案的发掘和利用分不开的。但先生仍不满足于此，认为“作为一个对自己有更高要求的史学家来讲，对诸如此类的史料汇编应有一种不满足的感觉”，因为任何史料选集、汇编都在不同程度上破坏了史料的原生态，进而提倡对于一些重要的史料必须读原文、对原本，并要考虑文本的完整性，“如同矿藏勘探一样，不是你知道这个地方有铁矿就行了，对于铁矿的位置、处于哪个矿层、矿脉怎么样、周围的环境怎么样、古生物遗存情况如何，包括当时的水陆情况等要弄清楚。只有这样，才能开展有价值的勘探”④。矿藏勘探如此，中国商会史研究如此，史学研究又何尝不是如此。

---

① 马敏、朱英：《传统与近代的二重变奏——晚清苏州商会个案研究》，巴蜀书社 1993 年版，序言。

② 章开沅：《商会档案的原生态与商会史研究的发展》，载《学术月刊》2006 年第 6 期。

③ 章开沅等：《苏州商团档案汇编》，巴蜀书社 2007 年版，序言。

④ 章开沅：《商会档案的原生态与商会史研究的发展》，载《学术月刊》2006 年第 6 期。

对当前学术评价制度,先生也有着自己的看法,认为史料的搜集、整理、选编、出版“表面上似乎平凡而又琐碎”,但凡真正做学问的历史学家都能深切理解此项工作的重要意义。因此,对那些理解、信任和支持档案资料整理编辑出版的档案馆、出版社及其领导,先生总是充满感激,“更殷切地期望各级学术管理部门,充分认识资料工作无可取代的重要价值,在政策导向上给以应有的尊重与待遇”①。

四、商会史研究连接着现实与未来

在先生看来,“从学科分工而言,历史学家虽然侧重研究过去,然而决不可以理解为冷漠现实”。不仅如此,先生还明确指出“历史学家不仅应积极参与现实生活,而且应该成为把现实与过去及未来连接起来的桥梁”②。从某种意义上来说,商会史研究就是这样的一个桥梁,成为连接历史与现实的一个契合点。

改革开放以来,随着行业管理体制改革的不断深入,加快商会和行业组织的培育和发展已成为政府与社会各界的共识与现实的选择。然而,如何健全商会组织的发展?建构怎样的商会体系?又如何处理好市场经济下政府、商会、企业三者之间的关系?这些问题均有待实践工作部门和学术界的深入探讨,也给中国商会史研究提供了一个更为宽阔的空间,也是一次新的挑战。为了迎接挑战,先生于 1998 年创建了华中师范大学中国商会研究中心,并出任主任。是年,先生已七十有余。中心成立后,秉持把历史研究和现实调查研究紧密结合的宗旨,积极与中央统战部、全国工商联和湖北省与武汉市工商联等部门联系,并获得他们的支持与委托,对改革开放以来中国商会的发展状况、职能配置及社会功能进行了广泛深入的调查研究。对于每次的调查研究,先生都免不了提醒我们,指出“历史学研究者的‘天职’是研究历史而非其他,参与现实生活也主要是以史学来参与而非其他”,因此,不能简单地

① 章开沅等:《苏州商团档案汇编》,巴蜀书社 2007 年版,序言。

② 章开沅:《现代化与中国近代史研究》,载《中国历史学年鉴》1995 年。

迎合社会的需要，预设前提、预设立场、预设结论，而应保持价值中立，用科学、客观与冷静的头脑去分析与研究当前中国商会的组织结构与社会功能、运行机制与管理模式，以实事为依据去考察与探讨作为商会主体的商人的生活方式、情感世界、心态特征及其对社会经济制度的认识与理解。

在此思想的指导下，中心研究人员在掌握大量文献资料和进行系统调研的基础上，先后撰写了《行业自治与经济发展：我国行业协会的兴起与发展》、《武汉行业协会的发展：现状、问题及对策》、《双向合作与行业自治：武汉餐饮业协会的调查与分析》、《行业协会的职能配置与武汉民营经济发展》等咨询报告，获得中华全国工商联、中共武汉市委和武汉市政府等部门的高度肯定与重视，认为这些报告“深入探讨了从历史到现实商会和行业协会产生的社会背景、生长历程、发展特征、运行机制和管理模式……提出了一些值得重视的建议，并具有一定的指导性和可操作性”，“在今后的工作中，我们将会进一步研究报告中的有关分析和建议，按照市场化原则加快行业协会的建设和发展”。

不仅如此，先生还多次应邀参加湖北省、武汉市政府和工商联举办的“现代商会建设座谈会”。在座谈会上，先生强调指出，培育和发展商会是建构和营造“政府—中介—民众”之间良性互动关系的重要渠道，是推动社会经济健康发展的重要方式，因此，各级党委和政府及职能部门均应改变观念，将原本属于商会的职能归还给商会；在健全商会组织系统过程中，除了要学习和借鉴国外及港澳台的经验，按照现行国际惯例办事，更要从中国历史传统中吸取有用的资源，总结历史上中国商会的经验与教训。在先生看来，中国近代商会虽然是仿照和借鉴国外尤其是日本商会的经验而发展起来的，但在不断自我调适后，逐渐建构了组织系统严密、社会功能突出、符合当时社会经济环境的商会体系，这些基于本土的经验能够为当前商会的规范建设提供更为有益的历史借鉴。由此可见，商会史研究被赋予了更为深刻的现实意义和重要的社会价值。

对中心即将启动的“中国商会数据库”建设，先生同样予以大力支持和高度肯定，认为该项工作若能顺利开展，不仅有助于学术界及时交换史料发现及研究进展信息,促使高质量的商会研究群的形成,而且有助于加强政府、行业、商会和科研机构的携手合作,为我国商会组织的又好又快发展提供更多更好的建议。

总之,随着社会主义市场经济的迅速发展,新的时代对商会史研究提出了更高的诉求,而商会史研究也必将在史学与现实两方面产生更为明显的积极影响。这是先生的期盼,也是我们努力和前进的动力与方向。

日本:章开沅先生史学研究的关键词
——从跨文化交际角度解读

田　彤

由于中日两国间错综复杂的历史与特殊的关系,“日本”作为中国学者的思想载体,充当太多的角色,已经作为一种符码植入中国学者的知识谱系之中,甚至成为一种分析工具,化为一个思想维度,契入中国学者的思维。综观章开沅先生的学术理路,辛亥革命史、中国早期资产阶级(包括张謇与商会)、近代化比较、教会大学史、日本侵华史等研究,无一不与“日本”相关。“日本”在章开沅教授的学术话语中有其独特的语义。

一、“日本”涵义之一:日本学人

章开沅先生是改革开放后率先登上海外学术论坛的大陆学者,以诚为本,广结“学缘”,其学养得到海外学者的推崇。

章开沅先生以中国早期资产阶级研究与辛亥革命步入史门,并因此而结缘日本学界。1963 年发表《论张謇的矛盾性格》(《历史研究》1963 年第 3 期),引起海外学者瞩目。1975 年出版的《辛亥革命前夜的一场大论战》,被日本京都大学岛田虔次教授列为该校文学部研究生教材。1978 年,日本京都大学人文科学研究所狭间直树教授,与日中友协奈良县本部名誉会长、日本中国研究所北山康夫教授先后慕名来访,就辛亥革命研究交换意见,并邀请章先生访日,稍后北山托人捎来其珍藏多年的宫崎滔天主编的《革命评论》杂志。

1979 年 9 月底,章开沅先生与武汉大学萧致治教授联袂访美;11

月,章开沅先生受东京大学东洋文化研究所与京都大学人文科学研究所联合邀请,由美赴日,中国大陆辛亥革命研究者第一次踏上与辛亥革命有千丝万缕联系的日本。两所同为日本汉学研究机构中的翘楚。人文科学研究所1978年设立"比较文化"客座研究部,聘请或邀请国外学者共同讨论相关议题。傅衣凌、全汉升先生参与过明清社会变迁研究。章开沅先生与刘大年先生参与过狭间直树教授主持的"民国初年文化与社会"的"共同研究"计划。章先生此行向日本学界介绍中国近现代史研究与大陆辛亥革命研究的状况与趋势,也就日方所关心的专门问题发表讲演。章先生此行结交了一批日本历史学者,特别与日本辛亥革命研究会市古宙三、野泽丰,辛亥革命研究会"四条汉子"(中村义、藤井升三、久保田文次、小岛淑男)、石田米子,京都地区辛亥革命研究者小野川秀美、岛田虔次、小野信尔、狭间直树、清水稔,结成终生不渝的深挚友谊。

学者之间,尤其是跨文化交际的学者之间,学术观点难免分歧、对立,但这无碍于有着相同的学术精神与宽厚胸襟的史学家共建互信的学术关系以至私谊。在有关辛亥革命革命性质的核心问题上,除野泽丰先生、菊池贵晴先生支持章开沅先生的资产阶级革命说外;市古宙三与许多欧美学者相呼应持"绅士运动"说;石田米子、小岛淑男与关西地区的狭间直树等,坚持工农群众乃是辛亥革命的主体。社会科学、人文科学的学者交锋并非"华山论剑",无需一争高下,只要不断提出新史料、新思路,论证其原有命题,都能得到真正学者的相互尊重。坚执自己的学术观点,本身即是史家"求真"的学术精神的体现。不同学术观点之间的砥砺,更有助于深化学者对既有学理的思考。章先生在与日本学者的交往中,通过增进相互间的理解,为日本关东、关西学界共同尊为学术知己。

章先生通过学术出访,扩宽视野,反思辛亥革命史研究现状,1980年在《辛亥革命史丛刊》创刊号著文《解放思想,实事求是,努力研究辛亥革命史》,甫一发表即为日本社团法人中国研究所主编的《中国研究月报》全文译载。章先生主编的《辛亥革命》3卷本为什么能别开生面,其导因都可以追溯到日本学者的认知酵素。该书1980年—1981年陆续出版后，一度成为京都大学人文科学研究所、东京辛亥革命研究会研讨主题。

1981年10月，章先生参加国内“纪念辛亥革命70周年学术讨论会”后，与陈锡祺、李宗一、金冲及等随胡绳前往日本，出席“东京纪念辛亥革命70周年国际学术会议”，提交《“排满”与民族运动》论文。其间，还应邀参加京都大学人文科学研究所举办的小型讨论会。此次访日与竹内实、岛田虔次几位资深学者交换学术心得。始自1985年，他们大都来过武昌参加辛亥革命学术讨论会。1985年日本佛教大学副教授清水稔来华师进修。随后章先生将其弟子赵军派往日本佛教大学、东京大学访学。1993年6月，章先生完成在美国普林斯顿、耶鲁、加州（圣地亚哥校区）三所著名大学3年讲学与研究后，应邀赴日本讲学与研究3个月，在海外4年虽然研究重心已转向中国教会大学史，但始终未能忘情于辛亥革命史。在日本和台湾发表多篇与辛亥革命有关的论文，如《“排满”评议——对辛亥前后民族主义的再认识》、《大陆地区辛亥革命研究的回顾与前瞻》等重要文章。

此后，章先生为实现“努力把中国的辛亥革命研究引向世界，同时又把世界的辛亥革命研究引进中国”的使命，多次穿梭日本。1993年6月，章先生应日本熊本县与东京辛亥革命研究会等单位联合邀请访日。提交论文《孙中山与宫崎兄弟》；并在京都大学人文会馆演讲《关于孙中山研究之思考》，赴东京国际文化会馆讲演《史学寻找自己》，与井上清、森时彦、清水稔、久保田文次、中村义、小岛淑男、藤井升三、狭间直树、田中正俊、滨下武志等交换学术心得。

2005年10月，在日华人学术组织中日学术交流中心与华人教授会主办“中国同盟会建立100周年纪念国际研讨会”。此次会议是华人教授会所组织的第3次大型研讨会，并得到国际交流基金、中国大使馆、日本华侨华人总会等机构支持。中国驻日大使王毅专程致辞。章先生不避耄耋华年，前往千叶商科大学出席会议，与庆应大学法学部名誉教授山田辰雄分别作《中国同盟会：百年后的观察》与《另一个中国革命》的基调讲演。

以张謇与辛亥革命史研究为纽带，章先生结识了一批日本学者。

除上述人物外,尚有河田悌一、石川祯浩、森时彦、近藤邦康、明治大学高田幸男、筑波大学历史人类学系中井英基。

章开沅先生得到年高德劭的日本学人鼎力相助。

日本北海学园大学藤冈喜久男教授是年长章开沅先生5岁的另一位挚友。由于对张謇的共同的学术兴趣,两人在1987年张謇国际学术研讨会上一见如故。章开沅先生早期资产阶级研究由张謇入手,1963年在《历史研究》上发表《论张謇的矛盾性格》一文,即引起海外学者的关注。日本北海学园大学藤冈喜久男教授的《张謇与辛亥革命》(北海道大学图书刊行社1985年版),曾引用过该文。会间,藤冈喜久男教授得到章开沅先生1986年由中华书局出版的《开拓者的足迹——张謇传稿》,感触颇多,多次与章先生晤谈。尽管两者学术观点不尽相同,但藤冈教授为书中所引用的《张謇未刊函电》、《来函汇集》、《近代史料信札》等大量非一般日本学人能轻易寻觅与索解的原始文献所折服,要求代译为日文出版。藤冈教授回国后,一年多来与章先生书信交驰,深究某些艰深诗文的翻译细节,力求译文准确、雅训。在藤冈的努力下,《张謇传稿》日文版于1989年由东京东方书店出版。

章开沅先生在研究中国近代人物文化转型论题时,总结出具有普遍意义的"离异—回归"范式,颇得藤冈教授激赏,主动承担《离异与回归——传统文化与近代化关系试析》的日译工作。

比章先生年长4岁的野泽丰先生,被章先生视为兄长,原任职京都大学人文学院,日本著名中国近现代史专家,1986年退休后转任骏河台大学,创建日本辛亥革命研究会,担任过日本历史学研究会委员长,出版《孙文:革命尚未成功》(诚文堂新光社1962年版)、《孙文与中国革命》(岩波书店1966年版)、《辛亥革命》(岩波书店1972年版)、《亚洲的变革》上下卷(校仓书房1978年、1980年版)等专著及《辛亥革命的阶级构成——四川暴动与商绅阶级》、《辛亥革命与日本:立宪君主制还是共和制?——亚洲第一次共和革命的冲击》、《张謇与南通》、《民国初年袁世凯政权的经济政策与张謇》(《社会科学战线》1984年第2期)、《日本文献中的张謇与南通》等专题论文;为扩大学术交流,自费创办《近邻》杂志。曾参加中日友好运动、中国学术代表团欢迎运动。他曾向华中师范大学中国近代史研究所捐赠大批书籍，长期惠寄《近邻》。1997年，为弥补友人曾参与侵华战争的遗憾，野泽丰先生用300万日元在华中师范大学历史文化学院设立“野泽丰奖学金”，奖掖后学，至今已经六届，并曾不顾年长体弱，分别于1998年、1999年、2001年数次来到武汉为学生颁奖。其高尚人格必将在中日学术交流史上留下浓墨重彩。

为人诚朴的久保田文次教授，则是章先生的至交。久保田先生1937年出生，东京教育大学历史学博士，曾任教于日本女子大学，以辛亥革命史研究见长，用其所理解的马克思主义观点，视辛亥革命为资产阶级民主主义革命，并将辛亥革命与欧美资产阶级革命、日本维新加以比对研究。从1960年代辛亥革命研究会创建以来，久保田教授作为其创始人之一、核心人物，与该会灵魂人物野泽丰教授及会中“四条汉子”共撑会务，30多年来，以其任教的日本女子大学校为活动场所，以自己的研究室为联络处。该会1991年、2001年两次举办辛亥革命国际学术研讨会，为年轻学者提供了学术交互平台，将一批硕士与博士研究生推上学术前台，并出版《辛亥革命研究》杂志①。久保田教授在保障学术活动的前提下，牺牲自己公休，自费帮助章先生抄登日本外务省档案中与辛亥革命相关的文献。可以告慰久保田先生的是，其所提供的资料已纳入“清史工程”《辛亥革命史资料新编》，已于2008年出版。

日本专攻中国辛亥革命史甚至中国史且各领先机者皆与章先生建立了良好的学术关系。日本的中国史研究成为章先生史学研究对话的重要一极。

老一代史学家的风义已演化为中日师生情谊。河田悌一，关西大学校长，岛田虔次大弟子之一，在中国思想史方面颇有建树，1980年代曾来华中师范大学访学，即与章先生结下深厚学谊，自称“章开沅先生的学生”。2006年8月河田教授授予章先生荣誉博士学位，2007年10月，邀请章先生与余英时等国际一流学者出席该校文化交涉学教育研究基地启动庆典。2008年10月，河田校长登上华中师范大学“博雅

① 野泽丰：《“惜别”辛亥革命研究会——回顾战后研究会的历史》，载《近邻》2005年总第47期。

讲堂”，发表《李大钊与“时间论”》的演讲。在章先生与河田教授的努力下，华中师范大学已与关西大学结为姊妹学校。

二、“日本”涵义之二：日本论域

作为论域的“日本”，随时空推移，在章开沅先生的记忆与思想中有多重面相。

章先生在情感层面与日本的接触，始于童稚时期。章先生家族曾经营芜湖马鞍山铁矿，所产矿石有部分销往日本八幡制铁所。先生幼时随父亲驻矿，时常得到来矿上运输矿石的八幡制铁所经办人员的罐头、糖果。日军侵华后，少年的章先生竟然在很长一段时期内自责，甚至有一种负罪感，认为自己家族出口的铁矿变成了日军的枪炮，友人的居所变为侵略者的温床。战争中的颠沛流离、躲避日机扫射、家族四散的悲惨经历，萌生出对日本军国主义的厌恶与义愤。

20 世纪 80 年代中期以来，日本文部省修改教科书，掩盖日军侵华罪行，右翼势力污蔑南京大屠杀是中美两国编造的谎言。章先生愤激于日本右翼言论，参与并推动维护追求历史真相的活动。1988 年初夏，章先生在哥伦比亚大学出席中国民主运动史国际研讨会期间，在纽约参与海外华人自发组织“对日索赔会”的筹建。会后利用学术休假，章先生赴耶鲁神学院图书馆初步检索中国 13 所教会大学档案全宗，在业师金陵大学贝德士教授个人专档中，意外发现一大批“南京安全区国际委员会”档案。1991 年章先生得到耶鲁大学历史系邀请并获鲁斯基金资助，专程前往该校神学院图书馆，历时 8 个月，潜心系统阅读 130 多盒、千余卷的贝氏全宗，复制 1000 余页有关南京大屠杀的资料；1998 年 5 月再次前往该图书馆，全面搜索有关“南屠”藏档。贝德士是章先生就读金陵大学历史系的业师，牛津大学历史学硕士，1920 年由基督教联合布道会派往中国，教授世界通史、俄国史等必修课；曾帮助青年章先生办理美国新闻处和英国文化委员会图书借阅证。抗战全面爆发后，金陵大学西迁成都。贝德士奉校当局之命由日本返回南京，以副校长名义全面负责留守校产。

南京沦陷前后，与20余友人共创南京国际安全区委员会(后改为南京国际救济委员会)并出任主席，管理南京安全区内20余万难民，并与同仁将日军暴行逐日记录下来，照会日军以示抗议。贝德士是该会最后一任主席，1946年7月，贝德士作为证人出席远东国际法庭，提供大量证据，无可辩驳地坐实了日军南京大屠杀罪行。1950年回国后将委员会所有档案带到美国。

1995年抗战胜利50周年，章先生编译出版《南京大屠杀的历史见证》，并与旅美华裔女导演汤美如合编《南京：一九三七年十一月至一九三八年五月》。1997年南京大屠杀60周年，在中央决定通过纪念活动反击日本右翼颠覆史实的大环境下，该书重新得到热评。中外媒体纷纷采访，新华社所发专题通讯被100多个国家的媒体引用与转载。当年，章先生参加南京、日本召开的纪念会，报告论文《贝德士文献的史料价值》、《耶鲁神学院藏档有关南京大屠杀文献评述》，发表题为《一个中国学者对南京大屠杀的认识过程》的主旨演讲。

章先生通过贝德士文献发掘日军屠城史实，日本右翼因此诬陷贝氏系“反复无常的伪证制造者”。章先生随即在《历史研究》1999年第2期上发表《到底是谁在制造伪证？——驳田中正明著〈“南京大屠杀”之虚构〉对贝德士的诋毁》，经多方考证，指出贝氏等外籍人士确是当年日军暴行的见证者，而制造伪证者恰是当年日本军方控制的新闻机构与现今掩盖日军罪行的右翼势力。

章先生在系统整理、翻译1300多件贝氏文献后，又在其他10位当时也在南京工作过的美籍人士的档案中发现大量材料，1999年9月出版《天理难容——美国传教士眼中的南京大屠杀(1937—1938)》资料集，全面展现贝氏档案与耶鲁大学收藏的有关“南屠”文献。与《拉贝日记》相比，贝氏文献因系原件而非之后整理而更具权威性；同时全面印证、丰富了《曼彻斯特卫报》驻华记者田伯烈编著《外人目睹中之日军暴行》(杨明译，1938年汉口出版)的史实。该书英文版由美国M. E. Sharpe, Inc.于2001年出版。2003年，章先生出版《从耶鲁到东京——为南京大屠杀取证》，全面回顾自己15年来揭露日军暴行的经历。湖北电视台、《湖北日报》、《长江日报》等多家媒体对此给予报道。学术的谨严性,保证对日本右翼的攻击的有效性。2006 年 9 月,在首届南京国际和平论坛开幕式上,因研究南京大屠杀成绩卓著,章先生与其他 7 位中日人士被授予南京大屠杀遇难同胞纪念馆特别贡献奖章。

国民政府西迁,日军从 1938 年 2 月至 1943 年 8 月空袭重庆长达 5 年,繁华市区皆为瓦砾,人员死者逾万。日军轰炸重庆是继德国 1937 年 4 月西班牙内战中对格尔尼卡平民实施轰炸又一惨绝人寰的战略轰炸,拟动摇中国政府与人民的抗战斗志。章先生作为重庆大轰炸的亲历者与受害者,呼吁组织人力,整合资源,要像研究南京大屠杀一样,加强对重庆大轰炸的研究。

除文字工作外,章先生还参加系列实际活动,表达反对战争、爱好和平的心声。

1990 年底作为发起人参加海外华人自发组织的"对日索赔会",讨论纪念南京大屠杀会议筹备。1991 年底出席在纽约举办的"纪念南京大屠杀受难同胞联合会",演讲贝德士功绩。1998 年 6 月,参加亚太和平与公正联合会在纽约举办的"日本证人访美代表团"报告会。此外,还曾多次应邀前往日本,与日本正义人士一起揭露南京大屠杀的历史真相,驳斥右翼谬论。1997 年底出席纪念南京大屠杀 60 周年东京国际会议,报告《一个中国学者对南京大屠杀的认识过程》。1999 年底参加东京"战争犯罪和战后赔偿问题国际市民研讨会"。2000 年在日本关西巡回演讲。甚至不畏耄耋之年,在寒冷的夜晚走上街头,参加提灯游行会。

章先生对年青学者的有关研究也倾力扶持,曾在张纯如《南京大屠杀》一书出版前认真审读,并提出中肯意见。正是在章先生的关心下,长期研究日本浪人与大亚洲主义的赵军,推出《日本右翼与日本社会》(广东人民出版社 2007 年版),将右翼置于日本社会与民众之中,多角度多侧面地勾勒出从头山满、黑龙会一直到二战后"传统右翼"与新右翼的宗谱与特征,指出正是日本社会的畸形现代化孕育出传统右翼,而二战后社会民主改革的不彻底及美国政府的庇护纵容,使右翼势力得以死灰复燃,成为日本政府修改教科书、参拜靖国神社等错误决策的社会基础与政治工具①。

章先生研究南京大屠杀的目的，正如他在接见日本友人渡边信夫时所说：通过发掘战争的根源，明确战争责任，以杜绝相似的战争再次爆发。缘此，日本学人与有关人士愿意与章先生结成反战同盟。

年长章先生4岁的田中正俊教授，毕业于东京帝国大学文学部东洋史学科，东京大学名誉教授。作为历史学家，他将日本战争责任归结于日本民族的劣根性，并认为部分历史学者屈从文部省“修订”教科书，是对日本人民、亚洲各国人民的犯罪行为。曾将《战争·科学·人》、《战中战后》赠送章先生。与田中同龄的藤原彰，系一桥大学名誉教授，“中国人战争被害者支援会”代表委员。年青时从陆军士官学校毕业后，被派往中国战场。他在为天皇“效力”的同时，也看到“圣战”给中国人民带来的痛楚与“圣战”的虚伪。战后就读于东京大学文化部史学科，从此走上追究日本（包括昭和天皇）战争责任的史学研究之路。晚年整理自己在中国战场的体验，出版《中国战线从军记》。他多次与章先生在有关演讲会上同作基调报告。

小岛淑男是章先生研究辛亥革命的同仁，以史学家特有的独立品格维护史实。他为抗议文部省教科书问题而收到附有子弹的恐吓信，却仍然坚持自己的立场。

加藤实先生早年毕业于东京外交大学，主修汉语，曾在华任教有年，组织友人参观南京大屠杀遇难同胞纪念馆。1999年翻译出版朱成山主编的《南京大屠杀幸存者证言集》，2003年以来历时两年多时间将章先生的《天理难容——美国传教士眼中的南京大屠杀（1937—1938）》译为日文，并自费购买1500本送给日本友人，让更多日本人了解那场战争。2005年与其他9位优秀外国专家一同荣获湖北省政府颁发的“编钟奖”。

渡边信夫，1943年京都大学哲学科毕业后应征加入海军，未直接参加侵华战争，但仍背负“强烈的民族负罪感”，而后致力于基督教和平运动。2008年，85岁的渡边信夫先生还赴华中师范大学发表“中日友好关系新时期的历史与文化思考”的演讲，反省日军、日本民众、日本基

① 赵军：《日本右翼与日本社会》，广东人民出版社2007年版，序言。

督教会在侵华战争中对中国人民的伤害,表达对中国人民的歉意。

小学校长松冈环参观南京大屠杀纪念馆惊诧于日本的罪行,回国后又利用假期组织学生参观该馆,并组织“南京铭心会”,提醒日本民众真诚反省那段不堪回首的历史,并不畏右翼分子的威胁,总是走在和平游行队伍的最前面。该会成员多为幼稚园教师、保育员、家庭妇女、邮局职员等,其活动逐渐由大阪扩大到关西地区。

他们延续着资深学者洞富雄(著《南京大屠杀》,上海译文出版社1987年版中译本)、小俣行男(著《日本随军记者见闻录——南京大屠杀》,世界知识出版社1985年版中译本)等人的工作。诚如章先生所言:正是有众多日本友人的支持,丝毫没有孤寂之感,总觉得世界各地的友人都在与我一起战斗!

1980年代中后期开始,章开沅先生在辛亥革命史、早期资产阶级研究的基础上,又开始中国早期现代化的研究,其领导的华中师范大学中国近代史研究所,与北大罗荣渠教授领军的北京大学世界现代化进程研究中心各领南北研究之先机。1991年日本早稻田大学教授依田熹家出版《日本的近代化——与中国的比较》(卞立强译,中国国际广播出版社1991年版)中文本,从政体、土地与资本、学术思想、知识体系等方面,揭示日本近代化的动力与模式,强调日本是近代化的楷模的同时,也指出现代化不是西方所独有的发展道路。中国学者与依田熹家一样做着相同的比较研究的工作。章先生注重将中国早期现代化与西欧与日本早期现代化比较,以探寻世界各国现代化的共性与个性,主编《比较中的审视:中国早期现代化研究》。日本向西方开放晚于中国10年,但日本却因应国际与国内形势的变化,快速走上现代化的道路,甚至成为中国早期现代化的导师。章先生在从文化学角度探讨中国早期现代化动力与进程,讨论传统文化与近代化的关系时,特别以日本发展为参照,提出“离异—回归”的分析模式,以此全面解说从鸦片战争到辛亥革命这段史实,希望建构现实中国现代化发展的自主意识,更好地处理“现代”与“传统”的关系。罗福惠教授的《国情、民性与近代化》、赵军的《折断的杠杆》,以日本明治维新后的历史为参照,分别从文化与政治革新角度比较中日间的异同。

章先生在从事中国早期资产阶级与张謇的研究中，极为注意与涩泽等日本企业家加以比对，探讨中日近代化的内在机制及其不同发展道路。

涩泽荣一(1840—1931)，号青渊，日本近代产业之父，世界公认的儒家资本主义的典型代表，其"道德经济合一说"曾为明治维新后的日本实业界提供强大的思想武器和理论基础，彻底改变了日本民众对商人与实业界的总体认识。创办、培育500余家公司企业、600余项社会事业，发展出由金融业到轻工业再到重工业的日本式的现代化道路。在日本对外关系方面，在西奥多·罗斯福到华伦·哈定执政期间，他与4位美国总统会谈，推动日美之间的民间层面的外交。从19世纪80年代到20世纪30年代，涩泽作为领军人物穿针引线，积极促进日本财界与中国的联系，推动中日关系健康发展。孙中山、戴季陶、李烈钧、蒋介石、张群等出访日本均会晤过涩泽荣一。1913年应邀访问中国。

近年来，日本财团法人涩泽荣一纪念财团也将研究领域拓展到以张謇为代表的中国早期资产阶级研究，曾于东京、上海、南通举办涩泽荣一与张謇比较研究的学术研讨会。涩泽荣一纪念财团是弘扬涩泽荣一"道德经济合一主义"的经济道义财团法人，下辖涩泽史料馆、实业史情报中心与研究部。其前身为1886年创立的龙门社，1946年在整合涩泽青渊纪念会的基础上，龙门社更名为涩泽青渊纪念财团龙门社。1982年，该财团顺应欧美与日本国内对涩泽荣一日趋重视的时势，在东京飞鸟山原涩泽家邸建立了涩泽史料馆。1989年，经多位学者牵头，财团成立了涩泽研究会。该研究会举办经营史、外交史、社会事业史、教育史等多主题研讨会，研究涩泽荣一的思想精髓。2003年11月，该财团建立以涩泽为主线的近世实业史的研究和资料信息搜集与整理、出版的实业史研究信息中心。同时，财团正式改名为涩泽荣一纪念财团。财团在日本设有22个支部，每年召开一次会员总会。财团编辑出版会员机关报《青渊》及研究纪要《涩泽研究》。该财团宗旨为：表彰涩泽荣一的功绩，弘扬涩泽荣一毕生主张的以"道德经济合一主义"为基础的经济道义。现任理事长为涩泽雅英先生。在其领导下，通过成功举办涩泽国际儒教研讨会、涩泽北美研讨会，向世界广泛宣传涩泽荣一的思想。

因研究旨趣趋同,章先生与涩泽财团磋商,于 2006 年 5 月在华中师范大学设立涩泽荣一研究中心。该中心的建设有利于加强双方合作研究,同时打开了中日民间交往的管道。当年 9 月、11 月,涩泽雅英理事长及小松谆悦常务理事一行先后来汉参加双边工作会议,更加密切了华中师范大学与涩泽荣一财团的双边关系。涩泽雅英来汉期间,还作为特约嘉宾在湖北省纪念辛亥革命 95 周年国际学术研讨会开幕式上发表《涩泽荣一与中国》的演讲。涩泽财团还极力促成华中师范大学涩泽荣一研究中心与关西大学东亚文化交涉学研究中心及两校合作研究与互换学生,并全额资助华中师范大学学生赴日访学、攻读硕士和博士学位。

三、"日本"涵义之三:人文关怀的交互平台

章先生通过与日本友人的交往,搭建谋求建立中日关系新局面与探讨普世价值的交流平台。

池田大作是世界著名的思想家、哲学家、文学家、教育家、桂冠诗人、摄影家、社会活动家、国际人道主义与和平主义者,曾荣获联合国和平奖、巴西南十字国家勋章、奥地利联邦共和国学术与艺术最高勋位荣誉奖、中国教育贡献奖,并获得莫斯科大学、北京大学、格拉斯哥大学等 200 余个各国高等学府与研究机构授予的荣誉博士、荣誉教授荣衔。现任联合国承认的非政府组织日本创价学会名誉会长、国际创价学会会长。池田先生秉承先师牧口常三郎、户田城圣的"创造价值"、人性教育、"人间革命"的理念,不遗余力地兴办文教事业,创立创价大学、创价学园、民主音乐协会、东京富士美术馆、东洋哲学研究所、牧口纪念教育基金会、户田纪念国际和平研究所等文化教育团体。

池田大作先生亦是日本公明党的创始人、推动中日邦交正常化的先驱,曾受到周恩来、邓小平、胡耀邦、江泽民、胡锦涛等党和国家领导人的接见。

池田先生以生命尊严哲学为根本,为了世界和平及文化教育交流,

遍访世界各地区，先后与汤因比、佩西、鲍林、诺曼卡曾斯、戈尔巴乔夫、常书鸿、金庸等几十位各国政要、企业家及文化、宗教与学术界名流对话，广泛深入地探讨人类所面临的种种问题。其哲学、宗教学、政治学、艺术、经济学、文学、社会学、历史学等学养与见解体现在《人间革命》、《新·人间革命》、《展望二十一世纪》（与汤因比的对谈集）、《二十一世纪的警钟》（与贝恰的对谈集）、《探求一个灿烂的世纪》（与金庸的对谈集）、《敦煌的光彩》（与常书鸿的对谈集）、《社会变迁下的宗教角色》（与B·威尔逊的对谈集）、《第三虹桥》（与罗古诺夫的对谈集）、《20世纪的精神教训》（与戈尔巴乔夫对话）、《人生问答》（与松下幸之助对话）、《世界市民的展望》、《畅谈世界哲学》（与钱德拉对话）、《和平世纪的倡言》等书中。

章先生在金陵大学就读时便修读王绳祖先生讲授汤因比的《历史研究》。章先生自从1985年阅读《展望二十一世纪》后，即敬佩池田先生百科全书式的知识结构与思想主张。20世纪90年代中期特别是步入21世纪后，回首池田先生与汤因比教授的对话，有感于上述两者的对话中关注的人类面临的许多重大问题不仅未能解决，甚至有些问题如局部战争、环境污染、社会混乱、道德沦丧、腐败等更趋严重，章先生不断思考“21世纪的人类能为后世留下些什么?”的命题，呼吁有识之士共商自救之道，自觉肩负历史学家的使命。

2005年6月，马敏校长出访创价大学，与池田大作先生晤谈，提议池田先生与章先生开展对话，池田先生欣然首肯。同月，华中师范大学成立池田大作研究所，探究池田先生思想精髓，深化民间交往。随后创价大学与池田先生的私人代表高桥强教授也来华中师范大学商讨学术交流有关事宜。为打造对日交往的民间平台，章开沅先生2005年12月中旬应邀出访创价大学，接受创价大学授予的荣誉博士学位，并与池田先生一见如故，彼此神交已久的双方就中日友好及人类终极关怀等议题开始首次对话，开启两位智者此前已约定的对谈的帷幕。翌日，12月14日，日本《圣教新闻》即以“日中新时代的对话开始”的通栏标题，报道此次对话。

2006年10月14日至15日，适逢以构建社会主义和谐社会为中心议题的中国共产党十六届六中全会闭幕之时,华中师范大学池田大作研究所与创价大学联合举办“和谐世界与和谐社会国际学术研讨会”,武汉市委宣传部车延高部长,与来自日本、台湾、大陆等国家与地区的20多所大学与科研机构的学者、专家百余人出席会议,提交论文40余篇,围绕池田先生和平观、和谐观、教育观、文化观、人性观等议题展开讨论。章先生发表《殊途而同归——我与池田先生的相遇与相知》的演讲,道出两位长者正视中日关系史、携手维护世界和平与社会公正的心声。《圣教新闻》2006年10月19日、20日、21日连续报道国际学术研讨会。《中国教育报》、《长江日报》、湖北卫视教育台等多家媒体前来采访。

历史的“巧合”,是因为有着共同的“人为”的前期准备。2007年是中日邦交正常化35周年,恰是温家宝访日“融冰之旅”之时,3月28日至4月26日,章先生应邀出席创价大学开学典礼,并再次与池田先生晤谈。其后,在长达一年多的时间里,两者以通信方式穿越时空对话,互相交换思想。日本《第三文明》杂志2008年全年连载章先生与池田先生的对话。

章先生虽然与池田先生国籍不同,但彼此间的经历与思想却有颇多相似之处,心灵相通。两者均在战争中成长,经战祸苦难;少年辍学,在社会底层从事卑微劳动,同情劳苦大众;二战后期服过兵役,但却没有打仗;爱好文学,崇敬鲁迅;敬仰孙中山、周恩来。两位长者都是倾心陶行知“生活教育”理念的教育家,都有反对战争、热爱和平的良师。池田先生的导师牧口常三郎与户田城圣先生因反对日本对中国与亚洲的战争而屈死狱中。先师们为世界和平与社会正义奋斗的精神,成为池田与章先生的人生航标。两人均尊敬、喜欢汤因比。

池田先生1975年与英国历史学家汤因比就人生与社会、政治与世界、哲学与宗教议题展开对话,首开其“对话”的思想之旅,对话录以26种语言出版;30年后再与历史学家章先生对谈,感慨万端。池田与汤因比对话的根本基础在于两者均是虔诚的宗教信徒,相信宗教是“人类生活的泉源”。池田与章先生能够对话的根本基础,则在于两者对历史学的共同体认。池田先生将历史学视为人类社会生存与发展的基石。

首次晤面，他激赏章先生“优秀历史学科万古长青”①、“史学永葆青春”的论语，强调：“只有借鉴历史，人类的未来才会和平、胜利，光明的轨道才会延伸。在此意义上，没有比了解历史更强大的武器。”否则，社会将退化为“无轨道”野兽般的生活方式。“无论经济有多么发展，名气多么大，如果不学习历史，这种繁荣是短暂无常的。当今是正确历史观无比重要的时代。”坚信正确的历史观是构筑人类和平的基础。“当今21世纪世界前途未知，已逐渐进入一个特殊的时代。在此境遇中，历史观和哲学显得尤为重要”，“正确而深刻的历史观是对未来人类最好的馈赠”②。

正是双方如此相互理解，其对话才可能超越意识形态、民族差异，而以“民族地球村”村民的宏阔视野，呼吁世界和平、文化共生、人与人的平等、人与自然和谐、科技与人文并重，强调教育是根本，青年是联结昨天与明天的希望，以此严防社会出现那种经济增长而无社会发展进步的“悖论”式趋势。

尤其需要指出的是，(1)两位思想家相信在“经济一体化”的前提下，人类社会将日益共处“地球村”中，将出现一些“趋同性”的发展，但反对某些国家与民族强势干涉别国内政，通过霸权主义实现所谓的“世界一体化”，强调各国应该在平等的基础上，实现互惠互利的合作关系；同时反对西方中心主义的价值体系，赞扬发展中国家通过独特的现代化道路所取得的成绩。(2)两位智者对竭泽而渔式的非“绿”色产业发展的检讨，超越西方民粹派的乡村社会主义理论、生态学派、替代技术论等反现代化思潮，明辨西方发达国家借“低碳”经济限制、打压发展中国家的动机，以科学态度对待环境保护问题，试图寻找一种较为合理的机制，适度调节现代产业发展与环境保护之间的矛盾。同时反对发达国家将污染行业向发展中国家迁移的“国策”。(3)他们关注社会资源

① 章开沅：《章开沅教授对话池田大作》，载《华中师范大学研究生学报》2006年1期。

② 章开沅：《章开沅教授对话池田大作》，载《华中师范大学研究生学报》2006年1期。

的合理分配,尤为主张教育平等,以此作为实现经济、政治平等的前提与基础。(4)两位乐观主义者希望中日两国弘扬并向世界推展各自文化中的谦忍、包容的文化精髓,以此引领亚洲与世界的和平。

四、“日本”涵义之四:外交关系的交互平台

中日关系总体上一直偏于“政冷经热”,中日政府虽然在对待日本右翼问题上有分歧,但双边也在尝试沟通,谋求战略伙伴关系。2006年10月,日本首相安倍晋三访华期间,中日两国领导人决定在年内启动中日共同历史研究。11月,李肇星外长与麻生太郎外相在河内APEC会议期间,就“中日共同历史研究实施框架”达成共识:中日双方应基于《中日联合声明》、《中日和平友好条约》、《中日联合宣言》的原则与正视历史、面向未来的精神,开展中日共同历史研究,以减少分歧。日本政府将此定为“构筑两国信赖关系的基础”。两国政府分别委托中国社会科学院近代史研究所与日本国际问题研究所牵头实施。同年12月12日,中日共同历史研究委员会第一次会议在北京召开。中日各选派10名学者组成委员会,分为古代史、近现代史组,由双方轮流主持会议。日方首席委员为前日本驻联合国副大使、东京大学教授北冈伸一。中方首席委员是中国社会科学院近代史研究所步平所长。2007年3月与2008年初,共同历史研究委员会相继在东京、北京召开。直至2010年初,中日学者完成《中日共同历史研究报告》,双方在日本侵华性质、南京“集体大屠杀”的原则性问题上达成共识。日本还承认近年关于细菌战、遗弃化学武器、强制征用劳工、对妇女的暴行等问题的诉讼,都是战争带给中国人民深刻伤害的表现。

民间外交是沟通双方情感、增进互相信任与理解的重要途径。章先生凭借与涩泽财团理事长涩泽雅英先生的私谊,构筑寻找中日新格局的民间通道。

涩泽雅英,1925年生,涩泽子爵长男,涩泽荣一曾孙。父涩泽敬三系原日银总裁、大藏大臣、民族学家,东京大学农学部农业经济学科毕业。1950年代在伦敦缘识MRA(Moral Re-Armament,道德重整)运

动的倡导者瑞士裔美国人法兰克·卜克曼(Frank Buchman),后全身心投入到MRA运动中。1964年出任财团法人"MRA住宅"理事长。时东京"MRA住宅"是促进自民党与社会党两党议员交流的场所。1980年、1981年参加日美欧三边委员会访问中国,受到邓小平等中国党政领导的热情款待。日美欧三边委员会于20世纪70年代由美国大卫·洛克菲勒和威戈努·布里金克斯基领衔,发起工业化民主国家,即北美、西欧、日本的有识之士共同成立的交流性质的论坛。

涩泽雅英先生对日本近现代史、日本外交史素有专攻,出版《飞架太平洋上的桥梁——涩泽荣一的业绩》(读卖新闻社1970年版)、《亚太地区的日本》(《世界经济》增刊,1981年第4期)、《日本与亚太地区:变迁档案》(*Japan and the Asian Pacific Region: Profile of Change*, Croom Helm, London, 1984)、《日本属于亚洲吗?——寻求变革的航路》(Saimaru出版会1985年版)、《90年代的亚太》(*Pacific Asia in the 1990s*, Rutledge, London, 1991);编著《东南亚的日本批判——在亚洲有哪些日本问题》(Saimaru出版会1977年版)、《注视着日本的东南亚——东南亚国家联盟(ASEAN)探索新道路》(Saimaru出版会1977年版);翻译《真实的印度印西亚——建国的领导者们》(Saimaru出版会1979年版)、《东南亚五国——他们的生存战略》(Saimaru出版会1981年版)、《太平洋亚洲——危险与希望》(Saimaru出版会1991年版)等。历任日本外国语研究所(Language Institute of Japan)理事长、英国王立国际问题研究所客座研究员、阿拉斯加大学经营学部与国际经营中心客座教授、波特兰州立大学经营学部客座教授、学校法人东京女学馆理事长兼馆长。

2007年4月,章先生访问涩泽纪念财团,与涩泽雅英先生商定在华中师范大学举办"涩泽荣一纪念讲座",每年由涩泽财团邀请一名国际知名学者就中日历史、国际关系、文化交流等议题作专题学术报告。2007年12月,82岁的涩泽雅英先生在涩泽纪念财团研究部长木村昌人先生、涩泽史馆馆长井上润先生、美国密苏里大学圣易斯分校校长助理Joel Glassman博士的陪同下,亲自来华发表《历史视野中的涩泽荣一》的演讲,正式启动"华中师范大学涩泽荣一纪念讲座"。

涩泽雅英先生从日本现代化的视角回顾涩泽荣一的一生业绩,反思日本现代化过程中的利弊得失,指出第二次世界大战后,日本由于实行诸如农地改革、解体财阀、领导人的退休制度的经济与政治改革,实现了生产力的重新组合,日本从1960年代开始高速发展;但由于官商关系的失调、政府职能的局限性、企业所有权性质不明、企业的唯利是图与恶意竞争等因素,日本经济到1990年代遭遇泡沫经济的打击。他强调日本应该从涩泽荣一的"道德经济合一说"的伦理思想、废除官贵民贱说来发现对当今日本的启示意义。涩泽雅英先生的言论对正处于改革开放转折关键时期的中国同样具有警示与借鉴意义。

涩泽雅英先生还高度评价中国改革开放以来所取得的举世瞩目的成就,称"中国迈入了让人不可置信的强力发展的轨道";同时,有鉴于中国正在积极构建东盟政治、经济共同体,对比建立在基督教与民主主义等共同价值观基础之上的欧盟,强调不同政治体制、不同宗教信仰的东亚各国,必须考虑要建立某种共同的精神与文化价值观,以结成真正的政治、经济共同体。

2008年12月上旬、2009年12月下旬,涩泽雅英先生分别邀请傅高义教授、五百旗头真两位重量级学者来华中师范大学作报告。为重视起见,涩泽财团专派常务理事小松谆悦先生与研究部长木村先生陪同访问。武汉地方媒体、新华网、现在网对此均有报道。

傅高义(Ezra Feivel Vogel),1930年生,哈佛大学社会科学荣誉教授,社会学家,哈佛大学费正清东亚研究中心前主任,美国马里兰大学、蒙特利尔学会、马萨诸塞大学洛厄尔分校、威腾堡大学、博林格林州立大学、俄亥俄卫斯理大学、日本关西大学、山口大学、香港中文大学荣誉博士。1950年毕业于卫斯理大学。1960年—1961年担任耶鲁大学副教授。1967年始任哈佛大学教授。1977年—1980年出任东亚研究委员会会长。1980年—1987年为国际关系中心的美日关系项目负责人。1997年—1999年任亚洲中心第一任主任。2001年出任美国新政"东亚方针建议"的亚洲基金特派小组联合负责人。

傅高义教授精通中日文,是对两国历史与现实素有专攻的学者。1958年获哈佛大学社会学博士学位后赴日,从事日本社会和家庭问题研究，出版《日本的新中产阶级》一书。该书成为日本人重新认识自我的经典著作，确立傅高义教授在美国的日本研究中领袖地位的基础。1979 年出版《日本第一：对美国的启示》，随着日本经济的崛起作者声名大振。日本陷入连续 10 余年的经济停滞与衰退期后，面对各方责难，2000 年出版《日本仍是第一吗?》，仍肯定日本优势，否认日本危机意味着幻灭。

1960 年代傅高义教授在香港通过阅读《南方日报》、《羊城晚报》等报，采访赴港广东人，撰写《共产主义下的广东：一个省会的规划和政治(1949—1968)》一书。1980 年代末对中国广东社会经济进行考察，出版《领先一步：改革中的广东》，从社会学、政治学、历史学视角，开启西方对中国改革的深度研究。傅高义教授钦佩邓小平的政治智慧、胆识与个人魅力，目前正以“邓小平”为主轴，将研究范围扩大至中国整个改革开放时代。1997 年中国国家主席江泽民访美到哈佛大学演讲时，傅高义教授负责接待事务。

傅高义教授极为重视中美日三方关系，将三者视为影响亚洲乃至世界和平的重要力量，是美国的“亲中派”。1980 年代末，中美关系处于严峻困难之时，他呼吁中国的改革开放有利于美国的利益，有利于世界的和平与发展。1990 年代初，面对美国右翼人士所谓“中国威胁论”与对华“遏制政策”主张，他主编《与中国共存：21 世纪的中美关系》一书，驳斥主张与中国全面对抗的思想，提出中美应在政治、经济各个领域保持全面合作，美国应该支持中国加入世界贸易组织。

五百旗头真，1943 年生，日本政治学家、历史学家，防卫大学校长，神户大学荣誉教授，日本学术会议会员。研究方向是日本政治外交史、政策过程论、日美关系论。

1967 年毕业于京都大学法学部，1969 年进修硕士课程。1987 年获京都大学法学博士学位。曾任广岛大学政治经济学部副教授，1981 年起任神户大学法学部教授。1977 年—1979 年、2002 年—2003 年两任哈佛大学客座研究员。1990 年—1991 年任伦敦商学院客座研究员。1998 年—2000 年任日本政治学会理事长。作为政府关系委员历任小渕惠三首相“21 世纪日本的构想”座谈会外交分科会主席、小泉纯一郎首相私人咨询机关“关于安全保障与暴力的座谈会”委员、福田康夫首相私人座谈会“外交政策学习会”主席。现任向日中两国政府提出报告和建议的日中两国有识之士会议“新日中友好21世纪委员会”委员(2003年12月)、“防卫省改革会议”委员(2007年12月)。

主要著作有《美国对日本占领政策——战后日本的设计图》(中央公论社1985年版,获三得利学术艺术奖)、《日本政治外交史》(放送大学振兴会1985年版)、《日美战后与战后日本》(大阪书籍1989年版、讲谈社2005年版,获吉田茂奖)、《秩序变革期的日本选择——“美·偶·日”三级体系的劝告》(PHP研究所1991年版)、《占领期——首相们的新日本》(读卖新闻社1997年版、讲谈社2007年版,获吉野作造奖)、《日本近代六战争·占领·讲和:1941—1945》(中央公论社2001年版)、《作为历史的现代日本——五百旗头真书评集成》(千仓书房2008年版)。

近年来,傅高义、五百旗头真教授活跃于中国大陆各大讲坛,有关访谈与思想研究亦频频出现在有影响力的传媒上。

傅高义教授在“第二次世界大战后的中日关系”的讲题中,以“他者”的第三重视角解读中日关系。他指出,就个人接触来看,“真正”的日本不同于中国人经验中的日本,日本人同样厌恶战争、渴望和平,在二战后希望能与中国建立友好关系,在和平中求发展。在整个冷战期间,美国与中国没有联系,但日本却一直与中国保持着贸易往来。1969年珍宝岛事件后中苏关系危机,中国领导人急欲与西方建立联系。美国为解决与越南的冲突,希望同中国改善关系,1971年基辛格秘密访华。作为美国保护国的日本,不满美国单方面同中国往来甚至抢占中国市场,希望与中国尽快建立友好关系,防止美国抢占中国市场。由于美国与台湾关系密切,中美关系无法正常化。日本首相田中角荣访日,与中国建立友好关系。但是由于中日双方急于修好,两国间有很多应该在邦交正常化前处理的问题一时未能及时解决。直到1980年代后期,中日关系一度较好。邓小平1978年10月访日,看望天皇、田中等人,深入民间,体验日本平民生活,考察日本钢铁、电子企业。这是2000多年来中国第一次主动访日,用邓小平的话说此番“东渡”是为求现代化之秘方。邓小平认为中日两国2000多年的交往史中，只有近50多年关系不好，这同2000年相比只是一小段。历史已经过去，我们应该放下历史向前看。随后，邓小平派出考察团，重点考察日本的企业管理、质量管理，了解到日本劳资间友善的关系。日本一些企业虽然不乏带有私心，但它们确实想以机器设备与技术等援助，有所补偿日本侵华的伤害，以此为日本侵华表达歉意。与双方经济交往相应，双方亦有较为广泛的文化交流。1989年“六四”后，日本并未像西方国家一样批评中国人权问题，对中国实行封锁。1992年日本天皇访问中国，对于日本给中国人民带来的伤害表示歉意。“六四”后，中国政府加强青年人的爱国主义教育，激起全国人民对日本的愤慨。1998年江泽民访日，谴责了日本要员参拜靖国神社的举动，这一言论招来日本国内一些反对的声音。对缺乏历史体验而只是对那段历史有模糊认识的日本青年来说，前辈错误已成历史，他们没有义务承担过往的责任。2004年中日足球赛场上的冲突、2005年中国学生攻击日本驻华使馆，均引起日本方面的抗议。他特别强调，日本教科书与政府确实美化了日本在二战中的形象，但并非主流。近年来中日间增进友好互访，两国领导人都在谋求双方关系的进一步发展，这不仅有利于中日两国的发展，也事关世界和平稳定，呼吁“让我们一起‘向前看’！”

五百旗头真教授的《世界格局下的中日关系》的演讲，则展示出既是政府幕僚又是自由学者的独到见解。他以学者与战略家的视角，首先回溯中日间由纪元前到当代的关系史，指出日本在唐朝时开始全面学习中国，形成日本独特的文化。中国长期以来作为相对于周边的中心大国，对产业革命后强大的西方文明的应对较为迟缓。相反，日本有应对强大中国文明的经验，转而学习西方文明，成功实现近代化，成为亚洲唯一拥有近代化军队的国家。但日本未能走上共存、共荣之路，而是把战争作为游戏，走上侵略之路。1972年—1989年，在中日两国元首努力下，中日恢复邦交，中日关系步入“前进期”，日本政府支援邓小平改革开放，胡耀邦通过中曾根邀请日本3000人访华。从1989年到1998年，由于苏联、东欧解体、“六四”事件、台湾海峡导弹危机、日美共保宣言、美中首脑互访等因素，中日关系“波澜”起伏。此后，中国出现反对“媚日外交”呼声,日本同时出现反对“对中土下座外交”。小泉参拜靖国神社引起中日首脑互访。2005年4月间,中国许多地方举行系列大型游行与抗议,反对日本文部省“审定合格”扶桑社的历史教科书及日本争取成为联合国安理会常任理事国的努力。中日关系处于“最恶劣”的时期。2003年,胡锦涛主席与小泉首相在圣彼得堡举行的中日首脑会谈上,就设立新日中友好21世纪委员会达成一致意见,同年12月日中双方委员在中国召开第一届会议,均表示从长远大局看待中日关系。委员此后还就战后的和平发展交流交换意见。2006年10月,安倍首相访华,中日恢复首脑会谈与“战略互惠关系”。2008年胡锦涛主席访日,与福田政权达成信赖关系,对日本要求加入联合国常任理事国表示理解,签订东海油气田共同开发协议。日中军方开始高层互访,中日关系由此进入恢复时期。

五百旗头真教授尤为高度评价中国在百年经济危机中对世界的贡献,称中国将是“左右21世纪世界的国家”,并对中国考虑全世界的发展表示敬意。鉴于美国在亚洲的特殊地位,他强调美、日、中应利用东南亚各种组织建立各种友好关系,三国如果找到共同点,将建立起能给世界带来利益的三国情报互通关系;希望在世界多极化、美国不曾“没落”的前提下,能在亚洲形成“一超(美国)多强(日本、中国)”的新局面,这对维护地区与世界和平极其重要。

在回答现场提问环节,五百旗头真教授更加强调,自从胡锦涛执政以来中日间关系也出现过不愉快的事,但总体是朝良好方向发展。日本在中国反日情绪之下,仍然“一点一点”地增加对中国的友好意识。四川大地震时,中日关系较为“温暖”。他曾在福田首相支持下,组织团体,将日本阪神大地震中总结出的经验、教训资料译成中文,以此帮助中国人民。他还特别强调:作为防卫大学校长;不断教育士官生要有“爱国心”,“不仅爱自己国家,也要对别国友好”;希望“在无法想象的危难中”,自卫队与中国军队“应携手共同奋战”。

此外,五百旗头真教授还参照日本成功经验,对中国建设创新型社会、经济快速发展等问题直抒胸臆。他说:任何一个创新都不可能四平八稳,应战略性看创新型发展与结局。日本能平衡发展而未跌跌撞撞有两个原因:一是《阿信》所表现出的日本人吃苦耐劳、抗争、努力、忍耐的精神;一是民间经济结构在具体经济平台里坚实走向创新。他告诫:“越是经济高度增长时期,不一定每个人都会感到幸福,往往贫富差距不可避免地更大,甚至出现暴动、起义。”日本战后实现经济高速增长,但没有出现贫富不均,八成日本国民自认为是中产阶级的成功的代表。其原因在于:一是实行税制,从富裕阶层大量收税金,对贫人基本不收税;日本特有一种社会现象,即每年春天出现“春斗”,全国性工会宣传、罢工、游行。二是越是经济状况好的公司越是与工会谈判,在突发前夜,工人阶级、工会与大企业突然达成协议,大企业给工人提高工资;中小企业也相应为工人提高待遇,劳资间矛盾缓和。三是到目前执政党主要是自民党,支持者主要是农民,日本没有城乡差距,自民党把大城市公司增收税金大量投放农村,因此城乡平衡。

中国在世界经济危机中处于高速增长期,以胡锦涛为中心的中国领导人注意到中国出现的贫富差距,努力将国家恩惠施给中国每一个角落,期待并支持中国成为既注意贫富平衡,又关注环境污染的模范社会形态。

作为历史学家,五百旗头真教授尤为强调涩泽荣一留下的精神财富:以民间力量发展国家的责任心、以自己的金钱创办社会公益福祉的公利力、既爱本国也爱别人的共存共荣的“爱国心”。

章先生同样在“涩泽荣一”的平台上传布自己的思想。2007 年 1 月中旬,日本第二大传媒《朝日新闻》“人脉”栏目记者中岛隆先生,为撰写涩泽荣一的文章,专程由日本来汉采访章先生。在访谈中,章先生特别结合自己的家世兴衰、战争体验与具体事例,强调中国政府与人民一贯重视中日友好,希望日本政府从历史中汲取经验教训,以邦交正常化作为处理中日关系的行为准则。中岛隆先生一再表示,要通过自己的文章将中国人民过往的痛苦与真诚的友谊呈现给日本读者。

章先生在“涩泽荣一纪念讲座”所作的总结发言中,常直率地与演讲者直接对话。他在涩泽雅英先生演讲后,进一步发掘涩泽荣一的和平思想,指出“涩泽荣一认为中国人看日本有两种人,一种为军人,因为他们侵占我们的领土;一种为商人,因为他们蚕食我们的市场。其实还有第三种人,即希望在与中国平等的基础上合作”。强调涩泽荣一“道德经济合一说”不仅是其处理与要求日本国内实业家处理义利关系的准则,同时也是其处理对华邦交的准则。五百旗头真教授演讲后,章先生称“不一定赞同其观点”,但指出其人是“可靠的朋友”,其报告“平实”;并动情赞扬五百旗头真教授是“可靠的朋友”,是“不会培养战争机器”的“有良知”的学者与校长;还告诫学生不要迷惑于由狭隘民族主义煽动的所谓爱国行动。他高度肯定“一超多强”的中美日三国关系是一种积极的探索,强调当今是中美日“三国演义”时代,呼吁中、日等国联合制衡美国,从而形成一种动态的平衡机制,维护世界与亚洲地区的和平。

通过“涩泽讲座”,章先生与美、日学者构筑起一个既是民间也兼具官方色彩的外交关系的对话平台。相信随着该讲座的持续进行,对话的主题与影响将更加广泛。

在章先生的影响下,已任日本千叶商科大学教授的赵军,曾出任日本华人教授会秘书长。该会于 2003 年成立,其宗旨为:以“自由、平等、科学、公正”为基本精神,促进日本华人教授间的交流、提高其社会地位。但该会工作早已超出其原订旨归,成为联结中日政府的特殊渠道,曾为温家宝总理的“融冰之旅”、胡锦涛主席的“暖春之旅”的成行做了大量的前期准备工作。

五、跨文化交际的关键词

真正的历史学家之所以能够不断变换思考问题的视角,找到新的思考坐标,善于宏观思考,提出独到且犀利的观点,就在于其能超越单一民族、国家的历史视域与文化背景,了解并理解众多民族、国家历史与文化。必要的教育背景、学养、多专业方向研究的涵化、亲历历史与海外生活的体验,诸种因素交互作用,从而使历史学家形成一套个性鲜明的思维方式与价值观、历史观。章先生就是这样的历史学家,在跨文化交流中回应着来自民族主义与文化科学的挑战。

人类文明原本因文化多元而异彩纷呈,然而,由于各种认识偏差,“本民族中心主义”、“本国中心论”充斥学术界域,甚至成为学者处理国家外交关系的准绳。亨廷顿《文明的冲突》表面讨论文化特别是基督教文化与“儒教”文化间的差异，实则以“基督教文明中心主义”提请美国政府严防中国因发展而可能带来的威胁，从而保障美国世界霸主的地位。因此，《文明的冲突》的“咨政”性削减其学术性。如果说亨廷顿注重文化差异，章先生则重视文化的共性。他尊重不同文化，理解各文化间的差异，重视各文明（包括国家）发展的趋同性，以“世界主义者”的宽容立场，思考学术的生命力与人类的命运；主张“首先应该加强不同文化之间的平等对话，寻求相互沟通与相互理解；然后在人类文化总宝库中发掘一切健康有益的精神资源，宏扬而又超越，熔铸以求创新，共同纠正现今人类文明的严重缺失”①。

在学术研究上，章先生的辛亥革命史、中国早期资产阶级与现代化研究，之所以能大气磅礴、成一家之言，就在于其宏大的视野与强烈的问题意识。这均得益于与包括日本学者在内的众多海外学者的对话与“涵化”。

章先生更关注人类的集体命运，恒言：“身为历史学家，我认为历史学的重要使命在于人类如何实行自我改革，如何促进自我改善……历史学家必须通过揭示历史教训，引起人们对未来的关注。历史学家的重大使命就是要切实教育和启发人类，告诉他们为了避免过去的悲剧重演，人类必须克服自己的贪欲、愤懑和愚昧。”因此，西方霸权主义、环境污染、贫富悬殊、道德沦丧、正义迷失都是他所聚焦的问题。他强调“国家之间，尤其是邻国之间的共存，不仅以共同的利益为目标，更应该看到别国的优点，并努力学习他们的优点。只有相互尊重、相互学习，才能建立持久的和谐共存关系”。因此认为“求同存异”正是和谐共存最为理想的状态。实现“求同存异”最有效的方法就是相互对话，谋求沟通。

即使从事南京大屠杀研究，章先生同样能跳出民族主义的迷障，努力探寻日本侵略的内在缘由，以警醒世人，消除可能导致历史悲剧重演的各种因素。他强调，追忆充满恐怖的历史，决不是为了复仇，而是为

① 章开沅：《参与的史学与史学的参与论纲》，载《江汉论坛》2001年第1期。

了寻求真理、宣扬正义,吸取历史教训,促进中、日和全世界人民反对战争,维护和平。他宣传理性爱国主义,主张尊重历史、超越历史,尊重日本民众朴素的民族感情,反对盲目排拒日货及媒体过分渲染中日磨擦的非理性行为。同时,他对中日两国关系的前景充满信心。2005年12月10日,在东京召开的"纪念同盟会成立100周年"学术研讨会开幕式演讲中,章先生重申:"我们应在尊重历史的同时超越历史。有着两千多年历史的中日关系始终是以友好为主流。我们这一衣带水的两个邻国,和则两利,斗则两伤,唇亡齿寒。保持正常稳定的友好合作关系,是中日两国的幸福,亚洲的幸福,全世界的幸福。"①2006年8月,章先生在接受日本关西大学荣誉博士学位后发表题为《张謇与日本》的演讲中,论述张謇的日本观,向日本青年宣传中国人的"理性爱国主义"。2007年4月下旬在为北海学园商科大学学生所作《中日关系展望》报告中,同样给日本学生一个中日友好发展的未来景象。

明晰战争责任是为了避免战争重演,而非以此让日本青年背上沉重的十字架。章先生对南京大屠杀的研究旨趣与国外以追求社会进步、正义为主旨的所谓"创伤史学"或"伦理史学"何其相似。"创伤史学"代表、德国史学家吕森,强调要以"反思性地探求有关的决定性原则和规律"②的态度,研究纳粹大屠杀的历史。尤为可贵的是,章先生还特别强调,中国学者在体会中国人的战争痛苦的同时也要体会日本民众的痛苦,通过彼此交流增进理解,共同寻求美好的未来。当然,这一切都源于他热爱日本秀丽山川与淳朴、勤奋、尚礼的百姓。正因如此,田中正俊、藤原彰等学者,与老兵东史郎、加藤实和日本基督教和平运动者渡边信夫、松冈环等一些日本民间反战人士,超越本民族立场,本人类之良知,倾力支持章先生对日本战争责任的检讨。

由此不难体悟,章先生的"世界主义"的内涵与民族主义的关系。其"世界主义"内涵包括以下几种内涵:(1)尊重学术的差异性;(2)承认

---

① 赵军:《日本右翼与日本社会》,广东人民出版社2007年版,序言。

② [德]约恩·吕森著,綦甲福、来炯译:《历史思考的新途径》,上海人民出版社2005年版,第191页。

各民族、国家文化的平等及人权与生存权的平等；(3)从全球化视角关注人类社会的病症，寻找解决之道；(4)超越宗教朴素的“救赎”意识，追索理性的人文关怀。

“理性爱国主义”则是章先生的世界主义与民族主义交汇的产物与结合点。“世界主义”常常是西方强势国家干涉甚至吞并不发达国家的理论工具，一些中国学者不明国际学术发展前沿，不明“世界主义”宗旨，贸然以此自炫，在以此提高自身学术视野与学术认同的同时，往往消解了自身对某些西方国家的警惕。在西方语境下，民族主义基本等同于原教旨主义，是学术主流反感的语词。但由于中国特殊的历史，民族主义是“双刃剑”：它是中国在世界一体化过程中实现政治正义、社会正义、道德正义的工具；同时又是影响国际关系的放大器。历史误解、贸易壁垒、国与国之间关系的历史障碍，均因此而成“死结”。“理性爱国主义”有助于化解与调适上述两种价值取向，体现章先生本着世界主义原则、恪守民族主义立场而处理学术文化与国际关系的行为准则，亦是章先生的史学伦理观，更是章先生所希望的中国公民应具有的大国国民的风范。

章先生曾谦逊地说过自己一生在学术上做了两件事：一是把中国的辛亥革命史研究推向世界，并把国外的研究引入中国；二是让国际上的中国教会大学史研究走进中国，又让中国的研究走向世界。其实远非如此。德国历史学家吕森有言：“跨文化交流应当完成两项任务：一方面，它应将历史思考与全球化进程联系起来，通过批判和反思使全球化进程参与历史思考，将历史思考转化为该进程的一种文化生产力；另一方面，它同时还应当将历史思考在全球化进程中的特殊任务清楚无误地表达出来：即让作为历史固有特性的众多的独特之处出现在该进程中。”①其话语恰当地诠释了章先生的思考。

正是由于跨中日文化交流，章先生完成了学术文化与民族主义的两重超越。“日本”折射出章先生博大的史学家的情怀。

① [德]约恩·吕森著，綦甲福、来炯译：《历史思考的新途径》，上海人民出版社2005年版，第6页。

为张謇研究开创新纪元

——章开沅和他的张謇研究

蒋建民

有一个人的名字已经和张謇研究联在一起，他就是华中师范大学的章开沅教授。如同“人们谈到张謇必然想到南通，谈到南通又必然想起张謇”一样，人们谈到张謇研究必然想到章开沅，谈到章开沅又必然想到张謇研究。

张绪武先生在《论张謇》一书的序言中写道：“从上世纪末 60 年代初开沅先生撰著《论张謇的矛盾性格》，到本世纪 2005 年发表《学习张謇的理性爱国主义》，他完成了从政治到经济、从工业到农业、从文化教育到社会事业、从爱国主义到我国早期现代化、从张謇的人际交谊到他的道德人格，以《张謇传》为标志的系统论著，将张謇研究推向新的高峰。开沅先生几十年的潜心钻研和撰写的大量有深厚学术价值、社会意义的著作，为张謇研究开创了一个新纪元，这是我们所有人的共识，也是激动人心的客观成果。”①张绪武先生称赞章开沅教授“将张謇研究推向新的高峰，为张謇研究开创了一个新纪元”，是恰如其分的，它反映了学术界的共同心声。

随着第四届张謇国际学术研讨会大幕的徐徐降落，张謇研究又跃上了一个新的台阶。从 1987 年第一届张謇国际学术研讨会召开这 20 年来，张謇研究经历了一个由成果少到成果多、质量低到质量高、领域窄到领域宽、影响小到影响大、队伍弱到队伍强的良性发展过程。现如

---

① 张绪武：《论张謇》，经济日报出版社 2006 年版，第 5 页。

今，我们有充分的理由认为张謇研究已经粗具规模，“张謇学”也已初现端倪。

成绩的取得来之不易，它凝集了众多国内外专家学者长期以来的辛勤劳作和无私奉献。这当中，特别值得一提的是张謇研究的领军人物章开沅教授。毋庸置疑，他的学术贡献是巨大的。无论是学术成就、人才培养还是在史学界的影响，都首屈一指。

从1963年章开沅先生在《历史研究》发表第一篇张謇研究论文算起，已经40多年了。40多年来，章开沅教授在张謇研究的园地里辛勤地耕耘与收获。出版了《开拓者的足迹——张謇传稿》（中华书局1986年版，26.2万字）、《张謇传》（中华工商联合出版社2000年版，44万字）、《论张謇》（经济日报出版社2006年版，20万字）以及《张謇与近代社会》（与田彤合著，华中师范大学出版社2002年版，49万字）等著作和一系列学术论文。上百万字的皇皇巨著，不管是数量还是质量都堪称“张謇研究第一人”，令世人景仰不已！

《开拓者的足迹——张謇传稿》，从写作到出版时间跨度长达22年之久，是作者历经坎坷、耗费心血最多的第一部张謇研究的学术著作，也是国内第一部具有较高学术水平的张謇研究的学术著作。该书的出版，在国内外产生了很大的影响，同时也由此奠定了章开沅在张謇研究领域的重要地位。如果说《开拓者的足迹——张謇传稿》是章开沅研究张謇的“成熟篇”的话，那么时隔14年后出版的《张謇传》则是他的“鼎盛篇”。该书虽然是对前书的修订，但与之相比，不仅容量大为增加（多了18万字），而且有了质的飞跃。《张謇传》已成为张謇研究者的权威的必读书。而后来出版的《论张謇》，则是一本具有厚重历史感的论文集，收入了作者在各个不同时期的主要论文。阅读此书，对章开沅先生的思想与研究轨迹，可以有一个大概的了解。这三本著作，是章开沅研究张謇的代表作，也是他的主要学术成果。（顺便说一下，章开沅与他的学生田彤博士合著的《张謇与近代社会》，应该说，也具有一定的学术价值。但由于时间紧迫未能按他原来设想的框架从容地写作，而主要由田彤执笔，因此这部“急就篇”的质量就打了折扣，逻辑上也不甚严谨。）

诚然,章开沅先生的学术贡献还不止这些。更为重要的是,他在自己潜心钻研、著书立说、成一家之言的同时,还培养了一批学有所成的中青年骨干,团结了一批志同道合的学界朋友,影响了一批张謇研究的爱好者。

有时候我会想:章开沅先生他不是南通人,与南通也没有任何"瓜葛",为什么会对张謇研究这般感兴趣?是什么吸引了他?原因是多方面的。首先,是张謇的人生经历吸引了他。起伏跌宕的人物才具有史学价值,平淡无奇是没有什么值得研究的。因此,章开沅第一篇研究张謇论文的题目就是《论张謇的矛盾性格》。这篇三万字的长篇大论1963年在《历史研究》上发表后产生了较大影响,使得当时年仅37岁的章开沅在史学界名声大振。其次,是张謇的事业成就吸引了他。"在中国走向近代化的艰难途程中,张謇是极其重要的早期开拓者之一。他披荆斩棘,筚路蓝缕,为我国实业与教育的发展作出了卓越的贡献。"章开沅的主要代表作之一便是1986年出版的《开拓者的足迹——张謇传稿》。他在这本书的扉页上所引用的张謇的座右铭"天之生人也,与草木无异。若遗留一二有用事业,与草木同生,即不与草木同腐。与其得贪诈虚伪的成功,不如光明磊落的失败"已成为该书的点睛之笔。章开沅曾多次指出:"在中国近代史上,我们很难发现另外一个人在另外一个县办成这么多事业,产生这么深远的影响。"第三,是张謇的人格魅力吸引了他。如果说,章开沅的早期研究主要是由于张謇特殊的人生经历和辉煌的事业成就吸引他的话,那么,随着研究的不断深入,吸引他更多的是张謇的人格魅力。关于这一点,我们可以从他的鼎盛篇——《张謇传》中清晰地感受到。这部大传比《开拓者的足迹——张謇传稿》多了18万字,增补了大量的资料,但这还不是主要的。用章开沅自己的话讲"我研究张謇虽然动手较早,但过去主要是侧重于研究张謇其事……这次修改虽然时间仍较仓猝,但我决心加强描绘与剖析张謇其人,特别是他的心理活动与精神世界"。由"侧重于研究张謇其事"到"加强描绘与剖析张謇其人",这表明,随着对张謇研究的不断深入,章开沅对张謇的认识也在不断地升华。正因为如此,章开沅在2000年出版的《张謇传》的扉页上选用了最能够反映张謇人格魅力的四个大字:"自强不息"!

如果我们试图对章开沅先生的张謇研究进行分期的话，大致可分为“探索期”、“成熟期”、“鼎盛期”和“晚晴期”。

探索期(20 世纪 60 年代)。此时的章开沅正值风华正茂，这位“刚刚在史学海洋上起航的年轻舟子”，却也写出了颇有分量的探索性论文。其代表作有:《论张謇的矛盾性格》(《历史研究》1963 年第 3 期)、《辛亥革命后张謇与袁世凯的关系》(《光明日报》1963 年 4 月 7 日)。即便用现在的观点看，这两篇论文也是很有学术价值的。但是，由于那时正处在“以阶级斗争为纲”的年代，所以这两篇论文都无法避免那个时代的历史痕迹。尽管如此，作者在“文革”期间还是受到了批判，罪名就是为大资本家(张謇)树碑立传。其张謇研究被迫中断十多年。

成熟期(20 世纪 80 年代前后)。“文革”结束，改革开放，国家的政治形势发生了很大变化。此时，作者的学术创作显得异常地活跃，理论上也日趋成熟。这一时期的代表作主要有学术著作《开拓者的足迹——张謇传稿》，以及《从状元到资本家的张謇》、《张謇与中国近代化》、《对于张謇的再认识》、《张謇近代化模式的启示》等一系列论文。《开拓者的足迹——张謇传稿》是拓荒之作，对当时还不甚活跃的史学界无疑是一场久旱之后的甘霖，其重要性显而易见。除此以外，在众多的学术论文中，有两篇格外地引人注目:一篇是《对于张謇的再认识》。既然是“再认识”，那肯定是有新意的。当然这还并不是最重要的。重要的是这篇文章在某种意义上起到了“拨乱反正”的作用。众所周知，20 世纪 80 年代中期我国理论界“左”的影响并未消除，在张謇研究领域也有或多或少的反映。而《对于张謇的再认识》这篇论文，一方面它比较客观地评价了张謇，同时也对以前的一些错误认识进行了纠偏。章开沅在这篇论文中曾颇有感慨地说:“历经多少年的忧患风雨，现在终于到了可以用‘公平之心理、远大之眼光’来重新认识张謇的时候。”另一篇就是《张謇近代化模式的启示》。这篇文章写得十分精练(只有 2000 字)，但其思想内容却非常丰富。它从四个方面论述了张謇的地区近代化模式对当前建设有中国特色的社会主义现代化的启示。更为重要的是，这篇经典的短文还表达了一个历史学家的人文关怀和作为学者的崇高的责任感和使命感。他说:“我认为历史学家不仅是为政治服务,还要干预政治;不仅是为现实服务,还要干预现实;不仅是为生活服务,还要干预生活。""总的来讲就是一句话:历史学家应该增强自己的主体意识,史学应该维护自己的科学尊严!"

鼎盛期(本世纪初,2000年—2005年)。历史学家的学术生涯,是不可以和人的自然生命相提并论的。"文革"十年,正值黄金年龄的章开沅被迫中断了张謇研究;20世纪80年代后期到90年代后期,又因出国讲学和教会大学史、日军南京大屠杀研究等客观原因而不得不离开了张謇研究。当作者重新回到张謇研究的理论园地时,已是古稀之年。然而,不可思议的是,作者正是在古稀之年迎来了他学术创作的鼎盛时期。他学术生涯的扛鼎之作——44万字的《张謇传》,在2000年得以出版。这既是作者敬献给21世纪的一份厚礼,也给众多的张謇研究爱好者带来了福音。新近出版的《论张謇》收入了章开沅40多年研究生涯中18篇有代表性的论文。其中,20世纪60年代2篇、20世纪70年代2篇、20世纪80年代8篇,而2000年至2005年间就有6篇之多!由此可见,近5年确实已成为古稀之年的章开沅学术创作上的繁荣期、高峰期。

与"成熟期"相比,作者的治学更加严谨、理论更加丰厚、思想更加深邃;与此同时,对张謇其人的理解也更为准确、贴切。试比较《开拓者的足迹——张謇传稿》与《张謇传》的"引言"部分便可略知一二:从字数上看,前者1200字,后者2600字,增加了一倍多。从内容上看,有的地方做了明显的改动。例如:

> 张謇的一生是勤劳的一生。他的精力固然是有限度的,但他的追求却是无止境的。(《开拓者的足迹——张謇传稿》)
>
> 张謇的一生是无比勤劳的一生。他的时间与精力固然是有限度的,但他的事业与精神两方面的追求却是无止境的。(《张謇传》)
>
> 有一个人的名字已经与南通联成一体,甚至在他离开人间60年以后,通海地区至今仍然到处都可以感觉到他的存在。这个人就是张謇。(《开拓者的足迹——张謇传稿》)
>
> 突破了"学而优则仕"的陈旧格局,开"实业救国"一代风气之

先，其辐射作用绝非仅限于“倾倒东南”，而实际上是波及全国，其影响甚至在百年之后也可以看见。这就是无可替代的一块历史丰碑——“南通张謇”！(《张謇传》)

很显然，做这样的修改，绝非作者的随心所欲，而是基于对“张謇其人”的更深层次的理解。

伴随着学术创作的不断繁荣，章开沅对张謇其人的思想感情也得到了升华。这一时期的著述在这方面表现得尤为突出。譬如，大家都还清楚地记得，在 2000 年 8 月第三届张謇国际学术研讨会的致词中，章开沅用“一代儒商，万世师表”来评说张謇，这也许是迄今为止对张謇的最为简洁、最为精到也是最好的评价。光有学术水平而没有思想感情，是无论如何也想不出这 8 个大字的。又如，作者在写于 2003 年的《张謇感动中国》中讲道：“如果要评选 20 世纪感动中国的十位人物，我将毫不犹豫地提名张謇为候选人之一。因为他也曾感动中国，而且影响持续之久，事业经营之难，泽惠地区之广，都为时人所难以企及。当然，这样的评选对于张謇本人也许是多余的，因为他并不在意自己的身后名……然而也正因为如此，他的人格魅力甚至比他的事业成就更加使中国感动。”再如，章开沅在《民营企业家的伟大先驱——纪念张謇诞辰 150 周年》中指出：“只有那些确实具有崇高思想、美好品德与泽惠人民的重要业绩的少数典型，才能传颂千古，永远难以磨灭。张謇就是这样的一个典型。如果当代中国能够出现一大批类似张謇这样的现代企业家，那才真正是国人之幸、社稷之福。”

晚晴期(2005 年以后)。2005 年，生于 1926 年的章开沅去年正好 80 周岁。一般的学者，到了这般年纪早已退休养老、归隐山林了。而章开沅先生却老骥伏枥，退而不休。与以前比，写作肯定要少了(毕竟年纪不饶人)，但是张謇研究的责任非但丝毫未减，反倒老而弥坚。只不过，形式与内容较之以前有所不同。著书立说和传经布道这两种形式相比，如果说以前是前者多于后者的话，那么，现在可能是后者要多于前者。章开沅先生比较欣赏张謇说过的一句话：“人患无志，患不能以弘毅之力行其志耳。”并以此赞扬张謇“以弘毅之力行武训之志，为发展南通近代教育事业呕心沥血,直到生命的最后一息”①。我想把这句话借鉴一下,用在章开沅身上:以弘毅之力行张謇研究之志,为张謇精神的发扬光大,呕心沥血、奋斗不止。晚年的章开沅,著书立说对他来说已不是那么看重;他更看重的,是如何使得张謇研究这一毕生追求的事业可持续发展。关于这一点,我们可以从他最近的几篇讲话(文章)中明显地感悟到。

章开沅在为今年编辑出版的《张謇研究年刊》写的《我的祝愿(代发刊词)》中说:张謇研究,如果从上个世纪 60 年代算起,已经有 40 多年历史了。作为早期研究者之一,抚今思昔,感慨颇多。但现在更为重要的问题,是如何把这个史学分支继续推向前进,使之长期持续健康发展。他提出了要“用张謇的精神研究张謇,以严谨的研究发扬张謇精神”的重要思想。在这篇《我的祝愿》里,他还讲了一句既是自谦又是对后辈鼓励的话:我常以拉拉队自命,愿意在晚年为张謇研究喝彩加油。

2006 年 11 月召开的第四届张謇国际学术研讨会上,章开沅教授发表了题为《展望 21 世纪的张謇研究》的主题演讲。文字不长,仅 3000 字。但内容却极其丰富:从张謇研究的可持续发展到张謇研究中心建设;从张謇研究的基础资料工作到信息化建设;从多学科研究到多视角研究;从比较研究到张謇学的建立,等等。他谆谆告诫大家:“张謇研究虽然规模与数量已略有可观,但研究方法与视角大多比较单调,因此往往流于就事论事,既缺乏宏大的叙说,更缺乏深刻的阐析,其结果必然停留于较低层次。”他殷切地期望张謇研究能够与其他学科主动对话、沟通以增进相互理解,从而合力将张謇研究提升到更高境界。精辟独到的见解、谆谆的教诲、殷切的期望,一代宗师的高瞻远瞩和弥足珍贵的张謇情结早已溢于言表。今日,当我们重温章开沅先生《展望 21 世纪的张謇研究》时,分明感到:与其说这是一篇学术研讨会的主题报告,倒不如说这是一篇创建“张謇学”的宣言!当若干年以后,我们基本做到像章开沅先生所说的“将张謇研究提升到更高境界”时,成熟的“张謇学”便“水到渠成、名至实归”了。

① 章开沅:《张謇传》,中国工商联合出版社 2000 年版,第 321 页。

章开沅先生是历史学家，但绝非一般意义上的历史学家。他既是一位能够“究天人之际，通古今之变，成一家之言”的史学泰斗，又是一位勇立理论前沿的德高望重的学术领袖，同时他还是一位有强烈使命感和责任感的社会活动家。在当代中国史学界乃至整个人文科学界，我们都很难发现另外一个学者在另外一个领域作出这么多的贡献，产生这么大的影响。综观章开沅先生40多年来研究张謇的风雨历程，他真不愧是一代宗师，学界楷模！

下 篇

师友琐忆：章开沅治学与育人

国际知名史学家创阳光世界

索峰光

> 历史学家不仅应该积极参与现实生活，而且应该成为把现实与过去及未来连接起来的桥梁，用自己的研究成果丰富与影响现实生活，并且与人民一起追求光明的未来。
>
> ——章开沅

入夏以来，从未遭遇过的第一场暴雨直泻而下，铺天盖地，道路水雾迷濛。我乘车从汉口出发，迎着滂沱大雨前行，按约定来到武昌华中师范大学逸夫苑。在其三楼中国近代史研究所办公室内，见到华中师大前校长、中国近代史研究所名誉所长、中国教会大学史研究中心主任、国际知名史学家章开沅教授。他是全国五一劳动奖章获得者，曾任全国政协委员、国务院学位委员会历史学科评议组召集人。

宽敞的办公室内，一面墙书柜排满了书籍，硕大的办公桌上也堆放着不少书，明净的玻璃窗旁侧悬挂着古典韵味的字画，室内洋溢着浓浓的书卷氛围。沙发茶几上，年轻的工作人员已为我斟上一盅绿茶。

“您冒着暴雨如约来到这里，我很抱歉。实在太忙。刚从北京参加重要学术会议归来，现在是6月，我任博导又正忙于博士毕业论文答辩的许许多多事情，很难挤出时间。您几次相约，盛情难却。”章开沅教授身材适中，年近八旬，精神矍铄，宽宽额头上的银发更显资深学者的风采。他谈吐温和亲切，儒雅中透露出刚毅的气质。

“正因为您太忙，好不容易联系上采访您，即使大雨倾盆，我也不言放弃。”我由衷地说。

正说着，他拿出装帧精美的《鸿爪集》、《从耶鲁到东京》以及《实斋笔记》等几本书递给我，说："这是我写的有关自己人生经历的几本实录，相赠以帮助您对我的了解，也便于我们进一步沟通，节省点时间。"他和颜悦色，平易近人，丝毫没有大学者的矜持与架势。

"谢谢。"我真正地喜出望外。

这是我第一次与国际知名史学家章开沅教授相见相识，近距离地接触。尔后，和他再次交谈，和他的同事们交谈，尤其读了他的书，让我走进了史学领域，走近了他。

他撰写和主编的学术论著，如：《辛亥革命史》（三卷本 120 万字）、《辛亥革命研究三十年》、《张謇传》、《离异与回归——传统文化与近代化关系试析》、《南京大屠杀的历史见证》、《天理难容——美国传教士眼中的南京大屠杀（1937—1938）》、《中国教会大学的历史命运》、《中国教会与金陵大学》等等，不胜枚举，四五百万字，洋洋洒洒。他的博学多才，他丰厚的知识底蕴，令我慨叹！他的史学研究，打破了我原来对史学认识的误区——以为史学是研究陈年老账，虽可以古为今用，毕竟距离现实太遥远，大不了是史学界不同学术观点的争鸣而已，似乎没什么创造性价值。

然而，章开沅教授从事近代史研究，高屋建瓴，独具世界眼光，虽历经沧桑，虽艰辛跋涉，却创造出许多具有国际影响力的辉煌学术成果。他笔下的历史人物、历史事件和近代社会群体等领域，不仅涉猎得广且深，并十分鲜活生动，对现实生活产生巨大的辐射力。他把史学搞活了，让我领悟到优秀史学家品格的光华，我内心感到无比震撼！

于是，我禁不住要写写这位国际知名的史学家，写写他的人生故事。

成就史学乃偶然中的必然

出乎我的意料，章开沅年轻时学历史并非本意，亦非志愿，实属一次偶然。

他祖籍浙江吴兴（今湖州市），出生在安徽芜湖青弋江畔。曾祖又于清光绪年间，跟随洋务派领袖人物之一的左宗棠西征结束后，历任芜湖抚署文案、知州、知县等职。后因对满清地方政府上级不满，愤而辞职，弃官投身实业。1896 年，曾祖父在芜湖创办面粉公司，创办中国第一家机器面粉工厂。嗣后，曾祖又在安徽当涂以新法开采铁矿，在上海设立宝兴铁矿公司，拥有自己的码头和铁路，堪称今日马钢的前身。不幸，曾祖于 1920 年去世。及至 1926 年章开沅出生时，家道已逐渐中落，加之日本侵华战争的破坏和国民党政府的巧取豪夺，两家公司先后被国民党当局“劫收”或宣告破产。

章开沅生活在三代同堂的大家庭里，父亲任会计，母亲读过女子师范，思想开明，有五个兄弟姊妹。他天资聪颖，儿时酷爱文学，喜读文学作品。读小学五年级时，他的作文《马的故事》在《皖江日报》上发表。读中学时勤奋写作，文风冷峭，在同学中有“小鲁迅”的美称。章开沅青年时的梦想，是成为一个文学家。

抗日战争爆发，他和父母一家人随难民潮进入四川重庆大后方。父亲因工薪微薄难以养家，便和母亲一起到江西工作，他被留在江津乡下一集镇读公费国立九中。几经辗转，他又在重庆一大专学校读会计专业。尔后，他怀抱爱国热情投笔从戎，准备随青年远征军赴中缅边境，在美国史迪威将军率领下抗击日寇，成为一名战地记者。但不久抗战胜利，随军远征抗日前线未能成行。他复员到南京，报考学风好的金陵大学名牌专业农业经济系，却意外地被历史系录取，实属一次偶然。也许是自己国文好被校方看中，才让自己学文史的。章开沅在心中默默地想。

八年抗战，颠沛流离，过着流浪者的辛酸生活，他十分珍惜这次上大学的机会。既然被历史系录取那就随缘吧。这是 1946 年的夏天。

金陵大学是我国著名的教会大学之一。历史系主任是美国教授贝德士博士，工作认真，对中国学生十分热情关照。但，章开沅仍未树立起学历史专业的思想，除听课、做作业、应付考试外，他执着地眷恋文学。苏联著名作家高尔基的自传体三部曲《童年》、《在人间》、《我的大学》等经典作品，读起来使他入迷。

20 世纪 40 年代后期，由于国民党政府的贪污腐败和独裁统治，“反内战、反饥饿、反迫害”的进步学生运动在全国风起云涌，南京各高校的进步学生奋起与反动当局进行抗争。

金大的进步学生组织出墙报，大胆地针砭时弊，生性耿直刚毅的章开沅以“文封湘”的笔名，写了一首政治讽刺诗《火车抛锚》；又写了一篇针对国统区滥发金圆券使货币贬值，造成物价飞涨、民不聊生现象的政治评论《漫话金圆券》，文笔犀利，切中要害，在全校引起轰动。连经济系的师生都到处打听“文封湘”是何许人也，惊奇他怎么能运用西方货币学的理论和方法剖析刚刚出笼的金圆券的弊端呢？大家不知道他曾在四川学过大专会计哩！同时，两篇文章的轰动效应引起了国民党特务鹰眼的密切监视，章开沅处境比较危险。于是，在地下党掩护下，1948 年的冬天，他和千千万万进步学生一样，投奔解放区参加革命。革命改变了中国的命运，也改变了章开沅的人生道路。

以邓小平同志为第一书记的中共中央中原局，于 1948 年 7 月决定在豫西宝丰创办中原大学。同年 12 月，中原大学从宝丰迁至河南当时的省会开封市。校长范文澜，副校长潘梓年。

中原大学是延安抗大式的短期培训青年干部人才的新型大学。这里汇集着来自中原大地和江浙一带大学的近三千名热血青年。尽管吃的是高粱面黑窝窝头，喝的是小米粥，咽的是萝卜白菜，睡的是草铺，饱经战争磨难的章开沅一点也不觉得苦。他很喜欢中原大学朝气蓬勃、团结、紧张、向上的集体生活。他读的书很广泛，远远超过学校短训班时所学的有关党和革命基本理论的许多知识。他游刃有余，满含期待。

辽沈、淮海、平津三大战役节节胜利，百万雄师千帆竞发胜利渡江，解放了南京、上海一些大城市，蒋家王朝已土崩瓦解。解放大军遵照毛主席、朱德总司令发出的“向全国进军的命令”，阔步向南方挺进。中原大学第一批师生整理行装，随四野部队浩浩荡荡南下时，章开沅心动极了。他真想立即随军成为一个跨马佩枪、文武双全的战地记者。然而，作为业务骨干，他被留在中原大学政治研究室革命史组工作。从此，他与历史专业真正结下了不解之缘，文学梦难圆。

1949 年 10 月 1 日，中华人民共和国在北京天安门城楼上庄严宣布成立了。那时的青年人都有着一颗火热的心，崇尚全心全意献身革命事业，视服从组织分配为自己的神圣职责。章开沅是带有浪漫色彩的理想主义者,而一旦革命需要,二话不讲,叫干什么就干什么。实话实说,当时革命也不大可能允许个人有自己独立的人生选择。

中原大学从开封搬迁至刚解放的长江岸边的历史名城武汉,是1949年6月。章开沅随之由开封来到武汉,在中原大学创办的教育学院历史系工作。1951年秋,中原大学与有着深厚历史渊源的华中大学合并,两年后正式改名为华中师范学院,章开沅便在这个学校历史系教了一辈子中国近现代史。

"我的职业像包办婚姻,通常是先恋爱后结婚,我却是先结婚后恋爱。我是在担任历史系教师后,才逐渐增长了对教师工作,对史学研究的兴趣。"他带着温和的微笑十分风趣地对我说。

"包办职业或者说工作包分配,造就出一个出色的教育家,一个国际知名的史学家,可谓时势造英雄,还真不错。"我真心实意地说。

教书匠,有的人一辈子平平庸庸照本宣科无所建树。尤其在以往"左"倾错误影响下,教师职业被冷落,历史学被冷落,遭遇坎坎坷坷。那么,先说说是什么力量使倾心文学的章开沅成为一个教育家而备受尊重呢?采访中,我真真切切感受到他是一个热爱生活和热爱事业的人,是一个有着高度责任感和执着追求的人。他的人格魅力如同磁场产生很强的吸引力和凝聚力。

当20多岁的章开沅最初走上华师历史系讲台,面对大学本科年轻学生一双双热切的眼神时,他就思考着师范大学是培养青年教师的地方,意识到自己的一份责任,一定要把历史课扎扎实实地教好,才不辜负学校与同学们的期望。

讲台上,他衣着整洁,俊朗干练,普通话标准,口齿清晰,没有旧式师道威严,而是和学生平等交流,富有亲和力。毕竟有金陵大学历史系专业基础知识,他当时还曾饶有兴趣地研究过美国土著印第安人文化呢。他刻苦自学,不断地为自己充电,知识面宽。他讲课十分认真,从不简单地就事论事,内涵丰富,见解深刻,且具有文学功底,说话颇具文采,幽默常在不经意间流露,娓娓动听,学生们如沐春风,个个喜欢听他的课。甚至在华师培训的在职中学教师(有的人相当于他父亲的年龄)也都乐意听。

他，每周三门课，13 个课时，堂堂课学生爆满，无一缺席。学生们喜欢他，他更喜欢学生，师生关系水乳交融。

1957 年考入华师历史系，现在是中学一位退休的历史教师回忆说："1961 年在华师大操场，全历史系四五百学生集中听章开沅先生的大课，这是前所未有的。他当时是历史系最年轻的讲师，穿一件挺括的浅蓝色衬衣，英俊帅气。他讲的是辛亥革命时期资产阶级的两重性，分析得精辟透彻，全场鸦雀无声，讲到精彩处，全场会爆发出一阵阵掌声。他是大学里一个非常好的历史老师。40 多年过去了，至今，我还难忘。"

"人生得一知己足矣！"何况有那么多理解、信任、爱戴自己的学生，他甚感这是自己人生最大的幸福。他深深爱上了教师这份职业，爱上了史学，矢志不移。

治学育人已成为他重要的人生追求，关爱学生是他生命的寄托。他寄希望于青年。

英国大物理学家牛顿曾说："我之所以比别人看得远些，是因为我站在巨人的肩膀之上。"谦虚的章开沅严以律己，不敢以"人梯"自喻，因为人梯意味着在巨人的肩膀上起步，必须具有更高的学术水准。而他的志愿是甘当普通的铺路石，把道路铺得平坦些，让青年人成长的脚步走得更坚实更快更远些。

他兢兢业业地工作着、学习着，不断丰富和提高自己。不管人生长河中遇到什么暗礁、险滩，乃至文化大革命期间遭遇莫名的屈辱，他都坦然面对，巍然屹立。他以史学家超凡的明智与冷静坚信：逆历史潮流而动的"文革"风暴必将过去，光明一定会到来。

1978 年，是共和国历史上具有伟大转折意义的一年，改革开放的总设计师邓小平率领全国各族人民，走出十年浩劫的灾难，阔步迈向以社会主义现代化经济建设为中心的新时代，复苏的中华大地一片生机盎然。

已晋升为教授的章开沅目光敏锐，他抓住时机，于恢复高考不久的 70 年代末，便开始招收硕士研究生。1981 年又第一个创办华中师大历史研究所，被批准建立第一个博士点。他，第一批担任博士生导师。他的目标是，着重培养中国近代史高素质高专业水平的教学与研究人才，以适应历史新时期社会不断变革的需求。

他，不拘一格降人才。

中国近代史研究所副所长严昌洪，十分坦诚地向我讲述他亲身经历的一件事情。

严昌洪 1965 年在中央民族学院分院历史系毕业，分配到广西一所中学任教。1978 年已 36 岁的他，报考武大历史系研究生，考前他怀着忐忑不安的心情慕名来到了华中师大，向章开沅教授请教。不曾想到，章教授丝毫没有门户之见，微笑着说："如果你万一考不上武大，不嫌这里庙小就来我们这里吧，我明年也招研究生。"这话语，这承诺，消融了他遭遇未被武大录取的失落感。同时，由于章教授的热情鼓励，使他信心大增，努力备考，第二年终于考取华中师大，成为章开沅教授第一批中国近现代史专业的硕士研究生。他怀着感激之情奋力拼搏，他的硕士论文答辩出色，留校任教。后来在章教授的指导下，发表了一些有影响的学术著作，成为中国近代史研究所的学术骨干。"能成为章开沅教授门下的一名弟子，是我一生的幸运。"严昌洪诚恳地说。

又如：1986 年在广州和孙中山故乡中山市隆重举行了"纪念孙中山诞辰 120 周年国际学术讨论会"，会前经过严格评选，从 200 多篇论文中推荐 70 篇参与这次国际盛会。章开沅领导的华中师大历史研究所年轻学人的论文脱颖而出，7 篇入选，占大会入选论文总数的 1/10，占与会青年学者论文的 1/3，论文均为上乘之作，颇受与会中外学者的好评。当时，还在攻读博士学位的马敏所写的《论孙中山伟人品质》一文，不仅在大会上宣讲，且在《中国社会科学》中、英版上作为代表性论著发表。马敏博士毕业留校，又到美国高校进修两年，是我国人事部确定的第一批跨世纪人才之一，被认为是章开沅教授优秀的接班人，现任华中师大校长，担起了振兴华中师大的重任。

名师出高徒。在章开沅众多的博士研究生中，有的已成为著名的青年史学家，如中山大学教授、长江学者桑兵，中国社会科学院近代史研究所副所长虞和平等；有的已挑起行政工作的大梁，如华中师大中国近代史研究所所长朱英、江汉大学副校长涂文学等。我早耳闻武汉市

李宪生市长师从章开沅教授攻读博士学位。一天,问及此事,李宪生市长笑容满面地对我说:

“我的博士论文是研究清末张之洞时期在武汉进行经济改革,与当今社会主义新时期的经济改革开放做跨世纪的比较,这是一个很有意义的课题,我们从中受到启迪。章开沅教授对我的帮助很大。”

是的,章教授用自己的热情、智慧、汗水培养出一批国家栋梁之材。

自从 20 世纪 50 年代初,章开沅在中原大学历史系任教以来,他教过的学生难以数计。作为新中国第一批博士生导师,他一直在招收中国近现代史博士研究生。华中师大中国近代史研究所已成为国内近现代史研究人才的重要培养基地。当然,不仅在武汉、在广州、在中国香港地区,还有美国、日本一些高校都有章教授的高足在任教在工作。他诲人不倦,不仅在华中师大,就是在校外乃至海外不少青年学者都受过他的指导。被誉为世界四大文化名人的孔子弟子三千,贤者七十二,而今,章门弟子人数之多,分布之广,杰出者之众,引起中外学者的赞叹:“章门弟子遍天下。”

深孚众望的章开沅教授,1984 年阳春三月,由国务院任命被推上华中师范学院院长的领导岗位,他也是 1985 年 8 月学校更名华中师范大学后的首任校长。他本是一个钟情于做学问无意做官的人,然而一旦挑起大学校长这副重担,他便义无反顾地干了起来。凭着他的热情、他的责任感、他的睿智、他的开创性,在任职 6 年的时光里,和校领导一班人,励精图治,确确实实使华中师范大学为之改观。

一日,在华中师大中国近代史研究所洁净的会客室里,我与毕业于华中师大中文系,历任校人事处处长、校办主任、副校长的汪文汉先生相见。章教授任校长时,他恰恰任校办主任,两人合作关系和谐,彼此相当了解,汪文汉充满豪情地对我如是说——

章开沅是个学者型的校长,又是一个开拓型的校长。他胆识非凡,有魄力,任职期间使华中师大在许多方面开创出新的局面。

首先,他注重在学校营造良好的学习和学术环境,狠抓教学质量和科研改革,使教学、科研有了很大发展。他提出“严谨、求实、开拓、进取”的办学方针。有句名言:“教育是立国之本。”师范大学是教师教育,侧重培养大批专业好素质高的教师,这关系着民族的未来。针对部分学生不愿做中学教师的思想,他十分注意培养学生尊师重教的道德风范。他既严谨治学,又鼓励学生的独立思考与创造精神,在学校形成了学术上自由讨论的热烈气氛。

他独具世界眼光,率先主张华中师大向"大学国际化"的道路迈进,主张"在开放中求改革,在竞争中求发展",积极推进华师面向社会、面向全国、面向世界,拼搏进取,奋发图强。于是,华中师大与美国等海外十几所高校建立了双向互动的校际交流关系,采取"请进来,走出去"的措施,放手让华中师大师生在国际与国内学术活动中与强手竞争。因而,大大拓宽了华中师大师生的国际视野,大大提高了华中师大的知名度与国内外影响。

他率先倡导学校与企业、学校与地方教委开展合作,提出"校—县"、"校—厂"办学模式。1986年,化学系资深教授张景龄等首创的农药新品种甲基异硫磷获国家科技进步二等奖,在学校与仙桃县科委的合作中,将此农药用于农业生产,效果甚佳。仙桃市委托华中师大培养人才,华中师大与该市合作创办了华中师大仙桃学院。后来华中师大与全国著名棉产地天门县合作,创建了华中师大天门学院。人们笑称其为华中师大的"天仙配"。同时,校办主任汪文汉还亲自率华中师大音乐系师生到仙桃演出,深受群众欢迎,密切了华中师大与地方的联系。

章开沅率先实施将华中师大学年制改为学分制,改变了过去学年制下学好学坏一个样,大家齐步走的弊端。学分制既可以让学生跨系自主选择专业的最爱,更能挖掘学生的潜能。他激励学生冒尖,谁先学完大学本科4年的学分谁先毕业,这一举措极大地调动了学生们的学习积极性和热情,有利于青年学子快速成才。

总之,章开沅校长开明、开放、开创,富于谋略,善于决策,是个干实事干大事的人,是个名副其实的教育家,从而使华中师大综合实力显著增强,使今日华中师大跻身于全国高校前列,在武汉形成与名校武汉大学、华中科技大学三足鼎立之势,学校越来越兴旺,全体师生对他非常崇敬。

汪文汉一番热情洋溢的谈话,让我读懂了作为教育家的章开沅。

然而，当我深入了解到，尽管6年里作为学校领导行政事务很繁杂，消耗了章开沅许多精力，连家里也成了校长办公室，但他依然抓住分分秒秒，从凌晨4点至8点上班前，日复一日，坚持研究，不辍笔耕。他对史学的高度热诚和责任感，他的坚强意志和毅力，是他成就史学于偶然中的必然。对他的钦佩之情，在我心中油然而生。

多少年不懈地辛勤耕耘，他研究史学的学术成果累累，有口皆碑。

这里，还是从他开始并致力于辛亥革命史的研究讲起吧。

彰显史学家的崇高品格

新中国成立初期的50年代，章开沅研究的兴趣是太平天国史，他对太平天国的性质、天朝田亩制度等问题进行探讨。在那个认为“人民是创造历史的动力”时期，研究农民战争史是史学界的一个热点，这是很自然的。

他之所以从太平天国史转向辛亥革命史的研究，又是一次偶然的契机促成。

那是1954年秋冬之交时节，民主德国历史学家贝喜来博士专程来武汉搜集辛亥革命史料，外事部门邀请武汉大学历史系姚薇元、汪诒荪两位教授和章开沅出面接待。他们陪同贝喜来博士参加与武汉历史学者的交流，参观历史遗址，还特地为贝博士举行辛亥革命老人座谈会。老人们是参加辛亥革命的风云人物，受到人民政府的礼遇与安排，身体健康，心情愉快。座谈会上，个个谈笑风生，畅所欲言，提供了许多宝贵生动的资料。

这一切，使对生活有着火样热情的青年讲师章开沅深受刺激和启发。他浮想联翩：为什么一个外国人不远万里来到武汉关注搜寻辛亥革命史料，而自己就在武昌首义之地从事历史教学工作，却对辛亥革命史熟视无睹漠不关心？真难为情。尤其老人们深情回忆辛亥革命往事，让他怦然心动。武汉大学历史系姚、汪两位前辈又一再劝导他加强辛亥革命史研究，武大则想在太平天国史方面多做些工作，借以显示武大与华中师院两校既有合作又有所分工。汪诒荪教授还毫无保留地把他过去手抄的许多辛亥革命珍贵资料借给他阅读与转抄。前辈学者的扶掖,令他心存感激。就这样,一次偶然的契机,使研究辛亥革命史成为他挥之不去的情结。

那时,高校和全国一样政治运动频仍,说不清,道不明。1958 年章开沅下放农场劳动锻炼一年多,在这种情况下,辛亥革命史研究自然被丢在一边。

1959 年返回华中师院,教学秩序逐步恢复正常。天赋聪慧又勤于思考的章开沅心中孕育着一个大胆的构想:武昌乃首义之地,如果能为即将到来的辛亥革命 50 周年举办全国性的学术讨论会,该多好,这无疑对辛亥革命研究将作出较大的贡献。

他的创意,他的构想,受到华中师院、系两级领导的赞赏,并立即报省委宣传部。礼贤下士的曾惇部长、密加凡副部长态度鲜明地给予大力支持,并委托省社联负责人彭展具体抓准备工作。

从 1960 年开始,仅仅只有一年多点时间,准备工作紧锣密鼓地进行,一是组织论文写作,一是进一步争取中央的支持与指导。

最大的困难是论文写作。此时,武汉地区各高校历史教师中没有一位堪称辛亥革命史的专家,研究辛亥革命的论文更是一个空白。

迎难而上,章开沅以武昌起义敢放第一枪、敢为天下先的精神鞭策自己,和同事们认真进行学术准备。以他为首,华中师院历史系确定的课题是《从辛亥革命看民族资产阶级性格》,为撰写论文,他不辞辛劳地深入鄂东城乡进行社会历史调查。

“为什么要进行社会历史调查?不是有现成的史料可供参阅吗?”我不禁问。

“史学的可贵品格,首先是诚实,就是‘求实存真’,离开实与真,史学就失去存在的价值。求实存真很难,因为史学不能讲空话,必须以大量实证工作为支撑。任何史学研究如果想具有原创性,就必须首先搜集应有尽有的相关原始材料,并认真地阅读它。仅靠或者主要靠别人用过的‘二手货’,是难以获得真正有价值的学术成果的。”真诚写在章教授的脸上。

嗣后,他奉命配合相关部门上北京与首都学术界联系,征求一些前辈学人对筹备工作的意见。

第一次去中宣部，第一次见到自己心仪已久的历史学家、中国近代史研究所领导黎澍前辈。黎澍很健谈，不拘客套，开门见山地说："目前，辛亥革命缺少具体研究，切不可放空炮，泛泛地议论没有意思。多干点实事好。"临别，黎澍亲切地对他说："中央已基本同意在武汉举办辛亥革命学术讨论会。"天大的喜讯，他迫不及待地返回武汉。

1961 年 10 月 14 日，天高云淡，阳光灿烂。

由中国史学会和湖北省社联联合举办的纪念辛亥革命 50 周年的第一次全国性学术讨论会如期在武汉举行了。与会学者 100 多人，提交会议论文 40 多篇，其规模与水平实属创举，盛况空前。青年历史教师章开沅的创意与构想，终于梦想成真。

会上，著名哲学家、湖北省社联主席、武汉大学校长李达致开幕词。德高望重的历史学家吴玉章发表重要讲话，他强调："历史是一门老老实实的学问，研究历史不能偷懒取巧"，"必须严肃学风"，"史实可信是科学的最基本要求"等等，针砭时弊，发人深省。

湖北省政府对此次盛会极为重视，张体学省长亲自出席预备会。正值经济困难时期，张省长又特批鱼、肉，并嘱托会议伙食搞得丰盛些，尽力服务周到些，保证会议开好。省长的关照暖人心怀，赢得全国各地代表的交口称赞。

会议学术氛围浓郁热烈。章开沅执笔写的论文《武昌起义与湖北革命运动》，被推荐到大会第一个宣讲，不愧为首义之地敢为天下先之承传。他的另一篇论文《从辛亥革命看资产阶级性格》，被《新华月报》全文刊载，是作为会议有代表性的论文向国内外推荐的。他自称"汗颜之作"的两篇论文，高屋建瓴，气势磅礴，受到了好评。

会议期间，吴玉章、范文澜等史学前辈特意会见章开沅和其他青年学者，情真意切地说："不要停留于写论文，要努力写出辛亥革命的大著作来。"两老的期望，他铭刻在心。

伟人孙中山和辛亥革命时期那一代人经过不屈不挠的奋斗，一举推翻清朝封建统治，结束了古老中国延续两千多年的君主专制制度，建立了亚洲第一个共和国，创建了不朽功绩。由于民国初年政局紊乱，共和国存在很短暂,然而它却全面开启了中国现代化的闸门,从此,任何力量也难以阻止这股前进的历史潮流。

青年章开沅在沉思:孙中山、黄兴、宋教仁等辛亥风云人物,新兴资产阶级、立宪派等错综复杂的各个社会层面的人物与群体,都值得认真研究。对于历史学家来说,辛亥革命是一个富矿,选题俯拾皆是。当时,全面启动撰写辛亥革命史这一庞大工程的时机尚不成熟。那么,从何处入手选题进行研究呢?

而此时正在研究辛亥革命时期中国资产阶级的他,由于接触原始资料很少,难以从宏观上把握这个内容极为丰富又错综复杂的课题。深思中碰撞出他思想灵感的火花:对,先从企业和企业主个案入手,再逐步扩大对清末民族资产阶级研究的深度和广度。找到突破口,他兴奋无比。

"为什么您对张謇这个人物很感兴趣情有独钟呢?"我问。

"张謇是清末民族资产阶级上层重要的代表人物,创办了一些有实力有影响的企业。他在出生地江苏南通不但办企业还办学校,致力于地方上的公益事业,深受家乡人民的爱戴。南通在 1962 年率先做了大量工作,如影印出版张謇日记,发表《大生资本集团史》、《张謇在辛亥革命中的政治活动考察》等文章。还有,由于张謇与我在安徽创办企业的曾祖父,均属清末同一时期的实业家,从情感上也便于我对张謇的熟悉和了解。这种种因素形成一股强大的吸引力,把我召唤到张謇的故乡。"他认真地说。

1962 年 9 月初秋,青年章开沅从上海乘轮船前往南通市。第一次看到黄海、崇明岛、吴淞口,第一次看到长江入海处这一大片土地,这不就是张謇曾长期开发与经营过的热土吗?他兴高采烈地登上南通码头,走进保持着较多原有历史风貌、市容整洁、民风淳朴的南通市,连他住宿的旅社也基本上沿袭着张謇时代的格局。

彰显史学家"求实存真"的崇高品格,章开沅长途跋涉搜寻原创性实证资料,首次到张謇的出生地、故居和其他相关遗址参观考察,那浓重的历史感扑面而来,犹如"身临其境"。我国西汉著名史学家司马迁著《史记》,曾云:"……网罗天下放失旧闻,考之行事,稽其成败兴坏之理，凡百三十篇，亦欲以究天人之际，通古今之变，成一家之言。”章开沅追求史学家“成一家之言”的独立品格，而不是人云亦云见机行事的随风转。

在南通，市领导和史学工作者热情款待章开沅，为他进行实地调研提供许多便利条件，在一种融洽温馨的氛围中研究张謇，心情怡然，受益匪浅。

更为幸运的是，1963年至1964年，华中师院慷慨地给章开沅一年多进修时间，恰恰原华中师院老院长，时任全国政协副秘书长兼文史资料委员会副主任的杨东莼先生，以协助该会征集北洋政府时期史料名义把他借调到北京。其实北洋史料征集之事并不多，他大部分时间仍致力于张謇研究。全国政协又为他提供相当优越的工作和生活条件，对前辈杨东莼无微不至的关爱，他内心溢满感激之情。

在北京，他进入一个更大的学术世界，结识了北洋时期老人章士钊、溥杰、溥仪等，还广交京城史学界师友。同时，在馆藏丰富的北大、北京图书馆和近代史研究所，仔细阅读相关图书、报刊和文稿，扎实认真地搜集、汇集张謇的大量原始史料，并进行系统整理和编纂。在此基础上，他写出《张謇传》的初稿，先后在《历史研究》、《光明日报》上发表了《论张謇的矛盾性格》、《辛亥革命前后张謇与袁世凯的关系》两篇文章。此时，专门研究张謇的学者十分稀少，他的两篇文章引起国内乃至海外一些知名历史学家的重视和引用。

然而，在“千万不要忘记阶级斗争”，无限上纲之弦愈绷愈紧的年代，他撰写的40万字的《张謇传》命运多舛。出版社提出不宜为张謇出这样大部头的学术传记，建议删削和压缩，关键是对张謇的评价要注意“降调”，不宜肯定过多。如按此办理，张謇的面孔将被改得面目全非，40万字书稿将被削减为没有什么实质内容的薄薄小册子。史学家求真存实的可贵而崇高的独立品格，使他难以屈从。无可奈何，他只有把《张謇传》的修改问题搁置下来。

天有不测风云，人有旦夕祸福。

1964年秋，《光明日报》派编辑约他写评价太平天国将领李秀成的文章，他连夜赶写出《不要任意美化也不要一笔抹杀》的文章，对李秀成做了实事求是的具体分析,反对对历史人物贴政治标签的形而上学的做法。不料他的文章触动红极一时的所谓"理论权威"戚本禹所写文章的一根神经,遭来无妄之灾,指责其"以折中主义手法为叛徒辩护"。上级有关部门责令他回华师接受批判,不准授课,并通知各地报刊不得发表他的文章。既是学术讨论怎么不容许争鸣不容许申辩?此时,书生味很浓的他才切身体会到学术领域阶级斗争的厉害。

接着,突如其来的文化大革命狂飙猛烈撞击着深受困扰的神州大地,置身风暴中的章开沅更注定在劫难逃,全校重点批判的罪名之一就是为满清大资本家张謇树碑立传,这怎么了得!抄家时将其书稿作为反面教材进行"革命大批判"。面对残酷斗争,他有着出奇的理智与冷静。综观全国知识界横遭摧残,著名历史学家吴晗因编写《海瑞罢官》历史剧惨遭迫害含冤致死,令他心痛不已。自己经受点暴风雨算得了什么。他有着坚定的信念,历史道路再曲折,终究会还原以公正。

党的十一届三中全会于1978年冬召开,提出"实践是检验真理的唯一标准",倡导"解放思想,实事求是",倡导"尊重知识、尊重人才",拨乱反正,落实政策,种种举措如春风雨露滋润着亿万人的心田。

首都人民出版社率先到武汉登门约稿,请章开沅出面联系几个志同道合的同志编纂多卷本《辛亥革命史》,以完成吴玉章、范文澜前辈提出"要写出辛亥革命大著作"的嘱托,这也是章开沅难以释怀的心愿。

于是,在人民出版社大力促进下,成立了以章开沅和其湖南史学界好友林增平为主编跨两湖、四川、贵州四省的《辛亥革命史》编写组。尔后,章、林配这对黄金搭档,又发起成立中南地区辛亥革命史研究会,章开沅任理事长,这就在和煦春风吹拂人民共和国大地的1978年。

正当盛年的章开沅精力充沛,坚毅果断。他敢于直面编写大型学术专著《辛亥革命史》所面临的重重困难。且不说经费捉襟见肘,更重要的是,长期盘根错节困扰史坛的"左"倾思潮仍有市场,其影响并非短期内能自行消退。如,史学研究要以工农兵为主体,对于资产阶级"立足于批",实质是一概打倒,致使如何正确评价晚清上升的资产阶级以及辛亥革命研究仍成为"禁区"。再如,极"左"的"路线斗争"论,无所不包,无所不在。对于历史上的任何人物、任何事件、任何团体,都要纳入

“路线斗争”的框架，以简单的“好坏分类法”评价历史人物、历史事件，毫无科学可言等等，不一而足。因此，如不解放思想，砸烂桎梏史坛的种种精神枷锁，辛亥革命史的研究难以前进难以突破。

“治学不为媚时语，独寻真知启后人”，楚图南老先生的两句警世之言给他很大激励。他不能把史学变为政治的婢女，随波逐流，必须彰显史学家独立的科学品格，求实存真才具有历史价值。他不怕压力与诱惑，率先闯荡“禁区”。

1979 年，他旗帜鲜明地著文《辛亥革命史研究中的几个问题》，提出“解放思想，拨乱反正”、“重新探索辛亥革命史研究的前进方向与途径”的新观点，在国内外引起巨大反响。美国《中国史学》全文译载，称赞作者是这方面处于领导地位的专家。1980 年，章开沅主持创办我国最早公开发行的《辛亥革命史丛刊》，他在创刊号上发表《解放思想，实事求是，努力研究辛亥革命》一文，日本《中国研究月刊》称赞此文“是指出了丛刊的方向性乃至当前辛亥革命史研究方向性的文章”。

编纂社会生活背景纷繁复杂、涵盖面很宽的辛亥革命史，是一个庞大的工程，非能一蹴而就。由章开沅和已任湖南师范大学副校长的林增平共同担纲主编，两人同心协力率领一班人，闯过了一道道难关。经过 4 年的艰辛努力，120 万字三卷本的《辛亥革命史》终于编纂成功，于 1981 年 7 月交由人民出版社出版。这是世界上第一部研究辛亥革命通史性和综论性的大型专著，它标志着国内辛亥革命史研究，已从小册子时代步入更高的发展阶段，它的出版立即受到国内外关注。国外学者称这是一部“最引人注目”，“最能体现目前中国辛亥革命研究的观点、方法和水平”的皇皇巨著。

这一皇皇巨著，成为献给 1981 年 10 月在武昌召开的纪念辛亥革命 70 周年国际学术讨论会的一份厚礼。出席此次会议的 120 多位学者中，包括日、美、澳、加、法、印、泰、朝和我国香港地区的 44 人。这是一次高水平的国际学术会议。章开沅在会上宣讲了新作《辛亥革命与江浙资产阶级》。会后，他又紧随著名史学家胡绳等前往日本，参加东京纪念辛亥革命 70 周年国际学术会议。

张謇研究一直是章开沅心中的牵挂，被迫中断了整整 14 年，最宝贵的黄金年华在风雨飘荡中流失了。1981 年完成《辛亥革命史》(三卷本)的出版工作后,他才有时间有精力回复到张謇的研究上。不堪回首的"文革"动乱一结束,落实政策时,才发还他倾注大量心血的 40 万字书稿。首先,他抓紧失去的时间,先写出《从状元到资本家》、《在两个世纪之间》两篇文章予以发表。历史新时期,解除了"左"的禁锢,他想重新修订《张謇传》。能够有机会再去南通看看,这是他由衷的企盼。

机遇总是垂青有准备的人。1985 年 8 月,已任华中师范大学首任校长的章开沅,应邀参加南通父老乡亲为重立张謇铜像举行的典礼。从 1962 年 9 月第一次去南通,到这次再踏上这方热土,虽时隔 20 多年,历经沧桑,却无恍若隔世的陌生,依然那么熟悉亲切。南通人对张謇在家乡发展经济,造福人民,怀着深深的崇敬。南通纪念和研究张謇依然热情似火,这大大增强了章开沅重新修订张謇传记的信心。

重塑在"文革"中遭受拆除破坏的张謇铜像,揭幕典礼十分隆重,云集着张謇不少海内外的亲朋。难求的机遇,章开沅尽力结识张謇一些来自海内外的后裔,进一步熟知张謇如何从清末状元弃官投身实业,参加立宪运动,创办大生集团和通海垦牧公司,如何在南通兴办学校,热心地方自治,成为一个地区近代化开拓者的人生足迹。他对清末民族资产阶级这一重要代表人物的理解和解读更加深化。

他思考着,修改 40 万字《张謇传》的原稿,应着重对其精神世界、人性化、个性化的深层发掘,写出一个有血有肉有灵魂的活生生的人物,而不是一个脸谱化的历史符号。

于是,在 1986 年 12 月重写的《开拓者的足迹——张謇传稿》由中华书局出版,装帧和版式都很讲究,受到广泛好评,受到国际学者的青睐。1987 年,在中国召开张謇国际学术研讨会,提交的论文大多言之有物,不乏新见。章开沅在会上宣讲了自己的论文《我对张謇的再认识》,除清算过去"左"倾思潮影响外,特别强调张謇在谋求南通地区经济、文化发展过程中,具有相当自觉的总体协调(即整体性)的特点。也有学者提出"南通模式",引发热烈讨论。这次会议显然对张謇研究起了促进作用,出现了"张謇热"。

在中国走向近代化的艰难道路上,以"状元办厂"闻名于世的张謇是极其重要的早期开拓者之一，大概是为这位晚清状元立功立言的丰功伟绩所吸引，透过其特殊人生经历可以观测中国近代社会的变迁，章开沅对张謇研究十分执着。在连续发表的《张謇与中国近代化》、《对外经济关系与大生资本集团的兴衰》、《张謇与中法银行》等等一系列论文后，在其更为年轻的弟子田彤博士的协助下，在迎来新世纪的2001年，他与人合作撰写并出版了另一本专著《张謇与近代社会》。

"您在进行如张謇这种'个体研究'的同时，也十分注重'集团研究'和'群体研究'，为什么?"我进一步问。

"作为历史的创造者或历史主体，一方面是群体形式发挥作用，另一方面，也会以鲜明的个体形象对历史发展进程产生影响。运用这两种方法使历史宏观和微观层面更明晰地凸现出来。治学要以多维视角看世界，从不同侧面审视史事，所谓'横看成岭侧成峰，远近高低各不同'，如此，历史才是动态的，丰富的，真实的。"他的话颇有见地，使我对史学有了更深的认识和理解。

是的。近代中国是一个急剧变化的过渡社会，各种社会集团和社会群体异彩纷呈。仅就洋务运动中几个不同类型的群体为例，即有：曾国藩、李鸿章等督抚群体，郭嵩焘等思想先驱群体，徐寿等科技官僚群体，盛宣怀等经营管理者群体，容闳等出国留学人员群体等等。至此，官、绅、商、学不同群体各自活动轨迹与相互关系的探讨，已呼之欲出。

集团和群体研究，得到青年学者的积极响应。

于是，华中师大决定把"近代官绅商学研究"作为国家社科"九五"规划的重点项目申报，并拟定分工合作的研究计划。于是，章开沅率领他的高足马敏、朱英、严昌洪、罗福惠、刘伟、林济、王奇生、何建明，既有所分工又通力合作，进行不同的课题研究。于是，"社会转型中的晚清督抚群体"、"社会转型中的近代绅商"、"从商会看近代中国的官商关系"、"近代商与学的互动关系"、"知识分子的角色与社会功能"、"近代官绅商学与宗教"等，在章开沅教授坚持自主、大胆、实证而富有创见的精神鼓舞下，弟子们各自的研究都取得令人瞩目的成就，他们共同托起了中国近代史群星璀璨的一片天空。

章开沅教授几十年研究辛亥革命费尽大量心血，撰写了论文、专著,主编了史学书刊,还主编了第一部厚重的《辛亥革命辞典》,数百万字,成就卓著。我不禁由衷惊叹:章开沅不愧是研究辛亥革命史的领军人物,一位杰出的辛亥革命史学专家。

他是一个踏着时代旋律与时俱进的人。他主张历史学家首先必须积极参与历史生活,同时,也要积极参与现实生活。他说:"历史学家的最高天职就是研究人类的历史生活,不如此就不成其为历史学家。"

他胸怀博大,放眼世界。他的史学研究走向海外。

卓越学识与才华蜚声海外

他第一次飞越太平洋到达新大陆美国,是 1979 年 9 月,他是我国改革开放较早走出国门的人文学者之一。

北美亚洲学会来函,邀请他和武汉大学萧致治教授赴美,作为期一个月的学术访问。

美国与中国幅员辽阔堪相媲美。一个月,他和萧教授脚步匆匆,日程排得满满的。第一站,西海岸美丽城市西雅图,与华盛顿大学西雅图分校东亚中心进行学术交流。第二站,北加州旧金山、奥克兰一带海湾地区,访问名校斯坦福大学与伯克利大学。第三站,威斯康辛大学。第四站,位于汽车城底特律的密歇根大学。所到之处,他首次深感各高校对中国历史方方面面的研究都很重视,作为东方古老文明中国的史学使者,他倍感自豪。由于他的从容大度及儒雅的学者气质、才思敏捷的谈吐,美国历史学家们都对他甚有好感。

马不停蹄。他和萧教授又自西徂东,第一站,纽约哥伦比亚大学,得其历史系清史教授热情关照,不仅与学者广泛交谈,而且还参观了联合国、自然博物馆、世贸大厦,以及屹立于哈逊河旁高耸入云的自由女神。

第二站,普林斯顿大学,美籍华裔宋史专家刘子健接待特别热情,陪同他参观了闻名遐迩的爱因斯坦实验室和胡适曾任馆长的葛斯德(Gest)东方图书馆,琳琅满目的馆藏珍本,使他目不暇接。

第三站,邻近美国首府华盛顿的马里兰大学,政治系教授薛君度负责接待,薛的夫人黄德华为黄兴之女。此前,他们曾在长沙与章开沅会晤,老友重逢分外热情。薛君度教授特意为章开沅组织了学术报告会,并带他参观了全美藏书最多的国会图书馆,结识了中国研究资料中心主任。获甚多珍贵资讯,令他耳目一新。

从华盛顿乘火车到纽黑文,即到了耶鲁大学所在地。雅礼协会负责主要接待任务,该协会与中国有着特殊的历史渊源。20世纪初,少数耶鲁学生在长沙建立雅礼协会,长期在湖南、湖北从事文化教育工作。由于与华中师范大学前身华中大学关系密切,接待自然格外殷勤。

雅礼协会主任石达(John Starr)是颇有成就的中国现代史学者,代表作有《毛泽东继续革命论的基本原理》,并曾参与《解放后的毛泽东的著作书目和索引》的编纂,可见其对毛泽东思想兴趣之浓。对此,目光深邃的章开沅并不觉新奇,因为伟人毛泽东创建新中国的得与失,是全世界历史学家都为之关注的。

到东海岸波士顿资深名校哈佛大学,其中国史研究力量胜于耶鲁,无疑应归功于哈佛大学研究中国历史的权威性人物费正清教授的苦心经营。用时尚话说,费正清是全美首席中国历史学家。哈佛费正清东亚研究中心为章开沅和萧致治两位教授特别举办中国问题研讨会,30多位学者踊跃参加,热烈讨论,从下午5点一直持续到皓月当空夜晚9点半钟。

按照美方邀请函的约定,本来美国之旅的终点是哈佛。但,中西部名校芝加哥大学又盛情相邀,并代办签证延长手续,于是,章开沅又到了芝加哥。芝大中国史研究人才济济,成果累累,并不亚于耶鲁和哈佛,其接待之盛情可谓后来居上,从11月3日已灯火闪烁的晚上7时至次日凌晨4时,与美籍华裔史学家的叙谈真可谓通宵达旦,情意浓浓。

穿梭式访问美国各名牌高校,活动极为频繁,章开沅既疲惫又快乐着。所到之处,他演讲的题目《大陆中国近代史研究的现状与趋向》、《辛亥革命研究的现状与趋向》,萧教授的讲题为《孙中山与群众》,深受美国史学界的欢迎。第一次访美感受到西方社会文明之风,人与人之间以礼相待;第一次发现美国研究辛亥革命某些课题之深入,超过首义发祥地的武汉;第一次了解美国学术讲座后更注重研讨,学生思想活跃,畅所欲言,涉及中外史学研究的各个方面,并非“我讲你听”单向传输填鸭式的学术讲座,令章开沅眼界更为开阔。而与美国史学界朋友建立的友谊,如同启动闸门的河流绵延流长。

“此后,您不断应邀赴美访问,印象最深刻的是哪一次?”我想重点有所了解。

“海峡两岸中国学者的第一次正式会晤,芝加哥会议给我留下深刻印象,从而结下了我的台湾情缘。”他双眼含笑地说。

1982 年春暖花开的 4 月。北美亚洲学会在芝加哥举行规模盛大的年会,邀请海峡两岸中国学者参加专门讨论辛亥革命的分组会,双方都派出较强学者阵容出席。中国大陆由著名史学家胡绳领队,成员有中国社科院赵复三、李泽厚、李宗一以及章开沅和一名女翻译。中国台湾由曾任国民党中央副秘书长的秦孝仪任团长,也是由五人组成团队。隔绝 30 多年后,两岸学者第一次在芝加哥会议上正式会晤,是一次大的突破,格外引起国内外的关注。

亚洲协会中国委员会非常周到,特地于会前在唐人街中国餐馆宴请两岸代表,为双方提供轻松的结识与交谈的机会。席间,恰恰章开沅与台湾团长秦孝仪坐在一起,起初双方还有些矜持,是章开沅泰然大度地主动夹菜给秦孝仪并问及籍贯、学历等,于是,浙江的章开沅与湖南的秦孝仪,就家乡灵秀山水培育出的人才攀谈起来,同胞手足情与乡情很自然地把双方拉近了。

开讨论会的当天上午,章开沅才知道自己担任大陆方面的答辩人,才看到对方的论文。于是,他关起门来抓紧独自研究台湾学者提交的论文。领军研究辛亥革命史多年,学养深厚的他,时间虽十分紧促,却大体上已心中有数。

芝加哥棕榈宾馆流光溢彩。讨论会预定晚 9 时开始,7 时便有人前往。可容纳五六百人的会议大厅早已挤得满满的,有的人只好坐在阶梯过道的地毯上。台上,两岸学者和外国评论员,按英文姓氏字首顺序就座。

按照东道主的安排,先由外国评论员逐一评述两岸学者提交的论文后,双方答辩人做出回应。每人发言限定5分钟。章开沅首先答辩。

仪表不凡的章开沅,站在讲台上态度十分从容。他言简意赅。首先谈发现两岸学者论文相通之处,如辛亥革命的历史意义,孙中山在革命中的地位与作用等。不经意间,他幽默风趣地表示:“如果台湾学者同意,我主编的《辛亥革命史丛刊》可以将你们的论著全文发表。”(顿时,全场响起热烈掌声。)继而,针对台湾学者主张辛亥革命是全民革命,批评大陆学者“资产阶级革命说”,他鲜明地表示不同意,并中肯地指出产生分歧的原因有二:一是方法论不同,一是资料运用有差异。他言之成理,其卓越的学识与才华,令台下观众为之折服。同行的社科院的赵复三任翻译,一口地道的牛津英语,译意确切,措词典雅,为他的发言大增光彩,多次博得阵阵热烈的掌声。海外报纸盛赞他俩合作是“珠联璧合,相得益彰”。

台湾学者答辩后,自由发言。在回答听众诸多问题时,章开沅也表现出其特有的睿智。

胡绳、秦孝仪做总结发言。胡绳热诚地从总体上肯定了此次会议所取得的成果。会议主席略致谢意,散会时已是深夜11点钟。

散会后,章开沅本想与台湾学者个别交谈,不料被台下听众蜂拥包围。美籍华裔学者似言犹未尽,龙卷风似的将他拉到棕榈宾馆楼上的大房间,二三十人欢聚畅饮。不论旅居海外多少年,不论相隔有多久,浓浓的故土和故国情愫,把大家连结在一起,章开沅此刻的心醉甚于酒醉。

芝加哥会议的影响极为深远。事隔多年后,不少海外同行见到章开沅时还说:“我们是在芝加哥会议时才认识你的。”1993年夏,章开沅教授应邀赴台湾政治大学等高校执教和进行中国近代史研究,处处受到热情款待。这一年冬天,在台北与秦孝仪重逢,笑称他为“芝加哥老战友”。年事已高的秦孝仪亲自做导游,陪同他到国画大师张大千的故居,处于山水之间风景绝佳处的双溪摩雅精舍参观。建筑、园林、布局、藏品均精美绝伦,令人流连忘返。毕竟血浓于水,同是炎黄血脉,把酒忆旧,笑谈尽欢,历史恩怨已是过眼云烟。

日月如梭在时光隧道中穿行,已逾花甲之年的章开沅任华中师大校长已 6 年,便请辞校长一职。他渴望能从校领导事务中解脱出来,致力于他毕生倾心的史学研究,以便有更大的自由发展空间。

1990 年 8 月。他经港赴美,应邀到普林斯顿大学、耶鲁大学、加州大学圣地亚哥分校,进行合作研究与任教。合作研究的主要课题是中国教会大学史,也是他深藏于心的夙愿。

然而,研究中国教会大学史并不一帆风顺。

19 世纪末,西方教会先后在中国创办了一批大学,其中基督教创设的有 13 所,罗马天主教创设的有 3 所。20 世纪 20 年代以后,随着本土化进程的加速,教会大学宗教功能逐渐减弱,教育功能日益增长,各大学都办出了自己的特色,特别是在农学、医学、化学、社会学与新闻学、比较法学、商科等,以及女子高等教育方面都具有领先地位,培育出不少投身社会服务的各类专业人才。如金陵大学、燕京大学、华中大学、东吴大学及金陵女子文理学院等等。应该说,教会大学是中国近代史高等教育的一个重要组成部分,在近代中西文化交流史上占有重要地位。

西方史学界对在华教会大学的研究早在 20 世纪 50 年代已经起步。而在国内,长期受"左"倾思潮影响及政治因素的干扰,一直简单地视教会大学为帝国主义对华文化侵略的工具,或称文化租界,教会大学史研究便成为学术禁区,无人敢问津。

改革开放,国门大开,处于转型历史新时期的中国,学术环境日益宽松。作为历史学家的章开沅,深感自己有责任带头重新客观研究,实事求是地评价中国教会大学的历史,还原以公平,以促进中西文化交流。于是,他毫不犹豫地在华中师大创办"中国教会大学史研究中心",毫不犹豫地领衔研究中国教会大学史,毫不犹豫地举办首次重要的学术活动,这又是一次创举。

那是 1989 年 6 月,一个初夏微风吹拂盈盈绿草的美妙季节。在武汉,在时任华中师大校长章开沅的主持下,首届中国教会大学史国际学术研讨会在华中师大召开了!来自美国、加拿大和中国香港地区及国内十几所高校的 30 多名学者聚集一堂,就中国教会大学史研究的各个方面进行研讨。尽管不同观点时时碰撞出火星,尽管争论十分激烈,但大家都能畅所欲言,各抒己见,正如敬爱的周总理生前所期望的那样不打棍子、不扣帽子、不抓辫子,呈现出学术上自由讨论生动活泼的局面,大家的心情非常舒畅。章开沅校长开创性地提供这一学术研讨平台,与会学者都表示由衷的感激。会后,由他和美国林蔚博士共同主编的会议论文集《中西文化与教会大学》,受到国内外学者的热烈欢迎与重视,被称为近代中国教会大学历史研究的一个重要里程碑。

毋庸置疑,他是切实推动中国教会大学史研究走向世界,和国际教会大学史研究走向中国的先行者。美国高校特邀他执教和合作研究中国教会大学史,自然顺理成章。从 1990 年 8 月到美国,海外羁旅近 4 年,他撰写出《中国教会大学的历史命运》、《贝德士与金陵大学》、《教会大学与 20 世纪 20 年代的政局》等论著,他的学术研究开拓出新的领域,出现了新的突破,取得了巨大成果,又一次的不同凡响。

"您在美国主要研究中国教会大学史,为什么转向日军侵华南京大屠杀的暴行史呢?这两者有什么必然的联系?"我忍不住问。

"表面看来,这两者之间似乎没什么必然联系,但恰恰是我在耶鲁研究中国教会大学金陵大学的情况时,意外地发现我在金大读书时历史系主任、美籍教师贝德士博士保存的大量档案中,竟然保留一大批日军南京大屠杀的原始资料,血淋淋的事实触目惊心。更重要的是,正如章太炎先生在 20 世纪初预言:'善亦俱进,恶亦俱进。'当今,在日本还存在着一股右翼势力置我国提出的'以史为鉴,面向未来'的善意和诚意于不顾,妄图为日本军国主义侵华罪行翻案,作为受害最深的中国公民,特别是近代史学者,我不得不挺身而出回击这种无端挑衅,以捍卫历史的真实,捍卫中华民族的尊严。"章教授双眼炯炯有神,说话铿锵有力。

1991 年夏季的 7 月,章教授从普林斯顿大学完成执教工作后,来到位于美国康州纽黑文(New Haven)市景色街耶鲁神学院图书馆。这里风景优美,参天大树浓荫覆盖,一幢幢古典建筑风格各异,白鸽在蓝天上飞翔,松鼠在草坪上嬉戏,校园一片宁静清新,真是个读书和进行学术研究的好地方。

其实,早在1988年5月,章教授就应邀参加在纽约哥伦比亚大学举办的“中国民主运动史学术研讨会”。会议期间,曾为老一辈知名人士顾维钧、胡适、李宗仁、张学良等撰写口述史的美籍华人历史学家唐德刚,以及留学德国,专攻国际法的联合国人事厅资深职员,纽约“纪念南京大屠杀受难同胞联合会”首任会长邵子平等,提出以民间活动方式筹建“对日索赔会”,当场邀大家集体签名。当时,从大陆到会的中国学者只有章开沅一人,因此,他便义不容辞地成为祖国大陆的代表,介入了对侵华日军暴行史的研究。

会后不久,他第一次来到耶鲁大学神学院图书馆特藏室,馆藏十分丰富,最吸引他眼球的有两大部分:其一,亚洲基督教高等教育联合董事会的历史全档,有原13所中国基督教教会创办的大学档案全宗,是研究中国教会大学史最宝贵的资料;其二,1949年前长期在中国工作的一批美国传教士,自己保存的全部文献捐赠耶鲁神学院图书馆,统称为“中国文献收藏”,其中就有《贝德士文献》,给他留下非常深刻难忘的印象。特别是看到了一张贝德士博士和金陵大学历史系师生在南京玄武湖边的合影,年轻的他身着长衫潇洒地站立其中,尘封近40年的一张老照片得以重见天日,真令他欣喜万分。时间太短暂,匆匆一瞥便离去。但,从此耶鲁神学院图书馆特藏室让他魂牵梦萦,向往着再次重逢。

他如愿以偿。1991年夏季第二次来耶鲁神学院,是专心致志地研究中国教会大学史。图书馆特藏室收藏卷帙浩繁,令他目不暇接,仅《贝德士文献》就有131盒(Box),1162卷(Folder),查阅需要耗费大量时间,一个人的精力毕竟有限。幸好,有他夫人黄怀玉相伴。

黄怀玉出生在人杰地灵的湖南,1965年毕业于华中师院历史系,是章开沅的学生。年轻英俊的老师和秀美温柔的女生相恋在大学时代很自然,被人羡称他俩是“天造一对,地设一双”的最佳组合。黄怀玉毕业留在历史系任教,他们有了自己温馨的家,有了两个可爱的女儿,风风雨雨几十年,两人相濡以沫,感情甚笃。黄怀玉以优秀业绩晋升为副教授,退休后便陪同丈夫走向世界各地,走向天涯海角。可贵的是,他们既是生活上的伴侣,又是事业上的知音,她成为他史学研究最亲密的助手。如同《十五的月亮》歌曲唱道，他的功劳有她的一半。

在图书馆特藏室，他俩对《贝德士文献》中珍藏的论著、手稿、提纲、会议文件、信件、日记、剪报、备忘录以及读书笔记、布道词等，一件件、一行行、一字字仔细查阅，整整泡了八个月。并意外地从贝德士文献中发现有侵华日军南京大屠杀大量原始实证材料，远超过德国记者所写的《拉贝日记》。这是章开沅自 1948 年告别金陵大学，投身中原解放区后，与贝德士老师相隔 40 多年音讯全无，所不曾预料的。

贝德士，美国俄亥俄州纽瓦克（Newark）人。自幼聪明好学，19 岁获学士学位，并获奖学金，赴英国牛津大学历史系攻读硕士学位，毕业后，于 1920 年夏被美国基督教会派到中国金陵大学任教，是金大历史系创始人，曾短期返美深造，获耶鲁大学史学博士学位。他热情友善，教书循循善诱，诲人不倦，深受学生们的爱戴。在金大，贝德士教授整整工作 30 年。他在这里成家立业，生儿育女，把一生最美好的青春时光奉献给了金大，与南京与金大有着深厚的情感。

1937 年抗战爆发时，金大西迁成都，有声望的贝德士教授临危受命担任副校长，义不容辞地留守南京守护校产。南京沦陷，他和几位国际友人发起成立南京国际安全委员会，尔后又是南京国际救济委员会的骨干和最后一任主席。迎着侵华日军霍霍屠刀，贝德士英勇地为保护和救济中国难民做了大量工作，金陵大学校园成为七万中国难民的庇护所。贝德士亲眼目睹日军在南京肆无忌惮地烧杀淫掳，杀人如麻，横尸遍地，血流成河，把原本美丽的南京变成一座人间地狱。在特藏室，看到渗透着千千万万无辜平民血泪的日军南京大屠杀的原始材料，史学家章开沅心情无比沉重、无比愤怒。当时，抗日烽火燃起，促使年轻的他到后方重庆读书，生活漂泊无着，对“南屠”真相一无所知。今天，面对血染屠城铁的史实，作为有良知的炎黄子孙，又怎能让中华民族蒙受的奇耻大辱尘封成为过往陈迹无声无息呢？当然不能！

于是，他和夫人黄怀玉迅即整理《贝德士文献》精选的“南屠”资料，与“对日索赔会”的友人一起影印在美国出版，向全世界揭露侵华日军的暴行。同时，复印一份交纽约“南屠”受难同胞联合会保存。

旅居美国的华人侨胞虽远隔千山万水，但他们情系故土，在异国他乡生活愈久爱国的热情愈浓。尤其改革开放后综合国力日益强盛的祖国,成为海外华人坚强的后盾,更能敞开胸怀发出华人自己的声音。1990 年年底,章开沅在纽约参加亚洲学者会议后,"对日索赔会"的友人邀他到庄严寺开会的情景,至今仍历历在目。

1990 年 12 月 28 日星期五,灰白的天空纷纷扬扬下起了鹅毛大雪,地处纽约远郊山林深处的庄严寺,道路很曲折,又陡又滑。大雪已封山,白茫茫一片,车实在难以行驶,他和友人只有下车,踏着逾尺深的积雪奋力挣扎前行。冬季天黑得早,四处无人烟,他们摸黑朝着有灯光的小木屋走去,原来是捐地建造的庄严寺沈老居士的寓所。屋内早有数位华人教授、高级工程师偕妻儿冒雪前来,大家在庄严寺招待所共进晚餐,热气腾腾的饭菜使饥寒疲累顿时消散。

这是一次为次年在纽约举办"南屠"纪念活动的筹备工作会议。一对教授夫妇是东北人,东三省被日寇占领,他们到处流浪。虽历经半个多世纪的漂泊生涯,《流亡三部曲》依然是他们刻骨铭心的乡音。国破山河碎,勿忘国耻是大家共同的心声。"对日索赔会"系一民间组织,经费自筹。于是,大家就会务与经费展开热烈讨论,不觉已过夜半。似火的爱国热情驱散了大风雪之夜的严寒。当晚,每人领一简易睡袋,男女分别住在两个大房间,席地而眠。

1991 年 12 月 12 日下午,纽约举办"南屠"纪念活动如期进行,与会者甚多,会场十分拥挤,美国许多媒体与日本电视台均与会采访。会议首先用幻灯放映"南屠"老照片,又放映贝德士当年患难与共的好友马吉拍摄的"南屠"电影。继而,有华人史学家唐德刚、熊玠及章开沅用英语演讲,因到会的有许多欧美人士。

今天,我读到章开沅教授这篇令人心灵为之震撼的演讲词,可以说是一篇历史性的演说经典。现摘录如下:

"当我们悼念南京大屠杀牺牲者时,应当记住一个名字——贝德士,他曾在金陵大学任教 30 年(1920 年—1950 年)。1937 年至 1941 年期间,他奉命留守南京保护校产。"

继而,他讲述贝德士博士在日军侵占南京后,和一小群外国友人为保护校产、保护难民,如何迎着日军屠刀,冒着生命危险与日军抗争,以尽量减轻南京大屠杀对手无寸铁老百姓的伤害。

“贝德士文献是南京大屠杀的真实记录,血写的历史不可改变!”他激愤地说。

最后,他讲:“我们回忆充满恐怖与罪行的往事,决不是为了复仇,而是为了寻找真理与伸张正义,同时也是为了汲取历史经验以教育全世界人民,特别是众多的青年一代。请允许我用已故老师贝德士的一句话作为结束语:‘给全球以和平,给人类以慈悲(Peace on Earth, Good will to Men.)’。”

会开得很好,影响比较大。会后,耶鲁等高校均放映“南屠”电影和幻灯片,举行座谈。

史学家章开沅的演讲,展示出他真诚、善良、忧患、期望丰富的内心世界。他是从维护世界和平、维护全人类幸福安宁的切身利益的高度,审视日寇“南屠”暴行史的,期望这灾难性的历史悲剧不再重演。

法国史学家马克·布洛赫有句名言:“史学的主题就是人类本身及其行为,历史研究的最终目的显然在于增进人类的利益。”二战时,他的反法西斯亲密战友吕西安·费弗尔说:“我们的任务是要创造历史,因为动荡不安的当今世界,唯有历史能让我们面对生活而不感到胆战心惊。”创造历史,是世界前辈史学家由衷的渴望。

我国也有一批历史学家参与创造历史,郭沫若、范文澜、翦伯赞、吴晗、刘大年、胡绳等等,他们的一生同样体现出史学可贵的参与意识,并在不同程度上促进了社会的演变。

章开沅在他的《现代化研究与中国近现代史研究——追求历史与现实的契合》一文中有感而发地言道:“过去、现在、未来,总是前后连续的,而且三者又都是相对而言。基于这种认识,历史学家不仅应该积极参与现实生活,而且应该成为把现实与过去及未来连接起来的桥梁,用自己的成果丰富与影响现实生活,并且与人民一起追求光明的未来。”

怀抱这一崇高理想,章开沅认为研究“南屠”不是书斋里纯粹的学术,必须投身于社会生活,积极参与历史性的创造,尊重历史又超越历史。于是,他和夫人相依相随走遍许多地方,去寻访那些饱受日寇侵略战争磨难的华人,去寻访在贝德士创办的南京国际安全区受到庇护的人的后裔,进一步对“南屠”取证,受到国内外社会各方的大力支持。

在南京,章开沅参加“侵华日军南京大屠杀”国际学术研讨会,恰巧,与二战时曾参与侵华日军在南京等地作战的日本老兵东史郎重逢。1981 年,他在东京参加另一个国际学术会议后,一个很偶然的场合,日本友人介绍他认识了东史郎。老人向他深深一鞠躬,语调凝重低沉地说:“请先生回国时务必带回一个前日本士兵永恒的忏悔,在战争中我到过南京、开封等地,做过许多对不起中国人民的事情。”老兵诚挚谢罪,令他十分感动。

就是这位勇于忏悔的老兵顶住在日本遭遇的沉重压力,以《我的小队》为题出版东史郎日记,成为揭露日军“南屠”的又一铁证。在南京会议上,东史郎慷慨陈词,不畏强权,为维护正义,声讨邪恶,与日本拒不反省战争罪责的顽固派做坚持不懈的斗争,深受中国人民的尊敬。

多次应邀赴东京进行访问或学术交流的章开沅教授,与德高望重的日本学者、东京大学名誉教授田中正俊,两人相交相知甚深,成为终生不渝的挚友,田中正俊曾到过武汉访问。田中为人正直品格高尚,在他的论著《战争・科学・人》一书中,对日本在亚洲发动侵略战争进行反省,不只跟踪政府、军队战争的责任者,还深入剖析日本人自身历史内在的人性问题。

1997 年 12 月,章教授应邀到日本东京,参加“纪念南京大屠杀 60 周年国际研讨会”。日本许多友好团体为会议组织工作做了非常充分的准备,邀请不少来自世界各地的客人,其中有拉贝的孙女莱因哈特夫人,因《拉贝日记》中、英、日文版相继付梓问世,备受大家关注。

会上,章教授作题为《一个中国学者对南京大屠杀的认识过程》的报告,是以比较客观平静的学术态度,讲述他自己对于“南屠”这段历史,如何由于缺乏认知,经查阅贝德士原始档案,终于了解历史真相的心路历程。同时,他以史学家的眼光深入分析日本军国主义及其狂虐残暴性格形成的社会历史文化根源,并严正批判了日本右翼势力千方百计推卸侵略战争责任、掩盖乃至歪曲历史真相的无耻行径。最后结束语,他动情地引用贝德士生前的一句话:“给全球以和平,给人类以慈悲。”引用死于战争的日本少年士兵的一个俳句:“为什么日本人的死只有日本人悲伤？为什么别国人的死，只有别国的人悲伤？为什么人类不能同欢乐，共悲伤？”片刻沉默，全场突然爆发出长时间经久不息的掌声。

会后，天色已晚，与会者迅速集合排成长队，手提灯笼，向“南屠”中国受害者悼念哀思，并举行盛大游行。日本爱好和平的人民，其不摧的浩然正气，让章教授为之热血沸腾！

当然，不难想象日本右翼势力从不像德国政府那样，向二战时惨遭希特勒法西斯分子杀害的无辜犹太人由衷地忏悔，而是气势汹汹地鼓噪干扰会议进行，一再狂叫南京大屠杀是“虚构”，是“20世纪最大的谎言”，十分嚣张，是可忍，孰不可忍！

史学家章开沅奋笔疾书，先后写出《南京大屠杀的历史见证》、《天理难容——美国传教士眼中的南京大屠杀(1937—1938)》，给日本右翼以有力的回击，并与之做坚持不懈的斗争。

尤其是《从耶鲁到东京——为南京大屠杀取证》，凝聚着章开沅15年良知之旅的心血，内容深刻独到，伴以翔实资料，是他有关“南屠”研究系列著作一个总结性的新成果，该著作于2003年出版后，在国内外引起强烈反响。

当今，虽然冷战时代已结束，和平与发展逐渐成为时代主旋律，但战争的根源仍然存在，大大小小各种各样的局部战争仍连绵不绝，恐怖势力猖獗，人类仍免不了自相残杀，迅速发展的高科技更不断推进战争残酷的程度与规模，现实是严峻的。史学家章开沅目光敏锐，他的论著充满对人类社会人性化的深切关怀，他用史学积极参与现实生活，用历史呼唤良知，呼唤和平；用历史唤醒亿万人民，共同担负起反对侵略战争，努力消除战争历史根源的时代使命！

十多年来，他的足迹遍及美、英、法、澳、东欧、苏联、日、韩及东南亚如菲律宾等十多个国家和中国的港台地区，或教学或写作或学术交流，均受到无比的尊重和欢迎。他卓越的学识与杰出才华已蜚声海内外。

位于芝加哥附近的奥古斯坦那学院，在1984年章开沅任华中师大校长时，两校已开始校际互惠交流，互派学生和教师攻读或执教。至今，奥古斯坦那学院不少美国青年学生，在暑期远涉重洋，来到华中师大攻读有学分的各专业课程，热情好学，双方交往日益密切。

1992年5月24日,一个不平常的日子。

奥古斯坦那学院及其董事会授予章开沅荣誉法学博士学位。西门斯(Symons)博士祝词中说:

"章开沅教授无疑是当代中国一位极为重要的学者和教育家,在世界上的历史学者与专家当中,他被评价为辛亥革命的学术带头人;在中国国内,他也是一位知名的深受尊敬的教育家,作为华中师范大学校长,曾尽力促使该校成为一个真正的人文科学中心。""为了肯定他作为学者、教育家、人道主义者的贡献,我们赠予他荣誉学位。"

于是,奥古斯坦那学院校长亲自授予章开沅荣誉法学博士学位证书,并在他红黑相间的博士服长袍上套以紫色绶带。顿时,全场爆发出经久不息的热烈掌声,震响该校体育馆宏伟的大厅。

章开沅教授以其深厚学养,和他献身史学以及为维护人类和平正义而勇敢斗争的高尚品格,在海外深入人心,受到极大的尊重。荣获美国奥古斯坦那学院荣誉法学博士学位,他是中国乃至亚洲的第一人。

已逾古稀之年的章开沅教授心态依然年轻,依然富有创意、富有激情地工作着。然而,他不曾意想到的一件在华中师大具有开创意义的事情正向他走来。

创中西文化交流的阳光世界

秋季,一个天空晴朗明净的日子,在华中师大行政办公大楼三楼社科处,我见到已步入中年却富有朝气的石挺处长。他身材中等,笑容粲然,非常热情地对我说:

"明天,我将飞往欧洲考察基础教育,今天再忙也要和您见面谈谈。章开沅校长是我国近代史学界一颗耀眼的明星,我十分崇敬。他的事迹很值得书写。"

"听说,以章开沅校长名字命名的章开沅中西方文化交流学术基金的创立,最早是您的设想。应该说,这是开华中师大历史先河的一件大事情,您是怎么想到的?"我直奔主题。

"虽然是我最早设想的,但真正启动和做好这件事情,还是在荷兰莱顿大学任教的台湾史学家王成勉博士和我校中国近代史研究所两位教授共同策划的。从创意到实施有一个过程，老实说是很不容易的。”他真诚地说。

石挺处长热情健谈。从他的讲述中，我感悟到生活的确常常是出其不意，有时是一种巧合，一种机缘，让人迸发出奇思妙想，真的挺有意思。

那是 1992 年 8 月，石挺被派往美国奥古斯坦那学院作为访问学者一年，一方面在该学院执教中文，一方面研究“美国社会与文化”。适值章开沅校长获奥古斯坦那学院荣誉法学博士学位仅仅两个多月时间，学院仍洋溢着对章开沅校长敬佩之情的浓浓氛围，使第一次踏上异国土地的石挺并不觉陌生，而是沐浴着中美两国人民友好情谊的温馨。他之所以能到奥古斯坦那学院执教和进行学术研究，也恰恰是章开沅校长力主华中师大走国际化道路，加强对外交流所营造出的机遇。他十分幸运。

在美国，石挺抓紧时机走访哈佛大学、普林斯顿大学、纽约哥伦比亚大学及芝加哥大学等名校，考察美国社会文化。他为之惊异的是，只有两百多年历史的美国，是一个年轻的移民国家，没有多少旧思想的因袭负担，主张以人为本，很尊重个人的价值和个人的名声，这使他眼界为之大开。如以个人名字命名的洛克菲勒财团创办了洛克菲勒大学，又如哈佛大学、斯坦福大学都是以开创者个人名字命名的，杜邦公司亦然，代代相传产生了巨大的社会效益。他在思索，一个大学之所以著名并不完全在于盖多少高楼大厦，而在于有卓越的名牌教授，名师是名校的支柱，名师的个人声望是一笔宝贵的无形资产，可以大大提高一个学校的知名度，如果不这样做，将是学校极大的损失。章开沅校长是国内外著名的一流历史学家，如果以他个人名字命名创建一个对外交流的学术基金会，势必会进一步扩大章校长和华中师大在海内外的影响，这是不言而喻的。他为自己这一大胆设想或者说奇思妙想所振奋所鼓舞。

回到华中师大，正值章开沅校长应聘赴台北一高校任客座教授，1994 年 3 月回汉。石挺立即登门拜访，向章校长陈述自己的设想。

“以我个人名义命名创建一个机构不合适,个人太张扬不妥,还是谦虚谨慎点好,我国国情如是。”章开沅面带温和的微笑,十分低调。

没错。石挺理解。东方中国既有五千年的灿烂文明,又有长时期封建思想文化的桎梏与束缚。什么“树大招风”、“人怕出名猪怕壮”、“枪打出头鸟”、“夹着尾巴做人”等等,压抑人的个性和潜能,让人安于中庸乃至平庸。以个人名义创建一个学术机构,在华中师大也是史无前例,风险大了点,自然有所顾忌。

“章校长,您的学术研究成果,您的人格魅力,您在国内外的崇高声望,是难得的无形资产。彰显您的个人名声,对推动华中师大跻身于全国高校前列以及阔步走向世界都会很有帮助的。”敢于拼搏奋进的石挺由衷地劝说。

面对石挺的真心实意,性格随和的章开沅有点盛情难却,便说:“既然,我的名字对学校有帮助,你就和有关方面商量一下吧。我估计有一定难度。”

石挺找到时任华中师大副校长的马敏商谈此事,马敏认为石挺出了个好主意,很支持。难度最大的是资金如何筹措;如何靠民间募集,不用校方拨款,不增加学校财政上的负担。此事传出后,出现不同声音,主要是人际关系协调如何摆平的问题。古老而开放的中国,一个转型期的中国,新旧观念的碰撞在所难免,左右掣肘,办成一件事又谈何容易!

希望在召唤。希望比较渺茫。

不觉间,七年过去了。

契机终于来了!

迎来21世纪新的曙光。2001年元月,土地辽阔的华夏大地,北方哈尔滨仍冰天雪地,南方香港却气候温和宜人。

香港浸会大学中国基督教史学术研讨会。任荷兰莱顿大学汉学研究讲座教授、台湾历史学家王成勉博士,与华中师大近代史研究所何建明、刘家峰教授相遇,他们已是多次相识的朋友。

会议期间,王成勉博士主动和何建明、刘家峰两位教授商谈,鉴于章开沅教授在海内外学术界、教育界的重要影响,他提出以章开沅个人名义命名成立一个东西方文化交流基金会。有一个平台,一个载体,旨在继承和发扬章开沅教授严谨的治学精神和史学家高尚的人格风范。王成勉博士提出的动议,何建明、刘家峰两位教授立即积极回应,认为做成这件事相当有意义。

其实,盛年的王成勉博士办事沉稳。他之所以这么想、这么做,由来已久。他胸有成竹。

早在1982年海峡两岸学者首次相聚在芝加哥,在关于辛亥革命的一次大型学术研讨会上,章开沅教授英俊的仪表,儒雅的绅士风度,渊博的学识,机敏的辩才,在全场引起很大的轰动,给他留下极为深刻的印象。尔后,在美国相关的学术交流会上,他与章教授又多次相遇相交。1993年8月至1994年3月,章开沅又应邀赴台北政治大学任客座教授,并曾到王成勉博士任教的中兴大学举办讲座,反映甚好。对前辈杰出史学家章开沅教授,他非常敬重。中华文化要传承,中国近代史研究要传承,中西方文化要交流,一定要树起国际知名史学家这面大旗才会得到更好的传承和发扬。这是他酝酿又酝酿的一个愿望。

于是,何建明、刘家峰全力支持王成勉博士的动议,一致认为以章开沅教授个人的声望和人格魅力,在海外以民间方式募集资金应该不成问题。对此,王成勉博士很有把握。

倏然,我突发联想:任教荷兰莱顿大学的台湾史学家王成勉博士的动议和七年前从美国归来的石挺处长,虽两地相隔万里,正如唐代李商隐的诗句"心有灵犀一点通"。华夏同胞手足情,他们都同样爱戴章开沅教授,于是彼此产生了感情的共鸣,完全在情理之中。

尽管临近春节很繁忙,但何建明、刘家峰一回到华中师大,便和章开沅教授商谈此事。虽然,章教授依然不主张用他个人名义,但考虑到王成勉博士的动议会得到海外友人的支持,较之七年前石挺提出的设想又向前推进了一大步,办成此事会很有希望。于是,他建议何建明和刘家峰先草拟一个计划征求各方意见,再敲定。

春节一过,华中师大3月1日开学,何建明、刘家峰立即起草创建"章开沅东西方文化交流学术基金会"可行性计划,送交马敏副校长及有关各职能部门审议。当社科处石挺处长看到这一计划时,真是兴奋不已,七年的梦想终于可以实现了。他将自己和社科处尽力筹措的10万元交出,作为学术基金会第一笔启动资金。接着,研究生处、外事处、《教育财会研究》杂志等机构也都提供了大量资金。还有,中国近代史研究所上上下下人人纷纷捐资。章开沅教授和夫人黄怀玉女士捐五万元,副校长马敏博士偕夫人叶桦女士捐一万元等。仅在校内,一下子就筹集数十万元。

与此同时,何建明和刘家峰将学术基金会草拟章程,通过因特网发往荷兰莱顿大学王成勉博士,以及章教授海外友人美国旧金山大学利玛窦中西文化研究所所长吴小新博士、美国加尔文大学历史系教授裴士丹(Daniel Bays)、韩国汉城长老会神学大学校长高镛守博士,以及香港浸会大学历史系教授李金强博士、台湾中原大学原校长张光正博士等,都得到了他们的热烈响应与倾力相助。

事情在快速顺利地进行。

阳春三月,章开沅又应邀赴美访问。通过因特网,他将成立东西方文化交流学术基金会的信息传递给美国颇具实力的鲁斯基金会(Henry Luce Foundation)总裁,又传递给美国亚洲基督教高等教育联合董事会主席。他们迅即发回信息,一致称赞这是个非常好的主意,并承诺给学术基金项目资金赞助,如建立图书资料库,邀请专家举办讲座并开展学术交流等。得到海内外许多著名机构、学者、教育界友好人士及华中师大一些校友热烈回应和广泛支持,建立学术基金会的资金已有坚实基础。伴随世界经济一体化快速发展,东西方文化、教育、科技、学术交流日益频繁,人们与时俱进观念更新,以个人名义建立民间的学术组织也得到各方认同。于是,创建"章开沅东西方文化交流学术基金会"的条件已臻成熟。

2001年3月,一个以海内外学人为主体的"章开沅东西方文化交流学术基金会"筹备组正式成立了。

是年10月金秋,在北京召开的一次中国近代史的学术研讨会上,国内外著名学者云集。中国社会科学院宗教研究所所长卓新平、复旦大学教授徐以骅,以及美国的吴小新博士、裴士丹教授都来了。章开沅教授和马敏副校长也一起与会。筹备组由马敏主持,就学术基金会的章程总则、业务范围、组织机构及基金管理和使用等方面，向与会海内外学人进行咨询。专家们都非常看好这一国际学术基金会，它不仅有利于传承章开沅教授的治学精神和人格风范，同时也将对推动东西方文化交流的学术研究、人才培养和国际学术对话发挥作用。同时，决定根据中国实际情况及有关政策法规，先行成立“章开沅东西方文化交流学术基金”，以便为正式成立“学术基金会”创造条件。

不久，依然是10月，武汉凉爽宜人，在桂花飘香的华中师范大学中国近代史研究所，“章开沅东西方文化交流学术基金”在人们的期盼中成立了。管理委员会的名单确定了。名誉主任为章开沅，咨询顾问为裴士丹(美国)、王成勉(荷兰)、吴小新(美国)，主任为马敏，副主任为宋淑惠、朱英，秘书长为石挺，另有三位副秘书长和几名管理委员会委员，其人选都非常适合。一个精干的班子，一个同心协力的班子，一个生机勃勃的班子，开始正规管理，开始正式运作。

2002年6月26日，“学术基金”管理委员会在华中师大中国近代史研究所会议室召开了第一次工作会议。马敏主持。章开沅讲述6月初，他在欧洲莱顿、巴黎参加会议和访问时，向与会学者谈起“章开沅东西方文化交流学术基金”计划，学者们表现出浓厚的兴趣。这次会议除使机构更加健全、安排好经常性工作外，还做出一项重要决定，即开办“章开沅学术讲座”，第一讲邀请美国著名史学家鲁珍晞(Jessie G. Lutz)到华中师大讲学。

一旦开展工作，“学术基金”反响非凡。

首先，就在同一年的9月28日，在华中师大中国近代史研究所会议室，华中师大与武汉近邻、有着深厚历史文化底蕴的鄂州市有关方面就合作建立“鄂州大学东西方文化交流研究中心”事宜进行合作洽谈。鄂州莲花山曾是元极功基地，有大量碑林，有历史名人纪念馆等。双方达成协议：保持华中师大“东西方文化交流研究中心”的主体地位，鄂州大学研究中心有其自主权。其他方面也达成共识，平等协作十分欢愉。

10月10日，一个灯火辉煌的夜晚，在上海大学和平新楼会议室，“学术基金”学术委员会召开第一次会议。章开沅、主任委员马敏及其他三位委员出席会议。特邀中山大学、山东大学、北京大学等几位教授参加。会议就如何进一步推动国内及国际学术交流进行研究提出建议。最后通过决议,即邀请法国著名资深学者巴斯蒂(Marianne Bastid-Bruguiere)担任2003年"章开沅学术讲座"教授,工作计划具有前瞻性。

上海会议后的第三天,即10月14日,美国著名中国近代史研究专家鲁珍晞教授应"学术基金"之邀,偕丈夫罗拉德·卢茨教授一道如期来到华中师大,担任"章开沅学术讲座"第一讲教授,为期一周。

鲁珍晞教授以研究中国基督教史和教会大学史而知名于世,曾出版《基督教差会在中国》、《中国与基督教大学》等多部著作和数十篇论文。她多次访问中国,到过武汉。1989年6月,时任华中师大校长的章开沅邀请她来华中师大,参加"首届中国教会大学史学术研讨会"。1993年10月,她又应邀来华中师大参加一次学术思想的国际研讨会。1999年8月,她再次应邀来华中师大参加"近代科技传播与中西文化交流学术研讨会"。可以说是华中师大和章开沅教授的老朋友了。

章开沅亲自迎接鲁珍晞夫妇的到来,亲自到华中师大招待所了解其住宿的情况,又亲自主持第一次学术讲座,发表了满怀激情的讲话:

"鲁珍晞教授是我们的老朋友了,是受邀的第一位嘉宾,鲁教授的第一讲将充分展示她渊博的学识和才华,将标志着'章开沅东西方文化交流学术基金'的第一步启动。今天是个好日子,也是一个开幕式,意义深远。我们期待着鲁教授精彩的讲学。大家欢迎。"

鲁教授讲的题目是《东西方文化遗产的相遇》。

在华中师大科学会堂,来自各院系几百名师生怀着热切心情静静地听,认真地记,试图解读鲁教授讲述从明末西方基督教主流文化传入中国后,在久远复杂的历史进程中,中华文化与西方文化的差异、冲突、碰撞与相融。讲座使大家获得了许多历史知识和认知方法,尤其引起大家对东西方文化交流重要性的思考。讲座取得了圆满成功。

令人十分感动的是,年逾80高龄的鲁珍晞教授不辞辛劳又应邀赴鄂州,到鄂州大学东西方文化交流中心去讲学,深受欢迎。

鲁教授第四次来到华中师大，十多年间，她亲眼目睹校园发生了翻天覆地的变化，原来的篱笆墙、泥潭子、泥巴路都不见了，走到哪里都是平坦的道路；杂草丛生的地方变成一个又一个广场；尤其桂子山建起一座座教学大楼、一栋栋宿舍，更是蔚为壮观，非常漂亮！校园的学科建设、科研机构、博士点都大大向前迈进了。她对华中师大产生了依恋。

临别前，她深情地说："章开沅教授，无疑，您正在为中国和西方间的交流和理解作出重要贡献。我能到美丽的华中师大讲学感到非常荣幸。谢谢您向我发出的邀请。"

"鲁珍晞教授，谢谢您不远万里来到武汉，对华中师大的工作多次给予支持。您的精彩讲学和良好作风将永远记在我们心里。祝您和先生一路平安，健康长寿。"章开沅温和地微笑着。

带着章开沅教授和华中师大朋友们的真诚祝愿和情谊，鲁教授夫妇依依惜别，回到大洋彼岸的美国。

又是一年一度的金秋季节。2003 年 9 月。

法兰西科学院人文及政治学院院士、欧洲科学院院士、国际知名汉学家、法国影响最大的资深学者之一的巴斯蒂教授，应"学术基金"之邀来华中师大讲学。早在 1964 年至 1965 年，巴斯蒂教授即在北京大学西语系任教；继而，任北大历史系研究员。1971 年后，她来华 10 余次，参加历次重大国际会议；在中国和欧、美、亚各国著名大学讲学，享有极高的国际声誉。她尤以研究中国近代史享有盛名。主要著作有《从鸦片战争到中法战争：1840—1885 中国史》、《从中法战争到中国共产党的建立：1885—1921 中国史》，这两部著作先后有法文本及英、意、西班牙文译本。还有《1873—1991 清末中国社会的演变》及《20 世纪初中国教育改革》等。她讲一口流利的中文，堪称中国通。

章开沅教授与巴斯蒂教授相识在 1978 年，在北京大学。彼此久闻其名，初次相见相识，甚感亲切坦诚。1981 年，武汉召开纪念辛亥革命 70 周年国际学术研讨会，巴斯蒂应章开沅之邀首次来汉。1986 年，纪念孙中山先生诞辰 120 周年，他们再次在广州相遇。尔后，章开沅赴巴黎访问，巴斯蒂特意邀章开沅到家中畅叙，两人交往加深。因此，当巴斯蒂应邀担任"章开沅学术讲座"教授，她非常乐意，并于 9 月 10 日来到华中师大。为期一个月的访问和讲学，时间相当富有。为她安排的活动丰富多彩，常常令她喜出望外。

当然，首先安排好她的三次讲学，内容是：法国中国近代史研究的现状和前景；辛亥革命时期的民族主义认识问题；19 世纪和 20 世纪早期中国的天主教团体。分别在华中师大管理学院、历史文化学院会议厅成功举行。她熟练的中国口语，讲得生动具体，使来自各院系几百名师生听起来倍感亲切，容易沟通，并对中法近代史研究等问题有着多视角的了解，大家的眼界顿时为之开阔。尤其她结合自身的经历介绍法国及欧洲的院士制度，令大家的兴趣更浓。

尽管作为博导，以及和中国近代史研究所的同事们正配合国家编纂《清史》的工作，担负编纂多卷本《清代基督教史》的研究项目，章开沅教授的工作非常繁忙，但他仍然拨冗偕同夫人黄怀玉女士陪同巴斯蒂参观武汉的历史名胜和旅游景点。在蛇山之巅巍峨的黄鹤楼上鸟瞰滚滚长江东逝水，巴斯蒂感觉较之静静流过巴黎的塞纳河更具莽莽苍苍的大气魄；在自然景色秀美微波荡漾的东湖，行走在行吟阁纪念馆屈原塑像前，她感受到古代文明与现代文明相交融的别样风情；到郁郁葱葱磨山的楚城，观赏两千多年前楚国古朴典雅的建筑群和有着楚文化浓郁风格的乐舞，她觉得太奇妙了，太不可思议了。

跨越大江南北，巴斯蒂院士又兴致勃勃地到汉阳沌口武汉经济技术开发区，在规划井然有序的一个又一个现代化企业中，她参观了中法合资创办的神龙轿车公司，了解那一辆辆造型新颖、质量上乘的轿车畅销中国国内外，她由衷地高兴。法国驻武汉总领事馆领事德盖义先生会见巴斯蒂教授时，高度称赞她与章开沅教授的合作，她到华中师大讲学，是“社会科学领域中中法合作的典范”。

正研究中国民工子女教育的她，还参观了武汉一所民工子女教育学校；在湖北省图书馆、档案馆，她查阅了中国近代史的有关晚清资料。章开沅教授还特意为她安排一些自由活动时间，在华中师大校园附近活动。

暮霭降临，华灯初上，巴斯蒂教授到校园近处街道琳琅满目的大排档市场上用晚餐，体验一下市民颇具豪情的夜市生活，更是其乐融融。

巧合的是,2003 年 10 月正值华中师大迎来一百周年大庆,巴斯蒂院士作为特邀嘉宾参加百年华诞庆典。眺望她熟悉的桂子山披上五彩缤纷的节日盛装,耳听校园内处处洋溢着的欢声笑语,目睹由香港企业家计佑铭先生捐资建设的恢弘的校体育馆,汇集着来自海内外近千名各界人士和 4000 多名师生,中央、省、市领导以及来自法、英、美、日、澳、韩、越、新西兰等国家 100 多名特邀嘉宾的隆重壮观的场面,她内心无比激动。特别是老校长章开沅教授那激情迸发的演讲,更令她难以忘怀。

"我在华中师大已生活 52 年,这期间有很多留在国外和香港的机会,但我最终还是选择了华中师大。有人问我:'选择华中师大值吗?'我说:'值!'"顿时,全场响起雷鸣般的掌声。"我已履行并正在履行着终身服务华中师大的诺言。"全场再次响起暴雨般的掌声,打断了他的演讲。接着,章校长振臂高呼:"华中师大永生!"台下,响起"华中师大永生"的呼应声,那声浪似排山倒海,似波涛此起彼伏。章校长喊出了华中师大人的心声,喊出了华中师大人忠诚、刚毅、奋进及朴实博雅的精神。接着,章校长将象征华师精神薪火相传的火炬庄严地传递给新一代华中师大人。激情燃烧着华中师大金秋的一个不眠之夜。

校庆时,章开沅与鲁斯基金副主席 Terril E. Lautz 博士、亚洲基督教高等教育联合董事会中国项目部主任欧安琳(Anne. Ofstedal)女士等见面,就有关合作项目计划进行交流与会谈时,相邀巴斯蒂院士与美国学者朋友一起会晤,照顾得十分周到。在和文史科硕士、博士研究生进行学术交流时,巴斯蒂非常喜爱中国青年一代学生那朝气蓬勃十分活跃的场面,心情很愉悦。

尔后,章开沅与"学术基金"还专门安排巴斯蒂院士赴三国古城荆州,参观了馆藏丰富的历史博物馆。溯江而上到宜昌,参观了闻名遐迩、举世无双、宏伟无比的三峡大坝,那掀起万朵浪花奔腾不息的激流,让人惊心动魄;改革开放后的中国终于创造出"高峡出平湖"的世界奇迹,更使巴斯蒂院士为之惊叹不已!

讲学和访问一个月期满,巴斯蒂院士满载而归。

10月30日,仅仅分别三周,章开沅教授便接到巴斯蒂的来信,表述她对访问华中师大的深切怀念,对章开沅"费心安排的各种令人愉快和有意义的活动",表示深深的感激之情。

这里,仅摘录信中的一段文字:

"我在武汉的逗留和荆州、三峡之行实在是一次享受。此次的经历和我所有以往的中国之行颇为不同,它让我产生了一些新的洞察和思考,这正是我所希望的。乘火车前往华中师范大学以及在此生活的几周时间,对于我确实是一次增长见识的经历。我对这片土地自晚清以来所发生的如此广泛深刻的变化感到惊诧不已,也叹服您国家人民的聪明才智。令我印象最为深刻的是,中国无论是与几年前相比,还是与现在的欧洲国家相比,都更有一种革新之力,这种革新的精神广泛传播于中国人民之中。我真正感觉到包括您在内的中国人比其他民族更为年轻!作为历史学家,我很想知道其中的原因是什么。

烦请您代我向您的朋友、同事和学生们表示感谢,是他们使我的中国之行变得如此愉快而有成效。"

这就是巴斯蒂院士眼中今日的中国——一个发生深刻变化,充满革新精神年轻的中国。

春天,2004年4月,百花竞放艳丽的季节。

比利时皇家科学院院士、国际知名汉学家钟鸣旦博士,应"学术讲座"邀请作为"章开沅学术讲座"教授,来华中师大进行为期一周的访问与讲学。他长期致力于欧洲汉学研究,对17世纪中欧之间文化交流尤其是中国文士对欧洲文化接受及反应的研究,有着学术界公认的卓越成就。其主要著作有《杨适筠——明末天主教儒者》、《文化相遇的方法论:以17世纪中欧文化相遇为例》等多部。同时,还在国际刊物上发表了《基督教在华传播史研究的新趋势》等60余篇颇具影响力的学术论文。

钟鸣旦教授只有40多岁,显得年轻,性格文静,内心火热。他的讲学围绕17世纪至18世纪中国与欧洲之间的礼仪变化这一主题分三次展开:以17世纪中欧文化相遇为例讲述文化相遇的方法论;讲述17世纪中国的国家祭典仪式；讲述 17 世纪中国的天主教和儒教的葬礼仪。他讲课生动、幽默、风趣，大家很爱听。让人诧异的是，他对中国民间乐器如筝、笙、埙、唢呐、笛子、二胡、锣、鼓、钹等的研究，以及古典音乐与舞蹈相配合的研究，都非常精通非常专业，令华中师大音乐系的师生都特别佩服。

当章开沅了解钟鸣旦院士对尊奉老子为教祖、崇尚自然的中国道教有着浓厚的研究兴趣时，便特意安排他到道教圣地武当山旅游。当钟鸣旦抵达鄂西北崇山峻岭的武当山，爬上千万人为之顶礼膜拜最高山巅的金顶大殿时，他心胸豁然开朗，孩子般的无比快乐。

同时，钟鸣旦院士又应邀到郧阳师专讲学，并兼职任该校教授。热情似火的他喜爱大山区。临别时，他表示一定要再来中国，为中国西部开发贡献自己的智慧和力量。

“章开沅东西方文化交流学术基金”创办三年来，在海内外各方支持下，特邀世界一流的历史学家、汉学家来华中师大，担任“章开沅学术讲座”教授开展讲学活动，将中国的历史、文化、教育与西方对接，双向交流，相互交融，让华中师大各院系成百上千的师生直接受益，产生了意想不到的好效果。这是一项双赢的事业。对此，在采访中，我有着深切的感悟。

温和的微笑总是挂在章开沅教授的脸上，他平静而又满怀信心地对我说：

“应该说，‘学术基金’为促使华中师大进一步走向国际化架起一座沟通的桥梁，这项事业将会传承下去，将会继续发扬光大。也是我为生活、工作半个多世纪十分依恋的华中师范大学献上的一份真诚的心意。”

阳光铺路。我走在风景美丽的华中师大林荫道上，耳边响起中国近代史研究所一位青年女博士的话语：“在我们青年人眼里，章开沅教授很阳光，我们亲昵地称他是阳光老人。他带给我们的是阳光是希望，是对中国近代史学实实在在走向世界的充满美好的憧憬和向往。”

是的，国际知名史学家章开沅教授以他的学识、才干、品格、声望、风范,创造了以史学加强中西文化交流的阳光世界,使史学不局限于过往的陈迹而遭受冷落。正如他自己所说:“历史学家不仅应该积极参与现实生活,而且应该成为把现实与过去及未来连接起来的桥梁,尊重历史,创造历史,超越历史。”他说到做到,他把中国近代史的研究创造性地积极地融入现实生活中,产生强大的生命活力,光耀四方!我禁不住由衷地称赞:“杰出史学家章开沅教授,在近代史学领域,勇于创造的非凡胆识,难能可贵,真的很了不起!我深深地为之祝福。”

2004年11月30日初冬于武汉

难忘的一段经历

——回忆1979年和章开沅先生访美

萧致治

我和章开沅先生初识，时在1960年冬天。当时为了纪念辛亥革命50周年，他正在策划由中国史学会和湖北省哲学社会科学联合会共同发起，于1961年10月在武汉举行的一次纪念性的全国学术讨论会。省委宣传部和省社联领导鉴于会议既定在武汉召开，湖北作为东道主，理应为会议提供几篇高质量的学术论文。因此，为了做好学术方面的准备，1960年11月，省社联组织湖北地区的中国近代史学者举行了一次预备性的学术会议。在这次会议上，我曾就立宪派在辛亥革命中的作用问题作了一次长篇发言。章开沅先生当时是会议的实际策划者和组织者，大概觉得我这篇发言有一定见解，而且辛亥革命时期，立宪派是一个重要派别，值得研究。所以，会后不久，曾写了一封信给我系主管科研的副系主任彭雨新教授，希望我能把它写成论文提交会议。可是，当时已经内定有几篇论文必须作为重点保证。彭雨新先生本人拟提供的《辛亥革命前夕中国资本主义与工业资产阶级》当时已列入重点。而且为了写好此文，他已事先希望我协助查阅有关资料，并正在系统阅读盛宣怀的《愚斋存稿》。当他把章先生的信交给我看，并征求我的意见时，我考虑自己还是一个刚从大学毕业的史学新兵，学识浅薄，没有把握对立宪派做出准确的评论；同时还想到，彭先生的论文既已列入重点，自应服从大局，重点保证。我为前辈写好论文作点贡献，也是应该的。因而未能对立宪派进行深入研究写成论文，有负章先生的期望。

1961年10月16日至21日，纪念辛亥革命50周年学术讨论会如期在汉口德明饭店举行。我有幸以工作人员的身份参加了会议。这是中华人民共和国成立后以研究辛亥革命为主题的第一次学术盛会,虽然受当时条件限制,未能邀请国外和台湾、港澳学者参加,但因国内史学界的著名学者吴玉章、李达、范文澜、吕振羽、翦伯赞、黎澍、白寿彝、何干之、邵循正均参加了会议,还分别向武汉地区高等学校师生作了学术报告,因此规格甚高,影响很大。武汉也因此由首义之区变成研究辛亥革命历史的重要基地。章开沅先生作为这次会议的策划者、组织者以及高质量论文的提供者,为会议的胜利召开和圆满成功作出了杰出贡献,功不可没。

在这次学术会议上,吴玉章、范文澜等老一辈学者还对未来的辛亥革命研究表达了殷切的期待:他们希望年青一代学者加强协作,深入研究,早日编写一部全面反映辛亥革命历史进程的高质量的学术专著。只是会后不久全国性的社会主义教育就展开了,紧接着是"文革"十年动乱。在这种氛围下,辛亥革命和许多其他学科一样,研究趋于停顿。直到1975年,邓小平主持党政日常工作,对各项工作实行整顿。在此形势下,人民出版社派林言椒同志来汉,约请章开沅先生牵头,组织力量联合编写一部大型学术专著——《辛亥革命史》。老一辈专家15年前的期望,至此才得到落实。

那时已到"文革"末期,乱极思治,大家得知辛亥革命史即将着手编写,无不十分高兴。在湖北、湖南、贵州、四川、河南有关部门和各高等学校领导的支持下,经过协商,最后确定由华中师范学院(今华中师范大学)、武汉大学、湖北财经学院、湖南师范学院、四川大学、贵阳师范学院、河南省历史研究所和中山大学的部分中国近代史学者以及武昌造船厂的几位工人联合组成编写组,从1976年起,在确定指导思想、拟定编写提纲的基础上,分工编写初稿。然后,在写出初稿的基础上,确定参加定稿人员,组成定稿小组进行定稿。为了编好这部书,先后在武昌、长沙、贵阳、成都、郑州召开了五次编写工作会议。有几次会议还邀请部分国内知名学者参加。在编写组的最后一次会议即郑州会议上,正式确定全书由章开沅和林增平主编。吴雁南、隗瀛涛、王天奖、刘望龄、冯祖贻和我参加统稿定稿工作。按照会上商定的方案,全书分上、中、下三册。上册由林增平和我统稿;中册由隗瀛涛、吴雁南统稿;下册由王天奖、刘望龄统稿，各册统稿后由章开沅、林增平最后定稿。冯祖贻协助。后来林言椒提出，三册同时推出，分量太大，有实际困难，建议先集中力量对上册定稿，先行付印，然后再从事中、下册的定稿工作。适应这种需要临时又把刘望龄、冯祖贻抽出来分别从事上册第三、四章的统稿工作。为了加快步伐，我们四人与章开沅先生还于 1978 年暑假集中到北京进行改稿工作。这一措施使定稿的步伐大大加快，从而使上册于 1979 年即得付印，1980 年 3 月正式出版。中、下册分别于 1980 年 12 月、1981 年 7 月出版。全书 120 万字。

这部大型学术专著是辛亥革命 70 年来出版的最大一部学术专著，成为当时国内外辛亥革命史研究的一块重要里程碑。章开沅先生从牵头组织力量到最后定稿出版，每个环节都付出了大量的心血，也为推动辛亥革命史的研究作出了重大贡献。

正值《辛亥革命史》编写之际，1977 年春天，美国友人，《四川和中华民国》一书作者柯白先生与西雅图华盛顿州立大学一批学者来我校访问。我和柯白得以结识并彼此通信。从来往的信函中，他得知我们正在集体编写《辛亥革命史》，就和美国斯坦福大学、加州大学伯克利分校、威斯康星大学、密执安大学、哥伦比亚大学、普林斯顿大学、耶鲁大学、哈佛大学等 9 所高等学府同行联系，联合邀请我和章开沅先生赴美进行学术交流。经过一番努力，我们终得成行。

1979 年 9 月下旬，我们到达北京办理出国手续，住在教育部招待所。教育部负责对外学术交流的领导接待了我们，听取了我们的访问计划，交代了一些注意事项。9 月 29 日早上，我们乘坐中国民航班机由北京起程，仅历 4 个多小时，即于下午 2 时到达日本东京机场。由于换乘飞机的缘故，在机场候机室停留了 4 个小时，直到黄昏时候，才得换乘美国西北航空公司班机重新登程。飞机以每小时 850 公里的速度向东飞驶，不到 8 小时，就到达了目的地——西雅图。当地正值凌晨，东道主、时任《亚洲研究》杂志主编的柯白夫妇早已赶到站台迎候。他们一见到我们步出机舱，就远远地招手致意。见面后柯白先生紧紧握住我的手，激动地说："成功了。"这简短的话语，显示了他热切盼望我们访美成功的友好情怀。

主人替我们考虑得很周到。鉴于我们第一次到达西半球,需要一个适应过程,所以让我们在西雅图华盛顿大学停留了一个星期。除了和该校学者进行了广泛交流外,还组织参观了波音公司总部和森林公园。据华人工程师陈先生介绍,全公司共约8万职工,其中科研人员和管理人员占相当大的比重。总装车间由电子计算机控制装配,操作全部自动化,既精确又快捷。车间虽大,却看不到几个工人。森林公园离西雅图150公里。汽车在高速公路上疾驰,举目外眺,忽而是一望无际的田园或草地,忽而是连绵不断的山林。那一栋栋小巧精致的房舍,或掩映于翠绿丛中,或点缀在金色的原野,使人心旷神怡。据柯白介绍,华盛顿州以渔业、木材和畜牧著称。我们去的森林公园,坐落于一个林木丰富的大林区。瞭望山区,只见山顶白雪皑皑,山下林木葱葱。山沟里的溪流,清澈如镜。成群的鱼儿,在溪流里自由自在地嬉戏。森林中的许多朽木,横七竖八地卧在林木丛中。若不是一些现代化设施错落其间,真有点"世外桃源"之感。

离开西雅图,我们飞到旧金山相继访问了斯坦福大学和加州大学伯克利分校。然后横穿美国中部,经芝加哥到达威斯康星大学和密执安大学,再往东飞行,到了纽约哥伦比亚大学、普林斯顿大学、马里兰大学,最后由华盛顿乘火车北上,到达纽黑文的耶鲁大学以及波士顿的哈佛大学。我们所到之处,处处受到同行学者、华人与美国友人的欢迎。由于中美之间隔绝已整整30年,他们对中国发生的变化和近况特别关心。当时我们是中国大陆高等学校文科的第一批访问学者。美国的同行们迫切想了解30年来中国的学术状况,以及交流彼此的学术见解,有些学者甚至从阿拉斯加或数百里以外的地方连夜自开小车赶来和我们交谈。其情其景,的确令人终生难忘。比如,在加州大学伯克利分校。该校"中国研究中心"为我们举行了一次学术座谈会,有位研究宋教仁的学者普莱斯,就是远从加州大学戴维斯分校赶来的。在座谈会上,章开沅先生介绍了中国近代史与辛亥革命研究情况及近期计划,我则讲述了国内对孙中山研究的进展与动态,彼此之间还交换了不少问题的学术见解,曾引起与会学者的高度重视和注意。本来会前曾约定不做记录,不公开报道。可是,台湾的留美学者吴建国(在加州大学攻读材料工程博士学位），事后于1980年6月17日还是在台湾的《联合报》上，作了长达4000字的详细介绍，并引起国台办的重视，将其全文打印，发给各有关单位参考。在马里兰大学，当和首都华盛顿及东南各州大学中国问题研讨会学者交流时，许多学者都是从美国东南各州远道而来的。耶鲁大学有位正在研究《十九世纪的汉口》的博士罗威廉，还带着我写的关于介绍汉口租界的论文，从纽黑文赶到哥伦比亚大学和我交谈，后来又回到耶鲁大学参与接待工作。

这次长达一个月的学术考察和交流，首先是广交了美国学界的朋友，为促进中美学术交流打开了通路。由于中国大陆与美国关系中断了30年，我们对美国学术界的交流几乎完全断绝，除了少数老一辈美国学者如费正清、萧公权、邓嗣禹等，我们略有所知外，其他的壮年和青年学者几乎一无所知。这次访问，曾和这些学校从事中国史教学与研究的学者有较多的接触，增进了彼此之间的了解，建立了初步的友谊，为尔后进一步和广泛的交流奠定了基础，开辟了道路。

其次，增长了学术见识，开阔了学术视野，有利于今后的学术研究。学术研究常和政治有联系，又不等同于政治，具有相对独立性。美国和中国，由于社会政治制度不同，学术研究无论在内容和方法上，多有所不同。但是，他山之石，可以攻玉。美国学者的研究课题与研究方法，对我们来说，无疑具有借鉴作用，同样有启迪功能。互相取长补短，才是推进学术研究的正确选择。这次访问，尽管是走马观花，了解不深，但对美国的研究动态、研究成果，则有较多的了解，对扩大我们的学术视野，确定我们今后的研究，无疑产生了长远的影响。

第三是资料的收集、保存与引用上，有不少经验值得借鉴。这次学术考察，我们每到一地，都要参观那里的图书馆，听取他们介绍图书收藏情况和特色。对人文社会科学来说，尤其是历史学科，资料是必备的条件。巧妇难为无米之炊，没有丰富的资料，就不可能写出高质量的学术论著。在考察各校的图书馆中，我们感到他们一是藏书丰富，二是各有特色，三是可以在全国范围内相互借阅。有些中国史的资料，即使在国内也不容易找到。尤其是资料索引工作做得很完备、很及时。有些图书馆当时已运用电子检索，查起来十分方便。资料如何为学术研究服务?美国图书馆这方面的经验颇值得我们学习参考。

这次学术访问,一方面成果丰硕,另一方面对我来说,也多少有点遗憾。这就是在美国生活很不适应。特别是进美国食堂,一进去就感到作呕。加上我又有晕车的毛病,更使我感到生活不适,东西吃下去又呕出来,无法消化。为此,开沅先生曾征求我的意见,是否提前回国。我考虑这是一次难得的机会,所以只能坚持,便决心坚持下去。幸好,美国各地的中国餐馆多。美国朋友请我们吃饭,也常常安排在中国餐馆。这样,虽然饱经一个月的肠胃煎熬,最后还是熬过来了。按计划完成了到最后一站哈佛大学的学术交流,我即飞越大西洋,于 11 月初取道巴黎、卡拉奇回国;而开沅先生又顺道访问芝加哥大学,然后赴日本京都大学讲学,直到 11 月中旬才回到国内。这次美国之行,对我俩来说,恐怕都是一生中难以忘怀的一段经历。

章开沅先生与我的学术生涯

林家有

我不是章开沅先生的学生,但他对我的学术生涯影响却很大。章先生的文章我早就拜读过,但直接与他接触,我记得好像是1974年在北京和平饭店,当时章先生借调到《历史研究》编辑部工作,我大学时的老师胡守为先生也与章先生同时借调到《历史研究》编辑部。当时《历史研究》编辑部借和平饭店作为办公地点,该处在北京王府井附近,我到王府井购书或到中国科学院哲学社会科学部(建国门处大街5号)办公事,便顺便去拜访胡守为先生,经胡先生引荐我拜会了章开沅先生。章先生热情地接见了我,并同我谈了好多关于中国近代史研究方面的问题,我也向章先生谈起我在京的工作情况。记得我后来还将我写的一篇《满族人民对辛亥革命的贡献》习作交章先生审阅,该文随我一起到了中山大学,发表在《中山大学学报》(哲学社会科学版)1976年第5期上,并收入《辛亥革命论文选》(1949—1979)(人民出版社1981年版)。这是我同章先生交流学习研究心得的第一次接触。章先生给我的印象是思想深刻,对学术的了解很多很广,对后生的态度是谦虚、待人以诚、善于启导。记得,章先生离京回武汉时又约我谈了一次,主要是谈对我那篇小文的处理意见。从此,我便与章先生结下不解之缘。章先生虽比我年长一些,但在那个不要文化的年代,知识分子无论老少都是猫鼠同笼,都属于受奚落的人群,是一个战壕里的战友。

1963年我中山大学历史系本科毕业后,孤身奉命上京到了中国科学院哲学社会科学部民族研究所从事实习研究员工作。除了到山东黄县劳动锻炼,在贵州晴隆县、内蒙古土默特左旗参加所谓"四清"运动外,其余时间我都在北京民族研究所追随翁独健先生、冯家昇先生从事民族史和历史地理学训练。在文化大革命期间，我属保守派。后来在所谓革命派大联合时，我作为保守派代表参加到民族研究所大联合委员会，后又被所谓“大联委”指派参加当时由周恩来总理指示由谭其骧先生主编的《中国历史地图》组工作。我作为西北组（新疆地区）的组长，在冯家昇先生的指导下，与罗季平、廖宝昀、邓锐铃、马恩惠、任一飞、肖之兴、田继周、修世华等同事在一起编绘我国新疆地区由远古至清代的地图。编绘组成员一干就是5年。《中国历史地图集》（八册）后由北京地图出版社1975年初版后已多次再版，并获得国家优秀图书奖。在这期间，我有机会接触到许多前辈大学者，如郭沫若、竺可桢、夏鼐、谭其骧、方国瑜、杨宽等先生，在中国科学院哲学社会科学部工作期间也有机会经常听到看到许多知名学者的学术启迪和教诲，懂得做学问是怎么回事，作为一名学者应该具备一些什么条件。这一切对我当然是学术的启蒙。但是在那个革命的年代里，学术活动不正常，学术没有地位，老年学者在挨批斗，年青学人在浪费光阴。那时我虽荣居高等学术研究机关，但对于真正的学术，我还没有入门，不懂得如何进行学术积累，也不懂得独立地开展课题研究。1974年历史地图编绘工作结束后，近代史所黎澍先生找我谈话要我留在近代史所参加沙俄侵华史编著工作，当时哲学社会科学部的人员都到河南省昔县“五七干校”锻炼去了，只留下有业务离不开的人集中到近代史所由军工宣队统一领导开展业务工作。我与刘大年、黎澍先生朝夕相处。黎先生对我有一定了解。后来民族所要我回所工作，我遵命回归，并选择满族史作研究方向，并先后撰写了几篇相关文章，如《满族是我国历史悠久的民族——斥苏修“满族非中国”的反动谬论》（《文史哲》1975年第2期）、《撼山易，破坏我国的民族团结难——斥苏修〈中国近代史〉挑拨我国民族关系的谬论》（《中山大学学报》（哲学社会科学版）1976年第3期）、《满族人民对辛亥革命的贡献》（《中山大学学报》（哲学社会科学版）1976年第5期）、《试论满族文字的创制及满语满文逐渐废弃的原因和影响》（《民族史研究》丛刊，吉林人民出版社1979年版）等等。这些文章均受文化大革命大批判的深刻影响，除了《满族文字创制及满语满文逐渐废弃的原因和影响》和《满族人民对辛亥革命的贡献》之外，其余文章是就学习所见随便发表一点情感的东西而已。当时学界都在批判“封、资、修”,我分不清什么是“封”,什么是“资”,所以无法批,只好批“修”。那些官样十足的文章纯是应时势,发发议论而已。但是在当时也不是什么人都可以发议论的,我因出身贫苦家庭,属“红五类”,又没有那些“造反派”的劣迹,故有权发表文章,议论天下。然而,人的未来是难于预料的,它受到许多因素的制约。正当我想在满族史方面用功时,一个意想不到的变化来了,并影响到我的后半生。那就是 1975 年周恩来总理指示由中山大学杨荣国教授主编一套《中国通史》,杨先生是我在中山大学历史系读书时的系主任,当时他在北京协和医院治病,我与中山大学历史系毕业在京工作的同学经常去探望他。有一次杨先生对我说李嘉人校长(时任广东省副省长兼中山大学校长)要他物色一些人以做他助手的名义调回中山大学以应付文化大革命 10 年人才短缺的问题,问我有无意向回归母校工作。我说:“让我考虑考虑再作回答。”我还没有考虑清楚去留问题,广东省已向中国社会科学院发来征调我回中山大学工作的信函。当时社科院人事局同志反复劝我留下,要我打消回中山大学的念头。但我对广州对母校有感情,我横下决心回母校工作,社科院只好放人。我也在 1976 年春举家南返。回到广州后,由金应熙教授主持杨荣国主编的《中国通史》编写组正紧锣密鼓地筹组中,随后我跟随骆宝善师、段云章同志一起集中到中共广东省委党校与张磊、张难生、黄彦、方志钦等同人参编中国通史的近代史部分,经一年多努力编出一部《中国近代史稿》,没有公开出版,但已付印作为中山大学历史系教材使用。未几,杨荣国先生也受批判了,编写通史一事也就不了了之。之后,我的出路可跟随中山大学李锦全、吴熙钊先生从事中国近代思想史研究和教学,也可以跟随梁钊韬先生继续从事少数民族历史、文化史研究和教学。陈锡祺、陈胜粦先生则主张我回历史系从事中国近代史研究和教学。因我念的是 5 年制大学历史学本科,3 年基础课后,有 2 年专门化选修课,我当时选修中国近代史,毕业论文也是研究李大钊,所以我也有意回历史系做中国近代史研究。但选择哪个方向作为研究的重点,完全没有主意。就在这个时候一个意外的机遇便改变了我后半生的学术生涯,那就是章开沅先生及他和林增平先生主持编著的《辛亥革命史》。

我一生参加过三次大的集体研究,一是前面谈过的谭其骧先生主编的《中国历史地图》编稿,二是章开沅、林增平先生主编的《辛亥革命史》,三是陈锡祺先生主编的《孙中山年谱长编》。这三部书花去10多年时间,且对我的学术影响终身。谈到参加由章、林两位先生主持编撰的《辛亥革命史》工作则是我学术工作的转折点,而且在那几年与诸先生的相处中,我不仅学到了许多做人做学问的本领,也留下许多挥之不去的回忆。章开沅先生的大将风范,林增平、吴雁南先生的夫子人格,隗瀛涛先生的口才和智慧,以及王天奖、刘望龄、萧致治、冯祖贻等先生的务实精神、合作态度,都堪称模范。我有机会融入这个编写组跟随诸师友学习对我影响深远。

1976年11月,章开沅、林增平先生主编的《辛亥革命史》编委会在湖南省长沙市开会,讨论编写该书的指导思想和体例诸问题,我有幸被邀参加这次会议。在这次会议上,我不仅有机会再次聆听章先生的教诲,也认识了林增平先生及彭雨新、林言椒、吴雁南、隗瀛涛、刘望龄、陈辉、王天奖诸先生,在这次会上编写组又决定邀请我为该书撰写辛亥革命时期有关我国少数民族人民生活状况和参加辛亥革命运动的书稿。从此以后,我便以《辛亥革命史》"编外"人员的身份,跟随章先生、林先生在长沙、成都、郑州参加工作会议,讨论有关辛亥革命史的各种问题,草拟编写提纲,以及修改书稿,我不仅有机会接触章先生、林先生,聆听诸公的教诲,而且还与林言椒、吴雁南、隗瀛涛、李润苍、钱安靖、陈辉、刘望龄、萧致治、崇汉玺、王天奖、李国俊、袁继成、彭英明、彭祖珍、冯祖贻等各位同仁,探讨学术,交流人生心得。尤其是在讨论过程中,各位学者求实求真的精神,以及尊重每一个人的意见,奖掖和扶持晚辈,处处表现了写作组团结协作、务实创新和对学术的认真态度。生活在其中,得益无穷。尤其是我这位寒酸的"老广"常被隗先生调侃作乐,我也乐在其中。诚如隗瀛涛先生在《深切怀念刘望龄教授》文中谈到的:编写组"团结一致,顶住政治高压,艰苦创业,夙夜匪懈。那时,我们没有科研经费,每个人都是一贫如洗,两袖清风。林家有先生是我们编写组特邀的撰稿人。1979年,郑州会议时,他穷得穿了一件蓝底透黑的旧中山装,操一口广东话,颇似一位潦倒的归国华侨。我以'难侨'戏称,望龄附和我见。家有遂以‘难侨’之名活跃于我编写组”。章开沅先生在《吴雁南文集》序文中则称我为《辛亥革命史》编写组的“客座”。

正由于我有这一段不平凡的经历，便奠定了我后来在孙中山与辛亥革命史领域研究和教学的基础，改变了我的学术生涯。

1978年中山大学成立孙中山研究室，陈锡祺先生荣任研究室主任，我为秘书。1986年中山大学将孙中山研究室升格为研究所，我则先后成为该所的副所长、所长，直到我今年退休。在孙中山与辛亥革命史的研究领域一干就是30年。

30年来，我一直都以章先生为榜样，自觉地接受他的影响。他的许多著作如他与林增平主编的《辛亥革命史》上中下册（人民出版社1980年版），他的论著《离异与回归——传统文化与近代化关系试析》（湖南人民出版社1988年版）、《辛亥革命与近代社会》（天津人民出版社1985年版）、《开拓者的足迹——张謇传稿》（中华书局1986年版）、《辛亥前后史事论丛》（华中师范大学出版社1990年版）、《南京大屠杀的历史见证》（湖北人民出版社1985年版）、《辛亥前后史事论丛续编》（华中师范大学出版社1996年版）、《实斋笔记》（东方出版中心1998年版）、《章开沅学术论著选》（华中师范大学出版社2000年版）、《张謇与近代社会》（与田彤合著，华中师范大学出版社2001年版）、《从耶鲁到东京——为南京大屠杀取证》（广东人民出版社2003年版），还有章先生与罗福惠主编的《比较中的审视——中国早期现代化研究》（浙江人民出版社1993年版），章先生与马敏、朱英主编的《中国近代史上的官绅商学》（湖北人民出版社2000年版）等著作我都拜读过，有的还不止一次地拜读。读章先生的书是一种享受，没有读其他史籍那种枯燥烦闷的感觉。章先生富于哲理，善于分析。他行文如流水，既具有传统史学的功底，又具有视野广阔、信息量大、说理深刻的特色，什么问题只要在他的笔下，便变得生动有趣，栩栩如生。章先生研究重视史实，但他从不孤立地就事论事，他研究问题的方法是以社会运动作为整体对象，将人与事同社会运动结合起来考察社会变迁的动因，运用社会学理论与方法分析个人、群体与社会环境之间的互动关系，既重视个人在社会变动中的作用，又注意将个人与阶级的中介——群体结合作整体考量。

所以,读章先生的论著会给你许多智慧和启迪,回味无穷。

文如其人。章先生的文风洒脱矜持。他不随波逐流,个性突出,又深谙史事背后的艰辛,善于揭示故事的谜底,说明史书背后的缘由。他的文章隐意极深,很有思考的空间和广度。我与章先生几十年在同一行当里就业,虽不在一地,但见面机会颇多,只要见面,他总是侃侃谈论国事、天下事,总是用他的智慧和见识谆励后生。我对章先生将"学术的小我汇入学术的大我"的诚怀,感动不已。我是后生,章先生是前辈,只因我们有 30 多年的交往,他有时称我为"老友",有时称我为"家有"。怎么称呼我,都反映一种事实的存在,呼我名字者,真诚也,挚爱也,我深以为荣为幸。

我是一位属于中国社会转型期的过渡性小知识分子。传统知识学不来,现代知识又学不会,知识结构单一,想新新不了,想旧旧不成;想去掉传统无所弃,想装扮成现代知识人也装扮不了。我治史学,但所治者,既不是旧史学,也不是新史学,是什么我也说不清。正由于我具有不古不今,又古又今的文化个性,我虽也有机会出国和到国内港澳台地区参加学术会议与学者切磋学术的机会,但由于先天不足,使得我治学的方法单一。我曾努力向章先生及其他许多我尊敬的前辈学术大师学习,但总是学不成、学不了。因此我写的那些东西,有激进思想的人不爱看,有保守思想的人不想看,压根儿也只能是作为自我中庸思想的情感流露,反映我这个"小资产阶级知识分子"的心声和情态。然而,我也不是一无是处,我是中国人,是中华民族造就的小学人,所以我有一颗中国心,我对培养我成长的祖国、民族和中国共产党充满深深的敬意和热爱,我的研究总是同我们国家的命运联系在一起,我通过我的文章论著,憎我所憎,爱我所爱,抒发我的爱国情怀,唤起人们的觉醒,建设美好的未来。我敢作敢为,勇于实话实说。我写的东西、编的东西没有多少说教,只是诉说我对人物和史事的一些粗疏见解。我所写所编的那些东西有没有学术价值,有什么学术价值,我也不好说。不过我一生都在学术研究机构就业,说写东西、编东西是我的学术生涯大概说得通。至于学术上的工作只能跟自己比,跟同一时代的同龄人比。检查起来,作为一个学人,我只是一位能够追随时代,与共和国和伟大的中华民族一起前进的平凡学人,惭愧得很。

如果没有章先生、林先生主编《辛亥革命史》,或者章先生、林先生没有把我作为《辛亥革命史》的“编外”、“客座”,使我能活动其中,那我的情况也可能是另一个样。是怎么个样?谁都说不清,如今我已在孙中山与辛亥革命史研究行列中,混迹其间,招摇了 30 年,大的成就没有,但参与的学术活动则不少,也留下一些连自己的亲人都不屑一睹的论著。我写的那些东西,只是我的人生过程,正因为我一生有许多平凡的经历、过程,才有我今天平凡的人生追忆。假如在 20 世纪 70 年代那个被扭曲了人性关系的时代,我未能遇到章先生,而章先生又不给我一个《辛亥革命史》“编外”资格,我也就没有向编写组诸公学习的机会,后来我是否就会在孙中山与辛亥革命史的行当中务业,也很难说。我将章先生提携我让我参加《辛亥革命史》撰稿,视为我后半生学术生涯的开启,视为我人生的重要历程,这有几分道理。没有这个过程,没有这个机遇,就没有我后来的学术生涯,也就没有我后半生的人生经历。人生如梦,转眼间我也是一位快 70 岁的老人了,然而,我没有悲观,我也不会虚度光阴,在有生之年我还会努力,也不会告别学术,我想我会以实际行动来报告培养我成长的中山大学和许许多多已经故去和还健在的老师,以及像章先生这样的前辈学者对我的关爱。

想到这里,写到这里,我有点动情了,不能再写下去了。在此,我只想诚心诚意地向章先生说声“谢谢”。仁者寿,我祝福章先生健康长寿,并祈盼着章先生学术常青,继续为繁荣中国的历史学作贡献。

章开沅先生的学问与我

[日]久保田文次

我与章开沅先生初识是在1979年的11月，而章先生使我第一次深铭肺腑的文章，是1978年发表于《历史研究》的《论同盟会的性质及其内部分歧》。在这篇文章中，他把中国同盟会定义为资产阶级革命政党，对中国民族资本主义的发展和作为与之相伴随的资产阶级政治思想成长的成果而诞生的中国同盟会，给予了积极的评价，并认可了同盟会领袖孙文的领导作用、同盟会纲领的资产阶级性质。有关辛亥革命的问题，当时我是赞成野泽丰先生、菊池贵晴先生的观点的，并且对中国的实际状况、农村、农民的状况做过些许的研究，因此觉得在章先生的文章中，颇有同感之处很多。

文化大革命时期，"阶级斗争至上论"已达到了巅峰状态，中国学术界，大凡对资本主义的东西及价值皆予以否定，对辛亥革命及孙文的历史评价，不用说也大大降低。由于阶级斗争论及毛泽东思想之观点的影响，就连日本的历史学界，有关中国资本主义的研究，也每每遭到鄙视。有关辛亥革命、中国同盟会、孙文的研究，片面强调其局限性及缺点的论调颇占上风。我承认这些局限性及缺点的存在，但认为这些局限性及缺点应置于当时的历史条件之下来理解。我认为那些主张批判辛亥革命的人们，是把毛泽东思想过于神化了，或者是把欧美的资产阶级革命过于理想化了。当时的我，是崇敬毛泽东的，对他在"文革"初期表明的理想产生过共鸣。我只是觉得不应该神化毛泽东。

这种观点，在当时被批判为"庸俗唯物史观"，但按照古典主义的理论，社会主义的实现，只有在经历了资本主义、民主主义的高度发展之后才会成为可能。因此，我认为，中国资本主义的发展是必然的，是进步的现象。在目前正顺利发展着的苏联及中国的社会主义实现的过程中，它们无论哪一个都支付了“跳越”资本主义阶段的“账单”，预计到头来还是要补上对资本主义的体验或对资本主义进行“补讲”。然而，由于“文革”的影响，提出这种观点是要有勇气的。日本的中国研究者尽管对中国及毛泽东的做法有质疑及批评，但容易受中国的形势及中国学界的影响。因此，大家担心只要中国的形势不变，就不能充分地提出自己的观点，不是吗？

1976 年，“四人帮”被逮捕，1978 年开始实施以“四个现代化”为目标的改革开放政策。十一届三中全会以后的中国历史学界的潮流，不是停滞在回复到“文革”以前的阶段，而是出乎意料地、明显地趋向清新、多元的方向。接着，又发表了与我的研究范围极为接近的章开沅先生的论文《论同盟会的性质及其内部分歧》。我完全赞同这篇文章的主旨。最令人惊讶、高兴的是，对日本的中国研究者有影响力的中国权威杂志刊登了这篇文章。只是有些令人担心，不知何时又出现反复，那么这篇文章的观点又要受到批判了。

1979 年，得知承蒙东京石田米子先生的邀请（应为京都大学从文科学研究所主请——编者注），章开沅先生在自美国回国的途中将前往京都，并在东京稍事停留。届时还将赠送发表于《华中师范学院学报》上的《辛亥革命史研究的几个问题》等若干文章的消息。《辛亥革命史研究的几个问题》全面地批评了“文革”时期被歪曲的近代史研究理论，对“文革”以前就存在的“教条主义”的理论也予以尖锐的批评。这是一篇彻底批判只强调辛亥革命的局限性、缺点，而无视时代的条件，否定地理解处于上升期的资本主义及资产阶级的研究以及在任何地方都假设“路线斗争”的研究的文章。这篇文章还强烈呼吁摒弃对黄兴、宋教仁或立宪派或外国人的偏见。中国学界如此无所顾忌地发表了这样的见解，我高兴极了。

仰慕已久的章开沅先生于 11 月在狭间直树先生的陪同下来到东京，下榻神田基督教青年会。我积极地参加与在东京的章先生对话的交流会。我为自己取得了比预期的更为重大的收获而激动。但是，我也觉得有些不尽如人意的地方。日本方面“热烈欢迎”章开沅先生，这一点是不容置疑的。但日本的欢迎者对章先生的研究的视点和研究的问题却不太理解,甚至是有点不太赞成。也可以说是日本人不太在意1978年的划时代性。一开始是很难十分融洽地交流的,我认为应该再安排一次坦诚交谈的机会。但是,由于先生离开东京的时间迫近,已没有富裕的时间来磋商召集同志聚会日期等问题了。

我鼓起勇气,做了单独(其实是全家)与章先生会晤的决定。明知欢迎日程中有自由活动的时间,有时间却不利用会感到遗憾的,这是促成我做出这一决定的重要原因。我给在宾馆的章先生去了个电话,打听他明天是否有什么安排。由于不会说中文,所以决定用简单的英语。又因担心一会儿汉语,一会儿英语,先生所做的说明我们听不懂,于是对章先生说,如果明天有时间的话,希望能见见面,方便与否,请您用简单的"Yes"与"No"来回答。这有点像第二次世界大战时,占领新加坡的日军司令官向英军司令官发出的"投降与否"的质问,这是非常失礼的做法。庆幸的是,章先生宽厚地答应了。11月13日傍晚,我们在目白(译注:地名)的椿山庄招待了章先生。妻子博子和女儿明子也在座,聆听谈话。我们还请了妻子的朋友中村女士担任翻译。章先生爽朗、亲切地说他是章宗祥的同族。我本想创造一个可以更为坦诚地讨论学术问题的机会,结果,开始是两人,后由于妻子的在座,无意中将各自身边的事作为了话题。虽有违初衷,但现在想起来,章开沅先生坦诚的谈吐,使我更好地理解了章先生的研究视点,也成为后来我和中国及外国学者坦率地陈述、听取意见,进行学术交流的重要起点。与章开沅先生那难以忘怀的交谈,至今仍记忆犹新。

之后,自1981年纪念辛亥革命70周年国际学术会议起,我便在中国召开的几个国际学术会议上,和中国学者亲切地交流。我也在日本与访日的中国学者进行交流。如在东京,就与刘大年先生、章开沅先生亲切地交谈过。最令人高兴的是,自那以后,日中之间的学术交流越来越频繁了,中国的近代史研究也越来越朝着多元化的方向发展了。1978年,曾担心章先生的文章会受到批判,但那种担心不久便烟消云散了,现在莫如说章先生的提议已成为中国史学界的共识。但有谁知道,在形成这种局面之前,章开沅先生付出了多少的努力和苦心呢?这就是我对章先生表示由衷敬意的原因。另外，我认为，章先生的观点能得到众多人的支持，这证明了中国学界、中国社会的进步，对此我表示祝贺。

章开沅先生在那之后也曾几次访日。1993 年与我们一起参加了“辛亥革命研究会”的研讨会，他身着单衣，作了诙谐的、饶有兴味的演讲。研究会已于今年解散了，但研究会培养的“骨干”，现在正活跃在学界的最前线，这归功于章先生对国际学术交流的积极推进。

与章开沅先生相识的 1979 年，对我的中国研究工作来说，是非常重要的一年。决定实施改革开放政策的中国共产党的十一届三中全会，已于 1978 年召开，随着改革开放政策的实施，实质上的中国观光旅游得到了认可。这是迄今为止仍必须有中国或日本的某个团体推荐、批准方可成行的中国式旅游。我迅速做出决定，于 1979 年 8 月经香港，第一次踏上了中国的国土，历游了广州、长沙、南昌、吉安、井冈山。这时，中国仍保留着过去的形式，我被指派为以“参观革命史”为目的的“友好参观团”的团长，我的团员中，赞美“无产阶级文化大革命”的人颇多，他们对中国农村这种出人意料的贫穷，也流露出明显的失望感。我是研究历史的，了解大日本帝国时代农村的贫穷，且对社会主义的理想有着共鸣，但我认为，一种理想的实现，是需要时间的，于是我对参观团一行掩饰地说，江西农村的贫穷状况在我的预料之中。但我内心的不安却是不能否认的。实现了多年来的愿望，后来，大概是我再次去中国的事，使我至今仍觉得如同做梦一样。当时，我怀有不合时宜的“奢望”，离开香港。

进行盲目的经济建设，并认为取得了相当成功的中国的这种贫穷状况为什么依然存在？把这样的问题作为历史学的问题，应怎样具体地研究才好呢？这是我第一次游历中国时提出的问题。我提出了这个问题，却没有提出解决的办法，也没有找到解决问题的关键。那时，我曾打算积极地参加与中国的学术交流活动，后来我觉得这个问题与自己的中国近代史研究课题和活动的成果没有直接的关系。之所以产生这种想法，是由于我自身能力及性格的局限，使我与中国研究者的接触，只是在“活动”的表层上，缺乏个人的、内心的交流。

1979年,接连发生了消除这种遗憾的情况。那年的6月,也就是在我游历中国之前,黎澍先生来到了日本。黎先生参观东京大学明治文库时,由我陪同。当看到辛亥革命时期的日本杂志上刊登的黄兴照片时,黎先生不禁感慨地自语道:“他是非常勇敢的人。”我对只重视孙文而轻视其他人物的风气,是持批评态度的,因此,当我听到黎先生的嘟哝,便觉得放心了,觉得感受到了“文革”后的中国史学界的新气息。但是,8月份旅行去长沙时,当我向当地旅行社的人打听去岳麓山黄兴墓的道路时,他们谁也不知道是否有墓,更不用说墓的所在地了。于是我打消了参观墓地的念头。

8月份访问中国后,10月份刘大年先生为在东京大学的讲演来到日本。我遵从田中正俊先生的忠告,始终守候在刘先生的演讲会上。我上研究生院的时候,曾听过刘先生在东京教育学院作的演讲。后来在听到他“文革”时期受批判的事时,不胜担心。此番,每当看到他硬朗的身影,便感受到中国历史学的复苏、重建并正在稳步地发展,不用说是非常高兴的。陪同刘先生的故事和对刘先生的回忆,就不在这里赘述了。

1978年的历史性决定做出之时,我尚不能充分地理解其历史意义。1979年第一次游历中国时,明知问题的存在,却没有找到学术性解决的方法。那年与黎澍先生相识,然后又与刘大年先生重逢,使我确信中国历史学界的重建,而与章开沅先生的相识,则成为我研究工作的百万援军,对此后的研究及学术交流是极大的激励。就中国的历史而言,1978年是划时代的一年,而对我来说,1979年是划时代的一年。我真诚地祝愿章开沅先生永远健康长寿,永远领导、推进中国近代史的研究和国内外的学术交流,永远提携后进。

(胡永弘译)

春风春雨老师情

刘　伟　周光庆

按照一般人的眼光来看，在桂子山的校园里，我们同章先生的关系够不上特别密切。刘伟固然已经忝列门墙，但在历史系忙于教学；周光庆却只是私淑弟子，并且还未当面提起。然而，在心灵的校园里，对于章先生，我们时时都有一种崇敬感，一种亲切感，如沐春风，如饮春雨。

章先生是我们永远的老师，终生的老师。记得 1985 年第一届教师节时，身为校长的章先生在献词中曾引用龚自珍的“一事平生无齮龁，但开风气不为师”诗句时说道：“这种无声的师无形的师，不自以为师而人尊之为师的师，乃是最高层次的教师，潜移默化的教育，其精英堪称万世师表。”章先生就是这样一位老师，他对我们的影响，既是有形的，更是无形的。

章先生对我们的影响是有形的，这是因为，我们有幸能亲耳聆听到章先生的教诲。我们都是 20 世纪 80 年代初走上大学讲台的，当时的学界，刚刚从“十年动乱”的梦魇中走出来，荡漾着一种激情和向上的气氛。那时的我们，心里也充满了庄严的感觉，身上洋溢着认真的精神，却又不知如何有效地传道、授业、解惑。记得 1982 年下半年，当时刘伟正在中国人民大学清史所的助教进修班学习，正值中国史学会在北京开年会，听说章老师也在开会，便与邓鸿光（时在首都师范大学进修）前往拜访，其中主要求教的问题就是如何上好课。记得先生当时并不作正面回答，只是微笑着讲了一个自己刚刚走上讲台时发生的故事：忘了带讲课提纲！先生说自己当时一下子懵了，但随即镇静下来，凭着扎实的功底和良好的记忆，仍很出色地把这一堂课讲了下来。先生还意味深长地说：作为一名教师，并不希望学生记住自己在课堂上讲的每一个结论、每一句讲辞,但如果有一两个富于启发性的问题、有一两句富于思想性的话语,能给学生留下深刻的印象,引起学生思考,这堂课就是成功的。这些话使刘伟深受教益,后来多次对周光庆谈起,使周光庆也受益匪浅。我们从章老师的话里体会到:要上好课,首先自己要有扎实的专业基础和功底,自己要有研究和思考;与此同时,上课不能仅仅满足于知识传授,更重要的是要将自己的思考与收获化为问题在课堂上提出来,化作论证在课堂上讲出来,与学生一起学习讨论。到如今,20多年过去了,我们在本科教学岗位上度过了一个又一个春秋,但章老师的话始终是我们教学的最高标准,使我们始终不敢懈怠。每一次上课,我们都要认真思考,怎样把最新的收获传授给学生,怎样提出一些有价值的问题引发学生思考,从每一堂课中我们感受到了作为一名教师的幸福和快乐。

章先生是我们的有形老师,还是因为在我们的成长历程中,离不开章老师的提挈与帮助。他对我们的帮助是具体的、终生难忘的。我们知道,作为大学教师,最重要的、最有价值的工作是教学与科研。当我们刚刚进入大学工作时,也常常感到科研对自己的无形压力,常常苦于找不到选题或写出来的东西难以发表。20世纪80年代,章老师主持了一个大型项目"中国早期现代化比较研究",并计划组织一套丛书,由当时颇有声望的湖南人民出版社出版。承章先生关照,我们也申报了一个选题,试图从近代汉语与新文化的共变关系入手,探讨中国现代化进程中的思想观念变革。书稿刚刚完成,遇上了1989年,由于众所周知的原因,湖南人民出版社遭到整肃,我们的书稿也随之搁置。尽管我们也很着急,但我们更知道,当时章先生正担任着华中师范大学校长的职务,各种风险、各种压力、各种事务已使他心力交瘁,我们不应该拿个人的小事去打扰他,便默然将书稿压入箱底,一任时光消磨它的锐气。我们完全没有想到的是,章先生竟然一直将此事放在心上。1994年,章先生应邀到台湾讲学,向著名历史学家张玉法先生推荐了这部书稿。当我们得到消息,在喜出望外的同时又感动不已,随即遵循章、张二位先生的指导意见对书稿进行了扩充与修订,终于列入张玉法先生主编的丛书而在东大图书公司出版。如果说,这本书的出版使我们感到振奋和愉快，那么，章先生的关怀更使我们难以忘怀。

章先生还是我们的无形的老师，这是因为，在校园里，甚至在整个学术界，我们都能够时时感受到章先生的思想力量。经历过20世纪80年代至90年代的人都知道，随着国家把工作重心转移到经济工作上，随着市场经济的发展，也给人文社会科学造成了极大的冲击，一时之间，“史学危机”之论泛起。在我们教学的过程中，几乎每届都有学生在问：学习历史有什么用？学习古汉语有什么用？一部分高校教师也纷纷“下海”。这时的章先生却一次又一次地在文章中、在演讲中大谈人文社会工作者的责任。他一针见血地指出：“史学的冷落有着长期的历史文化背景，其根源乃在于人类文明业已生病”，在这种情况下，只有人文精神才能“纠正现今人类文明的严重缺失”。他曾语重心长地告诫我们每一个人：“历史学家不应单纯埋怨社会冷落历史，而首先要问自己是否真正理解历史的价值，自己是否已被历史的永恒魅力所吸引。”每每看到或听到章先生的这些言论，都会触发我们的思考，使我们能够从超越狭隘功利主义的角度去认识自己所从事工作的意义，从而怀有一种人文社会工作者的责任感和使命感。这么多年来，我们之所以能不为钱少所困苦、不为钱多而蠢动，认认真真读书、安安心心为学，在任何境遇下都相濡以沫、互相勉励，个中原因就有章先生给予我们的精神感召。

章先生给予我们的，不仅是精神的感召，还有研究方法与道路的指引。章先生是一位大家，他的研究在海内外都产生了广泛的影响。按我们的理解，章先生之所以会产生这么大的影响，除了他的学问精深、严谨以外，还在于章先生的思路开阔，思考和提出的问题富有前瞻性，总能引人思考。他不仅以自己的言传，而且以自己的身教教会我们如何做学问。早在20世纪80年代初，先生在一篇总结辛亥革命史研究的文章中就提出了开阔视野、上下贯通和横向会通、注重辛亥革命时期的社会环境的研究，以及开展社会群体研究等方面的问题。章老师的这些话给我们很大的启发，促使我们把眼光转移到“社会环境”、“历史土壤”方面。当我们把视野放大以后，原有知识结构的不足与局限也日益显现出来。为了弥补不足，我们注重学习与了解其他学科的知识与理论。刘伟不仅学习了政治学、社会学的有关理论,还在历史系为本科生开了“社会学概论”的课,努力把历史学与社会学联系起来。正是在这种跨学科审视的基础上,她完成了《晚清督抚政治:中央与地方关系研究》一书。周光庆则将解释学理论引入中国传统的训诂学研究,在中华书局出版了第一部为创建中国解释学而努力的《中国古典解释学导论》。

章先生曾说自己聊以欣慰的是两件事:一是开拓了辛亥革命和教会大学研究领域;二是为辛亥革命研究培养了一批后继者。其实,在这两件事的背后,是他为后学者所提供的思路,为后学者所指引的努力方向。如果说我们这几年还做了一点事情的话,这里面很大程度上是受惠于章老师的结果。

章先生是我们的无形之师,还在于他的人格魅力。他的思想,他的胆气,他的智慧,时时能在风云际会之时、能在政治风波之中、能在庄严的讲坛上、能在肃穆的会议上,闪现出独特的风采,折服了许多的海外学者,吸引了更多的国内学者,感召了无数的青年学子。所以,他有很多轶事和故事在人们中间传诵。每每听到他的轶事和故事,有时觉得大快人心,有时感到津津有味,有时也能进入遐想。和许多人一样,我们并不能够考证这些轶事与故事的准确的时间、地点和情节,但是却能从中领略到章先生的形象。譬如:他以学者而任校长,但却无书呆子气,却并不容易被“糊弄”,而是善于识破“工作汇报”中常有的虚假与“水分”,而是直接揭破“工作讨论”中常有的“顺风发言”,使得其他领导都很“怕”他。他以高校负责人的身份参加省里主要领导主持的会议,却无当今官场“下级干部”的常态。一次,某书记未能按时到会,在一般人看来,这是极为正常的事情,正好表明“领导工作繁忙”,而他却大为生气,竟然站起身来朗声说道:如果再过几分钟领导还不能到会,我就要回学校去工作了。从这许多事例中,我们看到了章先生的威严、胆识和坦荡胸怀。然而,我们还看到过章先生的另一面:在他当校长时,鲜明地提出了“高校一切工作要以学生为中心”的思想,为此,他深入学生食堂与学生共进午餐,并首创了与学生“对话”的形式;在那特殊年代的政治风波之中,他更是顶住压力,挺身保护学生的爱国热情。我们还看到,在江西共青城胡耀邦墓前,他那充满深情的回忆;看到他在文字中对老校长杨东莼的深沉追思……

我们想，这一切恐怕都来自章先生的一个基本信念：知识分子的责任感、正义感和使命感。章先生说过："没有历史使命感的知识分子，不是真正的知识分子。"章先生所说的使命感，不仅仅是对国家、民族命运的关注和责任感，还包括他的现实关怀，他的批判精神和特立独行的品格。正如他所说的："历史学家不仅应该积极参与现实生活，而且应该成为把现实与过去及未来连接起来的桥梁，用自己的研究成果丰富与影响现实生活，并且与人民一起追求光明的未来。"每每读到这些文字，都会使我们感受到一种激情、一种召唤力量，从而也多一份思考。

经历着当今这个转型的时代，社会上的一切美与丑的现象，都会时时撞击着我们的心灵，激起我们参与与鞭挞的愿望。周光庆在思想上学术上是一个不太安分守己的人，曾经自说自话："20 年来，我研究过汉语历史词汇的发展，研究过语言与文化的互动，研究过中国古典解释学，并以在这些领域里阐释文化、创造文化和传播文化为职守。然而，在心灵深处，我又始终认为，我首先应该是一个中国的读书人。无论现实生活中有多少险阻，有多少清苦，但我相信，自我实现与人文关怀，总是读书人能够成为读书人的精神支柱，总是读书人独立自由的人格境界的精神支柱。"基于这样的信条，他竟然在十分紧张的情况下花费一年多的时间撰写了一本与所事专业、与评聘职称全不相干的《中国读书人的理想人格》。这本书的选题提出时，就得到章先生的首肯，并提出了建设性的意见。书稿完成后送到一家预约的出版社，却被编辑室主任指为"有明显的自由化倾向"而拒绝出版。章先生听说以后，仔细审阅书稿，询问情况，多方鼓励，并且以作序的方式予以支持。每当周光庆读到章先生《序言》中"作者不仅是用脑和笔来写作，而且是用心与情来写作，不仅反映了勇敢的科学探索，而且体现了执着的人生追求"一段话时，总是感到自己的心灵竟能与自己所崇敬的史学大家的心灵相通，因而非常激动，非常自豪。在章先生的支持下，该书终于在湖北教育出版社出版，并且产生了广泛的影响。一位素不相识的广州老人在来信中竟称："大著引古论今，眼光独到，立论坚实，文章也富于文采，的确令人佩服不已。所以，我不但自己买了一本，而且给儿子、外甥也各买了一本(他们都是大学毕业生),叫他们认真阅读,从中汲取精神营养,找到自己安身立命的根基。”当我们读到这些来信时,感到了欣慰和鼓舞,同时,也更深刻地体会到了章先生的话:

> 面对当代人类文明的严重缺失,历史学家不应该保持沉默,更不应该无所作为。我们必须和其他人文科学、社会科学乃至广大科技专家中的有识之士一起,共同纠正现今文明的缺失,并且用自己的学术精品,用自己的智慧与热情,营造健康向上的使人类免于继续沉沦的精神文明。

求学犹忆桂花香

——桂子山章师门下求学记

王先明

1980年代无疑属于中国学术界的“初春”。蛰伏太久的思想和学术已经处于普遍的“萌动”之中，以前所未有的活跃态势昭示着富于生机的未来中国的崛起。这一年，我幸运地被派往位于武昌桂子山的华中师范学院，进入由章开沅教授主持的全国高校“中国近代史教师进修班”学习。

8月上旬，我们这些来自全国各省市高校的中国近代史专业的青年教师（大约20人），陆续到华中师院历史所报到了。那时正是桂花飘香的季节，浓烈的桂花芳香带给我们初来者异常的兴奋和欢快。但这份来自大自然的欢快，很快就淹没在充满活力和生机的学术氛围之中。

一

在华中师院，我们进修班学员谈得最多的当然是章老师。章老师早已声名远播，但我们这些初出校门的年轻学人，以前大都未能亲聆教诲，此番投入章师门下问学求教，言语之间，都颇以此为骄傲。

第一次见到章老师，是在进修班首次开讲时。记得第一讲是由上海汤志钧老师讲“经学与近代学说之关系”的专题。8月15日上午8点，章老师陪同汤先生准时来到教室里。二位先生一走进教室，坐在我身旁的周秋光就向我介绍说，看！那就是章老师：中等身材，身着深蓝色中山装，双目炯炯有神，声音洪亮沉稳。章老师简短地向我们介绍了这次进修班的举办情况及学术讲座安排，又对汤先生作了简要介绍，然后由汤先生开始学术报告。

当章老师出现在眼前时,更立体也更亲切的真实形象立即取代了原有的“影像”(先前我经常是通过报刊上的论文,在脑海中不自觉地形成了一个章老师的“影像”)。初见章老师给我形成的一个感觉是他很严肃,严肃中还透出一丝威严,让人敬畏有加。这种感觉可能源于他学术的严谨,也可能源于年轻人对前辈的仰望。但章老师讲学中又不乏一些风趣和诙谐,也常常引起我们发自内心的欢笑。

那时的章老师正处于学术发展的高峰,学术研究和学术活动很多,也着实很忙,虽然近在眼前,我们却不能也不该常常去打扰。但有时候,我们也会约几位同学“瞅机会”找一个名义专门去家里拜访,已然“算定”章老师必见我们不可。偶尔有这样的机会,我们都会事先精心准备一些问题去讨教,所谓的“拜访”老师的活动事实上常常就变成类似于现今报刊上的“学术访谈录”一般。我们事先怀着忐忑的心情而去,常常是带着丰收的“喜悦”心情而归。

二

当我们拿到一年的学习安排方案后,那份由衷的兴奋和幸运之情就更难以言表了。

首先,整整一年的学习内容,大都以讲座方式展开,而主讲者几乎都是中国近代史学界的一流学者:除章老师外,还有汤志钧、戴逸、王庆成、林增平、胡华、吴泽、路遥、胡滨、张磊、姚薇元、朱士嘉等教授,以及日本知名学者如岛田虔次等。对于我们这些刚刚走上大学讲台的年轻教师而言,正是这些站在学术前沿的前辈们,以其深厚的学术积累和宽广的学养向我们展示了学术研究广阔深邃、精妙诱人的前景与创造过程中的辛劳和乐趣。

其次,除专家们各自“学有专攻”的专题讲座之外,研究理论和方法的讲授也是每位学者必然讲授的内容,也是我们进修班学员必定要求讲授的内容。如果说专题讲座对我们以后的研究方向和研究兴趣的培养有着重要影响的话,那么,学者们在具体研究中凝结而成的各有特色的研究方法，则为我们提供了“学海泛舟”的利器，为我们终生受用。诚如戴先生所言，这次所讲只是讲具体的治学方法不是讲唯物辩证法，基于此，戴先生所讲《历史研究的方法》，主要讲到四个专题：1. 建立专业方向；2. 如何积累资料；3. 怎样锻炼思考；4. 怎样写作。而王庆成先生则围绕太平天国研究，为我们讲授了史料辨识、史料运用以及人物评价等具体研究方法。

再次，每位专家专题讲座的最后一项安排是与进修班学员的座谈。这是一种漫谈式的学术讨论。记得和戴先生的学术漫谈是在 9 月 15 日，这次讨论主要涉及诸如“史学发展方向”、“人才培养问题”、“闭关政策评价”以及“清史研究走向”等。在活跃的讨论中，在求学与传道的互动中，我们的学术见识、学术情趣不知不觉中得到了锻炼和提升，为我们一生的学术事业奠定了很好的基础。

更为重要的是，这次进修班的生活使我们与这些一流学者结下了终生的“学术之缘”。在以后的学术发展中，因了这份缘分，我们的成长和发展似乎更“顺理成章”地受到这些前辈学者们的扶持、奖掖和推介。

三

在进修班的十多次专题讲座中，章老师所讲专题和次数最多(共四大专题)，占有的分量最重，留给我们的学术影响也最深。而且，后来我们才体察到，章老师专题讲座的安排其实也十分用心。因为很多讲座都是约请全国各地的名家来讲授，在时间的安排上总会出现衔接的空当，而这个空当多是由章老师来填充的。如此，章老师的四个讲座，就根据进修班学习计划安排的需要，灵活地分四次穿插进行，保障了进修班学习时间上的充分利用和计划实施的有效性。

章老师的第一次讲座是 1980 年 9 月 9 日上午 8 时。这次讲授的专题是“关于中国近代史教学与研究的问题”，主要分为三大内容：即学科研究现状、几个关系的正确处理、几点希望等。第二次是 11 月 18 日，内容是“中国近代史研究之国外动态简介”；主要侧重于美国 11 所大学和日本的京都大学与东京大学研究状况的介绍。第三次是 11 月 22 日，主讲“辛亥革命史研究状况”。第四次是 1981 年 4 月

21日，所讲专题是“辛亥革命散论”。

讲台上的章老师永远处于兴奋状态，他思想的深刻、理论的精辟、语言的精美和演讲般的情绪，常常感染着我们，引领着我们徜徉于波澜壮阔的历史长廊之中。“我认为1903年最具有重要意义，是高举排满的旗帜载入辛亥革命的编年史，是很有政治魅力的旗帜。”“我们如何认识‘癸卯年万岁！’的意义？有三大事件值得关注：1. 当年革命派和仁人志士给我们汉民族找到一个老祖宗。2. 给老祖宗找到一张像。3. 给我们民族找到一条魂，即黄帝。……我们应捕捉每一年代最有代表最本质的事件。”这是章老师在讲述“革命小团体发展线索”时给我们留下的声情并茂的历史录音。章老师作为学术引领者，可以说以其卓越的学术成就和富有感染力的个人魅力，影响着我们专业兴趣和研究方向的选取，我们这个进修班很多学员的学术生涯几乎都是从“辛亥革命”入手和起步的。

四

1981年6月底，我们中国近代史进修班结业了。在行将离别桂子山之际，章老师又赠送我们每位学员一套他主编的三卷本《辛亥革命史》(人民出版社1981年版)。带着一年来的丰厚的学业收获，带着章老师对我们几番语重心长的学术教诲和期望，带着华中师院其他诸多老师和朋友们的关爱，我们离开了桂子山。但桂子山上的学习生活，却成为我们和章老师永久不断的学缘。

离开华中师院不久的10月中旬后，由章老师主持在湖南召开了“辛亥革命七十周年青年史学工作者学术研讨会”。这次会议上，许多进修班学员提交了论文，而且很多人是第一次撰写论文，也是第一次参加重要的学术会议。走向学术的万里之途，终于开始了。

离别桂子山后，我们已经又走过了二十多年的学术之路。在漫漫书山的攀援过程中，章老师曾经给予的和一直不断给予我们的教诲、关爱和支持，已经内化为我们学术进步的动力。

章老师开创的中国近代史专业进修班，像九月间桂子山上的桂花，弥久而馨香。

通往中日关系史的治学之路

赵　军

【赵军按：这是最早发表在日本《东亚》杂志1984年4月号上，后来于1985年又被收入狭间直树、森时彦两先生主编的《中国历史学的新浪潮》（霞山会1985年版）的一篇旧文。当时我正在章开沅先生的指导下攻读博士学位，并且通过章先生的斡旋前往日本京都佛教大学文学部史学科进修。此间，不但学业和外语会话能力获得长足进展，自觉在治学道路上也进入了一个体味、领会章先生高屋建瓴、透过广度定位深度、又透过深度验证广度的学风，同时采撷日本学者严格、致密的实证型学风，在中日关系史领域通过点滴的努力迈入开拓型研究的重要阶段。为总结一年多的进修生活，当时在狭间直树先生的鼓励下写成了这篇文章并送杂志发表。二十年后重读这篇文章，当时的幼稚无知之处不免让人汗颜，但又觉得它作为我学人生活的一个起点，仍是令人怀念和值得纪念的一页。现将其翻译成中文，以表示对章开沅先生的感谢。这篇文章原题为《我与中日关系史的研究——以宫崎滔天的研究为中心》，个别字句翻译时略有更动。】

一、研究生涯的出发点

在母校郑州大学工作了三年之后的1979年9月，我考上了华中师范学院历史系的研究生，把中国近代史尤其是辛亥革命时期的历史选做自己的研究方向。

当时的华中师范学院，研究生还只有硕士课程，从入学到毕业的最短距离只要两年，所以进入硕士课程第二年之后，立刻就要着手撰写毕业论文。在众多的研究课题面前该如何决断，我颇为踌躇。按照我自己本来的想法，打算以辛亥革命时期日本政府的对华态度与政策为课题。但是跟指导教授章开沅先生商量之后，章先生的意见是："辛亥革命时期日本政府的对华政策当然是很好的课题，但是对于目前状况下的你未必合适。因为我们研究室目前还没有这方面的足够的资料，同时你自己的研究也应该有个循序渐进的过程。"章先生还进一步提示说："首先，你是不是从宫崎滔天的研究着手，以后一步步地开阔视野，再研究内田良平、萱野长知、犬养毅、头山满等有关人物和玄洋社、东亚同文会和黑龙会等组织呢？"

进行宫崎滔天的研究，我们还是拥有有利条件的。1979 年 11 月 7 日到 22 日，章开沅先生应以井上清先生为代表的京都日中学术交流恳谈会的邀请访问日本，接受了许多日本学者的赠书，同时他还用节约下来的生活费，购买了许多图书和缩微胶卷带回武汉。这些资料，就成了我迈进中日关系史研究大门的最基本的资料。

就这样，我在章开沅先生的指导下，以《辛亥革命时期的宫崎滔天》为课题，开始了中日关系史的研究。我首先通读了宫崎龙介、小野川秀美主编的《宫崎滔天全集》全五卷（平凡社 1971 年—1976 年版），写下了十多万字摘录和读书笔记。后来又阅读了渡边京二的《宫崎滔天评传》（大和书房 1976 年版）、上村希美雄的《宫崎兄弟传》（当时尚未出版单行本，这是在杂志《暗河》上的连载）以及宫崎滔天等人当年出版的杂志《革命评论》（这是章开沅先生访日时北山康夫先生所赠，为当年的原件，极为珍贵）等与宫崎滔天的活动直接相关的资料和研究著述。在外围资料方面，查找和阅览了《对支回顾录》、《对支回顾录・续》和《外务省外交史料馆藏外交文书・各国内政关系杂纂・支那之部》等等。1981 年 7 月，终于完成了我的处女作——《试论宫崎滔天与"支那革命主义"》（后被收入《辛亥革命论文集》（湖北人民出版社 1981 年版）和《纪念辛亥革命七十周年学术讨论会论文集》（中华书局 1983 年版）。

这篇论文，重点放在探讨宫崎滔天为什么要献身中国革命的动机问题。因为在阅读了有关宫崎滔天生平的一些研究著述之后，最早涌入我脑海的疑问就是这个问题，对于开展宫崎滔天的研究来说，这也是无法回避的基本问题。它的答案，我想就在于由宫崎弥藏首先提出、而后引起宫崎滔天共鸣的所谓“支那革命主义”，正是这个理念，把宫崎滔天引导到了中国的民主主义革命事业上。所以，我在这篇论文里，首先从主观和客观两个方面分析了“支那革命主义”赖以产生的背景，认为“支那革命主义”是19世纪后半期日本国内社会矛盾不断激化，资产阶级民主主义思想不断成长这个时代背景下的产物，同时又是宫崎滔天及其兄长等人不断探求真理，追求时代进步过程中的思想结晶。关于“支那革命主义”的主要内容，这篇论文将其归纳为以下三点：

(1)如果要在亚洲国家发动资产阶级革命运动，首先必须驱逐西欧列强的侵略势力；

(2)必须依靠“腕力”也就是暴力的手段来推行革命；

(3)应当首先在革命时机最为成熟的中国发动革命，而后将中国的革命波及日本、朝鲜等亚洲各国，进而实现世界革命。

正因为宫崎滔天已经拥有了这样的信念，所以他才能够同孙中山一见如故，当场结下“刎颈之交”①。也正因为存在着“支那革命主义”这样一个特殊的信念，我们才能够把宫崎滔天同众多的其他“大陆浪人”区别开来。

为了进一步阐述宫崎滔天参与中国革命运动的动机以及同其他大陆浪人之间的区别，1981年11月，在章开沅先生的指导下，我又撰写了第二篇论文《宫崎滔天与“大陆浪人”》，提交给在湖南省长沙市举行的“纪念辛亥革命七十周年青年史学工作者学术讨论会”。这篇论文指出，日本的“大陆浪人”虽然大多参与了中国的革命运动，但是根据各自动机的不同，大致可划分为“自由民权主义派”和“国权主义派”两个类型。前者以宫崎滔天为代表，人数极少，活动能量有限；后者以内田良平为代表，人数众多，活动能量极大。这篇论文还进一步列举了宫崎滔天和内田良平的具体言论和行动，重点阐述了两派大陆浪人“相异”的侧面。例如在叙述内田良平所以同意援助孙中山发动惠州起义的原因

① 宫崎滔天:《清国革命军谈》,《宫崎滔天全集》第一卷，平凡社1971年版，第259页。

时引用内田良平的原话"……(我等)是故援助汉人,使满人求助于俄国,而后日(本)支(那)提携以破俄,收满洲、西伯利亚为我所有,奠定经营大陆之基础"①,指出内田良平等大陆浪人这样的出发点,就决定了他们的活动最终只能带来助长近代日本对外侵略、扩张势力的结果,因而必须加以否定。这篇论文对宫崎滔天和犬养毅之类政治家之间的关系也试图展开分析与评价,但由于资料占有并不充分,结论比较简单粗放,并没有得出令人信服的结论。

其后,我以上述两篇论文为基础,撰写了硕士毕业论文——《宫崎滔天与兴中会》,并在 1982 年 4 月通过了论文答辩,获得历史学硕士学位。硕士毕业论文的缩写版,1982 年秋刊登在《华中师范学院学报》(人文社会科学版)第 5 期上。《宫崎滔天与兴中会》一文,主要从以下五个方面介绍了兴中会时期宫崎滔天的活动及其意义,对过去知之不多和知之不详的这段历史的侧面,做了一些初步的开拓性尝试。

(1)介绍孙中山结识一部分日本朝野人士,使兴中会得以在日本开展活动。

(2)为了扩大资产阶级革命派在中国社会各阶层的影响,倾注全身心的力量进行舆论宣传活动。其中将孙中山的《伦敦蒙难记》翻译成《清国革命党领袖孙逸仙幽囚录》出版,撰写半自传体的著作《三十三年之梦》,重点介绍孙中山的革命活动,便是其最值得称道的成果。

(3)向康有为、梁启超等资产阶级改良派宣传反清革命,并试图促使他们同兴中会革命派进行合作。

(4)帮助孙中山开展援助菲律宾独立战争的活动。

(5)参与兴中会在广东开展的第二次武装起义——惠州起义的准备、策划和善后工作。

迄今为止的研究,虽然只集中在宫崎滔天一个历史人物身上,并且由于资料的限制,对宫崎滔天参与中国革命运动的时代背景还缺少令人信服的描述和解释,但是在章开沅先生的指导下,我已经顺利地跨越了从一个史学爱好者到一个史学工作者之间的分水岭,敲开了中日关

① 内田良平:《硬石五拾年谱》,苇书房 1978 年版,第 77 页。

系史研究的门扉，这已经成为我人生中值得纪念的重要一步。

二、一个令人困惑和痴迷的领域

中日关系史跨越中国史和日本史两个领域，也是属于研究成果不甚丰富的“边缘学科”之一。但是中日关系史的研究牵涉范围广阔，课题丰富多彩，一旦跨入或者“误入”这个领域，很快就能感受到那众多的课题带给人的困惑不解的尴尬状态和求解过程中如痴如醉般的精神愉悦的双重刺激。研究辛亥革命时期的中日关系史，使我体验到了学术研究领域中的这种“醍醐妙味”。

在近代列强对中国的侵略活动中，日本是后起之国，原本处于不利的地位。但是日本在地理、文化、风俗习惯等方面又拥有着其他列强无可比拟的有利条件。而更为重要的是，日本对外扩张的欲望之强烈、地位之尴尬、心情之焦虑，也远较其他列强为甚。因此，后起的帝国主义国家日本，在较短的时间里就在中国大陆站稳了脚跟，迅速膨胀其侵略势力，最后逐步形成了压倒其他列强的优势地位。尤其是在政治领域里，这个过程表现得格外明显。所谓“大陆浪人”的活动，就是一个代表性的例证。

翻开有关辛亥革命的历史文献和资料，“大陆浪人”或者“日本志士”的字眼随处可见。不管是在兴中会的苦斗时期，还是在中国同盟会的声势大振时期，甚至在武昌首义的战场上和二次革命、护国战争的前后方，大陆浪人们的足迹几乎无处不在。

这些人的思想和行动，用“正常人”的思维来看，有许多难以理解的地方。在日本国内，他们或者成立组织，搅动政治风潮；或者发行报刊，把舆论的视线扭转到邻国中国和亚洲大陆。在中国国内，他们或者跟中国革命党人并肩作战，击退清军对汉阳发动的一次次攻势；或者辫发换装，混迹于中国百姓中从事间谍活动。即如宫崎滔天本人，也是一个难以按寻常人观点理解的“另类”。他以“长发虬髯”的外貌，豪放磊落的性格，时而以新闻记者身份撰写文章，为中国革命党人摇旗呐喊；时而同孙中山等人一起策划武装起义，筹措经费，运送弹药，无不尽力而为;时而以“桃中轩牛右卫门”的艺名登台演唱“浪花节(一种说唱形式)”,介绍自己和孙中山的交往,宣传孙中山的纯真、高尚人格……宫崎滔天曲折而又困穷潦倒的个人生活,并没有改变他的“支那革命主义”的初衷;来自日本政府的监视和其他大陆浪人的猜忌,也没有击退他的斗志。宫崎滔天的理想和情操,当时就赢得了孙中山等中国革命党人的由衷赞叹。

大陆浪人的活动,使原本复杂的辛亥革命的历史更为复杂,也使人们对这段历史的研究平添了诸多的困惑和不解。中国的历史学界以往对这些问题虽然研究不多,但仍然存在着意见的分歧和对立。如 1961 年在武汉举行纪念辛亥革命 50 周年学术讨论会之际,围绕着辛亥革命和“日本志士”之间的关系,就发生了如下的争论:

“许多人都认为,辛亥革命时期的所谓日本志士,大多是与日本政府有密切联系的,并且参与了日本后来的许多侵华活动。他们对中国资产阶级革命派的所谓帮助,是别有用心的,是日本帝国主义进行政治分化和收买的手段之一,其目的是要在和其他帝国主义争夺中国中占到上风。因此,他们都属于‘假朋友’的一类。有人认为,对于‘日本志士’,也应用阶级分析的方法来考察。但是,也有人认为,既然何香凝在回忆录中把他们说成是革命的朋友,总是有其根据和缘由的。”①

即便以宫崎滔天而论,有人认为他是“朋友”,有人认为他是“特务”,两个结论,从道义的立场来看,相距不啻十万八千里。

原本充满了迷雾般待揭之秘的历史,再加上众说纷纭的后人评说,使我立刻对这段历史产生了浓厚的兴趣,并且萌生了通过自己的研究来阐明历史的真相的强烈欲望。

1983 年 1 月,我以在职研究生的身份进入华中师范学院研究生院中国近现代史专业攻读博士课程,继续在章开沅先生的指导下深造。章先生同日本学术界的交往不断密切,华中师院历史研究所收藏的日文文献、资料也不断丰富。更重要的是,1983 年 9 月,在章先生的大力

① 湖北省哲学社会科学联合会编:《辛亥革命五十周年纪念论文集》下册,中华书局 1962 年版,第 717 页。

促成下，我以校际交流访问学者的身份来到日本京都佛教大学文学部史学科访学进修，获得了到当地各图书馆、研究机关搜集相关历史资料，直接同日本学术界同人切磋交流和零距离考察日本社会的绝佳机会(注:这次进修到1984年12月结束)。与此同时，这次进修对于博士学位论文的撰写，也提供了非常有利的环境。在京都期间，章开沅先生在日本学术界的至交如岛田虔次教授、狭间直树教授、小野信尔教授及其夫人小野和子教授、吉田富夫教授以及佛教大学的接待教授清水稔教授，对于我的研究、学习和生活提供了全方位的照顾和帮助，使我能够很快地适应异国他乡的环境，在各个方面都有了远较其他访问学者优越的环境。

此后的研究对象，逐步扩展到了菅原传、曾根俊虎以及1897年孙中山再次抵达日本后结识的众多日本朝野人士身上。因为孙中山自己在《建国方略》中回顾这段历史的时候，就列举了大隈重信、犬养毅、宫崎兄弟、山田兄弟等二十多名“日本友人”的姓名，认为久原房之助、犬冢信太郎“各志士之对于中国革命事业，前后多有资助”；而山田兄弟、宫崎兄弟等人“为革命奔走始终不懈”等等①。辛亥革命爆发前夕，在写给宗方小太郎的信中，孙中山又写道：

“……弟(孙中山自称)所交游者以贵国人为多，则日本人之对于支那之革命事业必较他国人为更关切，为吾人喜慰者必更深也。他日唇齿之交，将基于是。弟之视日本，无异第二之母邦……”②

至于孙中山和宫崎滔天的友情，更是众所周知的事实。1907年9月13日，孙中山亲自向宫崎滔天颁发《委任状》，将中国同盟会在日本“办理筹资购械，接济革命军，所有与资主交涉”等权限，全权委托给了宫崎③。

---

① 孙中山:《建国方略》,《孙中山选集》上卷，人民出版社1956年版，第172页。

② 孙中山:《复宗方小太郎函》,《孙中山全集》第一卷，中华书局1981年版，第524页。

③ 孙中山:《给宫崎滔天的委任状》,《孙中山全集》第一卷，中华书局1981年版，第343页。

然而,宗方小太郎不同于宫崎滔天,其他的日本"各志士"对于"中国革命事业"的关系,也需要逐个进行认真的分析,得出不同的结论。这个工作是琐碎而且繁重的,需要耗费大量的时间、物力和精力,但做好这个研究,不仅有助于我们正确理解和认识那个时代的历史,也有助于构筑现在和未来的中日两国之间的关系。

三、新的课题与展望

1960年代以前,中国的历史学学者中,研究辛亥革命时期中日关系的学者不但人数较少,研究成果也十分有限。1970年代以后,这方面的研究成果逐渐增多。北京、上海以及东北地区的学者们,发表了一些引人注目的成果。如万峰先生的著作《日本近代史》(中国社会科学出版社1978年版),虽然是概述近代时期日本历史的通史类著作,但对辛亥革命时期中日关系的历史也有较为详尽的介绍。又如赵金钰先生的论文《辛亥革命前后日本的大陆浪人》(《中国社会科学》1980年第2期),是中国史学界专门阐述大陆浪人问题的开山之作。此外如上海的赵宗颇先生,对宫崎滔天、山田良政、内田良平等有关人物发表过多篇论文,长春的赵矢元先生对"大亚洲主义",长沙的毛注青先生对黄兴与宫崎滔天和萱野长知等人的关系,也都有独到的研究。日本学者以往发表过的一些论文,也已经陆续被翻译、介绍到中国国内。

上述的各种著述,都是我从事这个课题研究的启蒙教材,而日本学者中近藤秀树先生撰写的《宫崎滔天年谱稿》(载《宫崎滔天全集》第五卷,中文版载《辛亥革命史丛刊》第一辑(中华书局1980年版)),以其严密的考证和详尽的附属资料,为宫崎滔天和中日关系史的研究提供了第一等的参考资料。上村希美雄先生的大作《宫崎兄弟传》,是作者倾注了大量的时间和精力写下的宫崎家四兄弟为了追求理想、追求正义而投身中国资产阶级革命数十年历史的巨幅画卷。其他如实藤惠秀、木村实夫、岛田虔次、寺广映雄、野泽丰、卫藤沈吉、野村浩一等先生的有关著述,也无一不从不同的角度描摹了辛亥革命时期中日关系史的多个侧面。

中日关系史的研究虽然已经取得了上述种种成果，但依然存在着不少的课题有待人们去探讨和解决。我自己在这个领域入门日浅，成果羞人，但仍然发现一些问题至今尚未得到解决或者没有得到令人信服的解决，以下略述一二，愿作为自己今后的奋斗目标以自勉。

第一个课题，是如何认识大陆浪人和中国资产阶级革命运动的关系。大陆浪人们对于近代中国的历史尤其是辛亥革命的历史，究竟发挥了什么样的作用？当年，孙中山、黄兴等中国革命党人对他们的活动曾给予很高的评价。这种评价今天是否仍然适用？后来的历史证明，多数大陆浪人的所谓帮助其实是"别有用心"的。对于这样的事实，历史学工作者不应回避也不能回避。根据时间、事件和人物的不同具体事实具体分析，这才是应取的态度。

第二个课题，是如何认识大陆浪人同日本政府、军部之间的关系。当时日本政府、军部对华政策的核心，就是用最短的时间最大限度地扩展在中国的侵略势力、侵略权益。在这个政策的主导下，日本政府、军部从资金和人力等方面为大陆浪人的活动提供援助。黑龙会等以大陆浪人为主体的民间团体，也曾经影响过日本政府对外政策的制定，并且直接、间接地参与过军部在中国大陆的军事行动。这种关系的存在绝不容忽视。即便像宫崎滔天那样以纯真的热情诚心诚意地帮助过中国革命的人物，也通过犬养毅等人的渠道同日本政府发生过千丝万缕的联系。这究竟是怎样的一种关系？对于这些问题，只有联系当时日本社会的政治、经济、军事、外交等多方面的实际状况，进行具体而多视角的分析，才能正确地把握事情的真相。

第三个课题，是如何认识大陆浪人相互之间的关系。大陆浪人只是一个笼统的习惯性称呼，并不是对这个社会群体的科学分类。事实上，大陆浪人内部存在着不同的派别、集团，其成员又时常划分为不同的组织活动，聚散分合，常无一定。例如东亚同文会同玄洋社、黑龙会之间既有共通之处，又有相异之处，一概而论未免有失精当；又如内田良平和宫崎滔天可以说是大陆浪人中政治理想和信念处于相反的两个极端的代表人物，应当是水火不相容的关系，但是事实上，他们不但参加过无数的同一组织，两个人在帮助孙中山发动中国革命的过程中也是时分时合,其间的关系真是“斩不断,理还乱”。各种不同类型的大陆浪人应当如何分类?用什么样的标准来界定?以大陆浪人为主体的各种团体相互之间存在着什么样的关联?应当如何厘清?这些都有待于通过今后的研究加以解决。

另外,孙中山和宫崎滔天,章太炎和北一辉,内田良平和宋教仁……中国革命党人内部的不同派别和大陆浪人内部的不同集团之间,也存在着错综复杂的亲疏、恩怨和对立关系,使局面变得更加令人困惑和耐人寻味。

上述课题,有的也许已经获得解决,有的也许需要付出巨大的努力才能有所前进。作为学术后进的我,愿在今后向这些问题发起正面挑战,通过自己的努力,一步步接近历史的真实,探求学问的真解。

春风化雨，润物无声

——略谈章开沅老师对我治学道路的影响

马　敏

章开沅先生在回顾自己的人生时，最感自豪的一点，就是在海内外培养了大批学有所成的学生，他曾动情地写道："40 多年来，无论课内课外，校内校外，我为年青一代历史学者的成长，耗费了不少精力与时间，对自己的著述或多或少有些影响，但我永远无怨无悔，因为学术的小我只有汇入学术的大我才能进入永恒。……为造就青年学者开路，为发展学术交流搭桥，这就是我的人生追求。"

虽然从不轻言为"人师"，但很明显开沅师是高度重视作为"师"的社会责任和人生追求的，在他看来，所谓"师"，无非是"甘当铺路石子，让青年学者成长的道路稍为平坦一点，可以比我们前进得更快更远"。而在我们做弟子的眼里，开沅师始终是最令我们敬重的师长，兼具严师与慈父的双重角色。

关于"师"，通常喜欢引用韩愈《师说》中的诠释："师者，所以传道、授业、解惑也。"在一般意义上，这已说清了"师"的基本内涵，但就学术传承和学者的成长而言，我们切记不要忘了韩愈在《师说》中开宗明义的一句话："古之学者必有师。"师者，导师也，即年青学者学问上的领路人。俗话说："师傅引进门，修行在各人。"一个人能否成才，根本在于自身的努力，但明师的点拨，良师的熏陶也至为关键，无师自通的天才毕竟是少之又少，所以古人云："学士简练于学，成熟于师。"（王充：《论衡·量知》）学者的成熟有赖于良师的指点，学派的形成有赖于延绵的师承。"师"既是照亮后学的红烛，又是传承学问的桥梁。

我在许多场合都说过，能遇到章开沅先生这样的明师、良师，是自己一生最大的幸事,也是能够进入学术的殿堂,学有所成的关键。回顾起来,自己的治学道路无不受到开沅师的深刻影响,他在关键时刻的点拨,对于自己学业上的快速成长起到了至关重要的作用。记得开沅师曾很形象地说过,“觉得自己的一生好像一只忙忙碌碌的老鸡,成天到处啄啄扒扒,如发现什么谷粒、昆虫之类,便招呼小鸡前来‘会餐’”。细想一下,自己不正是那群不时参与“会餐”的小鸡之一吗?从最初的辛亥革命史研究、资产阶级研究,到后来的商会史研究、现代化史研究、教会大学史研究,无一不是在开沅师的导引下,寻得门径,渐入佳境,通过不断努力最终取得了若干学术成就。

就我个人的治学而言,目前得到海内外学术界认可的主要有两个领域:一是商会与绅商群体研究,二是教会大学史的研究。而这两方面的兴趣,均是缘于开沅师的引导而发生。

1981 年本科毕业后,我幸运地考上华中师范学院中国近现代史专业硕士研究生,正式成为章开沅先生的入室弟子。读研不久,为训练我们治史的基本功夫,在章开沅老师的倡议下,我同本所老师刘望龄教授和学友朱英一同前往苏州市档案馆参与整理苏州商会档案。对浩如烟海的商会档案的沉潜,不仅给了我从第一手资料出发治史的严格学术训练,而且使我萌发了若干在当时堪称前沿的问题意识。不过细究起来,这些所谓的问题意识也是受到开沅师潜移默化的影响。譬如对商会的研究,还在大学本科的专题讲座课上,开沅师就曾经饶有兴味地介绍过亲往苏州检阅苏州商会档案的情况以及他的一些思考,这堂课给我留下极其深刻的印象,并引发了我研究近代社会经济史的兴趣。同时早在 20 世纪 80 年代初,开沅师即在《辛亥革命与江浙资产阶级》这篇名文中,对晚清江浙地区的商会、商团、市民公社等资产阶级社团组织做了初步的研究,提出商会“是早期江浙资产阶级社会活动的最重要的舞台”,“商会的成立,明显地增强了资产阶级在社会生活中的地位和作用”等著名的论断。这些论断极大地影响了随之兴起的商会史研究。正是在这一意义上,我们认为章开沅老师是中国商会史研究的早期开拓者和倡导者,引领了这一新的学术潮流。

再譬如我自己能够注意到晚清绅商群体问题并在这方面做了有益

的探索，其中的启发之一，便是来自开沅师多次对资产阶级集团和群体研究重要性的强调。不然，即便沉浸于汗牛充栋的商会档案资料中，也有可能让这个重要课题于不经意间悄悄滑过。同样是早在20世纪80年代初，开沅师便强调，在从事资产阶级研究时，“在资本家个人和资产阶级整体（或其某一阶层的整体）之间，多做一些集团（如资本集团、行业、商会以至商团、会馆等等）的研究，然后再进行类型的归纳与区分，所得结论可能比简单的上中下层划分更切合实际一些”（《关于改进研究中国资产阶级方法的若干意见》，《历史研究》1983年第5期）。在开沅师对张謇的开创性研究中，他已明确地运用“群体”的概念来分析张謇社会角色的转化，指出：“张謇是过渡性时代、过渡性社会中的一个过渡性人物，他从一个农家子弟经过科举成为士人群体的成员，又从士人群体的低层逐步上升到高层，然后再从士人群体向商人群体转变，进入新兴资产阶级的行列。”他同时指出：“群体这个概念毕竟不能代替阶级和阶层，但如果对这个概念运用得当，则有可能丰富和发展阶级分析的方法。”（《开拓者的足迹——张謇传稿》中序言部分）这些论述都直接启发了我对绅商问题的研究，并成为许多思考的源头。

我曾以“曲径通幽”来形容自己介入中国教会大学史研究的愉悦之情，深以能在这一领域开辟出自己学术生涯的新局面而为荣。而其中金针度人，将我引入这一新兴学术领域的也正是章开沅老师。

由于众所周知的原因，教会大学和教会史研究在新中国学术研究中始终是一个敏感的问题，20世纪80年代以前很少有这方面的学术成果问世。20世纪80年代以后尤其是90年代以来这一领域越来越受到学术界的关住，并逐渐形成一股教会大学史研究热，推动了若干专门学术机构成立和一大批相关研究成果的问世，培养出一批业已崭露头角的新生代学者。章开沅老师在教会大学史研究的发端和兴起中扮演了关键的重要角色，也可以说是国内这一研究领域最重要的倡导者和践行者。

据开沅师的回忆，他之所以决定将研究重点转向基督教史研究，始于1985年美国普林斯顿大学刘子健与威尔逊两位教授的联袂来访，当时两位教授建议他从事并推动中国教会大学史研究。次年，普林斯顿大学的林蔚教授再次来访,考察相关大学并具体探讨在大陆联合开展教会大学研究的可行性。我随开沅师接待了林蔚教授,对教会大学的情况有了初步了解,并首次知道我校前身之一即是十三所新教教会大学之一的华中大学,正是在时任华中师范大学校长的章开沅老师的关注下,华中大学的珍贵历史档案已由省档案馆移交校档案室,为研究华中大学的历史提供了良好的资料条件。根据开沅师的建议,我决定暂时中断有关绅商问题的研究,转而以华中大学为突破口研究中国教会大学的历史。

1988 年 3 月,我又随开沅师参加了在四川大学召开的首次合作研究教会大学史的工作会议。以顾学稼、张寄谦为首的 21 名中国学者同专程从美国赶来的林蔚教授出席了这次的重要会议。会上,章开沅老师就教会大学史研究对开展中西文化交流史研究的意义做了重要讲话,并代表华中师范大学欣然应允于次年 6 月在我校举办首次中国教会大学史国际学术会议。与会学者围绕教会大学史研究的意义、方法及中外学术合作的可能性等进行了热烈、深入的讨论。这次成都会议及次年(1989 年)6 月在武汉华中师大校园召开的首届中国教会大学史国际学术研讨会,成为以后持续十余年之久的中国内地教会大学史学术研究热潮的起点,标志着中国近代史研究中一个新的学术领域的诞生。我对自己能亲身参与和见证中国当代学术史上的这些历史性时刻而深感庆幸,同时也非常感激开沅师将我引领进了这一片广阔的学术天地,在这里我结交了一大批心地善良、学风纯正的中外学者,并在他们的提携下为教会大学和基督教史的研究作出了自己力所能及的贡献。

教师的职责不仅仅在于知识的传授,而且更在于人才的培养。好的老师教给学生的往往不仅是做学问的方法,而是做人的道理。"桃李无言,下自成蹊",老师的良好风范和道德操守无形之中一定会影响到学生。这种春风化雨、润物无声的人格魅力可以说是"师道"的最高层次,也是教师的最神圣的义务。在这方面,开沅师给我们做出了最好的表率,所有章门弟子从老师那里学到的不仅是治学之道,而且是为人之道、处世之道、生活之道。回顾起来,在治学与做人相统一的意义上,开沅师在以下方面给我留下了深刻的印象，也可以说潜移默化地影响了我的人生态度：

其一，宏大气象。在为人与治学上，开沅师给人最突出的印象就是淹贯浩博，气象宏大。尽管也学有专精，根基扎实，但开沅师的学术路径似乎更趋向于博，趋向于通，趋向于创榛辟莽、前驱先路的开新。开沅师曾比较他与亡友林增平先生的学术风格和路径："林公憨厚而我豁达，林公扎实而我开放，林公长于细密而我追求宏观，林公旧学根底深厚而我略知西学。如此等等，不一而足。"开沅师和林公是最知心的学术知音，这里的"憨厚"与"豁达"、"扎实"与"开放"、"细密"与"宏观"只是治学风格的不同，并无高下之分。其实，在一定意义上，他们都是那种博古通今，具有广阔学术视野和恢宏学术气度的一代宗师。增平先生能在30岁出头之际，便以一人之力编成新中国第一部完整的中国近代史教材，即是其具有非凡学术气度的明证。开沅师在开新方面也是不断实现自我超越，从辛亥革命史研究和张謇研究到现代化史研究和教会大学史研究，每一次研究领域的转换无不表现出开沅师过人的学术眼光和惊人的洞察力，同时开辟出一片广阔的学术新天地。

其二，学者人格。开沅师最为强调史学要有自己独立的科学品格，史学家要始终保持自己独立的学者人格。在他看来，史学在本质上是一门求真的学问，真实是史学的生命，"求实存真是历史学家无可推卸的天职，因此也就更需要孟子所提倡的大丈夫刚直的浩然之气"。而事实上，开沅师最令人钦佩的，就是不管环境如何变化、际遇如何沉浮，他始终能保持自己的一颗赤子之心和刚正不阿的独立人格。如他自己所言："尽管史学在社会暂时受到冷落，但历史学者千万不可妄自菲薄，必须保持学者的尊严与良知，以高品位的学术成果争取社会的理解与支持。"我记得一位国外学者曾告诉我，章开沅先生给他留下的最突出印象就是始终能坚持自己的学术见解，有一股浩然之气。这实际上也是大多数人的印象和评价。对我们，开沅师常以楚图南为戴震纪念馆的两句题词相赠："治学不为媚时语，独寻真知启后人。"这里面既包含了他对人生的追求，同时也是对我们后辈的勉励。照我自己肤浅的理解，这两句话的含义，是要求我们在做人上，要有独立的人格，襟怀坦荡，一身正气，不媚时趋俗，不急功争利，一心以求学术的“真经”；在治学上，应有自己的独立思考和独立追求，以最终形成一种独立的学术风格，展现出自己的独特个性。唯其如此，方能成为开沅师所讲的那种“不忘根本”，既能“铁肩担道义”，又能“妙手著文章”的“真正的史学家”。

其三，参与史学。“参与的史学与史学的参与”是开沅师近些年常讲的话题，也在一定意义上体现了他的史观。这种史观强调历史学家要有强烈的参与意识和社会责任感，不仅要书写历史，还要参与创造历史，融入历史，为人类正义事业和社会发展作出自己的贡献。开沅师认为，“面对当代人类文明的严重缺失，历史学家不应该保持沉默，更不应该无所作为。我们必须和其他人文科学、社会科学乃至广大科技专家中的有识之士一起，共同纠正现今文明的缺失，并且用自己的学术精品，用自己的智慧与热情，营造健康向上的使人类免于继续沉沦的精神文明”。历史学家究竟怎样参与现实生活呢？开沅师的答复是主要用自己的史学成果来参与，“历史学家不仅应该积极参与现实生活，而且应该成为把现实与过去及未来连接起来的桥梁，用自己的研究成果丰富与影响现实生活，并且与人民一起追求光明的未来”(《现代化研究与中国近现代史研究——寻求历史与现实的契合》)。开沅师所提出的“参与史学”，十分发人深省。史学要找到自己的出路，不被社会所冷漠，首先就应该自强和自省，在社会发展中明确自己的地位和责任。这就要求史学家不要困守学术的象牙塔，而要主动地走出书斋，关心社会，参与社会，通过自己的社会活动和学术成果来影响历史的进程(尽管可能是微不足道的)，“营造健康向上的使人类免于继续沉沦的精神文明”，直接或间接地创造历史。任何对现实社会生活的冷漠、逃避和事不关己的态度，对一个成熟和正直的历史学家都是不足取的。其次，仍需提倡“古为今用”(不是简单的影射史学或唯我所用)，加强古与今的对话，在我们的史学成果中打通古今，贯穿古今，真正使史学成为构筑过去、现实与未来的桥梁。“人事有代谢，往来成古今。”历史发展存在连续性，过去、现在与未来之间并没有截然的界限，因此，许多史学研究的课题将来自于对现实问题的关注，应勇于从历史的角度解读现今社会发展急需解决的问题。参与的史学只有在史学的参与中才能得到实现。

以上并不完全的概括多少体现了开沅师持之以恒的史学追求和对我们弟子的要求。这些追求和要求说到底是对史学境界的追求，即开沅师近来所讲的“追求圆融”。“圆融”的观念来自于佛学，对史学研究而言，“圆融”可以是陈寅恪点明的“神游冥想，与立说之古人处于同一境界”；也可以是王国维强调的“入乎其内，故有生气；出乎其外，故有高致”的佳妙境界，但总结而言，仍还是对真善美的追求。求真、求善、求美乃史学的最高境界和终极追求。只有在对真善美的不懈追求中，我们才能像开沅师揭示的那样发掘出“蕴藏于史事深处的大智慧”，“唯大智慧之发现始能出良史出大家”（《境界——追求圆融》，《史学月刊》2004 年第 6 期）。

在治学的道路上，我虽然实在欠缺开沅师所言的“大智慧”，也很难成为“大家”，但还是要以老师的要求自励自勉，一步一个脚印去追求真善美，追求达于圆融的境界。这样，或许能不辜负老师的厚望。

桂子山从学琐记

桑　兵

用近代学人的眼光看，我也可以算得上是学问欲不弱的人。之所以如此，固然有天性的作用和少年时环境的影响，更重要的，还是后来各位老师的言传身教，潜移默化地将自己引导或是带领上学术的自觉之路。其间章师的影响尤为关键。

一

第一次见到章师，还是20世纪70年代末在四川大学上学期间。当时《辛亥革命史》编撰组的一行人来到成都开会调研，历史系邀请其中的几位学者进行学术演讲。由于改革开放不久，教学秩序正在逐渐恢复，正式的学术演讲可以说是绝无仅有，一下子有一批来自全国各地的重要学者讲演，求知欲日益浓厚的后进自然是喜出望外。演讲安排在校图书馆的大阅览室，不单本系的学生蜂拥而至，其他各系的学生也闻风而来，图书馆的大门口早早地就挤满了等待入场的听众。为了抢占座位，学生甚至挤坏了大门。本来相当宽敞的阅览室里座无虚席，人人脸上显出久旱逢甘霖似的期待甚至紧张。那样的空前盛况，令人感受到学术繁荣的春天即将来临的气息，今天恐怕再也不容易看到。

首场讲演的主讲人便是章师，讲演的内容是关于同盟会成立与华兴会、兴中会、光复会、20世纪之支那社等小团体的关系，后来以论文的形式正式发表。也许老师当时就有了成熟的腹稿或成稿，讲起来充满自信，声音洪亮，抑扬顿挫，条分缕析，层层深入，有着很强的感染力，连对辛亥革命的相关事实知之不多的门外汉，也为其所吸引。后来听过的学术演讲不少，说到印象深刻，还是这一次难以磨灭。其中环境的因素固然存在，但首次领略大家风范，感觉自然不同凡响。

作为听众之一的我，在这样的学术活动中尚无缘与章师当面相识，后来到中山大学随陈锡祺先生攻读硕士学位，由于同属中南地区，中大与华中师大之间的交往联系相当紧密，乘此机会，终于真正认识了章师，我的硕士学位论文答辩，还请章师主席。按照旧时的规矩，也可以忝列门墙，算是门生了。

硕士毕业后，我留校工作，这时博士学位教育逐渐恢复，很想进一步求学。而当时硕士生也为数不多，或以为没有继续深造的必要。此外，由于博士学位教育恢复不久，博士点相当少，记得整个高校系统只有章师一人是中国近现代史的博士生导师，若想报考，一定要得到章师的同意。我怀着忐忑不安的心情与章师联系，得到肯定的答复和鼓励，使我信心倍增。这一步的跨越，是我在治学之道上相当关键的转折。

1985 年初，我如愿来到九省通衢的武汉进入华中师范大学攻读博士学位，老师正担负着校长的重任，校务繁忙，外事活动也多，同时还有不少的社会兼职，甚至需要参政议政，弟子们能够面谒的机会自然相对较少。此外，或许是个人指导的风格不同，加上章师对我们这一届几位门生的平均水准还算满意，所以更多的是关注结果而非过程。这样的方式对我后来带学生也有影响，虽然看似无为而治，其实要求学生更加主动，毕竟已经是博士学习阶段，老师样样代劳，抱着始终长不大。不过，虽然耳提面命的次数和时间有限，可是，作为学术领袖，章师却通过自己的一言一行无形中营造出一种氛围，令每一位在此学习或工作的人，都倾注全力于治学之道，而不是本末倒置，热衷于时政或校园政治。这并不等于说学人不应关注或参与时事实政，而是学人的根本在于学术，千变万化，心系于此，无论身份如何多样，正是在这一点上，自然而然地显出书生本色。近代学术大家，从来不做学术行政的王国维、陈寅恪等人不必论，身兼要职的胡适、陈垣、傅斯年也同样如此，有关的口碑掌故俯拾皆是。这大概是处于学术领袖位置的大家影响良否的重要指标，也是维系学术命脉薪火相传的基本依托。严格来讲，大学并不是为一般读过书得到学位的人提供职业选择或职位，而是为那些以学问为事业,为安身立命的所在,甚至不做学问就了无生趣的人准备的基本条件和环境,使之能够得其所哉。这些人的全身心投入,也许并不体现于没日没夜地熬在图书馆实验室,但他们的整个生活目的,无疑都是围绕所从事的学术活动。学人如果对于学术缺乏真感情和敬畏心,所做学问必然以假乱真。近年来,学界前辈感叹学人谈学术者日趋鲜少(而学术成果却不断增多),彼此热衷的话题似乎逐渐远离学术,相比之下,章师老而弥坚的学术追求更加令人钦佩。毕业后关注学者的历史,鉴于陈寅恪晚年潜心研究明清史事,曾经戏言考验学人是否对于学术抱有真兴趣,可以看 60 岁以后是否还能开辟新领域。章师近年来转向近代教会和教会大学史的研究,虽然有一定的机缘,毕竟主观追求才是内在驱动力。如果不是感到极大的乐趣,决无可能孜孜不倦地几十年如一日。

我辈愚钝,略有所长,只图在与学术相关的方面发展,而学术研究,尤其是治史一途,后天的努力固然极其重要,有些天赋的差异却难以超越。章师便颇有研究近代史事的天生异禀。中国古代典籍向称浩瀚,而与近代史料相比,只能是小巫见大巫,主张做史料功夫要竭泽而渔的陈垣,也不禁慨叹近代史料繁杂,难以掌握周全。因此,研治中国近现代史,阅读的能力必须超强,甚至一目十行也未必够用。而在高速度之下,对于重要的信息又要保持高度的敏感和捕捉能力。记得一次见章师,恰好他与图书馆约定前往圈定选购的书目,便陪同一起来到图书馆,只见章师展开目录,目观指画,速度奇快,口中还不时与我交谈。我从旁仔细观察,所签出各书,相当精当,绝无错误,不觉暗暗称奇。现在自己教学生,也十分强调高速阅读之于近现代史研究的极端重要性,否则,再小的题目也很难将史料一网打尽。

武汉的自然条件对于治学不是十分适宜,夏日酷暑,冬天严寒,章师开玩笑地说武汉的学生高考应当加十分。可是,就在小小的桂子山上,我却度过了三年温暖如春的学习生活,至今依然十分怀念。如今社会发展,生活水平提高,到处的条件都有了很大的改善,可是,要想找到适宜的学习和治学环境,却也并非易事。

二

章师自谦是铺路的石子，实际上他的声望远远超出专业的范围，抛开其他因素，章师的确是那一代学人当中几位最有代表性的学者之一。不仅如此，由于历史的原因，那一代学人的笼罩覆盖的范围不止于年龄相近的同辈。

近代以来，学人竞相走窄而深的专精之道，比较忽视博通，古代史也以断代为时尚，后起的近现代史研究划分更加琐细，一般学人，非但不能上越嘉道，在百年之内还要再树藩篱，终身斯守一人一段。加上关注近现代历史，最初的目标不在史学本身，研究者的训练普遍不足，学术规范自然不够严谨。不仅如此，横的方面，海通以还，中国被拖入世界体系，与东西各国发生联系，要想深入认识本土，必须沟通海外；学术本不分科，近代中国又经历了知识与制度体系的全面转换，需要超越学科界域，才能心领神会。纵的方面，凡思想学术、典章制度、风俗礼制、宗教人心，无不牵连历代，一味截断众流，以外来观念牵强附会，难免混淆隔膜，甚至离题万里。研治近代史的前贤，多由古代史下移，由博返约，论学著述，大体得当。后学不察，误以为趋易避难的捷径，古汉语不行，外语又不佳者，才选择学习近现代史。所受训练又往往不出近代百年范围，狭隘局促，动辄捉襟见肘。时至今日，愈演愈烈，以局限为特色，以狭隘为专深，凿空蹈隙，贻害后学者甚矣。

章师治学，大度兼大气，立意远大，虽有专精，决不畛域自囿。他告诫门下士不要只想在桂子山上称王称霸，应当向着国际学术界争一席之地。他的研究甚至有意避免局限于辛亥首义之区的武汉乃至湖北，将目光投向江浙和海外。这种志向，远非时下那些首先想着争夺身边地盘以称霸一方的山大王者可比。专深的研究背后有了一套宏大的叙事框架，从而将近代史研究的标的悬于高处，带动研究水准不断攀升。学术领袖的眼界，对于学界风尚有着超越常人的影响作用，韩国的中国史研究能够在国际学术界立足，闵斗基教授功不可没，道理也是一样。治学本来不必与人较，至少当与古人较，不得已而求其次，也须放眼全球,举目神州。而如今的学术环境,使得学人一味在争夺生存空间,校园政治大行其道,欲以小人之术谋君子之相,非但心术不正而已,学术上也只好横溢斜出,凿空蹈隙。诸如此类的事,历来都有,章师能以大度处之,甚至将挫磨当做激励,对自己的研究更加精益求精,而决不意气用事,争一时的高下。学人无论身披多少光环,最终还是要看在学术史上留下什么作品,是否经得起千秋万代的后人反复研磨。由老师的言传身教领悟到的这些经验,也是我现在不断告诫门下诸生的要诀之一。

钱穆曾经批评近代学人志向不大,因而成就不高,但大志向不可凭空而来,如果坐井观天,即使放眼世界,也不过是井底之蛙。章师治学,不仅悬的高远,而且身体力行,其论著所体现的只是冰山一角,至于下面的庞大深厚基础,要通过长期的交往接触、耳提面命才能逐渐体察。作为弟子,也只能略及自身的感受。当时虽已读到博士,却不满于既有,思想和学术追求正在经历新一轮的漫山跑马。章师早年受过各种社会科学的辅助训练,也曾文史兼修,所撰写的影评还得到电影界高人的好评。后来对于学生的上下求索,总的态度是积极支持,有所收获,则表扬鼓励,哪怕只是一得之见。如果实在不着边际,也会直截了当地指出。几位同门各出奇招,章师百忙之中,从容应对,收放自如,令弟子左突右冲而不逾矩。史无定法,但要取法乎上,并且中规中矩,不作门外文谈,绝非易事。博采众长,固然重要,学有所宗,亦不可少。后来见章师为各类书籍所写序言,不但内容吻合,评论适宜,甚至文笔也可以随原书内容风格而转,没有相应的知识,绝无可能臻此化境。晚年犹辟新境,进取不止,更是令人感佩不已。

为师体大思精,可以从容驾驭门生,但弟子们守成的难度却大为增加。各取一端,等于肢解,所以布罗代尔之后年鉴学派之名犹存,而整体史不复存在,其精妙无形中已经消解。可是勉强承受,又往往力有未逮。既要量力而行,又不能一味在扬长避短的名义下因陋就简,这对学人的智慧、功力和学识是极大的考验。治学须博而后约,基础不稳,植根不深,要想攀高做大,必然处处捉襟见肘。治学当造金字塔,不要如雨后春笋。时下有的后学一味趋新,倒不一定是因为新的就好,而是旧的基本功夫他们实在不会(如阅读函札日记稿本或旧籍),只能设法一好遮百丑。谁知趋易避难的同时,恰好落入舍己从人的陷阱。在横七竖八的条块分割将历史划得七零八落的今日,要想避免盲人摸象似的研究专门学问,不能以不知为无有,以凿空蹈隙为填补空白,以画地为牢为一览众山小。真正能够在学术发展史上"标新立异",首先应当培基固本,温故而后知新。所谓取法乎上,仅得乎中,立意不高,再努力也只能等而下之。

吾爱真理，更爱吾师

郭国灿

释　师

亚里士多德说：吾爱吾师，吾更爱真理。这是一句看似真理却透出典型西式话语霸权的“名言”。真与善，认识与伦理，真理与道德孰先孰后，被亚氏给予了一个简单的二分，并形成了悠久的西方唯智主义传统。然而仔细推究，却又不尽然。其实，真理是相对的，对真理的选择也是相对的，但是伦理是绝对的，你不可以选择你的父母，老师也将永远是你的老师，无论你是追求真理还是放弃真理，无论你是继续你的专业，还是走出你的专业，因此，才有康德的“绝对命令”。天地君亲师，“师”传道授业解惑，与天地日月同在，真理诉诸“知”，伦理诉诸“情”和“意”，“师”既承载着“知”，又承载着意与情：一日为师，终身为父；滴水之恩，当涌泉相报；“位我上者灿烂的星空，道德律令在我心中”……师生伦理亦知亦意亦情，昭于日月星空。回归中国文化，最高的真即是善，真善不二，真理伦理一体，因此，亚氏名言可以修正矣。故曰：吾爱真理，更爱吾师。

师　缘

作家柳青说，人生的道路虽然漫长，但紧要处常常只有几步。受业于章门，结下师生缘，当是我人生的一大步。

20 年前（1985 年），我考入武汉大学，读中国近代思想史专业硕士研究生。当时风气已开，文化方热，武大校长刘道玉厉行教育改革，我得以跨系修分，跨校修课，北京大学开中国文化书院我有幸修读五期，这是我知识结构发生裂变的时期，我得以在硕士研究生期间在国家、省级学术期刊发表五六篇习作。恰逢此时道玉校长在全国首推硕士研究生中期分流制，其中一项是硕士生读两年如达到规定的学分、发表论文数量级别等条件，即可提前一年毕业直接攻读博士学位，我有幸符合条件，但是当时武大尚无中国近代史专业博士点。开沅师是我素所敬仰的中国近代史大家，又是华中师大校长，但我和开沅师素昧平生，由于当时武大全校符合提前攻博条件的只有五人，这激励着我决心一试，斗胆向开沅师写了一封短信，并附上我的几篇习作。出乎意料的是我很快得到了回音，我清楚记得 18 年前的夏天，由周洪宇师兄（当时华中师范大学我唯一在一起参加过学术会议的学友）转告我：马上准备考试，外语笔试，专业面试。仓促上阵，我的外语并不甚理想，但是我还是有幸成为章门第四届第九个博士弟子，也是武汉大学五名提前一年攻博唯一一名在外校“硕博连读”的学生。

有教无类，不拘一格，兼收并蓄。这是我们的老祖宗孔子的教育传统，也是开沅师教育思想的最闪光之处。如果按照繁文缛节的程序走，我大概是进不了章门。因为我当时还是我的第一个母校湘潭大学的老师，我是以该校强加的委培方式入武大深造的，并且必须按照学校的要求毕业即返湘潭大学的。我一生永远不能忘怀的是，当时，开沅师为了我这一升学机会，以校长名义，派当时的研究生处处长高先铱和刘望龄所长赴湘潭大学交涉，终于促成了我的“硕博连读”。应该说，在章门弟子我的师兄弟中，比我优秀的太多太多，我何德何能让恩师动用如此大的资源让我忝列章门。

师　道

严格说来，我已离开专业整整 15 年了，我甚至都无资格像十年前那样撰写《章开沅与中国近代思想文化史研究》等文章，我只能对开沅师的为师之道说点个人体会吧。

在整个中国近现代史领域,固然新的成果仍在不断涌现,但是真正能不断开掘出新的问题视域,20余年来能够引领着研究方向而不是重复着过去的思路、问题、材料的大概不多,章门学派无疑是当前中国最具活力的一支优秀团队。

为什么?我想这与章门掌门人开沅师的师道有关。我有个不恰当的比喻,开沅师是当之无愧的历史学家,但是就师道而言,却更像一个永不疲倦的无私的地质学家。

一个优秀的地质学家大概最需要的是熟悉地质结构以及善于发现地下蕴藏的丰富资源,哪个地方蕴含富矿,他要测算出准确位置,矿藏量多少,开采不能"断档",还必须做好资源储备。而且更伟大的是地质学家发现富矿后不会占为己有,他总是发挥团队的力量,传授找矿经验,共同开采,财富、荣誉属于整个团队。开沅师曾形象地自谦为:老鸡找米,小鸡会餐。前者是一个学术带头人的才、学、识;后者是一个学者的师德。开沅师是一个找矿高手,才、学、识兼备,尤以识为最,凭着他的识,能不断开掘新的问题视域和新的史料,从而开掘学术新境界。从打开辛亥革命"第一口油井"到经济史领域的商会档案和市民社会研究、文化史领域的教会大学研究、政治史领域的地方基层政权研究和近代化研究直至南京大屠杀实证研究,犹如井喷,资料、课题不断涌现,学术著作不断问世。过去有一句话,叫只问耕耘,不问收获,这很有点科尔奈所谓父爱主义的低效率味道,现代市场经济要求投入产出,一分耕耘则有一分收获,这才叫效率,如果能做到三分耕耘,七分收获,那叫做四两拨千斤,成功的资本运作。应该说,在开沅师率领下,形成了章门学派耕耘必有收获的高效运作的团队。

同时,开沅师又是一个无私的学术带头人,他不断地培养提携他的弟子和朋友,他与大家一起分享胜利的喜悦,他甚至将最大的成果和荣誉留给更年富力强的弟子传人。我接触过不少的一流学者,能够不吝让弟子踏在自己肩膀上向上攀登的学者,先生是最令我感动的。这大概就是章门后继有人、薪火相传、开花结果的魅力所在。

师 训

一次偶然的机会，我翻看了我的人事档案，其中1990年我的《毕业生登记表》开沅师在对我从事工作的建议上写道："可以从事高层次学术研究与政策理论研究工作。"然而谁能料到，15年后，我离专业已经渐行渐远了，我愧对恩师的期望，人在江湖，回头无岸。

我相信导师的判断是对的。直到最近看到出版的一位南开大学教授撰写的战国策派研究的著作竟有近万字摘自我15年前的毕业论文时，我开始怀疑，我这15年的人生选择是否真的错了？

湖南人霸蛮。本来15年前毕业后我回湘潭大学做一个称职的教师，当无问题。大概受谭嗣同"冲决网罗"的影响，执意赎身南下，走深圳，下香港，科研院所，机关企业，境内境外，党内党外，胡混瞎折腾，一忽悠十五载，人到中年，四十而惑，蓦然回首，恩师几次直言犹在耳边。

我真正有机会单独当面聆听师训是在来深圳后，那是1994年初，我刚刚为撤县建区的深圳宝安区做了一个十年规划，开沅师和师母刚从美国回来，在我的新家小住几日，我和董健生陪先生游了深圳的几个主题公园，聊起在宝安合作建立社科开发基地一事，先生非常高兴。数月后，我又陪先生去宝安住了一宿，做了些交流考察，虽然此事未成，但我真正感觉先生思维非常活跃、开放，对社科的市场开发前景有深入的思考。

在港六年，是我和导师及师兄弟见面最多的时候，我这里是内地与国外的一个中转站。我负责接待服务，年接待量上千，自认为功过参半，错漏难免，包括怠慢师兄弟处。蒙师不弃，有几年，先生从美国返内地，或从内地赴港、台或出国，总愿意在我那简朴但还安静的剑桥道18号内招小住。先生出国或参加学术会议，或作学术讲座、考察，总忘不了所里的学科建设和资料建设，印象最深的是有一年先生在美国拷贝的大批缩微胶卷寄到香港，需运回内地。先生叮咛又嘱咐我要办好海关查验手续，我遵嘱办好了内地海关的一应手续，但唯独没想到香港海关翻查了一次，好在经交涉平安过关。我暗自佩服先生的涉外经验。

先生对公事要求很细，但对个人生活起居饮食却十分简单，我有时接待任务太多，只好让内招的马小姐安排，开沅师都能表示理解，而且执意不肯住套房，每次对我鲍、翅、海鲜点菜法执意修正，我有时理解不透，有次开沅师直言我不适做办公室主任，当时我还力陈几任领导的信任，民意得票率95%本系统第一云云。开沅师拳拳之心，殷殷之情，我竟不得要领，如今想来，忏而悔之。

永远的记忆

郑 焱

章开沅老师是我终生难忘的恩师，是他的鼓励和帮助将我引入中国近代史研究的大门，而他的崇高品格更是我多年来学习的典范，使我受益终生。

二十多年前，我从中师毕业后在江苏淮安一个偏僻的农村初中当教师，生活和学习的环境非常艰难，出于对知识的渴望和改变自己环境的需求，我决心报考研究生。由于没有受过正规的大学教育，周围又没有人可以请教与切磋，考研的困难是可以想象的。第一次报考苏州大学就未被录取，恰在此时我阅读到了由章开沅、林增平两位先生主编的三卷本《辛亥革命史》，感到极受启发并对作者产生了由衷的敬佩，于是1983年便冒昧报考了当时已极负盛名的华中师范大学中国近现代史专业，希望能成为章开沅老师的学生。但收到的依然是未被录取的通知。连续的失利，使我感到前途渺茫：自己这样的学历和基础，又处于这样的环境，还应该继续考研吗？还有可能考上吗？

正是在这样的迷茫中，当年暑假我回到无锡探亲。一天傍晚，一位无锡史学会的负责人突然找到我说：华中师大的章开沅教授日前来无锡参加《中国历史大辞典》的分册主编会议（章开沅老师任中国近代史分册主编），在与无锡史学研究者的交谈中问到你是否正在无锡，如在的话想见面谈一下。这个消息使我感到非常意外，因为在此之前我从未见到过章老师，也从未敢冒昧和章老师联系过，章老师大概是从我报考研究生的登记表上知道了我是无锡人，这次到无锡就向人们打听我的情况。当天晚上，我即和多年的好友，也在业余从事历史研究的汤可可赶到无锡饭店拜望章开沅老师。章开沅老师一见到我就说：“你这次考我的研究生，专业成绩已经名列前茅，但外语差了些。我是想收你的，特地到研究生处争取，研究生处说既然章先生想收，我们可以降低一个分数段考虑，国家教育部给华中师大的外语分数线是 50 分，但发现你的外语只有 47.5 分，还是差了一点，所以无法录取。我希望你明年再考，专业只要保持今年的状况就行，主要是提高外语成绩。这次找你，就是怕你因灰心而放弃再考的努力，来给你鼓鼓气。"章老师的话正如迷雾中的灯塔，使我备受鼓舞，立即向章老师表示自己一定会更加努力，争取明年考出好成绩。章老师在谈话中还就历史的研究方法等问题对我们进行了指导。那天回家的路上我们都十分激动，我的心情自然是久久难平，汤可可也反复说，章老师是他见到的第一位史学名家，真没想到对年轻后学是这样的热情与关心。

在章老师的鼓励下，我又开始认真地考研复习。不久，我在南通参加江苏近现代经济史研讨会的时候第一次亲耳聆听到了会议特约报告人章开沅老师的学术报告。记得章老师先从南通人士张謇对中国近代经济史的贡献论起，分析了中国近代民营经济发展的特点，还指明了经济史研究中应该注意的问题及研究的发展趋势。章老师的报告得到与会者的热烈欢迎，尤其使我受到很大的启发，对中国近代史研究有了进一步的了解，并在心底觉得如果能成为这样的导师的学生真的很幸福。在会议休息期间拜望章开沅老师时，章老师再次鼓励我认真复习，争取考出好成绩。

这年秋天，当研究生考试开始报名时，我发现华中师大的招生目录上反映出章开沅老师这一年将不招收中国近现代史研究生。正在困惑时，我又意外地收到了章老师寄来的亲笔信，信中告诉我由于名额问题，他将暂停一年招收中国近现代史硕士生，虽然另有老师以他的名义招收中共党史的硕士生，但一是他并不亲自指导，二是估计我对这一专业不一定感兴趣，所以希望我推迟一年再报考，这是我第一次收到章老师的亲笔信，反映出章老师考虑得周到。收到来信后，为了尽快得到进一步学习深造的机会，经过慎重考虑，我决定报考湖南师院林增平老师的中国近现代史专业硕士研究生，因为章、林两位先生都是近代史学界的大师，而且学术观点极为一致，私人关系也情同手足。当我把这个决定告诉章老师时，开始还担心章老师会因为我改考他校而生气，但在进入湖南师院读研后迟云飞师兄告诉我:在我决定报考湖南师院后,章开沅老师曾特意写信给林增平老师,专门介绍了我的情况,请他多加关注,这也是林增平老师最后决定破格录取我的重要原因。听了这一消息,我再一次受到深深的震动,对章老师这样一位担任着众多的社会职务的著名学者来说,时间是何等的宝贵,但他却还一直关怀着我这样一个真正的小人物,这是何等开阔的心胸和何等博大的爱。

多年来,我常想:章开沅老师当时已是蜚声国内外的著名学者,之所以还要对我这样一位极为平常的年轻人如此关心,就是因为希望中国近代史研究后继有人,而且这种鼓励后来者的行为不求任何回报,这是一种完全超越了个人利益关系的境界,现在看来更是弥足珍贵。我也常想,章老师的学生早已遍布天下,其中许多已是卓有成就,当年对我的鼓励和帮助章老师肯定早就忘掉了。但对我而言,这却是影响了我整个人生的关键性大事,我将永远铭记在心,虽然转瞬间20多年过去了,但往事历历在目,恍如还在昨天。令人惭愧的是,这么多年来,我并没有如章开沅老师所期望的那样在近代史研究领域有所成就,这是我一生中最歉疚的事,但是,长期以来我一直在尽力仿效章开沅老师对待学生的态度,将其融合到自己的行为中去。平时,经常有学生及一些素昧平生的年轻人给我写信或发电子邮件,就报考研究生或专业学习提出种种问题,每次我都是尽快回信答疑与鼓励。有人对我这样的行为表示不解,说你平时事情也挺多,干吗要与没有多少联系甚至完全不认识的人联系呢。其实,这是因为在我心里一直有着章老师的榜样,和章老师相比,我现在做的一切可以说是微不足道。还应该指出的是,当年我在无锡和南通拜访章老师时都没有带任何礼品,章老师却是一次次地加以鼓励并亲自动笔写信,对照当今一些硕士、博士生导师的行为,章老师的道德品质堪称学界典范。记得以前曾听章开沅老师在不同的场合表示自己是“但开风气不为师”。其实,章开沅老师是真正的一代宗师,这“师”既是学术大师,在辛亥革命史、教会大学史等研究领域造诣卓著,名垂后世,又是道德人品的导师,以自己的言行使学生们知道了应该怎样做人。因此,在我的心目中,章开沅老师永远是一位真正的学术与人生的导师。

山高天近，兰台沐春

王 杰

玄黄巷陌问奇葩，
枝叶清纯花自华。
学术媚时休作语①，
昆仑青眼浪淘沙。

这是1989年于桂子山涂成的“学师”诗②，一阔十余岁月的流逝。高尔基言，“你追求什么，就是什么”。人生处处面对选择，选择左右人生。师从章开沅师乃是我人生的一大步。墨香书海、做人做事，往昔从师的一幕幕，珍铭心怀……

盼与桂山同雨露

幸入章门，“成如容易却艰辛”。

识开沅师，始于1979年秋广州“孙中山与辛亥革命”学术讨论会。时值改革萌动，大地回暖，学术逢春。用现代标准考量，先生等一批“中

① 章开沅师常引名言曰：“治学不为媚时语，独寻真知启后人。”此处因于平仄，取其意。

② 此诗系从堆积的“文件”中找出，原第三句借用章先生之名言，今因平仄改之；原第四句为“谁将风骨悟回家”，改为“昆仑冷眼浪淘沙”。旋恳请方志钦先生斧正，方先生建议将“冷眼”改为“青眼”。又，标题之“山高天近”，乃取方志钦先生“母校感赋”中“山高楼影远，天近月轮明”之意，并此对方先生表示热忱之谢意。

青年"学者，他们联袂南来，共襄盛会，可谓菁华荟萃，济济一堂。尽管这一批未成神的学人可鞠可亲，但对初出道的吾辈来说，只有仰慕的份儿，却未敢萌生半点亲近、拜教之奢望。惊喜的是，刘望龄先生于萍逢之中赐我百枚鸡蛋①，通过望龄师这一"捷径"，我与章师的距离渐形拉近。1981 年 12 月，章师及林增平先生等领导的辛亥革命史研究会在长沙召开"纪念辛亥革命 70 周年青年学者学术讨论会"，这是一次开先河的青年学术盛会，其间进行了学术论文评奖，我们受赠了章、林二师主编的皇皇巨著《辛亥革命史》和李时岳、赵矢元先生合著的《孙中山与中国民主革命》。长沙论剑，视野为之辽阔，思想为之感奋，精神为之振奋，进而在心底里萌生求学名师的躁动。然而，像我这样"无爹无娘"②的无名小辈，岂敢雏鸡攀高枝？心里着实无底呀！尔后几年，因奔波于《孙中山全集》的编纂，庸庸碌碌，每每与章师"擦肩"而过，却无缘"立雪"，便也渐渐像泄了气的皮球，开始怨天尤人了③。幸运的是，于此迷惘期间，遇上了一位有心的点津人，他就是不能不特别一提的中华书局陈铮先生，陈先生时任《孙中山全集》的责任编辑，交往之中，看得出他常为我"无爹无娘"惋惜。他多次教谕我"磨刀不误砍柴工"之道理，并三度专题赐函，鼓励我觅机深造，万万不可犹豫④。1986 年，《孙中山全集》出版后，协助刘大年先生编辑之《孙中山书信手迹选》也于同年问

---

① 其时物质匮乏，笔者初为人父，承望龄师雪中送炭，感愧莫名也。曾以"鸡蛋"为题涂诗，曰"提篮盛满情，蛋重鹅毛轻。千里谁相送，先生刘望龄"。另在悼刘师的小文"仁者爱仁、智者启知——深切怀念望龄师"中有"百枚鸡蛋"一节。见广东省社会科学院孙中山研究所、华中师范大学历史研究所编《刘望龄教授纪念集》(2000 年 11 月广州)。

② "无爹无娘"说乃笔者于 1981 年长沙"纪念辛亥革命 70 周年青年学者学术讨论会"上提出，意指无师无门之工农兵学员。

③ 1985 年"五一"期间，随左步青、夏良才、茅海建、刘丽等先生从重庆乘轮船下汉，在武昌洪山一招待所小住两天，本来已约好入华中师大与章开沅师、刘望龄师面叙，后因"车票"无着，取消了行程。

④ 有感于陈铮先生之厚爱，曾涂一诗以记之，曰："先生未语见心肝，鸿雁言谆慨且慷。盼与桂山同雨露，鹤游江汉且盘桓。"其时已明确向往桂子山之志趣。

世。1987年秋,我终于获得赴桂子山访学的机遇,人生第一次零距离饱受桂花之熏陶。

半载的耳闻目睹,感悟殊深:在桂子山校园,特别是历史研究所,活跃宽松的人文气氛、争鸣创新的学术取向、朝气蓬勃的莘莘学子、厚积薄发的科研成果……它们在桂花之海的烘托下,散发着郁香,与人们醉意,更赋人对未来的憧憬。章开沅师的学术报告,助教补习班的座谈与讨论,马敏、桑兵、莫世祥、韩明诸先生的博士论文答辩会,犹如一场场润物无声的学术甘露,浸润着我们久渴的心田。无形的求知压力,激励着每一位甘愿从事探求历史真谛的学人刻苦励志、永不停息。

于有形与无形之中,给我以震撼的是桂子山的团队精神。

重温当年的情景,我由衷感激此间予我以鼓励和帮助的师友——咸宁师专的诸定立老师。诸定立老师乃同期访学的唯一同仁,我们朝夕相处,一室共榻,从他那里,我获悉了很多华中师大的故事,使我增加了对华中师大内涵的认知与情感的熔铸。莫世祥先生、桑兵先生,同属我们玩笑中的"广广",虽然我们无"地方主义"之潜意,却在茶余饭后中擦出火辣辣的"乡情";世祥先生、虞和平先生(1981年的"长沙帮"①)、乐正先生(中山大学系友)与我交流最多,再三为我报考博士打气。还有刘望龄、罗福惠、严昌洪、唐文权、朱英、陈万柏诸先生,都极尽地主之谊,从理想到学术、从读书到生活,给予我无微不至的关怀与持助,一股团队的暖流始终在我的血脉里澎湃,鞭策着我往后的努力与桂子山的真诚关爱风雨同行。

行期匆匆的访学,乃人生的一大印记,由此奠立了我矢志从师的决心。

往后,在博士报考的过程中,多次得到刘望龄、罗福惠、马敏等先生的鼓励。马敏先生1988年3月4日的来信说:"刘老师说,如你真有意

① "长沙帮",记得系由本人提出,并无文字记载,仅在参加1981年长沙"纪念辛亥革命70周年青年学者学术讨论会"的学者间流传。意蕴当年与会之不易,怀念结交之情谊,无组织形式之概念。

来此代培博士，他可写信给张磊先生通融。”罗、马两位先生都在章师面前为我“说话”，罗先生受章、刘二师之托，多次“与研究生处商定考试办法”，切磋“代培经费问题”等。马敏先生的来函谈得很细，勉励“关键是争取考好外语”，“重心可适当放在语法与阅读上，尤近义词须多花些气力”，激励我“抓紧复习”，肯定“pass”①。

学术媚时休作语

信步桂子山，方知“只缘身在此山中”。

1988 年秋，我怀着愉悦的心情“加盟”桂子山，从学谱意义上说，正式入籍章门。

记得在临别广州的座谈会上，李时岳师这样发问：你毕业于中山大学，受康乐园风格的陶冶，在社科院好些年了，已形成自己的性格，如今又赴华中师大“取经”，你究竟从哪一家，会否邯郸学步？

时岳师的提问鞭辟入里，发人深省。中山大学史学师祖陈寅恪先生有名言“读书不肯为人忙”②，发抒了“脱俗求真”、不肯“曲学阿世”的学术人生底蕴。开沅师也常讲到“治学不为媚时语”，言简意赅，该如何悟之行之，教人求索终生！

“治学不为媚时语”的蕴意，似与陈寅恪先生之“读书不肯为人忙”异曲同工，它折射出先生的学术人生定位，与曲学阿世、趋炎附势背道而驰。其第一层内涵，应理解为骨气。有一次，华中师范大学举行爱国主义教育知识竞赛晚会，正巧和马小泉同学一道向先生质疑问难，我揣

---

① 笔者至今保存着罗福惠先生和马敏先生的复信各两封。马敏先生 1988 年 6 月 8 日的复函如是结尾：“不知广州近来气候如何？武汉近几日已持续达 37 度，真是要命。我很佩服兄不惜钻‘火炉’的勇气和决心。在当下‘金钱万岁’的大趋势下，兄的抉择也可算得上是一种自我献身或牺牲吧。希望你我都不是飞蛾。然而，火毕竟是无情的呵！”

② 陈寅恪先生 1929 年在清华园写给《北大学院己巳级史学系毕业生赠言》曰：群趋东邻受国史，神州士夫羞欲死。田巴鲁仲两无成，要待诸君洗斯耻。天赋迂儒“自圣狂”，读书不肯为人忙。平生所学宁堪赠，独此区区是秘方。

摩先生既是近现代史的研究大家,又是一校之长,自然会出任全校规模之“爱国主义”教育的评委,便问“先生一定参加‘晚会’吧?”先生面色顿时凝重起来,曰:“我只会搞学问,教书育人,不会演戏!”接着,先生加重了语气:“我一向做自己喜欢做的事,从不热衷于跟风跑。关于爱国主义的题材,未敢说是开拓者,但是我几十年前就发表过文章,而且不止一篇,收入《辛亥革命与近代社会》一书的开篇就是乡土、祖国、爱国主义;我们这些讲授中国近代史的老师,天天都在讲爱国主义教育。思想政治教育的关键,在于持之以恒,持之以恒才能有所积淀,有积淀才有升华。‘爱国主义’教育的思想升华不是靠一两场报告,一二次竞赛就可以完成的。”先生之言,字字铿锵,掷地有声。嶙峋傲骨,我们聆之一时,受用一世。

“治学不为媚时语”的蕴意,我想还有第二层内涵,那就是学问不作“人云亦云”,应立足开拓创新。此层应理解为学术之使命感。章师在一次会议上曾谦虚且幽默地述说:“毛泽东一生做了两件大事,我一生做了两件小事。两件小事,微不足道。一是把辛亥革命研究引向海外,二是把教会大学史研究引入海内。”先生轻快的语言,瞬间把我们催入沉思的深渊:先生一生何止做“小事”两件,为什么他特地把这“两件小事”作为一生学术之概括?他所强调的一内一外,固然揭示其学术之“世界眼光”与“潮流视野”,然而其更深刻的内蕴应该是开拓与创新!不仅是世界学术的开拓与创新,而且是一种在开新基础上之开新(展开来说,辛亥革命史研究属开新,将之引向海外,又是一种开新。同理,教会大学史研究亦如是)!往事并不如烟。曾记否?《辛亥革命史》是在如何艰辛的情况下组成班子,历时几年完成?① 教会大学史研究伊始,仅在美国收集档案史料就费时近三年!欲问这开新之际的付出与收获,唯有先生本人最有体味,最有发言权了。

在学术创新的探索中,先生经常教诲我们,学生不要成为先生的影

---

① 冯祖贻先生参与《辛亥革命史》的撰写,当年他住的是工厂的集体宿舍,上下铺,又窄又暗,初稿是坐一条小板凳,以床当桌写成的。

子，要青出于蓝而胜之。他鼓励我们研究中国的历史土壤①，亲自组织我们投笔于早期的中国现代化研究，主编《中外现代化比较研究丛书》，凡此都为学术创新树立了鲜明的旗帜。有一件事终生难忘：那是我入学的第一个学期末，于长沙召开的为期“两年”的黄兴研究学术讨论会期间（会期为1988年12月29日—1989年1月3日，因时间跨年，被戏称为“两年”），我向先生请教黄兴研究如何拓展的问题②，先生谈得很“新”，焦点则集中于“文化”层面，鼓励我透过“革命家”、“军事家”之传统评价进而研究“文化人”之黄兴。开始一听，顿觉惊愕，几至怀疑先生兴许是受了当时学界“文化热”思潮之影响，说出赶潮流的时髦话语。故当场只是连连“点头”，未作任何认同之回应。大约半年以后，经过史料的考究，反复的思辨，即透过黄兴接受传统教育的背景、时间和程度，分析黄兴对西学的因应和对民主革命理念的认知，及至临时政府时期黄氏与江浙一批文化人打交道之前因后果，再及至二次革命后孙黄关系中黄氏之所作所为，黄兴“文化人”之面貌愈见明晰，而拓展黄兴研究的思路豁然开朗了。

“治学不为媚时语”似还应有第三层意涵，那就是历史主义。学术既然厌恶“媚时”，就理应“会道”，以究天人之际，通古今之变，成一家之言。如是，学问应该是求真的，扎实的，经得起时间检验的。这一层即凸显学问之“板凳”精神。先生经常对我们强调，学术研究，首先要注重史料的收集和考据，正谬辨伪，以史为证。他出版的几本关于辛亥革命与近代中国社会的著作可见一斑。其次要长于思辨，总结出带规律性的东西。即论从史出，思辨是更高层次的实证。先生主持的现代化比较研究，便是一种结晶。

桂子山寒来暑往，拓展了我的学术视野，增强了我的思辨取向，积

① 为实践先生的思想，我们尝试邯郸学步。于受业期间，笔者与马小泉、周洪宇、虞和平先生合著《强权与民声——民初十年社会透视》（河南大学出版社1991年版）。先生欣然为本书作了序。

② 蒙陈旭麓先生及上海人民出版社朱金元先生之厚爱，其间正为陈旭麓先生主编的《中国近代史丛书》撰写《黄兴》一稿。此丛书后因旭麓师仙逝受搁。

淀了我的人生历练。当我怀着万千个不舍,陶醉着杏坛的慰藉,却又"迷惘"多多:大约有一年的时间,"板凳"难冷,"桌子"难热,"功课"难为。那委实又是发人深省而记忆犹新的岁月。哲人说过,遗憾也是一种完满,诚哉!

年华似水哺天下

平淡如水;上善若水……

费孝通研究太湖水,悟及太湖精神。他认为太湖精神在于汇纳百川,润泽万民。人要多懂一点水。上善若水,汇纳百川,润泽万民,并不是一定要人家感激你;有时候,不光没有感激,还要污染你,可是太湖并没有因为被污染而停止润泽万民。水的品行多好啊!我想,从太湖乡间大步走来的开沅师,一秉太湖禀赋,品行如若太湖水。

严师慈父。先生待我们之情谊,只有赐予,不图回报。记得那是1989年5月下旬,先生筹办在华中师大召开的"中西文化交流与教会大学——首届中国教会大学史国际学术讨论会"(6月1日至6月3日)。5月26日,学校外事办主任来电让我去上海迎接美国拉特格大学杰西·格·卢茨(Jessie G. Lutz)教授夫妇一行来汉,同学们都羡慕先生给我赐赏美差,我却诚惶诚恐。因为我的英语总体水平不如马小泉、周洪宇同学,听力更因"左派"问题(左耳失聪,走路、座位均挑左边,遂得"左派"之称)致六音不全,常常出错,与外宾交流不免失体。于是,我鼓起勇气,给先生打电话,如实倾吐上述"先天不足"。先生笑着说:"这不是让你去旅游,更不是去享受,是让你去买票,这件事只能让你去啊!想办法解决困难是对你此行最大的'期待',也是难得的锻炼。遇上棘手问题,请及时电话联系。"明白了先生的用意,"肩负"先生的期许,5月27日我只身乘轮沿江而下,28日黄昏抵沪。甫上岸,顿时被纷乱的场景惊呆了:马路上人满为患,游行队伍此起彼伏;汽车蹒跚爬行,长龙见首不见尾……从码头坐了近3个小时的公共汽车才到达上海社会科学院历史研究所。本来,买票之事已托上海工业大学外事办的同志代理,念及一路"不寒而栗"之情景,即将"要务"先行向吴乾兑、吴桂龙先生“打招呼”，恳请他们觅机相助。翌日凌晨四时起床，五时前乘车还算顺畅，赶至上海工业大学，尚未到上班时间。不出所料，担心的事情终于发生了，无票！我一面请工大的同志将消息“通报”吴桂龙先生，一面急急往回赶，至社科院已是午后时分。得悉桂龙先生已托机场内部的职员帮忙，心情稍略舒缓几分，但要等到晚上才知晓结果。“焦虑”一直悬至太阳落山——天哪！要命了，连卖票的源头也无票！这一晚真是食不香，寝难寐。30 日，分头向上海市委宣传部陈彪先生、上海人民出版社朱金元先生“告急”，桂龙先生还把太太那边的嫡系都动员起来了。感谢上苍，最终在上海国际旅行社“抢”到了 3 张 31 日上海至武昌的机票。当日，步入机舱，却见另一番天地：国产“运七”40 余个座位，只坐了 20 来位客人——在计划经济的机制下，这“卖票”与“买票”的学问如是“乾坤”，直教人如坐飞机一般幻入云里雾里。

1990 年暑假已至，先生又赐下一份美差。让我从武汉陪同台湾学者张玉法先生夫妇赴广州，出席在中山市举行的“孙中山与亚洲”国际学术讨论会。那是大陆第一次邀请台湾学者莅临的学术盛会。先生笑着说，本来很想趁机陪张先生南下的，因赴美访学，行期在即，无奈“忍痛割爱”了。先生嘱我一路热心照料，并虚心向张先生拜教。

张先生之大名，早已如雷贯耳。握手伊始，其音容笑貌，令人倍感亲和。张先生伉俪坐的是软卧，我坐硬卧。替张先生把行李安顿好，未及寒暄我便跑到硬卧车厢办理换票手续，复回软卧车厢，张先生疑问我“消失”之内情，我只好直言相诉缘于“档次”有别，而且已经越级享受了。张先生双眼一眨，就要为我补买软卧票，我赶忙道不行，并推说“软卧”一要看人的“等级”即“官阶几品”，二要看钱的“等级”即有无“代用券”①。张先生不假思索：“得了，得了！我有‘代用券’。”拗不过张先生的盛情，软卧票到手，我“超前”享受软卧待遇，而且吃饭、零用全都由张先生包了下来。事后，我和张先生说笑：“先生赐我‘软卧’一票，我为先

---

① 改革开放初期，境外人士在大陆差旅，不能直接兑换人民币，又不通行外币。“代用券”便是与人民币等额的券证。

生做'无偿广告'一生!"其实我是在暗地庆幸,与张先生不下十天的过从,启开了彼此间"海峡两岸"十余年的"友好往来"①,张先生渊博之学识、审慎之处事、宽容之为人以及幽默之言谈,启迪了我一生,鞭策了我一生。

暑期过后,章师赴美访学,我们一头扎进学位论文的生产之中,翌年学时届满,期盼先生归来,未遂。逾一学期,赴湖南师大承林增平师主持通过了学位论文答辩。

1992 年元月,我南回广州,又是春节,又是副高职称评审,俟身心稍暇,即给先生写信——流水账般汇报我们这一年多的"收支"与"盈亏"。此函几经辗转,虽免遭洪乔之误,却迟迟才送达先生手中。

从先生的复函,看得出他心情很高兴——"家书"抵万金呀;却又想不到,先生的赐示,情感如是真切——谆谆教导,关怀备至。于今颂读,犹春风扑面,当年情景,恍若眼前。兹录于下:

王杰:

很高兴收到你情深意挚的来信,热烈祝贺你取得学位,并且获得副高职,特别是全家团圆,共享天伦之乐。不过,这封信转来迟了,因为我与黄老师已于 3 月底离开 Yale,前来南加州的 San Diego,周洪宇告诉你的还是老地址。我现在的地址是:4158 Decoro st. # 44, San Diego, CA92122, USA。电话:(619) 457—7780。请转告乐正及其他友人,这个地址可以用到 6 月底。7 月以后,想到北加州各地走走,秋后如无特别原因,就打算取道香港回国了。

---

① 1998 年我赴台湾参加在国父纪念馆举行的第一届"孙中山与现代中国"学术研讨会,张先生赠我大著等。2001 年与黄彦、刘路生先生赴中国国民党党史馆收集"孙文全集"史料,住近代史所一个月,张先生与陈三井、王尔敏、胡春惠、吕芳上等先生多次宴会,我也因此在台湾有过醉酒的"历史",个中之归因,一曰张先生之盛情,二曰张先生之"蓄意"(一笑),第三才是敝人不胜酒力。是次"败走麦城",几在台湾友圈中传了开来,反成了我的"荣耀"(一笑)。

你们同学之间感情这样深挚①，使我极为感动，也受到很大安慰。这些年，我或则因为忙于校务，后来又由于远去美国，对你们的关心、帮助非常不够，这是我一直内疚于心的。但愿今后能加强联络，继续合作，多做一些有意义的工作。广州是孙中山研究理所当然的国际、国内中心，这为你们施展才华提供了良好的舞台。当然，工作难度也是很大的，但越是困难的工作取得成绩才更可贵，也更锻炼人才。希望“研究中心”早日建成，为孙研乃至近研提供新的场所与动力。

今年5月23日至24日，美国 Augustana College(教会大学)在广泛征求中美学者及学术机构意见后，经教授会一致通过，决定授予我荣誉博士学位，这是对我在国内的学术、教育工作，以及近十余年来对中美学术交流所做持续努力的高度评价，也是我们师生共同的光荣与愉快。我与黄老师将应邀前往参加3000人规模的盛典，并将发表讲话，现正做必要的准备。这是该校历史上第一次授予一个亚洲人的荣衔，我也是第一个既非该校校友、又未做过百万美元以上捐献(连一元也未捐)的清贫学者。他们说得很客气：“主要是由于你的学术水平，和你的工作对中国、对美国、对世界的影响。”这样的“过奖”，真使我感到受之有愧。不过想到多少总可以改善中国人在海外的形象，也就感到心安理得了。

请代问广东各位师友安好。即问

近佳(祝王莓最后一个儿童节快乐)

章开沅上

4.28(1992年)

---

① 此注为笔者所加。记得我们离别母校之前夜，周洪宇兄于府上盛宴送行(家嫂张夫人坚持设家宴，买了很多菜，似乎要把3年的“心意”“毕其功于一役”。但因菜色太多，“时间”忙不过来，一些菜不够“火候”，蒸鱼吃起鱼生来了)。翌早，笔者与马小泉兄相约买了相近时间发出的班车各奔南北。同学三人于武昌火车站台抱头泪别，相依不舍。笔者将这一情景如实诉与先生。

桂子山的故事何其多:入学伊始,我们对先生有一种敬畏感[①],通过日渐的接触,从了解而理解而融和[②],沟通间"自然"多了[③]。唯恨笔者生性迟钝,灵感乏知,未遂录下一一。记得1995年在先生七秩华诞晚会上,受诸师兄弟荐任,我当了"主持人"。闭会前我用一句峥嵘岁月风行的歌词表达我们的心声:"我们有多少贴心的话儿要对您讲,我们有多少热情的歌儿要对您唱……"拙笔至此,十年前的心声依旧。无奈我不是江郎,却已见才尽。要对先生讲的话、唱的歌,永远也述不完,唱不尽啊!

高山巍巍见精神

惜别黄鹤江滩,又见"近水楼台"。

满师之后,仍未少蒙先生的耳提面命——这是缘分!先生因爱女明明供职于广州大学,每年春节期间都携黄师母联袂南来广州"省亲"。我们亦借机得以欢聚,杯盏之中,饭后茶余,师徒乐叙,几见忘形也。

先生曾几次打电话来——"找王所长",因陋室未装"来电显示",平时亦少"请示汇报",几次都辨不出先生声音,便"请问您是哪一位?"先

---

① 一次先生往办公室打电话,所里仅有两人。马小泉同学听出先生的声音,赶紧把话筒递过来,我已无退路,勉强接听,说话直打哆嗦。事后对小泉同学说,还以为是找我的,不然,我也不敢接呀!

② 某秋季开学,我与马小泉兄给先生送龙眼,颗粒很大,鲜翠欲滴,师母黄老师很高兴,问:"这是桂圆吧?"我一时忘形,答道:"这不是桂圆,是龙眼。"先生听出我在逗师母开心,便插话说:"黄老师未见过龙眼。"我接着把话一转:"黄老师,我们与龙眼缘分很深,就像学历史一样,修完了历史,龙眼就成了桂圆。"黄老师笑呵呵地说:"王杰真幽默。"先生更乐了:"我们认同王杰的幽默。现在吃他带来的龙眼,等王杰毕业,就可以吃桂圆了!"真想不到,小小的龙眼会生出这么大的话题,先生的点睛,更使我们领悟,人生无处不学问,只要用心,龙眼也可以学历史……

③ 先生每逢机会,必向客人推介我,说:"我收了一个'好榜样'的学生,我学习也有了榜样。"说得我心里美滋滋、表情羞涩涩。师生情谊如是在潜移默化中升华。

生故意逗着:“你猜猜。”霎时,电话那头传来朗朗笑声:“连老师也不认了,连老师都忘记了,哈哈……”师生情谊,一览无遗。

曾记否:似是1994年先生从香港入穗,我们广东省社科院邀请先生顺道作一场学术报告。其时院里经费已形支绌,为了凑够吃一餐饭的钱,我虚报了多一倍的人数①。其间,历史研究所所长方志钦先生问我如何给先生付酬,我苦笑道:“连饭钱都靠作‘假’凑数,何来‘报酬’之有?”方先生见我答得轻巧,顿时严肃起来:“那不行!绝不能因为你们是师徒关系,可以客气,甚至‘马虎’,章先生当然也不在乎。但是,你应该明白,我们请的是知名学者、大‘菩萨’。一定要按规矩办,多与少是‘财政’问题,付不付是‘尊重’问题!”我顿感汗颜,却徒叹奈何!方先生见我六神无主,说:“这样吧,你们孙中山研究所拿不出,我们所拿!”会毕方先生用历史所的“小钱柜”付了“尊重”。我也进一步体认了“尊重”……事隔很久,我向先生提及此事,先生连连点头称许,说道:“广东社科院有一批智者、仁者,营造了很好的风气。小事见精神呵,而精神不是用钱能买得到的。请问,精神多少钱一斤?你要好好向方先生这样的老同志学习,承继好的传统,积淀人文精神。”冥冥中,我多么庆幸今生拜了一位好老师,也遇上了一批好同事,足矣,足矣!

2000年春节期间,先生与师母大驾光临寒舍,这一年我刚搬进越秀北新家。先生一行对100多平方米的新房看得很认真,在沙发上坐下,感慨地说:“很好!现在的住房条件改善得很快,尤其是广州。像这样的住宅面积,美国人也不过如是水平。谈到装修,美国人家有的比你们的好,恐怕好些人也望尘莫及呵……当然这里有一个文化理念不同的问题。有了这么好的居住环境,我们该更好地工作,才能对得起时代的恩赐呵。”先生还看了张富强兄的宅第,张兄与弟不同,他们家富有时尚,装修华丽,西式格局十分抢眼,有“文化墙”(你越看不懂,就越觉得自己没文化);有大幕玻璃(亮晶晶,直照得人不敢睁眼,生怕把墙给污

---

① 按规定,宴请费每人每次最高不超过50元,按广州的消费价位,50元仅够“以粮为纲”,为使宴席“多种经营”,只能虚报与宴人数。于是8人就餐,报至16人,勉强应付“体面”。

染了),景象别具。先生边走边看,谈笑风生,快乐的时光与春色共融,师徒关系互动于喜闻乐见之中。

2005 年 2 月 14 日(农历正月初六),广州近 20 位学生邀先生至环市路电子大厦新荔枝湾一聚,吴家清(政治系 1988 级硕士,武汉大学法学博士,现任广东商学院院长)、刘小敏(社科所 1987 级硕士,现任本院副院长)、王宏维(武汉大学哲学系博士,曾供职华中师范大学历史研究所,现为华南师大哲学所教授)等不属嫡系部队的都来了。

席间,刘院长向先生汇报敝院发展状况,请先生点津,间中“告发”我说话“大胆”,敢在本院述职大会上说“三年最大的功劳是历史、孙中山所还存在”,先生听出了“初衷”,笑道:“好呀!历史学现处低迷时期,该说的话要说,只要是为事业着想,为工作说话,为历史负责,就应该站出来!”停了一会,又深有感触地说,过去有,现在也还有一些掌权者不去做强国、强业的事,只顾自己扮演强人,那是对民族、对事业莫大的不负责任,堪悲!——先生又一次在教诲我们如何做人!

做人,作文,乃吾辈终生职业。做人、作文如何与民族的命运、国家的前程以及事业的兴衰联系起来,是我们追求之真谛。我时常为先生“参与的史学与史学的参与”之教导警醒。2005 年 5 月 21 日,适暨南大学召开“华南地区抗战史学术研讨会”,张晓辉教授让我作个发言。我百般推辞,却难以推脱,最后“灵机”一动,以先生“参与的史学与史学的参与”之名言为题,以先生大著《从耶鲁到东京——为南京大屠杀取证》为中心,以弘扬先生之大义。此一“发言”,因时隔不久,“存货”还算“新鲜”,其中披露了一个与先生研讨相关的细节,权当自己对先生思想之点滴体会,谨附于下:

> (前略)“参与的史学与史学的参与”乃业师章开沅先生的名言,我用先生的名言来解读先生的著作:《从耶鲁到东京——为南京大屠杀取证》。我的发言,可谓今天会议主题的一个“擦边”。我想,这一“擦边”发言,在于阐释史学参与的涵义乃是维护史学的尊严!这里要说明的是,作为章先生的学生,我不是在为先生卖广告,先生已用不着我这无名小辈做广告。只是先生的著作与会议主题相关,借此谈一点自己的体会。

史学的参与首先要有正义意识和历史使命感。大家都知道，先生是辛亥革命研究、张謇研究、教会大学史研究的“大家”，此前未搞过日本侵华史。一个偶然的机缘，他在耶鲁神学院发现了以贝德士博士（章师的老师）为代表的原金陵大学以及当时南京安全区国际委员会的部分外籍教师和传教士有关南京大屠杀的目击证词，并由此一头扎进了南京大屠杀的研究，在古稀之年又迎来了一个学术高峰。光是以这部分史料作主干、撰述的著作就达四种之多，计有《南京大屠杀的历史见证》（武汉出版社1994年版）；《南京：一九三七年十一月至一九三八年五月》（香港三联书店1995年版）；《天理难容——美国传教士眼中的南京大屠杀（1937—1938）》（南京大学出版社1999年版）以及本书（广东人民出版社2003年版）等等。

应该说，看过贝德士档案的，章开沅先生并不是第一人。是一种良知、一种历史的使命感驱使他躬身参与。他在本书的研究“缘起”中说，1979年首次访日，有很好印象，不愿揭历史的疮疤，但“严酷的现实”使之领悟过来：因为在美丽的扶桑还存在着另一种日本人。他们始终不甘心于侵华战争失败的结局，并且念念不忘为这段残酷的而又丑恶的历史翻案。他们的人数不多而能量颇大，从20世纪80年代以来年复一年地掀起为日本军国主义侵略罪行翻案的风波，妄图一手掩尽天下耳目，甚至幻想重温雄踞亚洲并且争霸世界的旧梦。“作为受害最为深重的国家的公民，特别是研究近现代史的学者，我不得不挺身而出，回击这种嚣张的挑衅，捍卫历史的真实与民族的尊严。”就这样，一位60多岁的学者，无止无休，无怨无悔，励志15年，从耶鲁到东京，足迹踏及北美、日本与中国，在史学参与的征程上无私无我默默奉献良知！

史学的参与需要严谨的治学态度，史料具权威性，申论循科学性，这样才能以理服人，富于战斗性。章师研究的“南屠”以档案为实证，无可挑剔，日本人不敢攻击章先生及他的著作，转而攻击贝德士，说他是国民党的“中央顾问”，辱骂他是“伪证制造者”，章先生又义正词严地在《历史研究》发表文章《到底是谁在制造伪证？——驳田中正明著〈“南京大屠杀”之虚构〉对贝德士的诋毁》，通过对1300件贝德士文档的考究,回击日本人的无耻谰言,并请他们把"中央顾问"的"宝贵"文件公之于众,以昭天下!应该指出,我们也有一些学者,素养不高,信口开河,加上某些媒体妙笔炒作,今天发现新"史料",明天提出"新观点",后天臆造新理论,量化无数字,考据凭口碑,动辄著述洋洋几十万字,却了无新意。这些缺乏科学根据的研究只能留人以笑柄,不仅于事无补,反而弄巧成拙。还有一种学术幼稚病(换一种说法曰无知)值得正视,北京某军事院校有一位教授口气大而心气小。他在一次抗日战争史的国际学术讨论会上感怀:南京大屠杀,在中国发现的史料经已血迹斑斑,铁证如山,不辩自明了,难道还需要外国的、耶鲁的档案才能说明吗?这不啻是一种夜郎自大的学术哀鸣,是对一种广阔的学术视野的亵渎。呜呼!

史学的参与必须坚持理性,绝不能交易原则。值得警醒的是,适岛国军国主义阴魂未散之时,国内也不时冒出种种对日本关系的"新思维":或认为我们不必在中日关系上老纠缠历史问题不放,应该更理性一些,更宽容一些("五一"期间,敝院一位访英学者回来说,日本人认为,你们总不能天天要我们道歉,一次不行,两次不行,难受极了,反感极了,谁干);或认为我们不妨将历史问题"大致搁置",支持日本走向所谓"正常国家",近20年来的改革开放,日本给我们很多贷款,应该恩报它,帮它成为安理会常任理事国。然而,我们亟须大喝一声,对历史问题,"我们想搁也搁不下!"中国在历史问题上"让步",并未能达到提升中日关系,实现中日战略合作的目的。拔苗安能助长!中国从抗战胜利的那一天起,对中日关系一直采行"以德报怨"的友好态度,宽容与理性之至。苍天可鉴也!可这并不能促使日本政府对战争罪行进行认真的反省并采取积极的行动,其反而极力掩盖战争罪行和粉饰军国主义。历史问题无法逾越——因为今天乃从昨天走来,战后日本之所以不能像德国政府那样树立良好形象,主要归因于日本当局不能像德国政府那样正视历史并对侵略战争的罪行进行认真的反省,这让我们如何宽容,怎样理性?最近,听到一位同仁说,一对在日本工作的中国学者夫妇对留居日本后悔不已，伤心不止。他们得到了物质的优越享受，却失去了儿子，失去了精神支柱。他们从不敢带孩子回国，担心孩子回来，会被人打死。因为他们的儿子在饱受当局的歪曲历史的教育之后，天天与父母争辨，说日本从来就没侵略过中国，咒骂父母受骗了。这一触目惊心的事例，教人不寒而栗！

史学的参与是为了维护历史的尊严。章先生在著述中严正指出："我们回忆充满恐怖与罪行的往事，决不是为了复仇，而是为了寻求真理和伸张正义，同时也是为了汲取历史经验教育日本在内的全世界人民，反对侵略战争，维护世界和平。"2003 年 12 月 12 日章师在中山大学举行《从耶鲁到东京》首发式的学术报告，更是满腔激情，句句掷地有声，令我们血脉贲张，不能自已。章先生气宇轩昂地说："我可以告别辛亥革命史研究，可以告别张謇研究，还可以告别教会大学史研究，但是，只要日本当局不向中国人民承认侵略中国的罪恶历史，并做出深刻的反省，这场战斗就永不休止，终生不能告别！"这是一位 78 岁老人的呐喊，犹如大音希声，胜似暮鼓晨钟，应该成为我们在座的每一位史学工作者的座右铭！岛国人小气，产生不了像康德、黑格尔、尼采那样伟大的哲学家，难以有德意志人认真面对历史的胆略与气魄！因之，我们的"历史的参与"没有穷期。

春风化雨，润物无声。先生是"参与的史学与史学的参与"的倡导者，更是践行者。他行胜于言，成果卓著，享誉海内外。他的风范，对民族、国家、社会及学术，不啻一座巍巍之高山。

高山之隆，应肝胆与付；滴水之恩，当涌泉相报。毕业以来，学生庸碌无为，两袖清风，无以回报。秀才人情纸半张。

谨以小诗结尾：

樵苏筚路褛珠玑，
从此兰台每大希。
薄海赋怀堪渺渺，
山高水远永虔祈。

开沅老师与河南大学

马小泉

1988年我由河南大学考取华中师范大学研究生，师从章开沅老师攻读历史学博士学位，1991年毕业后返回河南大学任教。我到华中师范大学之后，从有关资料中得知，章老师在新中国成立初期曾在河南大学短期停留，这使我在心理上平添了一层亲切的感觉。

现今的河南大学是一所地方综合性大学，在早期办学历史上曾经有过一度的辉煌，在中国现代高等教育史上也有一定的影响。

河南大学的前身是1912年在河南贡院旧址上建立的河南留学欧美预备学校。她从诞生之日起，经历了近百年的风雨历程，在中原大地这块沃土上，随着时代的变迁，演绎着曲折而又艰辛的故事，成为中国现代高等教育的一个缩影。

辛亥革命后，各种进步思想影响中原，在以林伯襄等为代表的进步人士的推动下，1912年创办了河南留学欧美预备学校，这是当时与清华学堂、南洋公学类似的为数不多的专门培养留学生的学校。1922年冯玉祥将军从查抄军阀的财产中拨出专款作为创办大学的基金，在留学欧美预备学校的基础上建立了中州大学。1927年改名为国立第五中山大学，不久改为河南省立中山大学，1930年改名为省立河南大学，下设文、理、农、法、医5个学院。中经抗日战争烽火，1942年河南大学由省立改为国立。1944年，经国民政府教育部门综合评估，河南大学以教学、科研和学生学籍管理的优异成绩，被评为全国国立大学第6名。

在颠沛流离的抗战时期，河南大学为中国高等教育史写下了悲壮而又自豪的一页。到1947年底，河南大学共有6个学院，16个系，教职工近500人，在校学生2000多人，是华北地区院系最多、校园最大的大学。河南大学选取《礼记·大学》中的“明德，新民，止于至善”作为校训，寄意高远。英国杰出科学家李约瑟博士曾于1943年和1945年两次访问河南大学，与有关专家学者探讨学术问题，他在《中国学科技术史》这一巨著中专门提到了河南大学。

1948年6月，嵇文甫、王毅斋等率领河南大学进步师生奔赴解放区，在刘伯承、邓小平、陈毅等首长的关怀下，参与创办中原解放区的最高学府——中原大学。

1949年中原解放以后，河南大学的历史揭开了新的一页。

20世纪50年代初期，河南大学先后历经两次大的调整。河南大学农学院独立设置为河南农学院，医学院独立设置为河南医学院，水利系调往武汉大学水利系，财经系调往武汉中原大学财经学院，畜牧兽医系调往江西农学院，植物病虫害系调往武汉华中农学院，行政学院单独设校，成立河南省政法管理干部学校。1956年平原师范学院并入河南大学成立河南师范学院，在开封、新乡两地办学。1956年开封本部改为开封师范学院，新乡二院改为新乡师范学院。直到1979年，开封师范学院更名为河南师范大学，1984年河南大学恢复校名。时任中共中央总书记的胡耀邦同志亲笔题写了“河南大学”校名。现今，河南大学已经成为一所规模较大、基础雄厚的地方综合性大学。

河南大学是一块神奇的热土，在近百年的办学历史上，她以博大的胸怀迎纳天下英才，造就了一代代和国家民族命运相维系的政界要人、科坛巨匠、文化先锋和数十万优秀学子。从留学欧美预备学校转中州大学、中山大学，经省立、国立河南大学到新中国成立前夕，河南大学聚集了一大批名人学者，组成一支堪称国内一流的师资队伍。如冯友兰、罗廷光、萧一山、范文澜、徐旭生、汪敬熙、董作宾、杨亮功、余家菊、郭绍虞、高亨、毛礼锐、姜亮夫、嵇文甫、罗章龙、王鸣岐、樊映川、上官悟尘等。新中国成立以后的50年代、60年代，有以李嘉言、任访秋、万曼、李白凤、朱芳圃、孙海波、周守正、黄元起、孙作云等为代表的一批知名教授。

在河南大学的教授和历届毕业生中，担任学部委员或院士的有冯友兰、范文澜、潘梓年、嵇文甫、董作宾、汪敬熙、杜元载、杨亮功、冯景兰、徐旭生、余家菊、杨廷宝、涂治、李先闻、高济宇、石璋如、张伯声、赵纪彬、尹达、张纯明、蒙文通、赵九章、白寿彝、邓拓、姚从吾、严恺、阎振兴、张劭、罗梦册等,其学科领域涉及文、史、哲、经、管、法、教育、理、工、医、农、军事等。同时还有著名的政治活动家侯静如、楚图南、罗章龙、袁保华、赵毅敏、王国权、吴芝圃、吴祖贻等,著名的专家学者王北方、张静吾、樊粹庭、王实味、姚雪垠、周而复、马可等。他们用智慧和辛劳共同铸就了河南大学的辉煌,他们是中华民族复兴与繁荣的基石。

当年就是在这样一种社会文化背景之下,章老师与河南大学有过一段值得回忆的交往。1948 年章老师于南京金陵大学(今南京大学)肄业后进入解放区中原大学。1949 年河南大学接国民党当局通知南撤江苏苏州,中原大学师生进驻开封河南大学校区,章老师也就在此时第一次来到开封,从事教学研究工作。

时隔半个世纪之后的 2003 年 9 月 26 日,章老师偕师母黄怀玉老师重访河南,重访河南大学。章老师这次来河南,主要访问开封、洛阳、新乡、安阳等地,并在河南大学和河南师范大学等学校讲学。五十多年间章老师是否还来过河南,我不得而知。但此次河南之行,显然不是单纯的讲学活动,因为章老师毕竟与河南、与河南大学有着一段值得回忆的人生经历,因而此行也给我留下了深刻的印象。

章老师和师母由他的在读博士生苏全有陪同先行到河南大学参观讲学。我和学校党委宣传部有关同志陪同章老师参观了河南大学他曾经生活工作过的古朴校园。虽然时隔半个世纪,章老师对这里的一草一木不仅并不陌生,而且还为我们讲述了很多现在的河南大学师生并不熟知的趣闻轶事。

河南大学北院墙之外,是屹立一千余年的北宋开宝寺塔,俗称“铁塔”。当陪同人员介绍说人们都将河南大学称为“铁塔”牌的时候,章老师很有兴致地问道:“你们知道河大还有个“双塔”牌的说法吗?”这一问,却把我们问住了,因为现在的河南大学从来没有“双塔”牌的说法。最后,还是章老师给我们揭开了“双塔”的谜底。

新中国成立前夕,河南大学进步师生为支援前线将士、迎接全国解放而节衣缩食，大家把天天相见的北宋铁塔和顿顿相见的“窝窝头”黑塔称为“双塔”。随着一阵轻松的欢笑声，使陪同人员不仅感到章老师是一位慈祥、和蔼、让人肃然起敬的长者，而且还意外地得知，他们面前的这位长者，竟是一位几十年前与河南大学有过感情交融的“河大人”。真是“儿童相见不相识，笑问客从何处来”。

章老师说，他1948年11月从金陵大学历史系肄业后，就来到河南，参与中原大学的建设工作。后随中原大学进驻河南大学校区，在政治研究室工作并读在职研究生。1949年5月又随中原大学南下武汉，在与其他学校共同组建成立的华中师范大学工作至今。章老师在这个古朴典雅的校园里，工作、学习了半年时间，虽然时间不长，但却亲身经历了中原大学与河南大学两校的早期渊源。得知这些，陪同人员激动地拉着章老师的手说：“这么说我们可是亲校友啊！”章老师则用开封话说了句：“是的，咱们是啥弯儿也不拐的亲校友。”这使陪同人员更增强了对章老师的亲近感。

章老师对这里的建筑，这里的历史，这里的一草一木，可以说是了如指掌。他指着建于20世纪30年代的大礼堂，描述当年潘梓年校长在大礼堂门前台阶上作动员报告，带领师生振臂高呼“打过长江去！解放全中国！”的口号的动人情形。

在小礼堂（原日本侵华日军战区司令部）前，他横眉怒目，紧握双拳，陪同人员用镜头记下了他对日本侵略者的无比愤怒。

在恢复修建的“留学欧美预备学校”大门旁，他和黄老师一起与林伯襄老校长塑像合影留念，表达了他对母校的眷恋之情。

游访校园过程中，陪同人员饶有兴致地聆听着章老师讲述着一段段鲜为人知的往事。章老师还特别提出，要去看一下当年他曾居住过的地方——贡院号房，他五十多年前的“小家”。非常遗憾的是，数十年来，由于各种各样的原因，这一排排号房竟然不可思议地被拆除掉了。当听说还有两棵号房旁的柏树仍耸立在原位时，章老师带着旧地重游的惊喜，走出很远又专程返回到古树旁拍照留影。

参观校园之后，我们陪同章老师来到河南大学校史展览馆。他在一块介绍20世纪30年代教育系主任、“中央研究院院士”余家菊的展板前停了下来。“余家菊,我认识。怎么没有照片呢?真可惜。”陪同人员解释道:“我们费了好大劲儿,还是没找到余院士的照片。类似这样的情况,我们都是先留一块‘白板’,找到照片后再填补上去。”“余家菊院士的照片我负责找到,”章老师满有把握地说。果然,章老师回武汉后不到两周,就寄来了余家菊院士的照片,而且还是两幅!

余家菊,湖北黄陂人,1898 年出生于湖北省黄陂县的一个书香世家,著名教育思想家。新中国成立前曾在河南大学、北京师范大学、北京大学、北平中国大学等校任教,并当选为“中央研究院院士”,1949 年到台湾,1976 年 5 月 12 日在台北逝世。

章老师在信中详细讲述了余家菊教授在河南大学的时间:“余家菊1936 年应杨永泰聘,任湖北省政府编辑主任。1937 年,七七事变,辞编辑部主任职,应河南大学教育系主任聘(据《余家菊景陶先生回忆录》,台北慧炬出版社 1994 年版)。次年(1938 年)六月初当选参政员,遂经常在重庆。可见,在河南大学任教大约是一个学年。”两幅照片,一幅是1925 年余家菊在英国爱丁堡留学时的单人照,另一幅是 1950 年他在台北合江街寓所与妻子的合影。可以看出这两幅照片是章老师找出原照后专门请行家用座机翻拍(寄来的是大底版,这种机器非一般家庭或单位所有)后又寄过来的,其中周折可想而知。从这般“小事”也可看出章老师对河南大学的深切感情。

下午的活动结束之后,河南大学校长关爱和教授陪同章老师共进晚餐。关校长表达了河南大学师生对章老师的景仰之情,同时正式确认了章老师与河南大学的校友关系,也希望章老师多多关心和支持河南大学的建设与发展。章老师曾于 20 世纪 80 年代末 90 年代初担任华中师范大学校长,对中国现代高等教育的建设有着系统的教育思想和丰富的管理经验,也作出了积极而有价值的贡献。

晚间,章老师不顾劳累,又与河南大学历史系的青年教师和在校研究生进行座谈。章老师讲话幽默风趣,学生们听得兴致盎然。章老师说,作为一个历史学者,不仅要关心自己的国家,而且要关心世界,要有强烈的参与意识。我们现在总是强调要适应社会,却没有想过这个社会是否健全,完美无缺,谁来改造社会。章老师强调,我们不要以弱者的姿态去乞求怜悯，我们要以强者的姿态证明自己的价值和力量。史学不要埋怨社会，要看自己是否重视自己。

章老师对青年教师和研究生们提出两点希望：一是历史学者要以“参与意识”做学问；二是不管国内国外，要让全世界都听见历史学者的声音。章老师还对世界的精神文明感到深深的忧虑，他说现在全世界都有一种精神文明的缺失，物质文明与精神文明不同步，带来的后果非常严重，我们历史学者应该对这个问题引起关注。

章老师形象地将自己比喻为“一只忙忙碌碌的老鸡，成天到处啄啄扒扒，如发现什么谷粒、昆虫之类，便招呼小鸡前来‘会餐’”。这体现了章老师对年青一代的深切关爱。

章老师结束河南大学的访问活动之后，又应河南师范大学邀请前往讲学。其间还顺便参观了洛阳龙门、安阳殷墟等文物古迹。

章老师此次重访河南大学，不仅使河南大学师生近距离地认识和了解了这位平易近人的史学大师，也使我增加了与章老师感情交流的机会，对章老师的道德文章有了更为真切的体验。

我的博士学位论文出版时，在后记中曾写过下面这样一段话，在此用做本文的结语：

章老师对史学工作者的责任和价值有着特别的体认。他倡导“史学的参与和参与的史学”，主张史学研究要为现实服务。他说，历史学者不仅应该积极参与现实社会生活，而且应该成为把现实与过去及未来连接起来的桥梁，应该用自己的研究成果丰富与影响现实生活。他带有前瞻性和开拓性的学术风格，他所关注并不断做出重大跨越的学术领域，无不与现实社会文化的发展需求密切相关。这种学人的良知和执着的追求，这种强烈的学术责任感，成为激励所有受过章老师教诲的学子们的精神动力并影响着他们的治学路向。

章老师还是一位儒雅而宽宏的学者。他曾谦逊地说，我不敢自称人梯，因为我缺乏科学的高度，但我愿为年轻人做一块铺路的石子，把你们前进道路上的坎坷铺平一些。我们的希望，寄托在你们身上。章老师正是以这种谦和的学人风范，吸引并造就了一大批优秀的学术工作者和社会工作者，培育了中国学术圈内普遍看好的团队精神。也正是这种知者不博的品格,使章老师在海内外学术界享有很高的声誉,不仅为我国的史学园地注入了许多生气和活力,也增进了中外学人之间的友情和了解。

经师易求,人师难得。从章老师身上我深切感到,人之为学,不在于博取功名,而在于参与社会,服务现实。我们从师章门所获益的不仅是学术的智识,更有学人的精神。

丹火正红

——回忆尊敬的导师章开沅教授育德二三事

游建西

“你的导师是个孙悟空”

这句话是原贵州师范大学校长吴雁南教授对我说的，我知道是什么意思，我喜欢这句话。很多年过去了我依然记忆犹新，我自己估计，章老师也未必知道这句话，而我每每想到这句话，身上都会一热，有一种在初夏时被东湖水面上吹来的暖风拂过一样的感觉，暖洋洋的。这是 1995 年的初夏，吴雁南教授偶然有事到华中师范大学来。我想，大概由于我是贵州人的缘故，又由于我正在写有关研究贵州问题的博士学位论文，章老师要我一同陪吴雁南教授到东湖去游玩，我当然是又高兴又惶恐。一路上我的注意力都在二老身上，生怕自己有什么差池，不敢有一点分神。吴雁南教授见章老师这个安排，自是十分高兴，得知我是贵州人时，果然那舒适心情溢于言表。

这一路下来，我们又看风景又喝茶，二老可以说是神吹，章老师的心情亦显得格外愉快。其实，吴雁南教授对章老师是有敬畏感的，他每次一说话都要先看章老师一眼，章老师脸上有微笑时，吴雁南教授的话说出来就自然一些，流畅一些，他自己也在微笑之中。当然，吴雁南教授每次说话，章老师都十分注意地听，又正因为此，吴雁南教授说话的劲头亦更热烈。二老这种神情交会自有一种他们心知的愉快在其中。

东湖这天的天气出奇的好，晴空万里，微微的清风，将东湖一泓湖水吹得泛出散漫的波浪，有几艘单人赛艇在湖上训练，湖面上划出了一道道水痕,此起彼伏,惹人注意,让人心情亦同湖水一般悠然。

亦不知在什么话题下,二老的话有些严肃了,我见吴雁南教授认真地在向章老师讲他在湖南接受的课题。那大意是,吴老自己同湖南某大学与湖南某宣传部合作,搞一套有关近现代史的系列丛书,其实是宣传部拿钱并牵头,算是湖南省的重大科研课题。吴老就此事想听一下章老师的意见。

吴老告诉章老师说:"湖南很看重这次课题研究,我也觉得不太容易,宣传部拿了许多钱,这是其他省办不到的,又从全国各大学请了一些人,很重视。"

章老师说:"好啊,是不太容易,近现代史是应该出这么一个大型系列,你们怎么考虑的?"

吴老说:"我就为这事要请教您。"

章老师说:"有什么困难吗?"

吴老说:"不是有困难,而是在风格上要按照宣传部的意思来,但是他们又不懂,而我是书稿主要负责人,有些拿不定主意。如果是完全按照宣传部的意思去写,就是搞宣传,不是搞学术,同行学者会笑,如果不按照他们的意思,就会有矛盾,不太好办!"

章老师有半分多钟没有说话,这是又急人又尴尬的半分钟。吴老不停拿眼看章老师,希望有个解难的话出来。又过了一会,章老师终于说话了:"你担心什么呢?"

吴老说:"担心关系。"

章老师说:"你是要关系还是要学术?"

吴老说:"我也是这个意思,只是要全面照顾。"

章老师说:"你能照顾得了吗?你今年都多大年纪了,还要学会照顾关系,是真正的学术重要,还是关系重要?近现代史大型系列是千秋万代的事。"章老师此时说这个话的时候,脸上没有一丝笑容,在此以前,一直都仿佛有笑容。是的,只要章老师不批评人时,就可以理解为有笑容。

吴老脸一下红了,我不敢看吴老,怕吴老不好意思。章老师大概知道吴老的心情,知道他明白了。然后笑着说:"再随处转转。"

说罢，起身无目的地往湖边清静处走。我照顾吴老在后跟上。吴老此时已经不同刚来时那样自然，我当然知道，亦没有安慰吴老的办法。大约走了一阵，大家都被湖面吹来的暖风舒缓了一下，吴老拉着我的手说："你的导师是孙悟空，没有人管得了他，他也不怕谁，我学了很多年学不会。真正的学术权威才是这样的，永远的骄傲和荣誉。"

吴老说完这话，他的心情也好多了。见我惶恐地点头赞成他的话，印证了他精当的总结，即时又恢复了初到东湖时的愉快和轻松。

我当然受他们的情绪影响，我亦愉快轻松。我们快步跟上章老师，章老师此时确实脸上是有笑容的。

"你的导师真了不起"

这是我在贵州的一些朋友说的，我很高兴，俗话可以用"很牛皮"三个字来形容我的高兴和骄傲。

我所记得的是，章老师到贵州的样子一直都是有笑容的。我不知道章老师为什么会对贵州感兴趣，他一定要去一次，还想去第二次，第三次等等。我其实一直都在想这个问题，莫非是因为吴雁南教授在贵州？还是台湾的张朋园教授是贵州人？还是我这个学生是贵州人？可能都有些关系，又可能都不是，大概就是人们经常说的一种有缘罢？还是新的学术视野和学术关怀？只管猜想吧！不过不管怎么讲，我对他老人家的这种兴趣很有一种荣耀感，从那以后我经常自我享受这种荣耀感，成了很深的记忆。

果然，大约是在 1996 年的 9 月的一个金秋时节，距今正好 9 个年头，我确实很荣耀地在贵州接到了章老师，并要陪他老人家去贵州人称之为苗疆的地区。我今天依稀记得，这个行程安排大概是这样的。章老师到贵阳的当天，由贵州师范大学接待，吴雁南教授负责张罗。章老师下飞机就先到贵州师大学术厅作报告，晚上接受贵州电视台采访，第二天在贵阳流连一天，第三天由我陪同他和张朋园教授去苗疆考察。

章老师长得宝相庄严，民间叫很有官相，有国家工作单位的人、有修养的人一见到章老师，就说是大学问家。所以，看得出来，他一到贵州师大,学者、学生、记者、司机、工人都争相看他的风采。我记得人们是前呼后拥,热闹得乱哄哄一片,将章老师迎接进了学术厅。吴雁南教授主持会议,贵州学界的一些有地位的人物讲了欢迎致辞,约 25 分钟之后,接下来就是章老师他老人家讲话了。大概大家都盼望章老师讲话,一下子挤得满满的学术会议厅鸦雀无声。在我的记忆中,章老师每次讲话都好听,当然这已经不是我一个人的认识。有的人说章老师会讲,是天生的。我比较相信天生这个话,评价"会讲"二字不甚到位。好听是肯定的,但是好听究竟是怎样做到的?有学问不用说了,有大学问也不用说了,这些都未必能够讲起话来好听,是什么呢?大概是有情吧,无情焉能话好听,更重要的是一种特殊的天才之情。贝多芬耳朵聋了,也能谱出不朽的英雄交响曲,这也是一种天才之情,非常人所有,其情通神也。

章老师讲话的内容,我今天模糊记得大致三大类,一为历史学的个性问题;二为历史学的品质问题;三为贵州史学自己的独立品性问题。

章老师在上面讲,大家在下面听,不时有小声赞美出来。我隐约听到我周围甲乙丙丁数个人的议论,说:"历史学的研究最怕无病呻吟,章教授的讲话很有针对性,有力度。这些话近可看贵州,远可看全国。"

说:"我基本不看贵州史学界写的东西,只可当资料备份,像这样的大历史学家的东西我才看。"

说:"贵州哪有像样的史学。"

说:"吴雁南应该还可以,人称西南王。"

说:"不可比,不过也还过得去,只是胆子小。"

说:"小心划得万年船。"

说:"讲真理,讲什么小心。"

说:"不是胆子问题,是眼光和魄力问题。"

说:"还是贵州落后,各方面都落后。"

说:"连一个长得像章教授这种样子的人都没有。"

说:"对对对对对。"

说:"不关落后的问题,佛的思想、基督的思想、道家老子的思想,都是在落后的地方产生的,还是眼界和胸怀的问题。"

我偷听周围人的话，反而章老师的讲话没有听到多少。惭愧！我在热烈的掌声中回神过来，章老师的话讲完了。

会散了是酒宴。酒宴完了是电视台采访章老师，好在章老师不肯喝酒，电视台的记者满意地做他们需要的节目。之后，章老师休息，当晚不在话下。

第二天上午是贵州师大的领导、学者拜见章老师，我偷闲找朋友去了，不提。

下午，章老师把时间留了出来，由我的一个搞私企的老板朋友请章老师吃饭。这位私企老板喜欢同读书人打交道，他找了几个我们相互都认识的中青年学者陪章老师。有汤一介的弟子于民雄，有方国瑜的弟子史继忠，有川大教授徐新建，有贵州少数民族知名作家潘年英，还有几个贵州师大在读研究生等十来人。找了几台好轿车一起去贵阳著名的花溪旅游地喝茶、吃农家饭。这是轻松愉快的晚餐。

第二天，我一位在贵州某政协报的朋友打电话给我说，昨天我那位私企老板朋友接待全国著名历史学家的文雅之举上了报纸。我想应该的，企业家的钱花得值。

“你的导师真的有情有义”

这句话是我在苗疆少数民族地区听得最多的话，好多人都说，与章教授接触下来，感到“自己和这位汉族教授很近很亲”。

按行程计划，一辆乳白色的日本丰田面包车将我们一行六七人送往贵州黔东南苗族地区。天气亦是好晴朗，汽车在省道上行走，有时路好走，有时不好走。金秋的贵州山区，山上赤橙黄绿青蓝紫什么颜色都有，黄叶要落了，红叶还挂在树上，绿色的山坡上时有黑的羊、白的羊出现。路边悬岩下又有湛蓝湛蓝的深涧，错落交叠的山区环境，加上好天气、好车，一车人的心情都很好。这天在车上差不多是十多个小时，张朋园教授和章老师的交谈不时在进行，说明二老心情甚佳，我们几个学生辈的人亦是刻意找最正确的话题参与。今天回忆起来，那情景让人十分安逸舒服，真是老少同乐。张朋园教授用词最多的话归纳起来就是近代化、现代化,共产党、国民党。章老师用词最多的话归纳起来却是哈哈哈、哈哈哈,这山好、那水好,如此云云。各自用词有偏重,但是互相迁就对方的感情,居然二老的谈话亦是十分投机。我们当然受极大感染,我已记不起来那天我们在哪里吃的中午饭、下午饭,又在哪里住的招待所。不知是当天还是第二天,只记得临近黄昏的时候,我们到了一个叫"西江"的千户苗寨。西江苗寨建在一座山上,正确地说是占了整整一座山,层层叠叠,十分壮观,看上去像西藏的布达拉宫。潘年英介绍,西江原名叫"几姜",苗语是抵抗官家的意思,西江是音转名,是新中国成立后为了拥护共产党和社会主义,同时又不忘旧官家的压榨,大家取了西江这个音转的名。章老师和张朋园教授一看西江苗寨的壮丽阵仗,立即兴趣上来,要先看一看、转一转再休息吃饭。潘年英当年是西江苗寨的女婿,他本人是侗族,他的老婆是苗族,就是西江苗寨当地的人,二人因脾气不合离了婚。虽是如此,潘年英回到西江也算是自己人再回家来,所以他熟得很,一见章老师他们要先看苗寨,他就往前带路。寨上的人家都认识他,见了也都会笑脸打招呼。苗侗语混谈,我们都不懂。不过看得出来,每一次招呼,那些苗家男男女女都会笑着又向章老师和张朋园教授点头打招呼致意,都会说一句二老听得懂的汉话"来我家吃饭再去",样子热情得很,二老高兴自不必说。

我知道潘年英在用章老师和张朋园教授的大学者身份衬托他自己,善意聪明的衬托,每每介绍时,他的样子亦是很得意,同我的感觉一样,就是俗话说的"很牛皮"。

二老毕竟是一天车马劳顿,再爬坡上坎的一折腾,只转得几户人家就显得有些气喘吁吁,有些累了。见这个样子,年轻人都建议找地方休息吃饭,不要让二老再转了。潘年英提议请大家到他离了婚的婆娘家去吃饭。大家说方便就行。潘年英好高兴,连说:"方便得很,方便得很。"潘年英说完指了山对面的一条路,让我们慢慢陪二老下山,他先回去准备,再来路上迎接我们。说罢,几乎是小跑步走的。

潘年英的高兴也是我们的高兴,他有面子我们也有面子。这个时候,太阳完全下山了,天和山的颜色有些接近,青灰青灰的,西江苗寨许多家冒起了炊烟,也是青灰色的,烟色、天色和山色融为一体,苍碧一色。微风将炊烟吹入我的鼻孔，新米饭的香味和夹着松脂香的柴火味让人食欲抖起，有些饥饿感。我想到二老可能也饿了，但是不敢问，因为二老精神好，身体好，越问越饿，我负不起这个责。我们尾随着潘年英从这边苗寨向他原老婆家那边苗寨赶去，下山又上山，走了许多的稻田和包谷地。要到的时候，天差不多黑了。

苗家人很好客，二老的到来，就算是最尊贵的客人了。潘年英的原老婆不在家，在贵阳。但是，没有关系，潘年英带客人回来，他们家一样的看重。按照苗家的规矩，贵客临门，家里的年青女性，七大姑八大姨，都要出来帮忙迎接客人。潘年英当然用了心，要讨二老高兴，又要给我面子，要在朋友们面前表现，他刻意安排了一下，邻家的一些年青女性都叫来了。我们一到他们家门口，苗女簇拥，笑声鹊起，情形热烈。紧接着，苗女们高亢悦耳的迎酒歌唱了起来。看得出来，二老没有见过这种欢迎仪式，一阵突如其来的歌声让他们有些惊喜，样子有些呆呆的，他们的神情被热烈的迎酒歌所吸引，脸上一直有笑容。迎客酒是要喝的，二老在一种懵懂喜悦中喝下了迎客酒。在我的印象中，章老师是不喝酒的，也没有人敢劝他的酒，这酒他喝了，大家都分外高兴。

进了屋，这房屋是典型的苗家吊脚楼，当地杉木做成，没有上油漆，木纹美丽，自然陈年包浆，屋内干净，南面是美人靠长椅，人坐在长椅上可以看到屋外的稻田和河沟。堂屋墙壁上挂着香港电影明星的图画照片，大概是张曼玉、刘德华他们的。一眼可以看出苗家后代心里的追求，这种追求似乎也同我们拉近了。本来这些画同房屋不太协调，但是人很怪，既希望苗家人单纯、原始，又怕他们不开化不文明。这几张画是他们开化文明的证明。

现在想起来，这堂屋比较大，我们是六七个人，起码来了八九个苗女，加上他们家的男人，大概有二十人左右，堂屋亦不显拥挤。吃饭用的桌子是长方木临时搭的，大家团团围住，一个男人身旁一个苗女，这个苗女要负责招呼身旁的男人喝酒吃肉和唱山歌。二老是贵客，当然就是最漂亮的两个苗女在他们身旁。二老的笑容很灿烂，自然地应对苗家古老的迎宾规矩。上桌的酒是这家人自己酿造的米酒，一人一大碗，拿上桌来就可闻到酒香扑鼻。这算是有酒的人家，显得慷慨。少酒的人家,来了客人只能喝转转酒,就是一碗酒大家一人喝一口地转着喝,喝得心欠欠的,说起来也蛮有意思。菜有当地土鸡、回锅肉、腊肉、豆腐、青菜等等。我注意到二老猛吃了几箸菜,不知是这家的菜好吃,还是二老饿了,反正是好事情。吃菜喝酒自然都有苗女招呼二老,席间话语是你一言我一语,整桌人热闹得很。酒过三巡,菜过五味,唱山歌了。二老也跑不脱,也要唱山歌,这是那些苗女们要求的,我们当然跟着喝彩。真是吃人嘴软,二老欣然答应了可以试着唱山歌。

苗族山歌种类繁多,劳动的、生活的、战争的、古老历史的、谈情说爱的太多,苗族的文化思想多反映在歌里,这里难于一一列举说明。这天在潘年英原婆娘家,主要是唱迎客歌和生活情趣歌。苗女们知道二老尊贵,唱歌略有收敛,就这样多数一开口亦是免不了"妹妹想哥哥"之类的歌词。我们当然好喜欢,每人编着词唱,徐新建和潘年英,最是起劲,不停地乱说乱唱,开玩打笑。多数人几口酒下肚,兴致都跟着上来,二老当然不例外,歌声笑语一片。真的轮到二老唱了,二老左右推却,但是身边的苗女不干,要灌二老的酒,二老只好真的要唱了。章老师笑着说:"谈情说爱的山歌,根源于劳动,十分有意思,我也很喜欢。我唱一四川乡间民歌,以表达我的喜悦心情。"歌词是:

"高高山上一树槐,手扶栏杆望郎来。娘问女儿望啥子,我望槐花几时开。"

"好,好,好。"一阵的喝彩和掌声,木楼震动,章老师的脸红红的,不知是醉酒还是腼腆。

"张教授唱,张教授唱。"大家见章老师唱过了,当然就不放过张朋园教授。这样大声地喊着。张朋园教授推却不过,也只好唱了。歌词大意是:"我从台湾回家乡,又从家乡来苗寨。家乡美来苗寨美,苗家的姑娘更是美。苗疆水秀山又青,今天我也更年轻。菜香酒美苗女美,我亦好想做郎配。假如真有好梦做,我在苗疆想落根。"张教授是贵州人,熟悉苗族习俗,所以唱得更投合当地人心意。哈哈哈,全屋人高兴地笑,高兴地喝彩,高兴得不得了。二位老人将二十多个年轻人带入欢快,带入憧憬。夜深了,明朗的月光将山寨照得清凉清凉的,山影树影和我们的身影在月光下像被洗过一样,空气也像被洗过一样清新无比,说一声话都会传很远很远。我们照顾二老走着田坎路，披着月光回乡招待所休息，当晚无话。第二天一早，当地县委县政府的领导将二老接到县里座谈。二老在会上表达了他们最想说的话。章老师发言约一小时，张朋圆教授发言亦是约一小时。之后讨论一小时，然后县委招待大家吃中饭。这次会后下来，大家最记得的是，章老师说："我是一个历史学家，过去只注意中原文化的历史研究。我代表研究历史的学者向苗族道歉，我们过去的研究太片面，没有用心注意到苗族及其他民族的文化历史。苗族人善良、智慧的文化亦是中华民族大家庭的重要文化构成部分，值得学习和尊重。我这次来贵州苗家做客，感受甚深，看到和听到了苗家很美很好的文化，我终生难忘。"

张朋园教授说："我这次参观了西江苗寨，又在苗家做客，非常高兴，我是研究近代史和现代史的历史学家。贵州山区农业经济可以向瑞士这样的山区国家学习，种植上搞一些高经济作物，可像台湾那样种芒果、菠萝蜜等集约型经济作物，将有限的土地利用好。我愿意在台湾为苗家现代化经济建设作贡献，做一些力所能及的引进工作。"县委县政府的领导高兴地鼓掌，大家亦高兴地跟着鼓掌。

不知是当天还是第二天我们离开了当地，我也记不起什么时候章老师回武汉华中师大，张朋园教授回台湾。所永远记得的就是和他们在一起那非常高兴的时光。

引雏觅食，教人求真

——浅忆恩师领我走上学研之路

余子侠

“我是一只老母鸡，带着你们这些小鸡东刨刨、西扒扒，找到一块有虫子的地方，让你们几个自己去深刨下去，我再往前找。再找到一块有虫子可食的地方，再留几个在这个新地方刨下去，我再往前找……”这是恩师章开沅先生在同我们“聊天”时常常笑言的一个比喻。回想我个人走上学研道路的经历，近20年来所得到的一些收获，无一不是在恩师这只学术老母鸡为我们刨出的坑中觅到的食。

一

1987年夏间，我在恩师门下获得硕士学位。原来工作的单位我是不想回去了，况且我读的是脱产研究生，于是在北京、武汉等地找到了几处接收单位，有政界的，也有半政界的，还有出版界的，当然也有高校。恩师从刘望龄、罗福惠诸先生口中得知我找工作的情况，让刘老师叫我考虑留校一事。其时恩师正在校长的位置上，工作非常忙，但在我整整“考虑”了一个星期后，还是抽隙与我面对面地交换了一下“意见”。古人有言“知子莫若父”，其实又何尝不是“知弟莫如师”?！在我汇报自己联系工作的进展情形后，恩师诚恳地对我说：“你这人性格过于直率，露而不藏，不宜从政，以你的长处留在高校教教书做点学问，还能搞点东西。”我对以“历史所人才济济(其时唐文权、严昌洪、罗福惠诸先生都只四十多岁，赵军、马敏、朱英诸先生则只三十多岁)，且我一口的蕲春话不适于教学工作”。恩师十分和蔼但语带批评地说：“什么事情都不是学会的？只要用心，总能成功一件事情。”接着他老人家分析了我可以选择留校的其他一些因素：因为我的硕士毕业论文写的是清末“新政”时期教育改革与知识人才近代化的问题；我们的学校是一所师范院校，需要研究教育史的人，而且在师范院校从事教育史的研究有不少优势；他自己主持的国家教委“七五”科研项目“陶行知系列研究”已获得批准，等等。为了牵我走上学研之路，恩师还在当时我们人手一本的“毕业纪念册”上为我写下了这样的题词：

治学不为媚时语，

独寻真知启后人。

与子侠同志共勉

章开沅

1987年6月12日

此前五日，正是我的34岁生日。自此，我被留在华中师大，进入以董宝良先生为室主任的中国教育史研究室，加入了史学研究队伍的“偏师”。也是从那次谈话后，我真正认识到自己行事处世性格的“自丑”，看到了自己马脸之长，这也是我在后来人生中潜心学研而无任何从政欲望的一个主要原因。

自留华中师大任教后，我开始了自己的学术研究生涯。第一个学研领域，就是恩师牵头的陶行知系列研究，所以我平生的第一篇学术论文就是“陶研”方面的文章。现在回头来看个人的“陶研”道路，正是恩师的开拓性研究，为我辈刨寻到第一块“有虫子吃”的学术园地。18年来，我在“陶研”方面取得的学术成果，计近60万言。其间，我还参加了恩师领头组织的“陶行知与中外文化教育国际学术研讨会”的组织和主办活动，并在此基础上参加了《陶行知与中外文化教育》国际学术研讨会论文集的编辑出版。正是因为在“陶研”领域的小有作为，中国陶行知研究会对我的学研多有肯定，多次予以奖励，个人在学术领域的社会兼职，也由湖北省陶行知研究会理事而中国陶行知研究会理事及常务理事。

在“陶研”这块园地中，我个人较有分量的获得，自然是参加冯天瑜先生主编的“转型间学人评传书系·陶行知”的撰著。在此之前，我参加过董宝良先生主编的《陶行知教育学说》的撰写。那部由6人参加编撰的学术著作中,我是承担任务最重的一位。是书由湖北教育出版社出版后,在学术界尤其教育史界和“陶研”界引起了良好的反响,并获得全国高校首届人文社会科学研究成果一等奖。后来冯先生应湖北教育出版社之邀组织撰写近代学人评传书系,在物色研究人选时直接点将让我这个他仅见过两三次面的后学者写“陶行知”。虽说其时在恩师的带引下已做了近10年的“陶研”工作,而且博士学位论文做的也是陶行知与黄炎培的教育思想及实践方面的比较研究,但作为人物评传,恩师和唐文权先生合著的《平凡的神圣——陶行知》,资料利用之广泛、思想论析之深邃、文字组合之优美,就现时中国学术界来看,可说在相当长的一段时间内无出其右,况且是书出版后已在学术界引起了一片赞誉之声,深受广大读者尤其青年读者的喜爱和好评。因此,接受湖北教育出版社撰写“陶行知”的任务时,我颇为犹豫。当这种矛盾的心理向恩师敞开时,恩师给了我十二分的鼓励,点拨我可以从一个“人民教育家”的角度来写出自己学研印象中的陶行知。就这样,我将自己的博士学位论文中有关陶行知研究的这一部分抽出,加以整理、丰富和完善,成就了个人学术生涯的第一部学术专著。在书稿完工之时,我在“后记”中向读者袒露了我接受这部书稿撰写任务时的矛盾心态,并表达了深深“感谢恩师对我的鼓励”的谢忱。在《山乡社会走出的人民教育家——陶行知》于1999年问世后,我的“陶研”工作并未由此搁笔,认为恩师当年带领我们这些小鸡刨食的这块学研园地还有食可刨,事后又对陶行知生平的一些事迹进行了系列考证性研究。眼下,我正参加中国陶行知研究会组织的《陶行知辞典》的编撰,企望通过辞典的编辑出版,进一步促进和深化“陶行知研究”事业。

二

我留华中师大之时,身处校长位置的恩师,已开始注意到中国教会大学史的研究。但这是一个长期冰封的领域,而且在当时的学术环境中要开展这方面的研究,可说时时都有触雷的危险。要想开拓这个新的学研领域，第一步工作就是开掘恩师所说的“极为丰富的资料宝藏”。而华中师大的前身即私立武昌华中大学，正是一所教会大学，其时学校档案室（即今日的档案馆）收藏有一批校史档案，其中主要是英文档案。为了把这些档案整理出来以利随后的学术研究，向来在学研方面敢为天下先的恩师，即于1988年春上，让我与马敏先生两人抽出一些时间参加这些档案的整理工作。由是，恩师又带着我们开始刨寻另一块新的学研园地，而我在这块新刨开的园地上啄取的第一口食，就是后被编入恩师与美国学者林蔚共同主编的首届中国教会大学史学术研讨会论文集——《中西文化与教会大学》中的《华中大学西迁述论》。与此同时，为了保证中国教会大学史研究的健康发展，恩师还将其时学校里的有关科研人员组织起来，成立了一个研究中心，开始组建一支新的研究队伍，我亦被带入这个人数不多的队列之中。

以原华中大学的档案资料为基础，十多年来，我在中国教会大学史研究领域，也先后公开发表过近20万字的著述。到2003年华中师大为庆祝百年华诞，由校长马敏教授主编华中师大的《百年校史》，我作为主要参编者之一，即是利用这些档案材料完成华中师大的前身——私立武昌华中大学这一历史时段校史的撰写任务。作为个人学术研究领域的拓展，恩师带引我们从事中国教会大学史资料的整理和研究，更重要的学研收获，是联系个人为研究生开设中国历代高等教育管理课程而对近代以来高等教育管理的注重，并协助恩师组织各有关高校的研究者，共同主编“中国著名大学校长书系”。

早在1999年，针对现实中大学校园已不再是一方净土，高等教育正在迷失自己的社会良心，尤其一些高校主要管理者不尊重教育的内在规律，将自己领导的高等学府当做自身升官发财的一笔资本这一状况，我即打算对近代中国一些成功的大学校长的管理经验进行研究和总结，为今日高校实现民主治校、科学治校提供有益的史鉴材料。这种想法一出口，即得到恩师的首肯和支持，于是借助恩师的声望招兵买马，并很快联系到一家不错的出版社。

进入2003年，“中国著名大学校长书系”的10部书稿先后完工，作为主编，我与恩师一道开始对每部书稿进行审阅，把好送交出版社之前的最后一道关。在审阅前5部书稿时,正值武汉高温时节,从7月10日至8月20日整整41天持续高温,而我们也无间歇地"读"了41天"书"。恩师坚持自己"不做挂名主编"的原则,书稿先经我审阅批读后,送到他老人家的手中,他再一字不漏地从头至尾审阅一遍,并不时地写下自己的中肯精到的评改意见。待第5部书稿审阅完毕,后几本我就不敢送给他老人家了。一位年近八十高龄且患有高血压的老人,在如此高温的季节,连续一个多月的时间,陪着我用心"读"完120余万字学术著作的手稿,想想我这个当学生的是不是太残忍了一些!万一恩师累倒了,我该如何向学术界、向学校、向同门们交待?!这种情景,至今想起来还有些后怕。于是后几部,我找借口没有像前5部一样一审完就送到恩师的办公桌上。但我自己撰写的一部,即《工科先驱　国学大师——南洋大学校长唐文治》,这部近30万字的手稿,恩师还是取去做了仔细的审读和批改。在出版社付梓之前,恩师又挤出宝贵的时间,为书系撰写一篇有感而发的长序,正如书系的责编所说,为全套书的编辑出版作了最后的"点睛"。

"中国著名大学校长书系"的撰研出版,亦是恩师开拓出中国教会大学史研究领域的学术成果之一。这套书所撰研的对象,就有4位是教会大学的校长(我们原计划中还有燕京大学校长司徒雷登,后因某种原因而取消)。也就是说,我们对教会高校的治校经验亦做了客观公允的历史评价和总结。这套书出版后,引起了很好的社会反响,出版社还有意与我们联系,拟做第2辑的撰研出版工作,将这个研究项目继续做下去。

三

正当中国教会大学史的研究冲破坚冰驶入正常的航道时,恩师出洋访学,且一去即长达三年。1993年归国后,与我们大家作第一次见面会谈时,我们这些都几十好几的弟子们,一个个欣然跃然。谈笑之间,当罗福惠先生说与恩师在一起"如坐春风"时,一想到三年未受恩师耳提,我随口接了句"春风又绿江南岸"。恩师以自己已近古稀之年,于学术研究已有些力不从心，故随之答上一句"春风难度玉门关"。

"春风难度玉门关"吗？非也！玉门关外杨柳绿，春风拂尽羌笛怨。恩师自海外归来后，又以当年从事辛亥革命史研究的精力和干劲，利用从海外搜集到的大量原始资料，进行以中日战争为主题的学术研究，并先后整理出版了《南京大屠杀的历史见证》、《南京：一九三七年十一月至一九三八年五月》、《天理难容——美国传教士眼中的南京大屠杀(1937—1938)》、《从耶鲁到东京——为南京大屠杀取证》等一系列脍炙人口、影响深远的著作。无疑，他老人家在学术研究上又拓展了一块新的域区。

早在 1989 年撰写《华中大学西迁述论》时，我就对抗战时期的"战时教育"有所注意。后来在恩师出国期间，我又曾于 1990 年暑期前往丹东参加了一次东北地方中日关系史学术研讨会，所提交的论文写的是"陶行知与日本"。本来只是想走出关外看看，但会上我萌发了着手研究中日之间教育关系的念头，并想将这种研究和中国抗日战争时期的抗战教育的研究联系在一起。恩师归国后，有一次从单位回家，正碰到我从历史所资料室出来，那时我住在学校北区"鸳鸯楼"，与恩师的住所不远，于是由问我的职称解决的情况作为谈话的开始，一路缓缓地走款款地谈，这是我入章门以来，恩师与我单独进行的最长的一次深谈，也是我终生难忘的一次教诲。从历史所下楼到学校西区车库，恩师与我谈到了如何为人为学行事处世……就是这次谈话，他老人家肯定了我的想法，并指导我如何在教育史领域开拓好这块尚乏人问津的研究地段。此后，我将自己研究的课题定在了近代以来中日教育关系尤其抗日战争时期教育史的研究上。

从 1995 年在《近代史研究》上发表《抗战时期高校内迁及其历史意义》以来，在这过去的 10 年间，我将自己几乎一半的学研时间投入到近代以来中日之间的教育关系和中国抗战时期教育史的研究上。先后撰写成《民族危机下的教育应对》、《抗战时期教育的西部开发》以及《日本侵华教育通史・华北卷》等几部书稿。其中《日本侵华教育通史・华北卷》系我与中央教育科学研究所宋恩荣先生合作主编的"日本侵华教育史系列研究"中的一部。本着恩师"不当挂名主编"的原则，作为主编之一我与其他作者一样,自己在那套书稿中也独撰了一本。在这方面的研究过程中,我不断得到恩师的鼓励、指教和扶助。他老人家有时还将自己得来的相关史料,借我去他办公室的机会转给我让我使用。我的一篇比较长的论文——《抗战时期国立中学的创办及其意义》,就是在恩师的鼓励和指导下写就的。

我记得很清楚,2002年上半年,有次我到恩师办公室汇报有关陶行知研究会的事情,他老人家拿出一纸包材料交给我,并让我们研究教育史时注意一下抗战时期的国立中学。在那次谈话中,我才知道恩师在战时就读的中学是国立九中,也知悉当年就读国中的人们(现在都是七八十岁的老人)有不少人十分关注抗战时期教育(包括中日双方)的研究。这使我对自己正在从事的学研课题的信心大增,也感到作为一个史学工作者,有一种民族责任感和时代使命感。尤其对日本侵华教育史,认识到再不能拖延下去,必须在抗战胜利六十周年让它与读者见面。只因双手难捉两条鱼,《抗战时期教育的西部开发》一书初稿虽已完成,但没有时间加以丰富和修改,故不能赶在抗战胜利六十周年一道付梓,从而成了一个遗憾。好在现有的半成品,也得到了社会的认可和关注。其中如《战时国立中学》这篇文章发表后,不到两个月我即接到战时国立七中校长的侄儿——山东德州一位年过七旬的教授的来信,他说他非常感谢也非常感动我对战时国中的研究,并表示要将其伯父的有关资料搜集给我。为庆祝抗战胜利六十周年,当年国民政府教育部的战时部址所在地重庆沙坪坝区,组织一班人马组建抗日战争时期教育纪念馆和开展"抗战教育启示录",特邀我前往给予指导。我将这些情况告诉恩师时,他老人家十分高兴,并多次鼓励我"把蛋糕做大"。

昔时孔门三千,"参也鲁","柴也愚"。毫无疑问,在章门弟子中,我是最愚钝的一个,尤其在学术研究方面,开智极晚。但恩师于我从无嫌弃之意,反倒在带领我辈在学术园地上刨寻之时,还有意无意地对我加以恩顾和怜眷。回想20年来跟随恩师在学研道路上的寻觅及其所获,个人深深地认识到,大匠运斤无弃木,大师授教无弃人。早些年人们在介绍恩师时,常称之为"著名史学家",近些年,人们在介绍恩师时,常常是"著名史学家、教育家",以我个人的感受,他老人家首先是一个教育家。我这里绝没有贬低史学家而抬高教育家的意思，只是认为教育家与史学家之不同，在于教育家做的是培育正在生活着的人的功夫，而史学家做的是对过去人物的研究。虽说今日冠以“教育家”之名者比比皆是，但恩师是一位真正的教育家，因为他具备了教育家的真实秉性，掌握了一个教育家的教育艺术或技巧，诸如因材施教、善叩两端、重启善诱、诲人不倦，尤其是爱心育人和身正为范。我始终认为，个人平生未能进入更好的高等学府深造是一种终身的遗憾，但遇到湖州章先生这样的恩师，是上帝给我最有价值的补偿！

史海无涯，章师引航

彭南生

一

1981年8月，我接到了华中师范学院历史系的录取通知书。在同学、亲戚、乡邻们羡慕的眼神中，我着实激动了一番。但一想到将来要做一名中学历史教师，心里就凉了大半截。20世纪80年代初，"文革"才刚刚过去几年，社会上还笼罩着"知识分子是臭老九"的阴影，流行着读师范是"走对了路，进错了门"的说法，加之我是第二志愿录取（或许是由于当年我的语文考试成绩不太理想，或许是因为历史考试成绩比较突出，我被从中文系调整到了历史系），似乎是错上加错，进错了两次门，情绪相当低沉。家人或许看出了我的问题，安慰我说，当中学历史老师有什么不好，历史是副科（当时的中学流行数理化是主科、政史地体美是副科的说法），课时少，学生作业少，同语文、数学、外语等主科比较起来，轻松得多。这些安慰的话反而使我更受挫折，难道我只能在中学做一名副科老师吗？总之，我带着一种悲观情绪上了桂子山，专业思想并不牢固。

20多年过去了，今天的我一直从事中国近代史的教学与研究工作，今生此世恐怕也将终业于此。如果说当初走进历史系的大门决定了我今天的事业，那么我与历史研究真是"先结婚，后恋爱"。真正使我在进门后爱上中国近现代史这个专业的，不仅有这个专业自身的学术魅力，也有历史系里从事历史教学与研究的各位老师的学术风采，章开沅先生就是其中之一。

20世纪80年代初，学术上拨乱反正，知识分子迎来了科学的春天。1981年正值辛亥革命70周年纪念，章开沅先生作为国内外知名的辛亥革命史研究专家，出席了在武昌召开的国际学术研讨会。会议间隙，大约是在金秋十月，桂花飘香的时节，章开沅先生回到学校给历史系师生作关于这次讨论会的学术报告，地点就在数学系所在的六号教学楼102教室。当时的历史系可谓历史上最繁荣的时期，"文革"后恢复高考招生以来的首届学生尚未毕业，从1977级至1981级共五届学生约200余人坐满了整个教室。我们作为1981级新生刚进校1个多月，尚未完全适应大学生活，受到学长们的关爱，被安排在前面几排就座。我们早早地排队进入教室，等到高年级的师兄师姐们落座后，章开沅先生走了进来，他与在第一排的老师们一一握手，当他的手与张舜徽先生的手握在一起时，全场爆发出经久不息的掌声。其实当时我们并不懂这掌声所蕴含的意义，后来才听说"两Zhang"不仅是历史系、也是当时华中师院的学术大师。我暗自庆幸，虽然一考定终身，此生不能进"若干"名校，但能为名师之徒(至少在名义上)，亦乃三生有幸。

说实话，那时的我还听不懂学术报告，对辛亥革命也知之不多，倒是章先生不时穿插会议期间的花絮，并以幽默、风趣的语言讲出来，使我们感受到了先生之可亲可近。但是，那种场面着实使我们这些稚嫩的学子受到学术感染，增添了对于学术事业的向往。后来我常常想，引领青年学子献身学术事业的方法，莫如让他去感受那种真正的学术氛围。

我们进校后，章先生已开始招收中国大陆第一届博士生，工作的重点主要是培养研究生，给本科生上课的机会自然不多。我记得先生曾给1979级学生开设辛亥革命史研究的选修课，与我们年级的1204教室仅一墙之隔，当时颇为羡慕，心想等到三、四年级时，我们也能聆听先生的讲座。因此，在大学三年级选修专业课时，我不仅选修了辛亥革命史，同时还选修了晚清立宪派研究、民国政党史、中国近代经济史等课程，虽然没有如愿以偿地盼到章先生给我们开课，但主讲老师也都是当时国内各有专攻的知名学者如刘望龄、董方奎、戴绪恭、孙玉华等先生，这些课程进一步开阔了我的视野，也促使我对中国近代史上的某些问题产生了想法，并且初步确定未来学习的重点就是中国近现代史。

不过，虽然在课堂上没有感受先生的学术大家风范，但在课外却时常聆听章先生的报告。20 世纪 80 年代初的华中师范大学有两张“名嘴”，一是陶军先生，一是章开沅先生，两位先生的共同特点是不用稿件，娓娓道来，语言生动、幽默，寓意深刻。当时大学校园里的业余文化生活除了周末电影外，没有丰富多彩的社团活动，也没有交际舞会（以至于那个时代的大学生大部分是舞盲，我们快毕业时，学校开始举办交际舞学习班，但为时已晚）。因此，一听说有“名嘴”作报告，就如同过节一样高兴。此外，我与章先生还有一次近距离接触的机会。大约是在 1983 年冬季，大学三年级上学期，8101 班级团支部组织 20 岁的同学过一次集体生日，不知是谁出的主意，请章开沅先生参加我们的活动，回忆他的青年时代，同时以团支部的名义给 20 岁同学的家长写信，希望他们对自己的子女提出希望。我当时担任班长，团支部书记是杜芳同学（现为华中师范大学历史文化学院教授），当晚由我们两人到章先生家里恭请先生，临时受命，既高兴又忐忑，看到这是一次可以近距离接触先生的机会，心里非常高兴，但一想到章先生已是国内外知名学者，心里又十分忐忑不安。我当时拿着一张印有年历的画（算是给章先生的见面礼，当年挂历还不多），敲门进了章先生的家，紧张之中说了些什么，当时并不清楚，大意是感谢章先生参加我们的团组织活动。章先生很快起身与我们一起来到了 1204 教室，全班同学一看到章先生，就报以热烈的掌声。活动开始后，由团支部书记给 20 岁同学致生日贺词，祝贺他（她）们又长大了一岁，又成熟了一分，然后由几位年长的同学（已过 20 岁）宣读家长们的来信，章先生和我们一道认真地听着、思考着，仿佛又回到了他的青年岁月。家长们的来信宣读完毕后，请章先生讲话。本以为章先生参加团组织活动，一定会给我们来一番“忆苦思甜”，讲抗日的烽火，讲生活的清贫，但是章先生却以轻松、诙谐的语气回顾了他那个时代的大学生活，包括自己的爱情生活。我记得他讲过青年时代的理想是做一名诗人，那时他的专业思想也不牢固，他讲到青年时代对革命的憧憬，曾辍学进入中原解放区，并服从“革命”的安排进入华中师范学院教书，那时的他二十刚出头，许多学生都比他年长，他突然话锋一转，说历史学者并非“苦行僧”，也不是不食人间烟火，他们也有爱情、有家庭、有天伦之乐，他就在华中师院历史系获得了美满的爱情与家庭。章先生的讲话没有什么大道理，但却仿佛穿过时空的隧道，把两个时代里年轻人的理想、爱情及对国家命运的关怀巧妙地联结起来，情真真、意切切，无非是希望我们珍惜青年时期的大好时光，刻苦学习，为未来事业打下厚实的基础。这次活动，对本年级的几位“诗人”、“地下爱情迷”（那时大学是不允许谈恋爱的，谁要是违反规定，就会受到批评，甚至在全系大会上批评，即使如此，钟情与怀春的少男少女们还是玩起了“地下爱情”游戏）产生了冲击。章先生的讲话将此次团组织生活推向高潮，多年以后，当 1981 级校友聚会在一起时，大家还会谈论起那次团组织活动。

1985 年，中国近现代史专业招生导师是戴绪恭、谭克绳两位教授。我报考了戴绪恭教授的硕士研究生，该专业招生二人，其中已接受一名推荐免试入学。我仅考得了第三名（我始终不善于考试，在我的记忆中从高考到研究生考试，没有一次出类拔萃，总是勉强过关）。戴绪恭教授联系湖北汽车工业学院，问我是否愿意接受该校委培，或许是心中藏着一个酝酿已久的梦，或许是该校地理位置较为偏僻（位于鄂西十堰市），或许是已知我有可能留校，或许是出于对母校的热爱，我再三给戴绪恭教授道歉，放弃了这个机会。

这就是我的大学时代，是我大学时代里最深刻的记忆。

二

但是，我并未放弃继续深造的希望。大学毕业后，我被留在历史系中国近现代史教研室从事教学与研究工作。其实，在被确认留校时，系总支已找我谈话，说我既能从事教学工作，也适合从事党务与学生工作，我理解组织的意图，就表态说愿意以教学人员的名义留下来，然后可服从组织安排兼做学生工作，总支领导也表态说两年后可考虑推荐在职攻读硕士学位研究生（这正契合我当时不想为应付考试耽误时间的心理）。就这样，我留校后，兼任 1985 级学生辅导员。我甚至开始考虑两年后攻读硕士学位的论文选题,只要历史所(当时辛亥革命研究中心已正式组建为历史所,从历史系独立出来)有论文答辩,我就会到场聆听,马敏、桑兵、韩明、肖文杰、胡代胜、刘伟、余子侠等诸位师兄师姐的论文答辩我都听过,试图以此方式进一步走近章先生(其时,章开沅先生已被任命为华中师大校长,接触的机会更少了)。在这些答辩会上,我听到了章先生和其他答辩老师们如茅家琦、林增平、刘望龄、唐文权、罗福惠等先生的精彩评论,也听到了学兄学姐们各自不同的选题及在这些问题上的新颖见解,使我眼界大开。我惊叹近现代史上还有这么多问题可以而且能够研究,我渴望自己能够早一天真正跻身近代史研究的圣地,找到属于自己的课题,也更加坚定了从章先生为师的强烈愿望,尽管过程漫长。

临近 1987 年硕士研究生招生报名,我询问总支关于推荐在职攻读学位的可能性时,被告之学校政策有变(事实上,第二年又变过来了,有人被推荐在职攻读学位,政策变来变去,使人无所适从),不能免试入学了,一怒之下,我辞去了辅导员工作,专心准备应考,并且顺利地通过了考试。记得当年中国近现代史专业招生的导师是刘望龄教授,由于历史系董方奎教授、苏中立教授已获指导教师资格,便由三位老师共同指导。我虽然仍无法直接受教于章先生,但有了与章门弟子频繁接触的机会,记得虞和平、乐正、张富强、郭国灿、王杰、马小泉、宋亚平等诸位师兄当时都还在桂子山上为徒,我还曾经在研究生支部做过宣传委员,直接接受乐正、王杰先后两任书记的领导,与章门弟子在学术上、政治上均过从甚密。我也就在这时萌生了跟章师攻读博士学位的想法。

这个想法在我心里又埋藏了好几年。一是因为硕士毕业后,须先过好教学关,站稳七尺讲台,根据教研室的专业结构,我被安排从事中国近代经济史的教学工作(当时孙玉华老师已退休多年,系里也好几年没有开设近代经济史的课程了,其实依据我个人当时的兴趣,近代政治史对我更具有吸引力,但我服从了教研室的安排),并被派往中南财经大学经济学系跟随赵德馨先生进修近现代经济史和中华人民共和国经济史,根本没有时间准备考试。二是我个人的学术底子太薄,博士学位在我心目中的分量又太重(章先生在我的学位论文开题报告会上,教导我们应将博士学位论文看做是自己学术事业的一座高峰，章师也认为博士学位是十分神圣的)，自己还需要继续打好基础才能攀上这一高峰。三是当时高校并不看重博士学位，拥有博士头衔者，似乎在职称、工资上并不占优势，以至于当时招生人数比报考人数还多，华师也不例外。吾辈凡夫俗子，一介草民，自然难以脱俗，于是也就没有了攻读博士的外部压力。不仅如此，当时高校还兴起了一股“下海”热。一批优秀青年在 1989 年后主要为脱离“苦海”(教师是较为清贫的职业，大学也不例外)，远离尚处于政治漩涡中的高校，纷纷弃学从商，我虽然未赶潮流，但在这股潮流的冲击下，一时也缺乏学术进取心。说来也巧，章先生从 1990 年起，前后有三年多时间在海外讲学授徒，这也使我有些迷失方向。

我个人再不能这样蹉跎下去。从 1994 年起，各高校在国家政策的导引下(并将教师队伍中拥有博士学位的比例作为学科建设甚至高校办学实力的一个衡量指标)，开始重视博士学位，并制定措施(如华中师大在提职称时，同等条件下拥有博士学位者优先，在职攻读期间可减免三分之一的工作量，博士在住房上可享受进户待遇，甚至配偶可安排调入学校工作等等)鼓励青年教师报考。在这些政策措施的鼓励下(其实对大部分年轻教师来说，基于职称、住房、工资等方面的功利心的驱使是最直接的报考动力，我也属此类，但个人的学术追求也从此被激发)，从 1994 年开始，博士学位成为高校青年教师的普遍追求，全国掀起了博士报考热。我与时任所长的罗福惠教授、朱英教授联系，恰巧章先生也结束了三年的海外讲学，回到华中师大。一时联系报考者颇多(熊贤军、余子侠、王玉德、饶东辉、王奇生、何建明等都在这一年加入这一行列)。我再次怀着忐忑不安的心情，拿着自己的几篇习作找到章先生，表明自己想报考的意愿。当时，章先生并未明确表态，但事后从朱英教授那里得知章先生肯定了我那几篇习作，并同意我报考。可惜，当年历史系报考的青年教师太多(大多是 1977、1978、1979 新三届，我的资历最浅，自然应往后排)，加之历史系工会中途改选，我被推出来做了一年半的工会主席，攻读博士学位只能寄望于来年。

1994 年秋天，在武昌起义纪念馆举行的湖北省纪念兴中会 100 周年暨辛亥革命83周年学术座谈会上,章先生再次热情鼓励我报考他的博士研究生。大概就是从这时开始,为了应考,我全身心投入复习。功夫不负有心人,成绩放榜以后,我的英语课得66分,两门专业课均在90分以上,如愿以偿地进入章师率领的华中师范大学中国近代史研究所攻读博士学位,开始在近代史海中纵横遨游。在这几年的学习中,在章先生的指点下(章师非常强调近代史应加强个案研究与类型研究之间的中间层次),在近代史所博士生指导小组尤其是朱英、马敏等教授的引领下,我的研究课题渐渐明晰起来,并打算以中国近代手工业经济作为学位论文的方向。一个偶然的机会,我同章师一起去汉口办身份证,一路上,同他谈起中国近代手工业的长期存在及其地位和作用,并提出构建"中间经济"的理论框架来解释这个问题。章先生当即给予了充分肯定,并鼓励我大胆探索,细心论证。他还谈了自己在海外的见闻与感受。如在欧美许多家庭与餐馆,为保护环境而不再用一次性塑料餐具,但又缺乏其他可以取代的简易餐具。菲律宾商人根据这一市场需要,利用传统的手工编织业,制造出不同型号的藤盘作为食物容器,吃完饭只要把垫在盘上的油纸丢在垃圾箱就算完事,懒人甚至可以免于洗碗之劳,因此一度很受那些上班族(特别是单身者)的欢迎。此外也谈到日本的"一村一品"和瑞士的高级钟表等。与章先生这番看似漫不经心的闲聊,更加坚定了我研究近代手工业经济史的信心。我沿着这一思路继续思考,并加强理论修养,从马克思主义的经典理论到西方原始工业化理论,从中介论、互补论到"一分为三"论,兼收并蓄,同时广泛搜集史料。经过一年多的努力,论文架构逐步清晰。在开题报告会上,章先生以鼓励为主,肯定了开题报告的成功,并说在此基础上的论文至少也成功了一半,这是一个好的开头,同时提出了论文写作中应注意的问题。但给我印象最深的还是先生的鞭策,他说应将博士学位论文看做是自己学术事业中的一个高峰,学问犹如爬山,一座座山峰需要一步步地攀登。他还举例说,美国的很多知名汉学家就是以一篇高质量的博士论文起家的。章先生的鞭策给我们极大触动,在博士论文写作的整个过程中,章先生的话常在耳边响起,也将继续伴随我的整个学术人生。我现在在硕士生、博士生进校与导师见面时,也常常以章先生鞭策我们的话语来鞭策他们。

博士学位论文《中间经济:传统与现代之间的中国近代手工业(1840—1936)》获得了学界的好评,这鼓起了我继续从事博士后研究的信心。我写信给南京大学茅家琦先生,茅先生热情地向我介绍了蔡少卿、张宪文、崔之清等教授,章先生、朱英教授也鼓励我去南京大学博士后流动站从事专门研究,并以导师名义写了专家推荐信,获得了南京大学历史系流动站的同意,并确定联系导师为蔡少卿教授。南京大学的前身是金陵大学,章先生的大学时代就是在这里度过的,能够追随先生的足迹,沿着先生所开创的学术事业走下去,当然是弟子的荣幸。更为巧合的是,我的联系导师蔡少卿教授是北京大学邵循正先生的研究生,邵先生在一次茶余饭后的闲聊中曾经说过的一句话"今后对资产阶级恐怕需要加强集团研究",曾给章先生很大启发,章先生所受的启发又曾给我以极大启发。蔡先生则直接师承邵先生,是我国知名的近代社会史专家,在他的指导下我对近代行会制度的转化与学徒制度的变迁进行了专门研究。我虽与邵先生相隔几代,但他的学术见解与治学经验又通过各种门径传递给我们这些后辈,这不仅是一种学缘上的一脉相承,更是学术道路上的"接力赛"。章先生为拙著《中间经济:传统与现代之间的中国近代手工业(1840—1936)》(高等教育出版社 2002 年版)作序时,曾表达了他对邵先生的深深敬意,他说:

> 写到这里,我不禁又想起邵循正先生,想起他那句似不经意的简单话语对我的启发,而这种启发甚至在我一些学生的工作中也得到绵延。邵先生并非我的业师,相处较密也只是 60 年代初那一年多时间,但他那蔼然仁者的风貌以及奖掖后进的情怀都使我终生难忘。

其实这也代表了我们后辈学人对前辈学者的崇高敬意。章先生的推荐,使我顺利地进入博士后流动站,使我的博士论文顺利出版。博士后课题完成后,承南京大学历史系与蔡少卿先生的垂爱,已确定留在历史系工作。这时,章先生在一封信中提出希望我能回华中师大近代史所工作,虽一时犹豫,但我很快就选择回到母校,回到近代史所,回到老师身边。这不仅因为学校与近代史所为我的工作、生活提供了良好的条件,更为重要的是,近代史所是一个学人荟萃、具有浓厚学术氛围的研究群体,只有把个人融入这样的群体之中,才能有所作为。

在章师的引领下,我融入了近代史所这个学术集体。

三

忝列师门后,我便更加注重从先生的演讲或文章中用心揣摩先生的治学思想与方法。先生史学思想已卓然一体,宽厚而深邃,需要专文总结论述,愚钝如我者未必能得其要领,但在以下几个方面先生对我的影响至深,略有体会。

首先,先生对历史学科的品格与历史学者人格的追求。不同的学科因为不同的研究对象而形成不同的特色,历史学作为一门古老的学问,当然也有自己独立的品格。"史学的可贵品格就是诚实,也就是人们常说的'求实存真',离开实与真史学就失去存在的价值。"①从事历史研究的人在努力追求学科品格的同时,也要铸就一种真正的学者人格。"作为一个史学家,如果没有自己真诚的科学追求,没有维护历史真实与坚持科学真理的勇气,甚至随时要看某些有影响的人士的脸色,那就是徒有其名而无其实。"②因此,先生曾大声呼吁:

> 史学应该保持自己独立的科学品格,史学家应该保持独立的学者人格。史学不是政治的婢女,更不是金钱的奴仆。③

政治与学术往往纠缠不清,我国古已有之,即便当代,学术也难独善其身。在这种氛围下,坚守历史学科品格与学者人格,真正做到学术不媚时,尤为不易。先生以学术为安身立命之本,他曾担任过华中师大校长重任,但他并未放弃学术事业,始终保持学者的独立人格,坚持学者的良心。先生常以楚图南为戴震纪念馆题词"治学不为媚时语,独寻

① 章开沅:《鸿爪集》,上海古籍出版社 2003 年版,第 11 页。

② 章开沅:《辛亥前后史事论丛》,华中师范大学出版社 1990 年版,第 466 页。

③ 章开沅:《实斋笔记》,东方出版中心 1998 年版,第 313 页。

真知启后人”自勉勉人，他早年对“李秀成”实事求是的评价就是一例，近年来对近代教会大学史领域的开拓又是一例。这些研究不合时政，甚至遭受批判，但先生依然坚持走自己的路，坚持史学的求真品格，体现了一位真正的学者的良知。

其次，先生对史学与现实关系的思考。“史学的功能之一便是为现实服务”，这几乎是史学理论界的共识，但是，如何服务、怎样才能更好地体现其服务功能，先生有着自己的一番思考：“两者之间应是平等关系而非隶属关系。史学是在保持独立的前提下关注现实，其中也包括关注政治，而决不是供政治任意驱使的臣仆。”①他提倡“参与的史学与史学的参与”，但切不可对此作口号式的理解，既不是要史学简单地参与现实、服从于现实，也不是指史学的价值在于为现实作“注解”，他说：

> 历史学家毕竟是历史学家，我们的主要“天职”乃是研究历史而非其他。我们参与现实社会生活，主要是以史学来参与而非其他。正因为如此，我们首先就需要参与历史，亦即走进历史，理解历史，把自己重新体验并赋予生命的真正历史奉献给人类！②

因此，史学只有建立在“求真存实”的学科品格的基石之上，才能谈得上“参与”，才能更好地为现实服务：

> 我赞成史学必须讲究社会效益，但是不赞成对社会效益作过分偏狭乃至扭曲的理解。史学之所以有社会效益，首先因为它是一门科学；如果史学不再是一门科学，它就顶多只能成为一件可供人随意驱使的玩意儿，那还有什么真正的社会效益可言。③

可见，对先生关于“参与的史学”不应作狭义的理解。尤其在选题上，贴近现实的课题不一定就意味着“史学的参与”，如果一味强调从现

---

① 章开沅：《实斋笔记》，东方出版中心 1998 年版，第 318 页。

② 章开沅：《鸿爪集》，上海古籍出版社 2003 年版，第 10 页。

③ 章开沅：《辛亥前后史事论丛》，华中师范大学出版社 1990 年版，第 464 页。

实出发，进行逆向追溯，甚至为现实生活中存在的若干热点问题到历史上去寻找根据，就不仅造成了史学跟着现实跑，史学服从于现实，甚至在别有用心者那里还会依据现实来解释历史。如果是这样，史学就真的如先生所言不过是“一件可供人随意驱使的玩意儿”。

史学工作者的本职工作仍然是本着“求实存真”的精神研究历史，坚持史学的学术意义永远是第一位的，也是为现实服务的基础。对史学的学科品格的坚持，就是对良好学风的坚持，这本身也是为现实服务，先生认为：“学风应为世风的先导，学风为社会良心之最后寄托，如果世风坏而学风未坏，这个社会还有希望；如果学风随世风而俱坏，这个社会就无可救药了，此之谓哀莫大于心死。”①

反过来，现实（主要是指政治环境）应给史学营造独立的、宽松的学术环境，这是真正的史学工作者所期盼的：

> 史学家其实是最好管理的公民，他们多半老实巴交，既不想升官发财，又不爱惹是生非，充其量无非是想拥有一片可以独立研究与自由思考的空间。②

因此，先生“敦促政治家进一步理解史学家的内心衷曲，更加尊重史学自主与史学家的独立人格”③。

第三，史学研究要以史料为生存之本，以实证为立学之基。先生不止一次给门下弟子讲述顾炎武“采铜于山”的思想，其言曰：

> 尝谓今人纂辑之书，正如今人之铸钱。古人采铜于山，今日则买旧钱，名之曰废铜，以充铸而已。所铸之钱既已粗恶，而又将古人传世之宝舂挫碎散，不存于后，岂不两失之者乎？承问《日知录》又成几卷，盖期之以废铜。而某别来一载，早夜诵读，反复寻究，仅得十余条。④

先生进一步发挥顾炎武“采铜于山”的思想，他认为“采铜”并非易

① 章开沅：《鸿爪集》，上海古籍出版社 2003 年版，第 14 页。

② 章开沅：《实斋笔记》，东方出版中心 1998 年版，第 319 页。

③ 章开沅：《实斋笔记》，东方出版中心 1998 年版，第 321 页。

④ 《亭林文集》卷四。

事,自有其方法与技巧,他曾在给地质大学的学生作报告时将史料的发掘比做开矿,他说:

> 历史学与地质学有很多相近的地方,我们就相当于你们勘探队。不是你知道这个地方有铁矿就行了,对于铁矿的位置,处于哪个矿层,矿脉怎么样,前后左右都要弄清楚,这样的勘探才有用。……我们提倡对于一些重要的史料必须要读原文,读原本。文本是必不可少的,尤其要考虑文本的完整性,必须知道这些材料是从哪儿来的,背景是什么,这是非常重要的。①

史料是实证的基础,实证是史学的立学之基:

> 史学研究有其内在的规律和独特的路径,不管理论和方法如何演进变化,与其他学科如何渗透整合,实证毕竟是最主要的基础与支撑。如果没有扎扎实实的实证功夫,任何宏伟的"学术巨构"都会成为建立在沙滩上的大厦,或许可以哗众取宠于一时,但很难维持于长久。②

当下学术研究中,学科间的渗透现象十分普遍,史学也不例外。以经济史为例,经济学的理论与方法在经济史研究中大行其道,这本是好事,也可以开拓研究者的视野,丰富历史学者的思维,但也有学者似乎忘记了经济史首先是"史",是某一特定历史时期、地域范围内的经济运行状况、过程及其原因,脱离了史实,一味从模型、模式出发,经济史也就失去了它赖以存在的根基。

一个真正的学者,其生命价值有二,一是生物学意义上的人生,二是学问意义上的人生,后者依托于前者,但又超越前者,生物学上的生命终将有时,而建基于学问人生上的学术生命则可永续。学问大家大抵如此,他们视学术生命重于生物生命,陈翰笙先生生命不止,写作不停,季羡林先生将写字台搬到了医院,坚持写作。章先生以八十多高龄仍然服务于华中师大,每天坚持步行到办公室工作,甚至在有"火炉"之称的武汉的酷暑盛夏,他也没有间断过。我的工作间与先生的办公室

① 李平生:《章开沅教授与中国近现代史写作》,载《史学月刊》2003年第7期。

② 章开沅:《鸿爪集》,上海古籍出版社2003年版,第14页。

斜对面,每每看到先生坐在办公室时,一方面觉得先生应以身体为重,一方面又扪心自问,先生究竟在追求什么呢?

> 工作对于他们来说,奉献更重于谋生,其终极目的则在于追求更高层次的真、善、美。唯有如此真诚,才能不趋附、不媚俗、不作违心之言。①

这就是先生的回答。老骥犹奋蹄,先生不仅以对学术的执着、对世俗的超然,表达了一个真正的学者对学术生命的珍视,也以这种日复一日、年复一年的默默工作,传递着对弟子们的厚望。

① 章开沅:《实斋笔记》,东方出版中心 1998 年版,第 312 页。

章师开沅先生与武当文化研究

杨华山

1994年至2000年6年时间，我在华中师大历史研究所(现中国近代史研究所)攻读硕士与博士学位。章师开沅先生的道德文章、嘉言懿行对众弟子的影响与浸染自不必言，忝列章门无以为报，特忆章师与武当文化研究之关系以作纪念。

敝校地处鄂西北世界文化遗产地武当山下，素以武当文化研究为优势与特色。1998年学报《武当学刊》公开发行，为示庆贺，分管学报工作的副校长特到桂子山求取章先生题词，本意让我引领，不巧未遇，校长径闯章先生办公室求见。章师闻之来意，欣然应允。为表慎重，章先生并未急就，而是稍闲时才泼墨挥毫，题赠“求实创新开拓进取”八字，由我专程护送先生墨宝回校，刊于首期公开发行的学报首页，使学报顿显厚重与增色。此为章师与武当文化研究结缘之始。

2002年我们开始筹备成立湖北省武当文化研究会，筹组工作头绪稍备时，我们认为该会名誉会长非章师不足以当之，省社科联副主席张武先生意亦如此。2003年秋天我们面请章师担任名誉会长。汇报之前，我们尚在忐忑。章师虽然身体尚健，但毕竟年事已高，社会兼职及社会活动繁忙，虽老骥伏枥仍笔耕不辍，远在鄂西北的一个地方文化研究会，章师肯否出面，实不敢贸然乐观。想不到章先生听完汇报即慨然应之，并提出若干宝贵建议，如定期举办研讨会、出版研究丛书、编印通讯等，章师还表示愿将通讯向海外寄发，以联络声气，俾海内外相关学者共谋武当文化研究之方略。

以章师在学界的崇高声望，不知有多少学会社团等谋之出任名誉兼职而不得，而独偏于在一个县级市的师专成立的省级学会，足见章师唯重学术与价值不问地域与等级的大师风范,亦足证章师提携后进扶助地方的导师胸襟。

2003 年 11 月湖北省武当文化研究会召开成立大会,作为名誉会长,章师当应亲莅坐镇,惜其时内外事务缠身而不能至。按照仪式,章师训话实不能免。事前章师吩咐由我代草,因在章师身边多年,对章师讲话风格等尚感耳熟能详,接旨后即模拟章师语气,结合武当文化,草成一稿电传章师审阅,题为《武当文化的意义》。章师一字未改,完全同意。成立大会上由我代为宣读后,赢来掌声雷动,都以为出自章师亲笔,清新幽默,高屋建瓴,将武当文化的精髓诠释到一个新的高度,不愧学界泰斗。在稍后举行的学术研讨会上,又有专家学者提及章先生"讲话"之精彩,并纷纷索要讲稿。

为免章师思想有所遗漏,特录"讲话"于此,以为存念。

武当文化的意义

章开沅

由于身体欠佳及事务较多,我不能亲临这次成立大会,特表示歉意。

我有很多的兼职,到底有多少,有时我自己也弄不清楚。但是,湖北省武当文化研究会的筹备组请我当名誉会长时,我还是很高兴地接受了。一方面,由于武当山首先是湖北省的武当山,而我的事业与生活也主要在湖北省,这是地缘情感的吸引;另一方面,武当山是我国的道教名山,我也曾登临武当山,初步领略了武当山的雄奇与武当文化的博大,这也吸引着我关注武当文化的研究。

早在 1994 年,武当山古建筑群就被联合国教科文组织列为世界文化遗产,可见武当山的影响之大。随着中国现代化的发展,人们越来越重视对优秀传统文化的研究与保护。就我所知,郧阳师专、武当山道教协会、十堰市社科联等单位在武当文化的研究方面取得了很多成果,形成了一批颇有实力的研究队伍,在此基础上成立省级武当文化研究会可谓水到渠成。

无论官方,还是学界,建设武当山、开发武当山已是共识。虽然武当山旅游与社会经济发展紧密相关，但是，建设与开发武当山如果仅仅从狭隘的、短视的发展旅游的角度着眼，将难以取得长远的理想效果。要建设、开发好武当山，首先必须研究好武当山，研究是建设与开发的基础。官、商、学要密切结合，学术研究要先行。现在各级政府也越来越认识到研究的重要性，武当文化研究会的成立得到各级政府与各部门的大力支持就是很好的说明，这是一个很可喜的现象。

现代化的发展也带来了很多现代化病，中国的现代化还没有完成，所以问题也更多，既有现代化发展带来的问题，也有前现代化的问题。作为一个历史学家，我历来提倡学术研究一定要关心当前人类社会的一些重大的问题，关注当前人类文明的深层次危机，如人类文明的缺失问题、环境生态问题、人口资源问题、民族宗教问题等等，学术研究都应该加以关注。全人类面临的重大问题已经不止是地球上的问题，甚至包括太空问题、宇宙问题，如环境污染已经污染到太空、影响到宇宙了。对人类社会终极关怀的程度深浅决定了学术研究价值的大小。武当文化博大精深，涵盖了历史、宗教、建筑、文学、音乐、武术等领域，作为武当文化核心内容的道教文化，其中有许多值得深入研究挖掘与发挥的地方。道教文化中的“天人合一”和内丹修炼思想也许不能说是解决人类社会面临的许多深层次危机与矛盾的灵丹妙药，但可以从中得到很多有益的启示与借鉴，“天人合一”本身就是一个具有终极关怀意义的命题。

在此，我想对武当文化研究会提出两点希望，也就是两个超越。第一是超越时间上的限制。要将武当文化的研究事业坚定不移地绵延发展下去，即使一百年、几百年之后，都会让人感到武当文化的意义十分重大。第二是超越空间上的限制。武当山是世界文化遗产，因此武当山就不单是中国的武当山，而是全人类的武当山，武当文化的研究也要走出湖北、走出中国、走向世界，要加强与国际学术界的交流，使武当文化的精华真正成为全人类共同的文化财富，为世界不同民族宗教与文化的融合、为解决人类文明的深层次危机贡献一份力量。

祝大会圆满成功,祝武当文化研究不断进步!

谢谢大家!

省民政厅旋批文同意湖北省武当文化研究会正式成立。2004 年初我们计划举行一个简单的揭牌仪式。正巧章师来电告之他邀请的讲座教授——欧洲著名汉学家、比利时皇家科学院院士钟鸣旦教授于 4 月到华中师大讲学,并有意到武当山考察。校领导同意了我的借此良机举行揭牌仪式的建议。章师本意不准备陪往。我在电话中说:"章老师是我们的名誉会长,成立大会没有来,这次不能不来。"章师遂同意前来参加我们简单而隆重的揭牌仪式。4 月 15 日上午 9:00,章师亲手揭下覆盖在"湖北省武当文化研究会"牌匾上的红色绸布,研究会的成立告一完整段落。

在揭牌后的座谈会上,章师全无旅途劳顿之态,精神矍铄,海阔天空,汪洋恣肆,从武当文化、传统文化到文化建设、文化交流,从生态灾难到环境保护,从高校合并扩招到高等教育管理,从素质教育到人文关怀,从社会风气到学术作风,一讲就是两个小时,使在座专家学者及地方党政领导(其中一些毕业于华中师大,故都自称是章先生的"学生")频频点头,接受了一次极为难得的教育。

可以毫不夸张地说,如果没有章师的指导与亲自参与,湖北省武当文化研究会的一系列活动将大为逊色。章师对武当文化研究会的关爱,也缘于其对神奇的武当山及武当文化的偏爱。

大凡略晓"武林"者,无不知"北少林"与"南武当"之分。在很多武侠小说中,少林多是正派,而武当常有反派。章师年少时求学之余亦常神游"武林",其叛逆倔强、特立独行的个性暗合于武当一派中所谓怪异反常、离经叛道的"邪气",章师引此为知音,心神相通,并曾幻想在武当山修炼成武功盖世的大侠,白光一闪即自此峰悄无声息跳至彼峰,行侠仗义,为民除害,为国除贼。章师还自喻为武当山七十二峰中之"犟峰",以状其精神之自由、人格之独立。

武当山素有"举世无双胜境,天下第一仙山"之誉。"武当七十二峰,峰峰朝大顶"即有其胜境之一。若在天晴之日登临武当山最高峰天柱峰(亦称“金顶”、“大顶”),举目四顾,但见群峰环绕,峰峰俯首朝向金顶,似莲花盛开,状极神奇。其中独有一峰面外背内,不肯朝向大顶,故称为“犟峰”。

以武当山的“犟峰”喻章师的人格是极为贴切的。章师无论是做学者,还是当领导,其所追寻的都是“独立”、“创新”、“求真”、“良知”,而不唯上、不守旧、不循俗、不媚时,并以此谆谆教导众弟子,既以“治学不为媚时语,独寻真知启后人”自勉,又常以此勉励弟子们。作为当代中国特殊转型时期的一代史学大师,章先生走过的路不可能平坦,即使在晚年也免不了非学术的干扰,但章师肖然不为所动,曾说:“我一辈子都在追求学术真理、追求人格独立,年轻时不怕,现在这么大年纪了,我还怕什么?”在瓦釜雷鸣的浮躁媚俗时代,如此黄钟金石声不正是武当“犟峰”的风格么?

正是这种追求学术真理的品位、追求人格独立的精神,使章师成为当代中国一代学界宗师,引领学术潮流,代表社会良知,赢得了海内外各界的广泛尊重,而章门弟子也早已成为学术界一股举足轻重的力量,有许多已成长为学界中坚,甚至政界与商界明星也多出自章门,正体现出章师历来倡导的“官”、“商”、“学”紧密结合,共谋中国现代化早日实现、共谋中国美好明天之良愿。

遗憾的是,弟子不才,不仅学问不精,而且愧为湖北省武当文化研究会秘书长,对于会务的进展、武当文化研究的开拓,常有不足,有负章师嘱托。每念及此,赧颜汗下。逝者不可得,唯祈来者之可追!

先生授我锦囊策，独寻真知为大事

李宪生

1999 年秋天，恩师章开沅教授在中国社会科学院近代史研究所 50 周年所庆集会上发表《参与的史学与史学的参与》一文，主张“尘封的历史需要揭开新页，备受冷遇的史学应该显示自己的价值，在火热的现实生活中发出更多的光和热”。研究中创造历史，创造中研究历史的史家精神对我触动甚大。其时，我正师从先生并正在营构自己的博士论文。作为生于斯、长于斯，或许将终老于斯的地道武汉人，我以《两次世纪之交武汉的对外开放》作为毕业论文开题。以此为题一则迹循先生的研究思路，考量与自己物理距离最近的历史现实（先生对辛亥革命的研究卓然自成大家），再则遵从“参与”、“创造”的谆谆师训，不敢稍懈，拙文对两度世纪之交的百余年间，武汉作为华中特大城市所经历的两次对外开放的环境、路径、效果进行比较研究，以温故知新。至今回想起华师三年的学习，恩师的指导，仍深感教益。

学问的精神与路径仅仅是门下弟子短短几年间的直观收获，为人与治事的通理确能让人受益终生。先生“悠游于治学与育人之间”（《光明日报》2003 年 9 月 5 日）的大家风范，老而弥坚，孜孜不倦的可敬精神愈益感佩时人、启迪后学。

如实评价李秀成使先生早年“因文获罪”，作为史家的他自有其史家之精神。司马迁以“究天人之际，通古今之变，成一家之言”的气概与抱负，秉承春秋笔法，为李陵辩护，触怒汉武，身受腐刑的他不畏强权、不辍笔耕，成就史学丰碑“史家之绝唱，无韵之离骚”。学问与时政常有的悖反，虽让史家罹难，亦使史家坚定。独寻真知的正直无畏和笑对人生让先生在辛亥革命史的研究领域开启一代先声。1979 年，先生在

《辛亥革命史研究中的几个问题》中率先提出了“解放思想、拨乱反正”，“重新探索辛亥革命史研究前进的方向与途径”的观点，在国内外引起强烈的反响。1981 年，一部 3 卷共 120 万字的长篇巨著《辛亥革命史》成为纪念辛亥革命 70 周年国际学术讨论会上“最引人注目”的成果。它作为世界上第一部研究辛亥革命的通史性、综论性的大型专著，被称为“最能体现目前中国辛亥革命研究的观点、方法、水平”的权威性著作。国际辛亥革命史研究的中心从此回到了辛亥革命的首义之地。

耳顺之后，先生以“老牛自知黄昏至，不待扬鞭自奋蹄”的坦然自嘲与自励，拓展着研究视野，并不断取得新的成就：1989 年 6 月，他主持的“首届中国教会大学史国际学术研讨会”在汉召开，美国、加拿大、香港和国内的 30 余名学者交流了中国教会大学史研究的各个方面研究成果。先生与美国林蔚博士共同主编的会议论文集《中西文化与教会大学》“被视为近代中国教会大学历史研究的一座重要的里程碑”。1994 年初，国内首家中国教会大学史研究中心在华中师范大学创建。

缘于对中国教会大学的研究，先生对贝德士档案的研究成为又一学术高峰。1988 年和 1991 年他先后两次赴美查阅史料，以大量的第一手资料，将文献中有关日军南京大屠杀的内容结成《南京大屠杀的历史见证》一书，在国际上首次详尽地揭露了日军在南京所犯下的滔天罪行，有力地驳斥了日本右翼分子的无耻谎言。1999 年，先生的贝德士文献研究的系列著作之二《天理难容——美国传教士眼中的南京大屠杀（1937—1938）》出版，又一次反击了日本右翼分子掩盖历史罪行的企图。

先生不仅是一位杰出的历史学家，也是一位著名的教育家。忝列师门，先生时时让人感受到史家之淡泊宁静，处处让人感受到长者之风范可敬。桃李不言，下自成蹊。师从先生的本科生、研究生难以计数。在担负校长等行政职务期间，他鼓励学生不仅要学到扎实的专业知识，更要注重综合能力的培养。治学之时，先生常以孙中山“不要做大官，要做大事”来引领门人。先生常授我民族实业家张謇的传世名言：“天之生人也，与草木无异；若留一二有用事业，与草木同生，即不与草木同腐。”这平实之中交织着冲淡与奋进的箴言甚于千万次严苛的耳提面命。

“不要单纯埋怨社会不关心史学，而首先要问史学是否关心社会。要想让社会理解史学的价值，首先我们自己要真正理解史学的价值。”先生将史家视野超越时空维度的博大与厚涵，令屡历多岗的我品味到“做事先做人”、厚德载物的君子情怀，更让人获得了“把工作当做学问做”（以做学问的精神和态度做工作）。“章氏风格”的循循善诱不只是学者的门径引导，更是师长的人生馈赠。

三生难报灌顶恩

张艳国

1998年的夏秋之际，对于我这个已经在史学界游荡了多年的大龄青年来说，是一个难忘而欢喜的季节。这时，我已过三十四岁。就是在而立之年过后，我考取了华中师范大学中国近代史所的博士研究生，投入章开沅先生的门下，专修中国近现代史。这是我长期梦寐以求的事情，因而好长一段时间情绪高涨，充满喜庆之情。翻开我当年的日记本，有开学之日写下的两首蹩脚诗，可以为证。

其一曰："而立过后观人生，弹指挥间岁月轻。休说拼搏志如铁，管他攻关苦似僧。莫道人间春风少，难得世上正午晴。花开花落无常事，日出日没有定恒。"

其二云："哪有先进成霸主，才人代代领风流。敬业爱岗修正果，明德慎行与良优。妻贤女淑随人羡，父慈师恩勖我游。壮士矢志不歇力，把卷举笔敢当头！"

回头看来，当时内敛不够，喜形于色，还斗胆地抒发着豪言壮语。这正是年轻时不成熟的通病。但是，年轻的时候，正是多梦的时节。美梦成真，的确快慰。这也从另一个方面可见，我非常重视并珍惜这种师生缘。

跟随章老师攻读中国近现代史，我的收获有如随佛参禅，醍醐灌顶之感。这里选取几个片断，说明章老师对我教育的深刻和影响的深入。

一、"遵守时间，是对他人的尊重，也是对自己的尊重"

1999年，是伟大祖国50年华诞。为了以青年学者的方式庆祝共和国的生日,湖北省青年社会科学工作者协会与湖北省新闻出版局商议出版一套“荆楚青年人文学者文丛”的图书,选择出版我省45岁以下的人文青年学者的自选集,以表彰他们在人文科学领域辛勤耕耘的业绩。这项工作受到了华中理工大学出版社的热情支持。在社会各界的大力支持下,出版工作进展得十分顺利,最终在国庆节前夕由省新华印刷厂精心印制出来。

这套丛书一共有10位作者,分别是陈锋教授(武汉大学,史学)、张艳国研究员(湖北省社会科学院,史学)、马敏教授(华中师范大学,史学)、徐勇教授(华中师范大学,政治学)、王建辉编审(湖北人民出版社,史学)、欧阳康教授(武汉大学,哲学)、涂文学研究员(武汉市社会科学院,史学)、江畅教授(湖北大学,哲学)、何锡章教授(华中理工大学,文学)、李建中教授(中南民族大学,出书时已调至华中师范大学,文学)。其中三人出自章门,他们是马敏、王建辉和我。当时在省内几个学术会议上,有一句戏言:“百家争鸣,百花盛开,以章门尤甚。”这句话的来历就是如此,这是后话。

章老师对这套书的出版是十分高兴的,也大力支持。他同夏振坤老师、陶德麟教授一道,分别为丛书写下了序言。章老师在序言中,一是表达了对青年学者进步、成长的喜悦之情,他说:“自选集的出版乃是他们二十年左右学术耕耘的总结,也是他们进入新世纪、新阶段的起跑线,预示着他们未来学术业绩的辉煌。”二是寄托了殷切期望,他说:“我深愿这套丛书的作者能站稳脚跟,以扎实的步伐坚定地走自己的路。每个人的最终成就可能有大有小,但绝对不要追求成为昙花一现的名人。江汉学脉,世代绵延,吾人有厚望焉。”章老师的喜悦绝不仅仅是冲着他的三位学生来的,而是面对全省乃至全国青年学者。

我当时有一个想法,就是:这套丛书出版后,首先要送一套给章老师。9月22日,印刷厂通知我们,样书已出若干,可以提供几套。出版社约好我和陈锋教授,第二天一道到汉口去取书,同时,为开出版座谈会做准备,把书沿路分送有关支持本书出版的单位和领导,如中共武汉市委宣传部、省新闻出版局、中共湖北省委宣传部等。

9月22日晚上，我把出书的好消息告知章老师，并转达了出版社领导的好意，第二天下午送一套书给章老师，以示谢忱。章老师问什么时候来，我说，下午4点半。

后来证明，我对时间的安排是没有经验的。一是到印刷厂取书要经过若干环节，办手续费时间，二是沿路送书要花时间，加之过长江二桥车堵路挤，路上要花时间，下午4点半赶到华中师大绝不可能。何况，我当时犯了更大的错误，在沿路耽搁时间的情况下，没有及时同章老师联络。章老师一如他多年的风格，下午冒着武汉的秋燥炎热，步行20分钟到办公室，边办公边等待我们来访。当天下午，他由喜悦之情慢慢变得不快，可以体会得到。

我直到晚上七点才同他联系，告知我们的到来。但是，章老师一改他平日的和蔼，非常生气地在电话里说道："艳国，请你看看表，4点半已过去几个小时了？我现在不会客。"这时我才悟出事情的严重性，内心的自责与歉疚自不待言。

第二天，我约好陈锋、马敏陪同，向章老师做诚恳的自我批评。章老师一夜之后，复又和蔼可亲。他对我说，昨天晚上的事情，你做得不对，让我苦等多时，但是，我发了那么大的火，挫伤了你的积极性，我也有不是。老人家这么一说，让我汗颜，我的心、我的脸燥热难当。老人家教育学生、厚爱学生，有何不是！他又平静地说，艳国啊，我在国外奔波多年，形成了比较西化的生活习惯，就是守时间，重然诺。我们有民族劣根性，突出的毛病是不守时间。这其实是对别人的不尊重，当然也是对自己的不尊重。尤其是一些官员，对约定的时间如同儿戏，随意更改，起到了很坏的带坏风气的作用。你是我的学生，我有责任严格要求你。事情已经过去了，你要吸取教训，改了就好。他最后笑着说，我还要督促检查你的，绝不允许你再犯第二次错。说完这件事后，章老师的兴奋点又依旧回复到这套丛书上，他翻阅着其中每一本书，边翻阅，边评论，他的喜悦，他的动情，真好比在欣赏世上的绝美之物。

从此以后，我牢记章老师的教诲，做到准点准时，改正了不良习惯。

二、“要写就写出好文章，不要凑合之作”

2000年秋季，我的博士论文的开题报告获得通过。在论文的研究和写作中，章老师专门约我谈了三次，每次都是在下午，每次都有两节课的时间，给我留下了深刻的印象。

章老师反对学术浮躁之风，这是他的一贯思想和坚决态度。在新世纪之交，学术浮躁之风更烈更甚，章老师对此批评更多更甚。他说，学术浮躁之风，有学术原因，更有社会基础。现有的科研考核指标和学术评价体系是不利于培养学术的醇厚之风的，指标数字化，数字功利化，学术界急功近利，管理部门推波助澜，助长了学术浮躁之风。他还说，他的话，别人听不听，他管不了，但对于他的学生，他一定要管，而且要努力管住，管好。正是在这样的背景下，他对我的论文研究和写作有一系列总体而又具体的要求。

在三次专门的教诲中，章老师总是围绕着一个总原则来讲的。他说：“我对博士论文的要求，只有一个严字，就是出高水平的论文。不要把论文当做专著来写。论文与专著是有分别的。论文不同于专著，最大的分别就是论文比专著更专，更深，因而更新些。我对你的要求是，要真正下功夫，要写就写出好文章，不要凑合之作。”章老师讲这话，对我是有很强针对性的。一是我相对应届生而言，专业基础相对好一些，这是优势，但如果不严格自律；不思进取，就会出应付之作；二是章老师反复讲，不管他门下的学生是否从事专业研究，但从态度上讲，他不希望有人是为了混一张文凭和混一个“出身”，一定要真学真懂，真有收益。他这样教育我，还是在个别敲打我，以防我自我感觉良好，不再下苦功夫。

在这三次专门的谈话中，章老师对我的论文研究与写作，有几条方法论和指导思想方面的要求，话很精粹，不拖泥带水，不重复旧话。内涵都很丰富，可谓意味深长。

章老师启发我，“研究问题的视野要开阔，分析要有理论深度，学会像学术大家那样思考问题，做到研究有个性，立论见精神”。章老师早已被史学界公认为中国近代史学科的大家名师，但章老师给我举例时，绝口不谈他自己的文章，他谈别人的名篇力作多，尤其是对已故的陈旭麓教授和林增平教授，谈及最多。他对他们的赞赏，不绝于耳，语气诚恳，态度真诚，而对他们过早去世又无限惋惜。他很敬佩陈旭麓教授对中国近代史问题的思辨方法。章老师对陈先生的《中国近代史上的爱国与卖国》、《中国近代史上的革命与改良》、《秘密会党与中国社会》、《上海租界与中国近代社会新陈代谢》、《李鸿章与中国近代化》等论文十分推崇，认为其选题的视角、分析问题的思想方法和归纳总结的理论深度值得认真学习。他很反感历史研究政治化、人物思想评价标签化的做法，提出了一种极有理论价值和方法论原则的"同情与理解"概念。章老师的这个概念，我把它运用于论文研究中，并在结束语中留心做了领会和展开。

其实，章老师对我提示和要求的，他自己如同陈先生他们一样，早就出色地做到了，如被中国近代史学界广泛重视的论文《俱分进化论的忧患意识》、《法国大革命与辛亥革命》、《民族运动与中国近代史的基本线索》等等，有些段落我可以背诵下来。但在章老师身上体现的，一方面是谦逊的美德，另一方面是对学术研究同行的尊重，更重要的则是希望学生们视野开阔，善于吸收各家之长，更好地提高自己。

在论文写作中，我按章老师的指点，读他们的论著，果然思想上常有顿开茅塞之感。

章老师希望我，"研究要做好两个结合：与史料的结合，与最新学术成果的结合，使研究的对象既立于扎实的资料上，又处于学术研究的前沿"。章老师说，与最新学术成果结合，这一点相对来说好做到些，一是有互联网，自动化程度高，手段现代化；二是学术昌明，信息量大，只要善于甄别，结合起来并不难。比较起来，做扎实的资料工作要难得多，要花功夫得多。章老师对此有深切的体会。他说，在20世纪60年代初研究太平天国革命问题时，他多次深入农村搜集资料，有一次在鄂东的广济农村，因为又饥又渴又疲劳，瘫倒在地。但他也不放弃，终于有新的发现，有新的收获。他还说，他同林增平教授主编大型专著《辛亥革命》时，对资料的掌握和选择，就有很高的要求，实践证明，这对于学术著作出质量、上档次大有帮助。有了章老师的教导,我在论文写作前,大量搜集了与论题有关的第一手资料,而不是满足于第二手资料,如已有的"文集"、"选集"和"资料汇编"之类。这一点,得到了论文评审专家的高度肯定。

每个人的能力有大小之分,悟性有高下之别,我的能力平平,悟性一般,但我努力地按照章老师的教诲做了,态度诚恳,行动努力,因此,感觉还是有收获的。如果换成那些能力强、悟性高的人,一定能做出大成绩来,这对我而言,则是不能奢望的。

令我又欣慰又感激的是,在我的博士论文出版之际,章老师以"同情与理解:解读五四时期评孔思潮的文化纽结"为题,专门为之撰写了长篇序言。我把章老师的序言看成是对我的努力的肯定和鼓励。对此,我极其珍视。因为,由于身体的原因,章老师近年来已经很少写序文之类的东西了。虽然我已经毕业了,但是,在以后的研究和写作中,我还是要按照章老师的教导去做,争取做得更好一些。

三、"我最高兴你们为我送来精神食粮"

章老师虽然年事渐高,但身体康健,精神饱满,依然长年辛勤工作在教学工作的第一线。平常,我不忍心过多地打扰他,只是在电话中常送问候。但是,每年新春,我们一家人都一定要当面向他和师母贺岁的。顺道中,总想给他们带上一点礼物,以示敬重。这也是中国传统的尊师重教之道。但章老师总是诚恳而严肃地说:"艳国,你们一家的好意我和黄老师领受了。你们一定不要花脑筋为我们买点什么来。一是我们老年人的生活以清淡为本,吃穿有限,多余之物是浪费,处理起来更是浪费时间、精力,而且还却了你们的美意;二是我们的经济条件比你们好,已无衣食之忧,你们上有老,下有小,时时处处都要花费,你们心里有老师这就足够了。"他特地提高声调和语气,并做着手势说,"我最高兴你们能为我送来精神食粮。看着你们发表新论,出版新著,给我送来,我太高兴了。说明你们记住了老师的话,努力了,拼搏了,进步了。这比什么都要好!"每次我向章老师汇报研究中的体会,他都听得很认真，很仔细，并不时插话问得更仔细一些，对于我送上的习作，总是慈祥地微笑着赞许，并说，希望来年又有更多更好的新作。

章老师对学生的培养、教诲，费力用心，不堪其劳，正如孔子之所谓“诲人不倦”。学生向老师表达物质上的敬意，又算什么！三生难报灌顶恩。吃用之物，只不过是一种感情的表达罢了。但是，章老师更有一种理想寄托：用努力、用成就来报答师恩！这就是章老师的一种师生情怀。

每当我懈怠的时候，每当我迟疑的时候，每当我低迷的时候，我就被章老师的“精神食粮论”所唤醒。每当我埋头工作、踏实工作、勤奋工作的时候，我就有一种情感寄托，有一种精神安慰，我是在用我的劳动报答我敬爱的章老师啊。因为他不求从学生中有所获，但求学生日日进步，每每进步，永远进步。

黄金有价情无价，人生之中最珍贵的是友情。而友情又以理解为基础。我虽不能报答师恩，但我却说，我能领会和理解章老师殷切的眼神、博大的情怀。

走近章开沅先生

孙丽娟

在现代章门弟子中，我算是有点特别的。一个38岁的妈妈级博士研究生，还脱产来攻读博士学位——大有混文凭之嫌。然而我自己知道，选择攻读博士学位是为了实现我成为学者的人生方式的转换，这种选择萌发于先生的榜样；选择到华中师范大学中国近现代史研究所学习，则是为了走近我景仰已久的章开沅先生。因为我生命意义的第二次转折，是由于先生不经意间的促动。一如我在博士论文后记中所说："华中师范大学中国近现代史研究所……聚集着一个真正的学者群体，令所有真心向学者心仪……所有选择华中师范大学中国近现代史研究所的求学者应该都与我有同感，冲着压力而来，在压力下成就真才实学。"虽然这种压力有时候令我怀疑是不是自己在跟自己过不去。

一般读书人都知道，华中师范大学中国近现代史研究所里名师云集，能够进到这里读书，的确多少可以沾点名师的门楣之光；但真想进这里读书是非常不容易的，遑论进到这里还想不下一番非凡的功夫就把文凭、学位混到手。因为仅仅就是每天在研究所看到先生默默无声地来往着的沉思的身影，压力就油然而生；在研究所里，满目皆是源自于先生的凝聚力和创导力产生的累累成就，更使所有求学者不敢不争分夺秒地把自己投注进去。这里的确是一个纯粹的学术殿堂，静默中来往着的都是些匆匆的身影，肃然中充溢着探索、求真的气氛。而萌生于本科学习期间对先生的景仰，也由于在所里学习期间每每见到先生的身影而愈益深厚、崇高，直至化为催动我前进的力量。

1978年刚满17岁就离开中学进入大学的我，其实是相当幼稚无知的。玩心超过求知之心。在一派因为离开了父母的约束的"虚假"自由和盲目乐观中虚度了大学头二年的时光。而这时的先生却正应着那句“好雨知时节，当春乃发生”的意境——十年沉积和酝酿，一朝开启，其学术上的创造力犹如井喷般不可抑制①。这股创造力更放射出奇异的光芒，照亮了一批如我般幼稚不知学术为何但崇拜思考的20世纪60年代出生的应届大学生②。我们这批人的启蒙教育开始于一个贬抑学术但不乏“批判”、“反潮流”引导的时代。这种引导的结果是当“十年”封闭结束，我们发现我们几乎没有建立起任何思想体系；我们的知识体系也是一直处于泻肚子状态：昨天学的东西，今天就被一个运动颠覆了；今天学的东西，又会被明天的一个什么批判给推翻——而我们却被晓之以所谓“否定之否定”原理。这种把我们单纯的思想引致糊里糊涂的“否定之否定”，在遭遇先生评价清末南通状元资本家张謇“未免夸大了帝后党争在晚清政局中的作用议论”为“以致颠倒了历史的本末主次”③的学术思考时，突然显得不知所云。我由此知道了什么叫学者，什么是学术。思想的魅力，探求事实真相的渴望，在我身上第一次被激发。这一切还因为一个特别物化的场景而变得具体。

1982年上半年，我们中文系1978级的部分女生被安排到当时已经成为硕士研究生专用的2号学生宿舍楼；我们有机会目睹了当时刚刚成为先生门下弟子的马敏、朱英等老师那种求知若渴的形象。印象中至今清晰鲜明的是马老师在来往食堂路上时的情形：去时，左手拿着饭碗，左手小臂托着一本厚厚的书，边走边用右手翻看着——

① 正是在1981年前后，先生研究辛亥革命的成果迭出，声名鹊起；不断有论文发表在一些重要的历史类刊物上。这些刊物都是当时在读中文专业而偏好历史的我所喜爱浏览的。

② 之所以说是“一批……年轻大学生”，这是特殊的历史造就的情况。恢复高考制度后的头几届学生，几乎是老少三代同堂，有20世纪40年代出生的，有20世纪50年代出生的，还有我们这些20世纪60年代出生的。我们称出生于20世纪40年代的为“老”同学，出生于20世纪50年代的为“大”同学，20世纪60年代出生的则被那些“老”、“大”者称为“小”同学。那时，“小”同学的学习积极性的确不如那些“老”同学。

③ 见先生论文《翁张交谊与晚清政局》，载《近代史研究》1981年第1期。

丝毫不理会一旁走过的成堆女生的嬉笑;回来时则是用左手小臂揽着饭碗靠在怀里,左手拿着书,边低头吃饭边专注地读着书,右手此时不仅要翻书,还承担着往嘴里送饭的任务。我们有时不禁奇想:看他走路头都不抬,别撞到什么东西啊!同时也难免纳闷:这个如饥似渴的"大"同学研究生是谁?是什么力量令他对学习痴迷如斯。后来我们打听到:这个"大"学生叫马敏,他的导师叫章开沅。这时,先生作为导师的形象和学者的形象在我头脑中实现了复合;而我也萌发了一个美好的愿望:做一个先生那样的驰骋思想、探求事实真相的学者!

1994年春天,我有幸在海南零距离聆听了先生的教诲。那是先生历经1990年至1993年在海外普林斯顿大学、普林斯顿神学院、耶鲁大学、加州大学圣地亚哥分校及台湾政治大学等地讲学归来,应邀到海南洋浦经济开发区给一个学习班开讲座。先生出远门说起来是传道授业,我却觉得先生此次出行更像游学者。将近两个小时的讲座中,先生娓娓叙谈海外见闻和观感;观察之细微,捕获社会面相之丰富,体察之真切,使听者感同身受;那不仅仅是在用眼睛去观察,更是在用学者的眼光去研究,用赤子之情去参照,凭着油然的使命和责任感对展现在我们面前的许多社会现实进行反思。整个讲座期间,先生感慨良多,沉吟良多。谈及中国基础教育的现状与其他国家的对比,中国改革开放和经济开发的现状与其他国家经济开发历史的对比,中国的法律制度现状与其他国家法律发展的道路的对比,先生语重心长地指出:这一切决非一朝一夕的事情;我们须小心地不要再犯历史上的错误。那一刻我所看到的先生是一个满腔爱国深情的有着深邃目光的历史学家;他看问题的透彻和深远震撼着当时在海南经济过热的大潮中正茫然不知所措的我。注视着年届七十高龄的先生坐在讲桌前那安详、平静的身影,我为我一度的动摇而羞愧;虽然此时我距离先生这么近,我为先生奉递着茶水,但我却觉得我离先生前所未有的遥远。

1999年初夏,我先后拿到了华中师范大学经济法学硕士研究生毕业文凭及硕士学位证书和中国近现代史博士研究生入学通知书。面试那天，一向口舌伶俐、不怯场的我竟然张皇失措地忘记了给各位考官问好；一颗心狂跳不定，脸可能也是通红吧。先生的态度很和蔼，面带微笑。我那绷得紧紧的神经稍稍松弛。率先开场的是先生，预料中的严肃提问代之以近似拉家常的交谈；先生好像对我这个法学专业的学生来报考历史专业有些兴趣：你为什么想做历史学的博士呢？这个问话让我一下子找回了自己。虽然事先没有想到会被提这样的问题，但这个问题却萦绕于心日久，我稍稍思索了一下，便从自己本科时对历史学科的喜爱，到对这里的学者的钦佩和向往，到对中国近现代史研究所学科发展规划中关于加强法律方面问题研究的设计等等方面，思绪清晰流畅起来。先生不时地用鼓励的目光看看我，同时和其他老师交谈着，好像有肯定，又好像有赞许。没有面试的紧张气氛，倒像是在漫谈，我可以正常地表现我自己了。

我终于走进了先生一手创建的令多少欲求学深造的年轻学子向往的华中师范大学中国近现代史研究所。在研究所学习的这几年，我有很多机会可以聆听先生那些妙趣横生的智慧论断，得到先生直接的有针对性的指点。最大的感受是先生很善于鼓励人，很善于指点迷津。先生鼓励人，不是用那种简单肤浅的诸如“你不错”这样显然的言辞，而是给你树立一个努力的目标：嗯，你的这个论题很有冲“百篇”的希望，但前提是你必须下一番功夫把论文好好地写出来。听到这样的话，没有一个学生不鼓起满腔的斗志而摩拳擦掌地准备拼搏一场。而先生的指点迷津，更是建立在学识和素养厚实而广阔的基础之上，那应该就是人们通常所说的“大师”的水平和风范了吧。有一次，我把还在上小学二年级的女儿带到所里，在楼梯上与先生相遇。先生笑着弯下腰来和我女儿说话：这么高啊！上幼儿园大班了吧。女儿抬起下巴不服气地说：什么呀，我都上二年级了！先生呵呵地笑了起来：对不起啊，是我说错了！……女儿的率性和先生的率真坦荡，让我一时立在那儿不知道该如何是好。望着笑容满面慢慢离去的先生的背影，我心里不禁一阵感动：这也应该是大师风范的含义之一吧。

写到这里不禁寻思：在先生身边时，为什么不把这番话说给先生听呢？仔细思量一下，倒不是没有勇气，而是认为虽然我能够幸运地在先生身边得到先生很多亲切的教诲,但我其实还没有走近先生。当我在博士学位论文的后记中写道“虽然这篇后记在形式上到此可以打住了;但我今后的努力连同我暂时定稿的论文,却不能就此打住,我必须为这一切付出我的余生。这不是口号,是我今后的道路”时,我脑海中浮现的“今后的道路”的情形就是如同先生走过的道路一般:做个学者,做个治学不为媚时语的真学者。而这的确需要我付出余生,尚不知道即使付出余生能否真正走近先生。

归鸿传师情

罗福惠

从 1980 年夏忝列先生门墙至今，不觉已过去二十余个寒暑，时间不可谓不长。其间或聆听先生讲课、谈话，或随先生参加学术研讨会和评审、咨询会，或作餐叙茶叙，或徜徉山水、寻探名胜古迹，总之，亦步亦趋之时之事甚多，因此脑海里、札记中留下先生的嘉言懿行应该不少。但由于时间紧迫，要一下子梳理出来，尤其是围绕某个中心或主线，形成一篇系统的有意义的文字，又委实不易，况且记忆和笔记也未必准确，难以作为“信史”流传。考虑再三，决定以发布我所保存的先生的十二封手书的形式，表示共襄盛举和对先生的敬意。

这十二封来信写于 1992 年春至 1995 年春。我还清楚地记得，1990 年夏天，我随先生住在北京京西宾馆，参加完当年的教育部（时称“教委”）和国务院的学科学位点评审会议（先生任历史学科组召集人，我充秘书）后，先生去教育部办理了出国手续，8 月即经香港赴美，在美国交流访问至 1993 年 6 月。1993 年 6 月至 8 月又访问日本，8 月下旬到达台北，在政治大学担任客座研究教授。1994 年 4 月回校七八个月之后，1995 年年初作为黄林秀莲的访问学人再到香港七个月。在先生离校的这将近 5 年的时间内，应该有 20 封左右的来信。如抵达美国后，1990 年 9 月到普林斯顿大学，1991 年 7 月由普林斯顿大学转往耶鲁大学，1992 年 3 月由耶鲁大学转往加州大学圣地亚哥分校时，都曾给刘望龄老师和我来过信，告诉新址和近况，并指导所内工作。所以 1990 年秋到 1991 年间的来信可能在刘望龄老师处，由于刘老师在 1992 年调到广东省社科院孙中山研究所且数年后病故，这几封信已无法找到了。而从 1992 年春天起，先生写给我（包括给我个人及相关同仁)的信，我就留意保存了下来。其间虽经三次搬家，两次搬办公室，都不曾散失。现在经先生同意，将此十二封信按时序收入"纪念集"。至于我在重读、整理和校对这些书信时的感想，将在书信之后再说。

第一信

福惠：

2月29日信收悉。你先后寄出的三包书，均已收到，并分赠学者及耶鲁图书馆等。《辛亥革命辞典》也已收到，并送耶鲁东亚图书馆永久保存，此书印刷精美，堪称出版大手笔。《综览》[①]印刷、内容亦好，装帧亦好，可惜缺Gasseter(中文名高慕轲)等著名学者，英文名字错误太多，改不胜改。最好请马敏校勘制表，复印后寄送国外知名学者，以消弭负面影响。去年一年你们人少事繁，做了大量工作，恐怕校对工作量也极大，赶得又紧，加以印刷厂职工(甚至包括编辑)外语水平不高，因而难免误植，这是可以理解的。但外间已略有反映，我不能不转达。

朱英回港，是对的，香港学术界颇思有所作为，愿作中外桥梁，东西文化汇聚点。香港中文大学交流主任Sheldon(中文名谢天懋)又是雅礼协会旧人，我校最要好的外国朋友。中文大学历史系系主任吴伦霓霞亦甚友好，朱英应该多做点联络工作，为我所增添一点对外联络通道(耶鲁东亚中心亦与中文大学加强合作，且有专项经费)。

《比较》[②]、《道路》[③]两本专著，都亏你始终苦心经营，辛劳可知。因出版时间紧迫，寄费太贵，且时间已来不及，同意你提出的变通办法。因大家思路、观点彼此熟悉，似不必拘泥于通常惯例。来美以后，乐正、虞和平、莫世祥，郭国灿[④]等好几本专著的序，都无法看原稿，全凭记

① 指先生与我们数人合编的《国内外辛亥革命史研究综览》，湖北教育出版社1991年版。

② 指《比较中的审视：中国早期现代化研究》，浙江人民出版社1993年版。

③ 指《辛亥革命与中国社会发展道路》，湖北人民出版社1993年版。

④ 乐正、虞和平、莫世祥、郭国灿，均为章先生门下毕业的博士。

忆、印象写成。好在年老尚未昏聩,此类事尚可勉强凑合,不至于闹笑话(现在讲话,有时词不达意,讲的与想的正好相反,如前后、左右、是否等,好在不甚频繁,不影响正式讲演,文字工作则没有这类问题)。此外,这两本书署名,请用双主编(章、罗),至少是正副主编为妥。

遵嘱先写《道路》序言,《比较》序言只有到加州后才能撰写寄出(6月以前)。未留底,请复印存考。

我在加州的地址如下:

电话暂定为:(619)457—7780(如无变化,则不另行函告)

请转告所内及校内有关同事

恭祝

阖家安好

章开沅

1992.3.12

今天海运寄出一箱书,请代收,放在我办公室内(约6月中可到)。

第二信

福惠:

前信及《道路》序言想已收到,现在又将《比较》序言寄上。由于离校已久,又未能看到若干章节书稿,所以便早点寄出,你再看一看,如有与内容不协调之处,尽可修改,不必往返函商。章节标题我别无意见,觉得够一本大书规模了,但愿能早日出版引起各界关注。主编应用我们两人名字,至少你署副主编,这样才符合实际,也使我略为心安。

来圣地亚哥(San Diego)不觉已有一个月了,这里的周锡瑞(Joseph Esherick)诸教授对我们很关照,合作得很好。海滨城市,景色、气候两相宜,在东北部住久了,来此觉得耳目一新,稍得休息宁静。只是生活费为全美之冠,开销很大。UCSD(加州大学圣地亚哥分校)是新校,研究中国的历史也不久,但教师力量很强,而且正处在向上发展阶段,并且始终具有与我所交流的意愿。由于周锡瑞未参加去年武昌之会[①]，所以会议赠书，他都没有。我在 Yale 已把你们寄来的书赠送完了，现在只有把《综览》送给他。我想，所里可以寄一包书给他（包括“辛亥人物文集丛书”），请他转给该校东亚图书馆或中国研究所，以扩大本所影响（现在这里只有北大、南大学生），这里图书馆只有一套三卷本的《辛亥革命史》。书用海运，书费及用费均可由我处所剩《教会大学史》补贴款支付，回来再行结算，免得所里负担太重。另外，凡曾为《综览》提供小传资料的外国学者（马敏、赵军经手），恐怕都应该各寄一本，否则说不过去，但这个情况我不太清楚，须问马、赵，费用同上处理。

5 月 22 日，美国 Augustana College 将邀我与黄老师去参加毕业典礼，同时授予我荣誉法学博士学位（与布什一样，一笑），这是对我校、我所的很高评价，也是我们共同的荣誉，在此谨向校内、所内全体同事、学生表示诚挚感谢。附该院院长来信（Fax），你们可以复印分送校领导及外办、研究生处，同时也许可以用于博士点复查。

马敏所寄建议书很好，已复印多份，分别寄有关基金会，看看有什么反应再作进一步联系。估计须有一段时间，因为一般要到明年 4 月才宣布申请结果。但我将在此之前与有关负责人多作联络，所里也应尽量多做这方面工作，多出成果，以增强竞争力。

匆此即问

近佳　问候望龄及所内其他各位同事

阅报，知朱英获霍英东奖，这亦是很大喜讯。

（周锡瑞的地址，即信封上的地址）

章开沅

1992.4.30

第三信

望龄、福惠、重民暨所里其他同事：

接福惠信，知所里工作进展很好，并经全国重点学科评比，排名 24（历史学科第二），不胜欣慰。这都是你们辛勤工作的结果，当然也包括

---

① 指 1991 年 10 月在武昌召开的“纪念辛亥革命 80 周年国际学术研讨会”。

学校与国内外有关单位、人士的关切与支持。希望今后能不断克服困难,继续进步。

今年上半年,我主要做了几件工作:1. 全部看完 *Bates' Papers* (131Boxes,1131folders),先后整整花了9个月的时间,并精选、复印了数千页档案资料,为整理出版 Bates 遗著"*The Protestants' Endeavors in Chinese Society*, 1890-1950"及撰写 Bates 传记准备了必要材料。2. 将论文"The Fate of Chinese Christian Universities—in the Perspective of Dr. Bates, a Missionary Historian"从20页扩充为50页,将收入 Arthur Waldron 与我主编的第二本论文集(英文,在美国出版,马敏那篇论文亦收入)。3. 还写了二篇:"The Christian Universities and the China's Political Situation in 1920's"(参加 The Association of Chinese Studies in U. S. 第31届年会),"Recent Development in Research on the History of Christian Higher Education in China"(与 Dr. Peter Ng 合写)。4. 分别在纽约与 Yale 做了"Dr. Bates and the Nanking Massacre"的演讲。5. 在 UCSD 与 Esherick 合开一门课"中国近现代史的史料与方法"(4月至6月),对美国本学科博士生培养增进了理解并增加了实践经验。

5月22日至25日,我与黄怀玉应邀,经 Chicago 飞 Rock Island,接受荣誉博士学位,Augustana 大学接待非常隆重,典礼(与毕业典礼结合)整整进行了一天,上午带宗教传统色彩,下午则为正式授荣誉证并穿戴博士袍帽及绶带,有3,000人参加。接受荣誉博士学位者仅我一人,而所有接受各类学位者当中也只有我这独一真正的中国人(其他只有少数几个 ABC,即第二代美籍华裔)。因此,会场上挂的第一面外国国旗就是五星红旗(因为我的学位最高,最先授予),使我再一次感到作为中国人的骄傲(怀玉亦坐贵宾席,并被佩戴鲜花)。同时,我也感到这是全校、全所共同努力的结果,这也是学校与历史所的光荣(特别是对于宋淑惠①、汤伟②两年劳绩的表彰)。

① 宋淑惠,20世纪80年代在我校外事处工作,1988年—1989年在该校任教。

② 汤伟,20世纪80年代末90年代初在我校团委工作,1990年—1991年在该校任教。

回来后,忙于学期结束工作、考试评分等。6月20日我们将飞Memphis看女儿并团聚些时,然后利用暑假大家得空,去其他地方探亲访友,顺便参观访问,增加点见闻。在此期间,如有要紧的事,可寄Zhang Xuemei C/O 3439 Southern Ave. ＃9, Memphis, TN 38111. 电话(901)454—1209。一般信件可仍用UCSD历史系地址,他们会设法转给我的。此外,洛杉矶总领馆谢家馨(原我校英语系副主任)与我常有联络,有急事也可请他设法转告。

暑假期间,办事不易,因美国人(特别是白领阶层)讲究休假,虽经济低迷,但因航空公司竞相降价,所以出去旅游,特别是去欧洲的人甚多。因此一些联系工作,尚待秋后进行,主要为以下几项:

1."中国教会大学史研究中心"资助问题,已分别先向各单位口头通报,现正准备文字材料,连同马敏等起草的建议书,将一并寄出,估计秋后才能具体商谈。现在重点是做两个单位的工作:一是Luce Foundation,为主要出钱的单位,财大气粗,但对我校印象较好;一是UB(即United Board for Christian Higher Education in Asia),为教会大学史资助项目归口单位,原来支援Princeton的项目经费,现已转移至UB。同时,Yale-China也可以帮点推荐、鼓吹的小忙。这些事情做起来,工作量是很大的,因为竞争者太多。

2.与UCSD中国研究中心的长期合作问题,这是Esherick上次主动筹划的问题,曾拟定具体计划向IR/PS(即International Relations/Pacific Studies,为一极为重要的研究院,Esherick主持的Chinese Studies隶属其下)申请专款,因经费短绌,未获批准。但Esherick和另一位专门研究华北农村及中国电影史的教授很热心,他们仍在继续努力。这个学校虽然属于UCLA. Berkeley加州大学同一系统,名气甚大,但它的长处主要是科技及海洋科学(有好几位诺贝尔奖金获得者及多位美国科学院院士)。IR/PS也很有名,但Chinese Studies则属年轻单位,到现在为止还没有一位博士生毕业。因此它们也急于与中国有分量的单位对口合作,不像一些老校那么老大、暮气,我们应该加强与这些新起单位联络,不必跟在别人后面向Harvard、Berkeley、Los Angel那些老校挤。Esherick现在已是"讲座教授",声望正隆,到处请他演讲，现正在巴黎讲学。他对我所了解最深，评价也最高，这是很难得的事。因为很多美国的中国学学者眼睛里只有北大、南大，连我校在上海还是在武汉都弄不清楚。值得庆幸的是，西部（南北加州）这批正当时的少壮派名家（Wakman、Don Price、黄宗智、Esherick 等）倒是有目识珠，对我所实力颇为重视，这与东北部某些人的看法不大一样。

3. 居蜜①最近应邀访日，顺便到台湾一次。她行前主动与我联络，询问能不能考虑与台北中研院近代史研究所合作办些事情，我说可以。她 5 月 17 日到台北，随即与陈三井（所长）、朱浤源、吕芳上、黄自进（中年骨干，二张②均已退居二线）会谈。陈三井对我所工作评价甚高，当即表示很愿合作，除经费不能直接用于大陆外，可以合作出书、研究、开会等。现初步商定一事，即首先合作出《居正全集》，台湾党史会、国史馆等处乃至南京二档（他们已有合作关系）等处资料，由他们负责收集；湖北及国内二档以外其他各处资料，由我所负责收集；居蜜则负责亲友系统资料收集（具体办法，尚待进一步双方商定）。我所工作，一是将已出的《居正文集》（可能尚须校对一次），交该所汇总，一并收入新版《居正全集》，一是对某些资料略加诠释或说明。出版问题由该所负责，我们不必出任何经费。此事是否可行，请你们再商量一下，具体进行，似以福惠驾轻就熟为宜。望下次来信，说个具体意见，以便我与他们进一步联络，以便纳入我所计划。居蜜说林济③想报我所博士生，不知已报否？

对台交流早已提上日程，现在好些单位后来居上，我们不能不注意加强。此次台湾政治大学开“黄兴讨论会”，本邀请我参加，台北“教育部”且已通过，但却最后受阻于“安全”系统。中研院近代史所本已安排接待我一周，至此落空，均极不满，连李云汉都认为不应如此。对台交流，不存在语言文字问题，我所可以有更多人参加，等于国内出差，似较为实惠易行。故请你们商量决定。

---

① 居蜜，居正孙女，多年在美国国会图书馆供职。

② 指张朋园、张玉法二位先生。

③ 林济，1992 年—1995 年在本所攻读博士学位。

此次苏州商会档出版,发行工作做得较好。居蜜到台北,陈三井已提到此书,认为很有价值。现此书已到UCLA(加大洛杉矶分校),黄宗智等因正研究明清时期市民Public Sphere问题,也很重视,他的一位博士研究生卜国群(原北大许大龄先生硕士研究生)学位论文即拟做苏州、上海、天津商会比较研究,10月前后可能取道武汉,经由我所帮助,去苏州查阅部分原档。这对于扩大我所及此项工作的影响,将有裨益。卜回国前,将再具体与你们联系,希能提供方便。UCLA的中国研究,现已成为西部重镇,凌驾Berkeley之上,应是我们加强联系的单位,黄宗智对我所实力也是较为了解者之一。

以上情况,可以转告学校有关领导(复印亦可),我就不另写信了。Augustana已安排邵清宇①秋后讲学,石挺②教中文,并准备热烈接待王校长一行访问。该校校长Dr. Thomas Tredway,明年将参加20余校长组成的教会大学校长访团来华,并将访问华师,他希望我能预先转告学校。

即问

近佳

章开沅上

1992.6.4

第四信

望龄、福惠、马敏如晤:

报载武汉酷热,诸望珍摄,阖家安好。

福惠6月30日函、马敏6月11日函先后收到(马函因系寄San Diego,所以8月10日才经历史系转来)。因旅次诸多不便,仅先陈数事,请你们商量酌办:

1. Luce Foundation已复信,且附有主席Mr. Armstrong致意,可

---

① 邵清宇为我校地理系教授。

② 石挺在我校科研处工作,1992年9月—1993年7月在该校任教。

见对我们建议书的重视。下一步须抓紧做几件事:①三年具体经费预算(总数是否可报10万~15万美金,第一年稍多,后二年稍少),请抓紧编制。②简单报告中心情况,可说已经建立(人事安排请所、院商定),工作实际上已开始数年,正式Project可以从明年年初开始,章开沅今年年底或明年年初回校,主持此项Project。③请王庆生校长以信件或批示形式,表示同意此项Project,如用信件,则请你们代拟英文稿(王致Lautz与Armstrong,Luce Foundation支持文科交流,如此事办成,对学校其他人文科学发展也将带来机会)。此事似不必报教委,反增周折,因为仅涉及历史所下属一个科研项目,高校校长有权做决定。④预算、工作说明、王校长同意信,请直接寄Luce Fund,Dr. Lautz收,地址如Lautz信的复印件。以上文件并请各复印一份寄我,以便我了解情况,统一口径,就近加强与各有关方面联络。Lautz为人朴实,说话办事谨慎,他本人自会为我们努力争取,但尚须各关键董事理解与支持,所以我还得做大量游说工作,且争取Yale-China及UB的从旁支持。

2.关于1993年国际学术会议,最好能与校庆活动结合,除教会大学史讨论外,应列入韦卓民研究的Panel及校史展览。根据Lautz建议,此事校、所有一初步意见后,除通知Luce Fund外,须与Arthur联络,加以协调,因为原来说是准备在川大开。但我们应力争在华中师大开展校庆活动,同时宣告教会大学史研究中心的正式成立,并请Luce Fund、Yale-China、UB负责人士参加,这样可以扩大学校影响,对Project今后工作亦大有助。此事请所里商定后,抓紧向学校领导通报,争取校领导及有关部门的理解与支持。海外校友,亦须由校领导事先(尽早)发出联络,如有需我就近联络者(加州附近),请告诉我地址及电话,我一定做必要的工作。

3.《居正全集》事,台北近代史研究所动作很快,即派人去南京二档搜集资料,日本京都大学狭间直树等学者亦提供日本方面发现的资料。福惠信中所提问题,均属实际情况,我表同意。此事一是避开华师所出文集,全用报刊、手稿原件或复印件(暂时不用寄去,因为很多东西台北均有,将来可首先交换篇目,以免花冤枉功夫)。二是不一定用“两所”

合编名义,以免惹出不必要的枝节。只要在实质上合作,并说明得到华师历史所及罗(福惠)、林(济)具体协助即可。居蜜仍希望我所侧重搜集武汉及湖北方面的资料,此事尽力而为,找不到也没有办法。居蜜可能会将家藏资料寄来,请你们加注释,此事则较易行。罗、林可以个人名义将罗信有关意见,直接给居蜜一信(我电话也有所表述),包括经费困难都可以说。居蜜也在美国设法申请经费,如能得到,用在中国方面自无问题。此事请福惠考虑并具体办理。

现任台北近代史所所长陈三井,他是台湾人,但对二张甚尊重,对我所工作评价亦高。他与居蜜常有传真(Fax)直接联络,除通报上述情况外,还表示将由中研院出面,作为个人邀请,请我去台访问一个月并商谈今后两所加强合作、交流问题,具体时间可能在今年年底至明年年初(即利用美国寒假、圣诞至新年,再延长一点时间)。本来黄兴会已邀请我,且得其"教育部"同意,最后因"陆委会"不赞成,受阻。此次他们想通过吴大猷的影响,用"中研院"名义力争。我对此事看得很淡,并非必去不可。但如办成,对所里工作及两岸交流,当有所促进。

4.由于上述情况,我回国时间势必推迟到今年年底或明年年初。由于教委所批学术休假至今年8月底即期满,我想9月以后可改为请事假,并请学校暂时停发每月工资,至我回校为止。在美期间工作、生活费用,由于Luce资助尚有节余,我可自行解决。此事似须经所里同意后,写一报告给校领导。我已年老体衰,出国两年,工作、生活困难甚多,可说归心似箭,丝毫无意在美"长居久安",主要是因为上述诸事,办理需要时间,不得不稍为推迟归期,以求能取得具体结果。

5.搬房问题,仍望所里(特别是重民)能代为努力争取,原住房冬寒夏热,破烂不堪,实在无法再住下去(可请校领导实地勘察),而且是以大易小,向有前例。40多年老职工,可能是最后一次向学校求助,甚望能体谅苦衷,予以解决。否则,我只能按照离休政策,请求离休回湖州原籍,学校还得解决我的建房经费问题(以前蒲健民等都有先例),恐怕花费更多,且伤感情。我自问对学校无愧,但如太不考虑我个人的困难,我也只有走这条路。湖州市委早已表示欢迎我垂老返乡,只是为了校、所工作,我迟迟不忍提出归隐之意罢了。对华师极少数"整人"专家，我从来持忍让态度，“惹不起，还躲得起”，如受欺太甚，只有请学校容许我一躲了之。

6. 赵军6月16日曾来一信，因地址寄往耶鲁，所以转来转去，迟到昨天才收到。他重申愿意回国，但目前仍在犹豫、苦恼之中，体察其意，不外两个问题：①职称问题（所内强人多，是否能尽快提升教授）。②工作条件问题（想建立国际关系专业及研究中心，希学校及所支持）。我孤居海外，对这两大问题很难具体作答，请所里向校领导通报这一情况，商量个意见给以回复，这比作泛泛动员、劝说要有效得多。至于其内心活动，也许信件不好说得更透。望龄在日曾与他谈过，也许能了解一二。我当然也会写信给他，从旁促归。

7. 高宗鲁先生又来信，重提合作出幼童书简等资料问题，心情很迫切，请马敏尽快给他回信，免其遥念（即使暂时未落实出版社，也应回信）。又五月间曾见过黄宗智，他支持其研究生卜国群研究苏州商会（比较研究），希望我所给以帮助。并说UCLA中国研究中心明年将开国际学术会议，拟请马敏参加。马敏得空，不妨给黄写信，加强联络。

朱英养病，不知好些没有，时在念中。所里事繁人少，甚需补充得力轻壮，望能多方设法，以免后继乏人。

旅次匆匆，余不一一

问所内各位同仁安好

以后来信请仍寄：

Dept. of History, UCSD 0104

9500 Gilma Dr.

La Jolla, CA 92093—0104

U. S. A.

（9月1日回UCSD）

章开沅上

1992. 8. 12

第五信

福惠:

卜国群来所,已携一信,略述数事,想已知悉。最近一段时间,为“居集”事,经与居蜜、陈三井等处多次联络,有以下进展:

1.居蜜已领衔向美国基金会申报一项目,研究人是包括你、肖怡、林济。不过由于美国经济不景气,利率下跌幅度甚大,基金会收入亦锐减,所以现在还很难预料是否获准(一般明年4月有正式通知)。

2.比较可靠的,倒是台北近史所。他们已把“居集”列入计划,作为国际合作项目,由所长陈三井亲自主持。美国为居蜜(国会图书馆),日本为狭间直树(京大人研所),大陆则为我所。陈三井先生已正式提出,请你们介绍大陆(除武汉外,二档亦除外,他们自己去)还有哪些地方有资料线索,需要多少旅差费及复印费(包括摄影或作缩微胶卷等)。他们可以提供资助。此事暂时不宜外传,因为还未最后落实,好事者多,飞短流长,易生枝节。这一点想你们必能理解,我们自己当然是问心无愧,可昭日月。因此,接信后,请尽快做一简单预算,数字你们自己酌定,要实事求是,因为他们常到大陆出差,情况比较熟悉。

3.该所这个项目,预定花两年时间,希望能成为最完整、准确的本子。二档已允许提供原司法院全部档案,以便该所检索;狭间已提供日方资料;最近居蜜的母亲又亲送家藏日记、信件至该所。陈三井希望你们也能寄一些文献去,并望能加必要注释。至于注释体例,现无统一规定。俟资料搜集大体完备后,该所会请你们(人数现尚未定)去南港共同商量并最后定稿,同时作学术交流。

4.看来,该所态度很积极,张朋园可能也起了促进作用,因三井对他很尊重。由于此书将来由该所自己出版,二档亦积极参加,我们自无须有什么顾虑,以后在出版说明中略作“技术处理”即可。当前希望你们略选精品,稍加注释,尽快与预算一并寄去,以表示我方的积极回应。去信请用以下地址(以后有事可直接去信,他们知道你)。

台北南港研究院路

中央研究院 近代史研究所（为避免国内邮局阻碍，可简称“中研院”）

陈三井所长收

最近，得王庆生校长来信，说刘望龄老师调令已到，大概十月份去粤，不知去了没有？这段时间我未给他写信，原以为他已去粤，到新单位后会给我来信。如果还未去，请替我致意，以后在广州再见。人事聚散，人才流通，本是常事。只不过国内一向“一次分配定终身”，大家已习惯了。人才流通之后，穷区穷单位自然要吃亏，但这也是无可避免的结果，只有各显神通，在竞争中求生存、求发展。当然也需要政府、社会对重要研究单位（包括学校）的大力支持。美国一些有名学术机构，并非靠“创收”，而是靠基金会与政府。我国没有基金会，政府（首先是主管部门与所在地方政府）自然应该给以较多支持，不能口惠而实不至。当然目前一切向前（钱）看，发财第一，历史之类除政治需要外，很难得到必要的关注，这也不仅仅是大陆，不过我们的问题更突出而已。

这几年你担子最重，受累最多，现在刘老师一走，当然会更增加一些负担。希望你们再坚持一段时间，渡过困难（无非一是钱，二是人），等我回来，与你们共同承受所里的困难。不过，现在的困难与草创时期相比，究竟日子要好过一些。回想1960年，我为准备辛亥50周年论文，到鄂东调查，一人在山地独行，曾饿倒在路边，后来幸亏有农民挑萝卜经过，吃了两根萝卜，才勉强走到目的地。第二年开会，我们的工作受到肯定，内心真是充满辛酸。我想只要继续开放、改革，这样的日子总不会再来了。

刘老师走后，是否需要增设副所长一人，还有副博士生导师似可考虑增设，这些都需要你们共同商定，报请学校核示。当然，以后所长最好是效仿国外，任期两年，最多四年，轮流坐庄（前提是健全行政班子，使之成为运转轴心），这样不致劳逸不均，或影响个人学术研究。我已届望七之年，今后完全是靠你们奋斗、支撑。这是自然规律，决非谦虚客套。但只要我还有工作能力，我自然会作为所里一般研究人员，做力所能及的教学、研究工作。事实证明，我离所两年多，你们的工作是很出色的，许多方面比过去进步很多。这不是自吹自擂，而是国内外公认的。当然，我们也决不能忽视当前面临的严重危机，但这究竟不是我们一家的危机。根据历史经验，只要自己不松劲，总会顶得过去的，无非清苦一点而已。在发达国家，与公司、工厂相比，教授也是相对清苦的；但人各有志，还是有不少人愿意当教授，过相对清苦的生活（美国很多教授很能干，自己会修理房屋，做简易家具，修理汽车等，因人工太贵。每逢暑假，也不能老是旅游，往往花许多时间，料理积累已久家务，其劳动量之大，甚至超过我们，这是国内人往往看不到的另一面。平常他们每周教课 9 小时～12 小时，美国学生对教师要求多，考试、作业也多，教师相当劳累，幸好每周有两天假期，才能得到调节）。

昨天在图书馆看到朱英的《近代商人社团》一书，很高兴，总算出版了。最近看到东亚图书馆（UCSD）进了好些我们及毕业生的新著，感到颇为欣慰。尽管国内出版这么困难，毕竟还是挣扎出版了一些好书（心血）。不过朱英体质较弱，特需调养，不知最近好些没有？养病不能心急，留得青山在，不愁没柴烧。研究工作暂时停止或放缓，应把身体放在第一位，希望他多自珍摄。

王校长一行不知动身来没有，他们如能来西海岸，也许能会面，畅谈校内情况。

林增平老师处，请务必代为致意慰问，但愿我回国后，能赴湘重聚。

因为还要外出，不多写了。即问

俪安

黄老师附笔问好

章开沅

1992.10.24

第六信

福惠、马敏：

昨天收到 Luce 一信，今天赶紧复印寄回。估计此信正本已寄王庆生校长，因为 Luce 不知我是否还在 UCSD。校部事繁，外事头绪亦多，学期结束，春节在即，难免会被积压，所以我仍寄历史所一份，请你们抓紧办理。事情并不复杂，即对三年预算作一“补充说明”，对若干较大款项加以解释，不要很长，简明扼要即可，作分别估价。如出版补助＄35,000，包括哪几本书，每本书估计须补贴若干等。小的项目（如二三千元购置仪器、设备），已写得很清楚，无需再作解释。拟好后，用英文打出，仍如上次办法，先请王校长签字，再寄我处，由我签字后寄Luce。Luce将讨论延至今年5月举行，“补充说明”应尽早提交，以便分送各董事（Boarding Meeting成员），争取他们的理解与支持，如印发太迟，作用就不大了。Lautz副主席主管对华资助事务，他办事、说话都很谨严，虽说不能事先保证必成，但看来态度还是积极的。加以雅礼协会（Yale-China）与联董（United Board）大力支持，或许不致落空。因为如果没有希望，Luce不会一再为我们出主意，索取补充材料。

为Luce事，加上“耶鲁两岸学会”今年4月3日将举行“迈向21世纪的两岸关系”研讨会，两岸均将派有代表性的学者参加，预计可能有500人左右（当然，90％以上都是已在美国的华人或美国人）到会，Yale大学和雅礼协会都是主办单位，我忝为该会顾问，与台北沈君山等一起参与该会发起，所以不能不届时到会。此会成员较单纯，强调学术性，避开政治争执，所以我才支持。《人民日报》海外版最近已发消息，估计政府对此会背景也是清楚的。这样，我回国时间将稍作推迟。圣地亚哥是海边旅游城市，物价为全美之冠，房租尤为高昂。为维持这段生活、办事费用，承UCSD好意，临时安排了几节课，可得部分工资及两人医疗保险。我出外已久，现又有部分工资收入，请转告学校，暂时停发数月工资，以免他人说闲话，使领导不好办。至于我在海外为国家、为学校、为历史所办些力所能及的事情，那是我应尽的责任，自愿尽心出力，与国内正式奉命出差不同。请务必转达此意，以使我心安。

至于《居正全集》，武汉方面的工作不知进展如何？从陈三井先生来信来电看，态度是很积极的，且愿与我们多方面合作交流。这方面情况与意见，盼随时告知、通气，以便在应答时口径相近，不致两歧。因我出来已久，对国内有关政策等实际情况，已经不甚了了。

报载正办理补充中年博士生导师，我所应通过学校认真办理，这是关系全所长远发展的大事，不是哪一个人的私事，务请转告学校此意。

舜徽先生逝世后，不知是否有人接替？长沙林先生近况如何？天瑜是否有可能前往效力？时在念中。新陈代谢，自然规律，应从积极角度视之，唯有中、青年者始有未来，这才是颠扑不破的真理。

盼复　并问

近佳

重民同此不另，问候全所同事春节愉快！

章开沅

1993.1.12

第七信(1)

福惠：

来信收悉，喜慰担心交集。两年来，所内工作继续进展，同仁学业俱示精进，项目申报亦多中的，这是在极艰苦条件下取得的了不起成绩；但待遇仍然清苦，经费亦常短绌，加以现在人心普遍不稳，后继颇觉难觅，这又是我所长期存在的忧患。你承担所内主要领导责任，受苦受累乃至受气最多，这也是可想而知的。但我现在海外，无法直接为你分忧，只能在回国前尽量做点联络与争取资助工作，可能多少有益于所的发展。

Luce申请事，仍在进行中。林蔚来信（见附件）支持，减少可能产生的阻碍，因此项目本在他手中，而今年会议又曾答应在川大开。现在他均放弃原议，转而支持我们，更增加Luce对我们的估评分量。其他有关人士，我继续保持联络。校庆及《韦卓民文集》、学术讨论会筹备等事项，如有进展，均盼随时告诉，并最好附文字材料、图片等，以便我复印分送各处宣传（台湾人叫“造势”，此道在当今不可缺少）。

校庆及韦卓民学术讨论会的对外邀请，建议除Starr(Yale-China)、Vikner(UB)（这两人外办均有地址）外，应增加Luce的正副主席Melissa S. Topping(President，今年4月3日将就职）和Terrill E. Lautz(Vice President，连任），还有老Luce的孙子，Henry Luce Ⅲ（头衔是Chairman and C. E. O.）。Henry Luce Ⅲ（鲁斯三世）对建造纪念

Luce家族成员的建筑兴趣最浓，如图书馆、会堂、医院、教学楼等，1990、1991两年捐款，以此类建筑费用所占比重最大。如他能来华师，是很好的劝捐机会。他有特批权，他同意的项目可由董事会追认。此意请向校领导转达，如邀请函能在4月底以前发出，对我们的申请讨论可能有助（至于他们能不能出席，那是后话）。

申请项目要到5月董事会讨论后才知分晓，我在UCSD的教学与研究工作6月初可告结束。日本熊本县所建宫崎兄弟纪念馆（在荒尾市）6月初开幕，邀请我与黄老师出席隆重典礼；东京辛亥革命研究会等单位亦借此机会邀请，旧友新知或可重新聚晤，他们与我相知颇深，盛情难却。台湾中研院邀请正进行中，但新年以来尚未来信，不知政局波荡有无影响（"统"派失利），但政治大学已有表格寄来，系通过"国科会"，据云该会由"资政"大老李国鼎主持，邀请可不经过"陆委会"。但能否办成，也很难说。如日本签证不及，加上台湾办理受阻，我们暑假可回武汉。如两处成行，当然又要耽搁一些时间。望七之年，夫妇海外同行机会难得，想能得到校内同事理解。当然，访日、台期间，我也会为学校、本所对外交流尽力联络。

《居正文集》事，你们的处理及方针甚好，与我所见略同。对方事情很杂，经手人员又少，不一定能及时回信，他们与我联络亦有此情况（可能与学者无行政经验有关）。

博士生导师增列问题，你的处境我能理解，最好还是由学校统一考虑决定，因本非个人自行申报，而且也并非一种必须具备的待遇，主要是看工作的需要。校外要求挂靠者心切，这也可以理解，但如占本所限额（过去有此规定，每次最好是1～2人，多了反而分散票源，可能俱行落选），则颇为可虑。因本所具备后继力量者并非无人，不必舍近求远（"难得糊涂"，有时非得装聋作哑不可）。

宋亚平①答辩自以去南大为好，其去向亦以"听其自然"为好。新生录取事，考虑所内"财源"，如条件过得去，游建西②自亦不妨录取，但

---

① 宋亚平，1990年—1993年在本所攻读博士学位。

② 游建西，1993年—1996年在本所攻读博士学位。

是仍须经过面试,当面考察一番较为可靠。现在风气太坏,一切以小心为是,各项手续力求齐备,以防被欺蒙。其他事项,均同意你的意见,恕不一一。

林公早去,使我心伤。12月下旬我去旧金山、Berkeley、Stanford等校、地访问,所以未得电话,不过我早已托刘老师转给他一函,抒发生离死别之情。现只有等回国后,再去长沙补行吊唁了。

身体重要,大家都须注意。争取为社会多作一些贡献,除注意休息外,也要适当注意营养、锻炼。人进中年,疾病易生,一切以预防为主,切不可仗着身体好硬撑,我吃这种亏多矣,现已很难补救(40岁、60岁均为一关)。还有"养气"功夫,心胸要开阔,一切顺自然,道家比儒家养生有道。

匆此即问

近佳

并祝全家愉快

章开沅

1993.2.12

第七信(2)

With warm regards from Xiaowei as well, and Charles, now just a year old and a joy.

Sincerely yours,

Arthur Waldron

Adjunct Professor

福惠、马敏:

以上是林蔚教授电传函,有关要点有二:①今年开会地点,原说拟在四川,现此说已无任何约束力,尽可在华师开,因林已不再负责组织此类会议(余款已上交UB)。②他本人对华师申请经费全力支持,且曾对 T. Lautz 申明此意。

请将此信复印转陈校领导及外办参考。我已复函林蔚，请其再次为我们的申请向 Lautz（现任 Luce Fund 副主席，主管对华资助，是关键人物）进言。林蔚是原 Luce 资助项目美方主要负责人，与我们共事最久，他的表态有一定影响。

章开沅附及

1993. 2. 12

第八信(1)

福惠：

遵戴书记嘱，履行补假手续，请陈转为盼。

Luce 资助要到 5 月才能会议正式决定，但形势甚好，有关情况，想必马敏已转告。朱英提正教授并报博导，可喜可贺，请代致意。但他仍应以调养身体为主，不可增加思想压力，以免影响康复。职称、博导之类事宜本是好事，但每办一次，总有若干负面影响与波动，历来如此，无足为怪。主要是人事、工资制度仍未理顺，新老问题丛集纠缠，很难办得顺当。你主持所务，又不能超然事外，处境之难，任事之劳，可以想见。但愿一切以事业为重，以“难得糊涂”自勉自慰，尽量团结所内同仁，把各项工作做得更好。

居蜜曾有电话来，说想请你与林济到北京会商居正集事（约 6 月 20 日至 6 月 26 日之间），协作单位又增北京近史所。台北近史所对此亦极为重视，拟作为两岸（含国际）合作的大项目看待。据说二档已将 1949 年前司法院全档（有关部分）复印寄去，这也是前所未有之举。辜汪会谈在即，本可预期有较大突破，但台湾内争甚烈，变数甚多，结果如何，颇难预料。

期末事繁，保重身体，余不一一，即问

近佳

章开沅

1993. 4. 24

第八信(2)

历史研究所:

兹接受日本熊本县知事兼该县日中交流协会会长福岛让一等邀请,将于6月4日前往日本参观访问宫崎兄弟故居及纪念资料馆,并参加“辛亥革命与日本人”国际学术会议。会后,东京史学界安排参观访问、学术交流及查阅资料等活动,预期至8月31日止。

因此,请准予续假至8月31日,并请陈报校领导核示为盼。

此致

敬礼

章开沅

1993.4.24

附:会议趣意书,供参考。

另有“滞在日程”,因日方各单位正在相互协调,将有较大调整,俟最后确定时再行补寄。

第九信

福惠:

前信想已收到,居蜜请你们前往北京会晤商谈一事,迄未见回复。最近她先后两三次(包括今晨)打电话来,说曾写信并Fax给你们,也未得到回信。她因假期有限,出来一次不容易,又要跑日本、台湾、大陆三处,所以比较紧迫,希望你们能抽空去北京,面商一切。如她在台北弄到经费,亦可当面交接,了结手续。

所以,我再写此信,希望你们赶紧给她回信(无论打算去或是不能去北京)。她6月7日离美,所以信最好直接寄台湾,或同时寄北京戴家(怕台湾的信万一收不到)。

匆此,即问

近佳

章开沅

1993年5月27日晨

又及：附居蜜日程，以便联络。她到日本后会与我见面，通报总的情况。

第十信

福惠：

来信收悉，因各方来往频繁，是以迟复。

文权[①]患癌症，实出意外，自为本所极大冲击。但自然规律，无可抗拒，但愿大家都能及早注意保健，劳逸适度，忧虑有节，自求多福耳。文权处已另有信慰问，但愿病有转机，或可再晤有期。

护照延期事，本很简单，系属照例常规，但可能某些上级机关把问题说复杂了。我已托政大同事将护照、台湾聘书及华师同意函，带交香港，9月14日送到签证处，15日就签延了。而且还多给一个月时间（至1994年3月31日），以便归途旅行之需。我国驻外使领馆一般均如此处理，比较方便；只有在国内的教委之类办事机构，反而挑剔、留难之处甚多。

来台后，一连参加了两次大型学术会议（中华民国史专题学术会议、中国历史学会第29届年会），并受到中研院近史所、传记文学社、华中大学校友会以及政大有关系所、个人（包括校长）公私宴请、座谈等等，忙得不亦乐乎。华大校友人数很少，且已年高，但很热心，已联名打电报祝贺校庆（年老体弱，且受财力限制，无法前来参加校庆）。

上课已三周，课名“辛亥革命与近代社会”（专题讨论课），分别在历史所与“中山学术与国家发展研究所”（原为“三民主义研究所”，因应时势变化而改变名称与方向，学生思想很活跃）。历史所选课与旁听者达20余人（博士生、硕士生，还有少数副教授、出版社副主编之类）。有从高雄赶来听课者，情绪空前热烈，可能是由于第一次听大陆教授系统授课之故。台湾对高学历较重视，所以多有已得副高职者仍来读博士，而

① 唐文权，1984年从苏州调到本所工作，1993年初冬病故。

且学习很认真,这是不同于大陆之处。

离美前寄两箱书已收到,甚慰。因其中一箱为在耶鲁搜集档案文献,为我近年来主体工作,工作量甚大。日本所寄书收到后,亦均放在所内,等我回来再处理。

陈三井常见面,人极诚朴,亦甚干练。他没有提经费问题,只说想争取在我离台以前,邀请你来台,共商居正集之事。同时,他们还正在邀请王庆成、耿云志来台,为胡适未刊手稿编印事(存北京近史所)。他们热心与大陆学者合作,大陆愿与他们合作者亦甚多,所以我们应把自己承担的工作做好,他们会有所比较。现在两岸学术交流均"热",而大陆似更"热",最近人民大学党史系将与政大东亚研究所在黄山正式商谈全面交流,可见形势发展之快。我利用在台机会,尽量多作联络,不过此间重点大学(台大、清华、政大、台师大等)均已与大陆好些名牌大学有协议在前,很难插入,只有采取专项合作方式(合编资料、专题研究——教会史研究),相机而行。台湾高校经费已不如前些年宽松,明年将为零增长,而物价上涨甚快,所以学者亦多难处。台湾东海、中原等教会大学对教会史(包括教会大学)研究较重视,我已与有关学者取得联络。他们明春将在台召开"基督教与中国现代化"研讨会,与我校项目对口,今后或可加强合作。

浙版《近代化比较》①寄3本～5本来,同时请寄《辛亥革命研究要览》②(书名我记不得了,原有几本都在美国送光了)一本,以便教学参考,因政大无此书。现在两岸邮件用"国内"邮资,较便宜,最好用航寄。其他各书不必寄了。

匆覆即问

近佳

黄老师附笔问候

章开沅

1993年10月4日

---

① 即前注《比较中的审视:中国早期现代化研究》。

② 即前注《国内外辛亥革命史研究综览》。

第十一信

福惠、马敏：

书六本(一包)已收到,谢谢。

据香港校友及吴梓明电话、Fax,校庆及韦研会都开得成功,我们很高兴,并将有关情况转告台北华大老校友,他们也很高兴,奔走相告。有空希望能将韦会情况详细介绍,中研院近史所可发简讯。

有两件请急办：

1.《中国早期现代化研究》,政大我班上学生需要十五本,请尽速航寄,以应教学急需。书价、运费由学生支付,容后寄上。书最好分两包或三包,以免海关误认为是"生意",扣押索费,耽误时间(两包可分写我与黄老师名字,地址都是政大历史所)。

2.张玉法先生告诉我,《联合报》设有国际交流基金,鼓励大陆学者来台湾作台湾研究。他问我华师大有无"台研所",有无人研究台湾问题(历史所亦可),如有,都可以经由他代为申请。

请你们转告学校,如学校已设台湾研究所(听香港校友说,拟设港、澳、台研究所),请寄一份详细研究计划给我(应打印)。另外,所里有兴趣的同事(如研究近现代台湾史问题),亦可尽快将计划及拟申请经费寄来。

12月8号我将去香港开会,所里最近出的书,拟赠台湾学者的,可托马敏带来(也不宜太重),以节省邮费。因赶在周末将信发出,是以草草,望谅,即颂

佳胜

章开沅

1993年11月6日

第十二信

福惠、昌洪：

因为想到福惠春节后可能赴台,所以信写两人收,以免误事。

抵港以来,前两周活动多,加以气氛热烈,欢迎横幅及海报从整个校园一直张挂到大学火车站,周会演讲听众一千多人,后来者只有坐在地上,这是我在海外受到的最隆重接待①。当然这对高血压患者有一定挑战,幸好总算平安渡过了,这多亏在附一②一周的紧急治疗。

福惠的信已看了,因一直忙乱,安不下心来,现商复如下:

1."高访班"及林、高③答辩,安排对我均较合适。林济的打印稿,放在我家客房书橱上,可让明明或董黎④代为找一下。林济稿,明清以前写得太多,应稍压缩,凸出题目范围以内者。内容较充实,可以拿得出来。高钟稿,原已提过意见,洋务、维新之类概念仍须厘清,并求一以贯之。其他还有些小意见,病后不能多用脑,记不起来了,只有请你们多推敲。这篇论文也可以够分量,只是应更求严密。

2.博士生招考,我无定见,如报考生源好,可招1人～2人(教委指标)。校内在职生似需暂停一年,以求缓冲。如有合适代培者,亦不妨考虑接受,对所不无小补。反正所内几位同事都能指导,大家分担,不至堆在一二人身上。

3.博导申报是难题,我无法回答,因隔绝太久,不知如何才能中的。但有两点须强调:①所里的事所里人办(借用江书记的话),不必外面人代劳。②究竟报几个合适,只有请你们与学位办商量办理,这种事只有以寻常心待之,才可以产生总体良好效应。好在以后迟早会下放⑤,先上、后上无非是时间问题。我想你们应理解我的想法,无需事事由我出面表态。

4.经费事,只有先继续在武汉、海南两处筹划,春节期间,找人不易,急也无用,好在还有半年时间。如遇有机会,我在这里也会有所活动,但现在还没有碰到适当的目标。

---

① 先生1995年春作为"黄林秀莲访问学人"赴港受到隆重接待。

② 指当时的湖北医学院附属第一医院。

③ 林济、高钟均为1995年夏季毕业的博士生。

④ 明明、董黎,先生和师母的女儿、女婿。

⑤ 指博士生导师的审批权下放之事。

前几天，接到赵军的传真，他也很关心“所庆”事，有些建议，想必已与你们联络。因我无他的地址，只能先向你们谈谈我的想法：

1. 日本邀请名单，我原拟的面较窄，辛亥革命研究会有三四位老朋友未列上，你们可以给赵军寄几份空白邀请信，请他相机代送，并求谅解。

2. 论文集，如日本学者愿提供论文，自然应该欢迎。捐赠事，论文集似已够了，可用“所庆”或会议名义，或者用什么其他名义，亦请你们与赵军商定。他愿意承担会务，我们非常欢迎，将来日本学者与会，办签证及旅途照顾，想来也可借重他的帮助。

还有两件事拜托：

1. 请朱英在我办公桌和背后书架上找一下，常熟沈潜①寄来一篇他为《黄宗仰集》写的序言，意在请华师学报先发，以作介绍、宣传。找到后请即交学报。本来我想在走前自己处理的，不料一病全乱套了。

2. 请马敏在我办公桌或书橱（无玻璃者）靠窗上面两格（靠边），找一深红色文书夹（纸）与一华师的白色文书夹（纸），其中夹有我用过的“*Bates' Papers*”有关“南京大屠杀”的部分资料。其中有一封 Bates 1938 年 1 月 10 日发出的密信，我走时匆匆，忘记带来了，找到后请复印一份赶紧寄来。Bates 1938 年 1 月 10 日只有一封信，所以只要找到这一天的信，就不会错（只要找这两个纸夹就行了，不必找其他袋式夹，以免把我未用的资料弄乱，将来不好找）。

祝你们和全所同仁

新春如意

章开沅上

1995. 2. 8

现在重读、校对上述信件，不禁思绪泉涌。尤其是忆起 20 世纪 90 年代前期先生播迁到海外，仍然全身心投入学术研究和关注我们历史研究所建设的种种努力，更令人生出无限敬意。

---

① 沈潜为 1987 年—1988 年本所“高访班”学员。

先生去国的时间，是在 1989 年“六四”风波之后，域内政治气氛略显沉闷、混沌的 20 世纪 90 年代初期。当时大学被视为“重灾区”，办理出国手续和在国外办理延期手续，以及订立有关学术交流协议，均颇费周折。但先生一切按规章行事，随时与学校领导及所内同仁联系，举凡变动行止、延长时间，乃至超出学术休假期后主动提出“改为请事假”，“暂时停发数月工资，以免他人说闲话，使学校领导不好办”等，这里既有自律奉公，更有为他人着想的高风亮节。对于先生的行动和建议，学校领导和历史所同仁尽力作了配合，但在学校方面也有迟迟不予答复的时候，先生对此还以“校部事繁，外事头绪亦多……难免会被积压”予以体谅。1993 年 9 月，先生的护照到期，适值此时先生要从日本到台北政治大学担任讲座教授，学校外事处为办理相关手续作了努力而未果，时任新华社香港分社副社长的张浚生同志出面，如期为先生办好了护照延期手续。所以先生在第十信中谈及此事，后来还多次谈到张浚生同志在关键时伸以援手，并对我国驻外使领馆给人办事方便的作风加以称道。

从上述来信可以看到先生在国外工作和生活的情形。在四年多的时间内，先生的主要工作是讲学和收集有关在华传教士、中国教会大学史，尤其是贝德士和有关日军“南京大屠杀”的各种资料，这些就是后来陆续出版的《南京大屠杀的历史见证》(湖北人民出版社 1995 年版)、《南京：一九三七年十一月至一九三八年五月》(三联书店香港有限公司 1995 年版)、《天理难容——美国传教士眼中的南京大屠杀(1937—1938)》(南京大学出版社 1999 年版)、*Eyewitnesses to Massacre*(M. E. Sharpe Inc. 2001 年版，即前书的英文版)、《从耶鲁到东京——为南京大屠杀取证》(广东人民出版社 2003 年版)诸书的工作基础。现在回想起来，当先生收集这些资料的时候，已处于 64 岁～68 岁的年龄，还不避寒暑，在各处浩如烟海的档案资料堆中爬梳寻觅，因而用曹孟德的“烈士暮年，壮心不已”来形容先生的心境，无疑再恰当不过了。

除了讲学和收集资料之外，先生此时的另一要务就是指导乃至投入历史所的各项工作。在此期间，先生为自己主持的数种研究成果以及已经毕业的几位博士生的专著写了序言。其中《辛亥革命与中国社会发展道路》、《比较中的审视:中国早期现代化研究》两书的序言均长达六七千字。先生还在美国和台湾向有关机构、学者和学生推介本所同仁的相关成果,以扩大历史所的影响。尤其是在推动本所乃至本校的对外交流上,先生花了极多的精力与时间,想方设法,抓住一切机会,争取合作项目与人员交流,在这方面亦获致累累硕果。而这些成效的得来,显然离不开先生缜密的思虑安排以及先生的学术地位与人格魅力。至于先生在第三信中谈到他在美国 Augustana 大学接受荣誉博士学位的情形,称“会场上挂的第一面外国国旗就是五星红旗……使我再一次感到作为中国人的骄傲”,更充分显示了先生的一身正气。先生在第五信中自言“我们自己当然是问心无愧,可昭日月”,应当是风闻了当时校内和学界中少数“好事者”的“飞短流长”后有感而发吧。

20 世纪 90 年代前期,历史所的状况确实苦难。经费短绌,人员不足,待遇亦差。加之刘望龄教授南下广州,唐文权教授英年病故,且那时的博士生毕业后都有很好的去处,想留人也不好勉强。先生对此一方面持以“顺其自然”的大度,一方面以自己当年在艰苦条件下治学的经历作言传身教,勉力同仁克服困难,清贫淡泊,以学问为志业。同时对历史所工作的每一微小进步,对弟子们取得的各种成绩,均加以鼓励和赞扬。所以在四年多的时间里,我们与先生虽然海天遥隔,但始终如沐春风,大家齐心努力,使各项事业得以继续发展。其间先生对毕业生的学位论文的指导,始终没有放松,甚至对招生和增列博士生导师等事也很关心,这些在来信中都有体现。

先生与师母对朋友、弟子极为关心。林增平教授、唐文权教授罹病和故去时,先生都专门致函宽慰和吊唁。当时朱英健康欠佳,先生多次嘱其注意治疗和休息。在给我们的来信中,除了谈及学问和学术交流之外,也不忘提醒我们“心胸要开阔”,“保重身体”,“除注意休息外,也要适当注意营养、锻炼”,而这一切又都是“争取为社会多作一些贡献”。当时 E-mail 还未流行,先生每次来函无论是近千字或者长达数千字,均用圆珠笔书写,文句、段落井然,连标点符号都一丝不苟。先生处事以真,待人以诚,尤其于友人、师弟之道,有仁者之风,这是使弟子们终身服膺的重要所在。先生的十二封手书长达万言,重读之际,本不敢赘一词。然以感想良多，故不避“蛇足”乃至“续貂”之讥，略缀数语，一吐为快。

罗福惠

2005 年 6 月 16 日于桂子山

跋　语

我写信从来没有底稿，所以自己也记不清写过哪些信。幸好福惠细心，保存了我浪迹海外期间给他和历史所其他同事的 12 封信，多少可以勾起某些往事的回忆。

我自从参加革命以后，一切听从组织安排，正如 10 年前《星岛日报》记者所调侃的那样：“革命令章开沅选择历史。”说是选择，其实并没有自己的选择，只有组织的选择。1949 年 7 月以后，就这样定居于武汉，就业乃至终老于华师，即所谓一次分配定终身也。

但 1990 年夏天辞去校长职务，并且连续三年在美国研究与教书，都是真正出于自己的选择，并非听从组织安排，主要原因是觉得自己的水平与才干实在难以胜任大学校长，与其滥竽充数，倒不如让贤与能，免得耽误学校的迅速发展。正好普林斯顿大学与普林斯顿神学院都邀请我前往合作研究，便设法说服校内外有关领导，给我一段较长出国学术休假。很感谢这些领导人的宽厚，他们理解我当时的心情，并且勉为其难地让我在海外过了三年多自由自在的日子。

说是自由自在，其实也不尽然。出国之前想的是如何尽快离开华师，而出国以后脑子里却总是思念华师。真像宋代词人所言：“都来此事，眉间心上，无相回避。”（范仲淹：《御街行》）。桂子山有我的小家，也是我的大家，是永远不会消逝的精神家园。因此，这些信多半是谈工作，谈中外学术交流，总想为本所、本学科乃至本校多谋求一点发展空间。

当然也免不了谈点私事，说点气话，住房即是一例。校外的友人可能至今还不了解。“文革”以后，我不仅落实政策难，改进居住条件更难。很长一段时间，连两室一厅带厨、卫的完整套房都住不上。两间狭小卧室连着或对着厨房、厕所（几家共用），加以又是顶层，通风不好。暑期只有带着两个年岁渐长的女儿睡在教学楼的过道上，而我的几部学术专著就是在这样的艰苦条件下完成的。眼看着资历比我浅得多的同事与学生一个个都住进像模像样的新套房，我当然有些气愤，但虽经个别校领导仗义执言也无济于事。信虽然是旧事重提，而且我在校长任内也没有利用职权谋求任何私利，但仍不免有点怨气，而且还迁怒到个别的人。事过境迁，往事如烟，既往的疙疙瘩瘩早已化解，其实并无必要再说这些鸡毛蒜皮的小事。但我毕竟是凡夫俗子，缺乏圣贤修养，当时信既然是这么写的，就应该存实求真，无非是留一点未作假的记录而已。是非善恶，悉凭公论。

谨跋数语，聊示纪念。

章开沅

2005 夏于实斋

后　记

章开沅先生是当代中国著名的历史学家、教育家，以其深厚的学术积淀和文化底蕴蜚声海内外，其崇高的人格魅力也陶铸和感染了莘莘学子和过往学人，培养出一批活跃于当今学界的优秀才俊。无疑，先生独到精深的治学经验和卓然有效的育人理念是一笔宝贵的财富，值得后人学习、研究、汲取和传承。有感于此，华中师范大学中国近代史研究所的同仁，于2009年春开始撰写一部关于章先生治学与育人的文集，最终成文亦即读者看到的这本著作。

本书分为上下两篇，上篇对先生一生史学研究做了多角度全方位的解读，作者多为先生的嫡传弟子；下篇对先生治学与育人事迹进行了全面回顾，作者既有先生的学生，也有与先生相识相知的海内外学人。上篇为学理解读，偏重学术性；下篇为师友回顾，注重直观性。上篇文章皆为华师中国近代史所同仁及师友新近的原创，下篇大部分为2005年先生八十华诞时学界惠赐的文章。作为先生的嫡传与再传弟子，以及受其感染的学界友人，出于对先生的热爱和对其高山仰止的品德的钦佩，撰文时难免饱含深情、多有赞誉，然总体而言，本书分析精辟、深中肯綮、朴实真切、浑然天成，虽多赞美而不溢美，虽有繁华而不浮华，秉承了章先生一贯真实做人、踏实做事的原则。相信本书能够给读者以深刻的启迪和温暖的感动。

本书的策划与出版，应感谢华中师范大学出版社社长范军先生付出的努力。多年以前，他就提出应该撰写一部这样的著作，并主动与研究所几位同仁商议此事，达成了共识。正是在范军先生的真诚关心与大力推动之下，这部著作才得以完成并顺利出版。

本所年轻教师徐炳三博士则为本书的出版付出了辛勤的劳动。他在承担繁忙的教学与科研工作的情况下，花费了大量时间负责联络和处理与本书有关的各项事宜，并对全书进行内容编排与文字校对，可谓尽心尽力，认真负责，受到研究所同仁的称赞与好评。

华中师范大学中国近代史研究所

2010 年 11 月 15 日